Herrad Schenk

Wie in einem uferlosen Strom

Herrad Schenk

Wie in einem uferlosen Strom

Das Leben meiner Eltern

Verlag C.H. Beck

Die Deutsche Bibliothek – CIP-Einheitsaufnahme

Schenk, Herrad: Wie in einem uferlosen Strom :
das Leben meiner Eltern / Herrad Schenk –
München : Beck, 2002. ISBN 3 406 49322 x

© Verlag C.H.Beck oHG, München 2002
Satz: Janß, Pfungstadt
Druck und Bindung: Pustet, Regensburg
Gedruckt auf säurefreiem, alterungsbeständigem Papier
(hergestellt aus chlorfrei gebleichtem Zellstoff)
Printed in Germany
ISBN 3 406 49322 x

www.beck.de

Vorwort

Wer über Menschen schreibt, die Nationalsozialisten waren, nicht wissenschaftlich-deskriptiv, sondern biographisch und erzählend, noch dazu als Kind über die eigenen Eltern, sieht sich rasch mit dem Vorwurf der Verharmlosung nationalsozialistischen Unrechts konfrontiert. Ich schämte mich lange, die Tochter eines Nazis, eines SS-Führers zu sein, eine Tatsache, die man in Kreisen der 68er-Generation besser verschwieg oder nur beiläufig, sich selber sogleich distanzierend, erwähnte. Es war klar, dass man sich für solche Eltern zu schämen hatte, obwohl deren Schuld durch diese Scham nie würde abgetragen werden können. Ganz gewiss aber durfte man solche Eltern nicht lieben. Von dem Gefühl der Scham versuchten sich viele zu befreien, indem sie die Eltern besonders harsch verurteilten. Ich fühlte, dass ich die Geschichte meiner Eltern nur dann würde erzählen dürfen, wenn ich sie mit kaltem Blick von außen schilderte, wenn ich mich von ihnen mit Abscheu und Empörung distanzieren würde. Denn es ist das Privileg der Opfer und ihrer Kinder, authentisch und identifiziert erzählen zu können, was sie selbst oder ihre Eltern erlebten.

Kann es also eine Biografie der Täter und Mittäter von innen nicht geben? Ist überhaupt ein akzeptabler Weg denkbar, den Lebensweg von Menschen zu schildern, die ihre Hoffnungen in den Nationalsozialismus setzten und erst spät, zu spät, die in ihrem Namen verübten Verbrechen als solche erkannten?

Ich habe das mit diesem Buch versucht. Viele Erkenntnisse über den Nationalsozialismus bleiben blass, solange nicht die genauen Umstände, die Motive, die Gefühle derjenigen geschildert werden, die sich für den Nationalsozialismus begeisterten. Wie wirkten die Karriere- und Aufstiegschancen, die die Nazis boten, auf diejenigen, die arbeits- und perspektivlos waren und sich dennoch eine Familie wünschten? Wie schafften sie es, nicht genauer hinzuschauen, welche Entlastungsstrategien suchten sie sich? Manchmal waren es ja die verständlichsten Motive – Erhalt der Familie, Engagement zum Wohle bedrohter Dritter –, die den Ausstieg aus dem nationalsozialistischen Machtapparat verhinderten. Die Frage ist legitim: Haben sich unsere Verhaltensformen so radikal gewandelt, sind wir so viel besser geworden – oder sind es nur die gewandelten Umstände, die uns davor bewahren, uns so schuldig zu machen, wie das die Generation der Eltern oder Großeltern erfuhr?

Viele Menschen fühlen sich heute sicher in einer Welt, die Böse und Gute, Täter und Opfer eindeutig und leicht zu identifizieren glaubt. Das scheint besonders einfach, wenn es um die Vergangenheit geht: Wer zur Seite der Bösen gehörte, verdient keine Sympathie und kein Mitgefühl. Doch der Nationalsozialismus wäre nicht, was er war, wenn die Trennungslinien so einfach verlaufen wären. Es ist ja gerade das Nebeneinander von Alltag in seinen freundlichsten und banalsten Erscheinungsformen und dem Grauenhaften, das gleichzeitig geschah – und überall auf der Welt immer wieder gleichzeitig geschehen kann und geschieht –, das so schwer verständlich ist. So scheint es mir, als ob ein simples Täter-Opfer-Denken vor allem dazu dienen soll, innere Schutzwälle zu errichten: The good guys will never be on the wrong side. Die für so furchtbare Verbrechen direkt oder indirekt verantwortlich sind, können einfach keine netten Menschen sein. Denn nette Menschen sind immer auf der richtigen Seite. Und weil ich selber ein netter Mensch bin, wird mir so etwas nie passieren.

Aber so war es nicht, und so ist es auch heute nicht. Deswegen habe ich die Geschichte meiner Eltern so erzählt, wie sie hier erzählt ist.

Erster Teil

I.

«Sei still», sagte meine Mutter.

Sie saß am Schreibtisch und starrte durch das Fenster in die Ferne; öfter noch hockte sie in ihrer kleinen Küche; der schwarze Tisch vor ihr war übersät mit Papieren, Heften, Zetteln; die elektrische Schreibmaschine surrte; sie starrte die Wand an.

«Sei still, sonst ist der Satz weg.»

Manchmal richtete sie kurz ihre hellen blauen Augen auf den Störenfried; ihr Blick kehrte für Sekunden von weit her zurück, nur um durch ihn hindurch gleich wieder fortzuwandern. Wir wurden beharrlich ignoriert, wir waren gar nicht zugegen, oder vielmehr: Sie war nicht hier, sondern spazierte in ihrem eigenen Land der Gedanken, war eingetaucht in einen dunklen See alter, immer wieder neu sich formender Bilder. Sie klang, wenn sie auf diese Weise Störungen abwehrte, mechanisch. Offenbar gab es einen Teil von ihr, der als Türhüter fungierte und Eindringlinge schon an der Schwelle stoppen konnte, ohne dass ihre eigentliche Person deswegen in die Alltagsrealität zurückkehren musste. Erst wenn man insistierte, wurde ihre Stimme gereizt.

«Was ist denn nun schon wieder? Ihr seht doch, dass ich schreibe!»

So saß sie mit siebzig, und so saß sie noch mit achtzig Jahren an ihrem zierlichen Jugendstilschreibtisch aus Kirschholz und starrte auf das gegenüberliegende Vorstadthaus oder am schwarz gebeizten Küchentisch, den wir aus längst vergessenem Grunde «Tessa» nannten, den Fernblick auf die Wand hinter dem Tisch geheftet.

Sie war im Alter klein und schmal geworden, fast zerbrechlich. Meist hielt sie den Ellbogen des rechten Arms auf die schwarze Tischplatte gestützt, den Kopf auf der Hand. Zwischendurch wühlte sie mit den Fingern durch das Haar, bis der graue Pony wie ein Hahnenkamm aufrecht stand. Manchmal erhob sie sich, schlurfte, zergrübelt, das eine Bein hinter sich herziehend und leicht nach außen werfend, ins Badezimmer. Von ihrem Schlaganfall war eine leichte Lähmung des linken

Beines und eine fast vollständige des linken Armes zurückgeblieben. Auf dem Klo verharrte sie eine Weile in typischer Haltung, die Stirn gegen den Rand des Waschbeckens gelehnt, als wolle sie den schweren Kopf stützen oder die überhitzten Gedanken kühlen; sie warf im Aufstehen einen kurzen, verächtlichen Blick in den Spiegel. «Johanna, die Wahnsinnige!», rief sie feixend und ergriff den Kamm. Dann war sie wieder in der Wirklichkeit angekommen und wandte sich dem Störenfried zu. «Was ist los? Warum kann man nicht mal in Ruhe arbeiten?» Erst jetzt nahm sie, besänftigt, nur noch leicht brummelnd, zur Kenntnis, dass das Mittagessen (oder der Kaffee oder das Abendbrot) fertig sei und wir alle unten auf sie warteten.

Unsere Mutter schrieb fast immer. Soweit ich mich zurückerinnern kann, schrieb sie immer an irgendetwas, obwohl sie nach dem Krieg nur noch ein paar Erzählungen veröffentlicht hat. Kurz nach ihrem 75. Lebensjahr, als sie sich von den Folgen des Schlaganfalls bis auf die bleibende Behinderung wieder erholt und noch einmal zu einer auf diesem Hintergrund erstaunlichen Vitalität zurückgefunden hatte, begann sie, ihre Lebenserinnerungen zu verfassen.

«Lasst mich doch bitte alle zufrieden!»

Dabei liebte sie die häufigen Besuche der Töchter, Schwiegersöhne und Enkel durchaus und wusste es im Stillen wohl zu schätzen, dass sich die ganze Familie meiner ältesten Schwester zum Austausch der Tageserlebnisse meist in ihrem Wohnzimmer versammelte oder in der kleinen, zum Schreibzimmer umfunktionierten Küche. Das war der winzigste Raum des großen Hauses, in dem sie seit ihrem Schlaganfall in einer kleinen Einliegerwohnung lebte. Sie kochte nicht mehr selbst, hatte diese von jeher ungeliebte Tätigkeit nur zu gern aufgegeben, als sie sich auf die Schwierigkeiten des Manövrierens mit nur einer Hand herausreden konnte. Dinge, die ihr wichtig waren, Schreibmaschine schreiben und gärtnern, ließen sich dagegen noch lange, bis fast ganz zuletzt, recht gut mit einer Hand meistern.

«Schön, wenn ihr kommt – aber auch schön, wenn ihr alle wieder geht und ich endlich ein bisschen Ruhe zum Lesen und Schreiben habe.»

Den Satz kannten wir bereits aus Kindertagen. Er zog sich wie ein Leitmotiv durch ihr Leben, das sich im Spannungsbogen zwischen dem Alltagstrubel einer großen Familie und den eigenen inneren Welten abgespielt hatte, die man nur allein betreten kann und deren Bedeutung für sie im Alter wieder anwuchs.

«Mein Leben war eines zwischen Babys, Blumen, Büchern», sagte sie – und fügte gleich hinzu: «Aber Babys hatte ich nun wirklich genug.» Blieben Bücher und Blumen, versunkenes Lesen und das Schreiben, manchmal verbissen, manchmal in Trance, immer lagen Stapel aufgeschlagener angeblätterter Bücher um sie herum. «Untersteh dich, die wegzuräumen! Die brauche ich alle noch, und wenn sie erst oben im Regal stehen, komme ich nicht mehr dran!» Überall flatterten Zettel herum, mit rasch hingeworfenen Sätzen und Einfällen, die zu ordnen ihr zunehmend schwerer fiel; Schulhefte mit zahllosen Varianten immer neuer Anfänge zu Kapiteln, die eigentlich schon fertig geschrieben waren, lagen über alle Ablageflächen der kleinen Einliegerwohnung verstreut.

Manchmal traf man sie auch auf dem Balkon an, wie sie an ihren prächtig blühenden Blumenkästen entlangtapterte, die Gießkanne schwenkend, verwelkte Blüten zupfend. Oder sie saß in dem kleinen Gewächshaus, das wir ihr noch zum 80. Geburtstag geschenkt hatten, und träumte zusammengesunken vor sich hin, während sie einhändig kleine Sommerastern pikierte oder Geraniensteckzlinge eintopfte – «August-Ableger sind die gesündesten» –, geschickt mit der rechten Hand, während der linke Arm nur noch dazu taugte, Gegenstände am Körper festzuklemmen.

Sie konnte gut mit sich und ihren Gedanken allein sein, eine seltene, unschätzbare Fähigkeit. «Aber ich bin doch froh, dass ich nicht ganz allein lebe, denn dann würde ich bestimmt völlig verkommen!» Sie würde dann vielleicht tagelang vergessen zu essen, meinte sie selbst, von den Arzt- und Krankengymnastikterminen ganz zu schweigen, sie würde nachts endlos lang lesen und darauf halbe Tage verschlafen. Vielleicht war das übertrieben, ein bisschen Übertreibung gehörte bei ihr immer dazu, aber diese Äußerung zeigte doch, wie zufrieden sie damit war, im größeren Familienzusammenhang zu leben.

Als sie im Alter von 84 Jahren starb, hatte sie weit über tausend Seiten Kindheits- und Jugenderinnerungen aufgeschrieben, immer wieder überarbeitet, notgedrungen gekürzt, noch einmal überarbeitet und dabei erneut in die Breite ausgewalzt.

Sie hätte so gern noch eine Veröffentlichung dieser Memoiren erlebt. Eigentlich sollten die ihr ganzes Leben umfassen, so plante sie es jedenfalls, nicht nur ihre Kindheit, ihre Lehr- und Wanderjahre, sondern auch ihre Familienphase. Doch weder ihre schwindende Vitalität noch die zuletzt erlahmende Gestaltungskraft oder die im Alter immer schneller verrinnende Zeit können erklären, warum dieser größere Teil ihres Lebens unbeschrieben blieb, warum zum Zeitpunkt ihres Todes nicht einmal nennenswerte Notizen dazu existierten. Etwas in ihr konnte oder wollte sich diesen mittleren Jahren nicht zuwenden. Erst spät ist mir der Gedanke gekommen, dass sie ihre verletzliche Geschichte mit meinem Vater vielleicht schützen zu müssen glaubte, auch vor ihren Töchtern. So blieb uns nur das oberste Siebtel des Eisbergs, der Teil, den wir aus eigenem Erleben kannten, und sie nahm das, was nur ihnen beiden gehörte, die Geschichte ihrer Liebe und Ehe, ihre Verstrickung in die finsterste Zeit des 20. Jahrhunderts, mit sich zu ihm ins Grab.

Aber sie ließ uns die Briefe zurück, seine Briefe an sie, ihre Briefe an ihn, viele hundert Briefe, ein ganzer großer Karton voll, und sie gestattete uns zu Ende ihres Lebens auch ausdrücklich, sie zu lesen. Diese Briefe, zwischen 1945 und 1954 geschrieben, in den Jahren der unfreiwilligen Trennung, erlauben ein Eintauchen in andere Schichten des Lebens der Eltern, die sich dem Blickwinkel der heranwachsenden Kinder entzogen.

2.

Vermutlich hatte sie schon als junge Frau diese Angewohnheit, ihre Haare mit den Fingern gegen den Strich zu harken, wenn sie in Gedanken versunken war. Sie wird auch früher so dagesessen haben, den Ellbogen auf dem Tisch, den Kopf auf die Hand gestützt, Kinn auf der Faust oder den Schreibstift gegen die Stirn gedrückt. Damals stand der Jugendstilschreibtisch im alten Haus, ihrem Elternhaus, vor dem Fenster, und sie starrte in die schwarze Nacht, in das Gewirr der Baumkronen, ihre tintenfarbenen im Wind rudernden Äste im dunklen Dschungel des Gartens. Damals kam sie fast nur nachts zum Schreiben.

Im Haus sind längst alle zu Bett gegangen; es ist bitterkalt, die Käuzchen schreien, die Kinder schlafen, und sie hat endlich Ruhe, an ihn zu schreiben:

«9.1.47

Es scheint mir kaum möglich, dass du gestern im Morgengrauen gingst – wie viel Alltag schon wieder dazwischen. Als ich vom Gartentor im Morgenrock die vielen Treppen zum Haus emporstieg, während deine Schritte verhallten, tröstete mich der Gedanke, dass es in dieser Zeit doch gut sein muss, uns unter diesem Dach zu wissen. Wo wären wir sonst? Sicher in größerer Bedrängnis. Für die Kinder so auf alle Fälle besser.

Nach solchen Tagen versteh ich wieder, wie lausig mir nach der Trennung von L. zumute war; man hat den Drang, den Faden da, wo er zerrissen wurde, anzuknüpfen und hübsch ereignisgetreu bis ins Einzelne weiterzuspinnen, dich alles miterleben zu lassen, als wärest du dabei, oder lange gefühlvolle Stimmungsbriefe zu schreiben, aber der dicke Alltag kommt, macht einen mürbe und walzt alles platt. Einige Runden am Waschfass können einen ziemlich nüchtern machen, vier Stunden Stromsperre hinterher einem den Rest geben ...

Schreibzimmer ist kalt, die Heizung ausgebrannt. Weihnachten vorbei. Schade ...

Ich hoffe bald auf einen Brief von dir. Es wäre schön, wenn wir uns mehr schreiben würden, mehr Schwung aufbrächten – aber ich sehe schon für mich selber schwarz, und deine Arbeit tötet noch mehr.

Leb wohl. Hoffe bald zu wissen, wie die Reise war ... Gruß u. Kuss für heut.

D. Luscha»

Er war da gewesen, und nun ist er wieder fort. Zweieinhalb Wochen, eine Insel der Gemeinsamkeit, aufwühlende neben versichernden Gesprächen, ein winziges Stück geteilten Alltags – kostbare Tage. Seit der Tennung in Lemberg im März 44 sind sie nicht mehr so lange zusammen gewesen. Das sind nun – lass mich rechnen – zwei Jahre und neun Monate. Sie war mit den drei Kleinen aus Galizien geflohen, als die Front näherrückte, im dritten Monat schwanger, die dreijährige Tordis und die knapp zweijährige Gunild an der einen Hand, das Körbchen mit der acht Monate alten Silke in der anderen. Im Zug reisten fast nur Soldaten, die meisten sehr freundlich und hilfsbereit, als sie mit Sack und Pack in ein anderes Abteil umziehen musste – denn in ihrem war es vor Kälte nicht auszuhalten wegen einer zerbrochenen Fensterscheibe. Ein Alptraum, den die Kinder erstaunlich gut überstanden. Nach endlos scheinender Fahrt waren sie glücklich hier angekommen, im Haus ihrer Mutter, in Detmold. «Den Nothafen angelaufen», sagten sie damals, während er, Walter, noch bis Juli, bis zum letzten Augenblick, in Lemberg blieb und dann, nach eiliger Auflösung seiner Dienststelle, nach Berlin zurückbeordert wurde.

Bis Anfang 45 bekam sie von dort noch regelmäßig Nachricht. Dann Funkstille, während die Dinge unaufhaltsam dem Zusammenbruch entgegenstürzten. Monate der Ungewissheit. Berlin umkämpft, verloren. Jemand hatte von jemandem gehört, Walter sei nicht mehr dort, er sei zu den Truppen nach Süden oder nach Südosten (wieso das noch? Es war doch längst klar, dass die Alliierten von allen Seiten im Galopp ins Reich vorrückten), jedenfalls irgendwohin abkommandiert worden. Keine Nachricht. Sie hatte gewartet, wie alle, manchmal voll schwarzer Gedanken, meistens hoffnungsvoll. Auch nach der Kapitulation nichts. Aber es ging ja den meisten Frauen in ihrer Umgebung nicht anders, alle warteten sie auf irgendjemand. Er wird es schaffen, hat ihre Mutter gesagt, er wird ganz bestimmt durchkommen, glaub mir.

Dann das große Glück, das größte ihres Lebens, das plötzliche kurze Wiedersehen Ende Juli 45! Der 20. Juli würde für sie immer ein Feiertag bleiben, was auch das Leben für sie noch bereithielte, ein Gedenk- und Dankestag.

Die frohe Botschaft erreichte sie im Heu – Walter lebt! Er ist wieder da! Sie arbeitete, wie fast jeden Tag in diesem Sommer, beim Bauern auf dem Feld, bekam etwas Milch für die Kinder, manchmal ein bisschen Mehl und ein paar Kartoffeln als Lohn. Ella brachte die Nachricht, die engste Freundin ihrer Mutter. Ella kam auf dem Fahrrad angestrampelt, mit hochrotem Kopf, von der Erregung und der Mittagshitze. Sie lehnte das Fahrrad gegen die Böschung und winkte Luscha vom Heuwagen, von den andern Erntehelferinnen fort, die nichts wissen durften: «Halt dich fest, Luscha. Walter ist wieder da. Er kam heute Morgen ganz früh zu mir. Da liegt er jetzt und schläft.»

Hatte sie nicht immer gewusst, sie würde ihn wiedersehen, es

14

würde alles gut werden – nein, das war gelogen, sie hatte nur gehofft, und wie viele andere hofften vergebens.

«Kann ich zu ihm? Oder kommt er her? Wann? Jetzt gleich! Ich werde dem Bauern sagen, ein Kind sei krank geworden.»

«Ist das klug?», fragte Ella, «solltest du nicht ganz wie jeden Tag deine Arbeit hier fertig machen? Walter wird ohnehin erst nach Einbruch der Dunkelheit zu euch kommen. Wir dürfen kein Aufsehen erregen.»

Sie hörte nicht auf Ella. Sie wollte nur nach Hause! Alles vorbereiten. Was eigentlich? Zu essen gab es fast nichts. Aber sie hatte für diesen Fall der Fälle ein bisschen aufgesparten Tee und zwei Zigaretten im Bücherregal versteckt. Sie wollte noch das Zimmer aufräumen, einen Blumenstrauß im Garten pflücken, sich umziehen, die Kinder … mein Gott, was erzählen wir bloß den Kindern? – «Ich sage der Bäuerin, du bist mit dem Fahrrad rübergekommen, weil Arni Fieber hat», erklärte sie Ella.

Die Tage sind lang im Juli, die Dämmerung kommt erst spät, und die Nacht ist kurz. Nie wird sie diesen Abend vergessen. An diesem 20. Juli leuchtete das Himmelsblau besonders intensiv oben am Büchenberg, über den Kronen der Buchen schwamm es in Azur, als die Sonnenkugel auf der anderen Seite hinter den Tannen verglühte. Die Kinder spürten die erwartungsvolle Unruhe der Erwachsenen und brauchten länger als sonst, um einzuschlafen; Tordis und Gunild plapperten noch eine Weile flüsternd vor sich hin in ihren Bettchen, beschwichtigende Selbstgespräche.

Er lebt. Wie wird er aussehen, in welchem Zustand wird er sein, nach all dieser Weltuntergangszeit? Nichts ist mehr, wie es war, als wir uns zuletzt umarmten auf dem Bahnhof von Lemberg.

Er war abgemagert, ausgehungert, erschöpft und an Ruhr erkrankt. Er kam in der Dunkelheit angeschlichen, aus Angst vor einer Denunziation. Zwar besaß er gültige Papiere, war ordnungsgemäß aus der Kriegsgefangenschaft entlassen, hatte aber seine Zugehörigkeit zur Partei und zur SS einstweilen verschwiegen. Und zu viele Menschen in der Umgebung hatten ihn bei früheren Besuchen im Haus der Schwiegermutter in Uniform gesehen. Luscha lief ihm mit klopfendem Herzen entgegen, als er am Fuß der Gartentreppe auftauchte, doch der Überschwang fiel in sich zusammen, als sie ihn erblickte, so mager

und krank, und sie umarmten sich scheu. Als die erste Begrü-
ßung im größeren Familienkreis vorüber war, lagen sie nebeneinander im Bett und redeten, redeten, beinahe die ganze
Nacht. Er blieb drei Nächte und zwei Tage, lag auch tagsüber
auf der Couch, von der Krankheit geschwächt. Sie war am
nächsten Morgen früh in die Stadt geradelt und hatte bei einer
Freundin, die Ärztin war, ein Medikament gegen Brechdurch-
fall organisieren können. Den Kindern erzählten sie, er sei der
Onkel Rudi, ihres Pappis Bruder.

Drei Nächte und zwei Tage war er geblieben, im Morgengrauen des dritten Tages wieder aufgebrochen; er wollte ihnen nicht zur Last fallen, und er wollte sich nicht auf Dauer
verstecken müssen. Er war weitergezogen, auf einigen Um-
wegen in das schwer zerbombte Köln, seine Vaterstadt. Dort
konnte er bei seiner ältesten Schwester unterkommen und
sich um Arbeit bemühen. Hilfsarbeitertätigkeiten, erst auf dem
Bau, in zerstörten Fabriken, seit dem Sommer 46 bei einer Gärtnerei.

Zwei Besuche von ihm, zwei Kurztrips von ihr – das waren
all ihre Begegnungen im Jahre 1946 gewesen. Und jetzt ist
Weihnachten vorüber, Silvester vorüber, er ist drei Tage vor dem
Fest gekommen und bis zum 8. Januar geblieben, kostbare
zweieinhalb Wochen – und immer noch ist ganz ungewiss, wie
es mit ihnen weitergehen soll, ob und wann und wie die Zeit der
Trennung zu Ende gehen wird. Die Leere, die er hinterlässt,
schmerzt körperlich. Nach ein paar Tagen wird es wieder besser
gehen, das sagt ihr Kopf, so ist es immer gewesen, aber jetzt, unmittelbar danach, ist es einfach nur scheußlich.

Wird das jetzt immer so bleiben?, denkt sie niedergeschlagen.
Sie friert. Tordis ruft etwas im Schlaf. Sie hat damals Walters
Schlafanzug wiedererkannt, obwohl sie ihn ein ganzes Jahr
nicht gesehen hatte und erst knapp drei Jahre alt war bei der
Trennung. «Komisch, Onkel Rudi, du hast nämlich genau den
gleichen Schlafanzug wie mein Pappi!», hat sie, auf seinem
Schoß hockend, nachdenklich festgestellt.

Luscha ist nun doch ins Kinderzimmer herübergegangen, um
den Brief zu Ende zu bringen; hier hockt sie auf einem niedrigen
Bänkchen am Kindertisch. Im Bücherzimmer, wo ihr Schreibtisch steht, sind die Finger zu klamm geworden; bei den Kindern brennt, zumindest während sie zu Bett gebracht werden,

für ein Stündchen der Ofen, und jetzt wärmen sie es alle vier noch ein wenig mit ihrem Atem im Schlaf. Briketts und Holz werden noch etwa drei Wochen reichen. An den Fenstern wachsen die Eisblumen.

3.

«20. Juli 1945
Wir sind schon um vier Uhr auf, der Nebel schwimmt in dichten Bänken auf den Koppeln des Camps an der Leine. Morgenwäsche, Kaffeeausgabe, Ordnen am Gepäck; alles ist in nervöser, aber heiterer Erwartung des Tages, der das Ende der Gefangenschaft bringen soll.»

Wann beginnt man ein Tagebuch zu schreiben? In Zeiten des Umbruchs, der Krise, wenn ein bedeutsamer neuer Lebensabschnitt anfängt, um über etwas Klarheit zu gewinnen, zur Selbstvergewisserung.

Seines beginnt mit diesem Satz, am Tag der Entlassung aus der Kriegsgefangenschaft, und versiegt ein Jahr später in der Mühsal der alltäglichen Arbeit. Er ist zehn Wochen in Gefangenschaft gewesen, genauer: zweiundsiebzig Tage, vom Tag der Kapitulation an bis zu jenem 20. Juli, erst bei den Amerikanern, später bei den Briten. Die wirren Wochen vor dem Zusammenbruch hat er nur undeutlich in Erinnerung, obwohl er versucht hat, sich später im Lager stichwortartige Notizen wenigstens über die Stationen zu machen, mit einem Tintenstift auf ein kostbares Stück Papier, eng und zum Teil kaum leserlich: Daten, Orte, zentrale Ereignisse:

Im März hatte er in Berlin mit einer schweren Hepatitis krank gelegen, während die Bomben fielen und die Russen näher und näher kamen; manchmal fühlte er sich so elend, dass er es bei Alarm nicht bis in den Luftschutzkeller schaffte. Zuletzt war seine Wohnung am Nollendorfplatz ausgebrannt, und er war bei einer früheren Wirtin untergekrochen. Er war noch nicht wieder gesund, als am 15. April die Rote Armee zum Angriff auf die Stadt ansetzte; einen Tag zuvor hatte man ihn und andere mit einem LKW nach Pilsen gebracht, wo sie sich bei der Flak melden sollten, aber dort befand sich schon alles in Auflösung; es hieß dann, sie sollten sich in München neue Order holen; nach ein paar Tagen des Wartens auf neue Entscheidungen – wer entschied noch? Und auf Grund von was? – waren sie nach Tölz gefahren worden, von dort nach Kufstein, ein kopfloses Hin und Her, Hasen, die Haken schlagen, doch noch immer auf der Suche nach der Einheit, der sie sich anschließen sollten. Die Nachricht vom Tod Hitlers erreichte sie am 1. Mai in Innsbruck; es hieß, die italienische und die Alpenfront seien zusammengebrochen, der Südraum werde nicht länger verteidigt, wohl aber der Südosten; am 2. Mai waren sie in Salzburg, einen Tag später in Linz, am 5. Mai schließlich im umkämpften Prag. Am Tag der Kapitulation gelang es ihnen gerade noch, sich in wilder Flucht Richtung Südwesten der russischen Gefangenschaft zu entziehen und den Amerikanern in die Arme zu werfen.

Das ist also das Ende des Kriegs. Eng eingepfercht, unter freiem Himmel, hocken sie und warten. Nach all der besinnungslosen Bewegung der letzten Tage nur noch Warten darauf, dass irgendetwas geschieht. Hunger. Gerüchte machen die Runde, über die Situation draußen, über Spannungen zwischen den Alliierten, Russen und Amerikanern, Amerikanern und Briten, über die Hintergründe von Hitlers Tod, über das, was mit ihnen geschehen soll. Der Hunger ist so viel spürbarer in der Bewegungslosigkeit; er bewirkt ein zunehmendes Gefühl der Unwirklichkeit. Vergeblich versucht er, seine Gedanken zu ordnen, sie auf eine Zukunft zu richten – doch was für eine? In den letzten Monaten war alles Handeln nur noch Reaktion gewesen, atemloses Reagieren auf die außer Kontrolle geratenen wild dahin galoppierenden Ereignisse, um zu überleben. Nun liegt das Chaos hinter ihm und die Zukunft im Nebel. Nach einem kurzen Verhör in Pilsen werden sie von den Amerikanern in verdreckte tschechische Waggons verladen und mit einer Lebensmittelration für drei Tage sechs Tage lang durch Mitteleuropa gekarrt, zur Übernahme in die britische Gefangenschaft.

Das britische Camp erstreckt sich über einen Wiesengrund am Ufer der Leine. Hier herrschen bessere hygienische Bedingungen als vorher bei den Amerikanern; es gibt Versorgungszelte, Verwaltungsbaracken, geregelte Mahlzeiten. Zwei Badenachmittage unterbrechen die Monotonie des Lageralltags; er sieht ihnen wie einem Fest entgegen. Auch die anderen um ihn her sind verdreckt, ermattet; Läuse haben sie seit dem Transport in den Waggons alle, die meisten humpeln wie er am Stock. Die Niederungen am Fluss sind immer feucht; heftige Gewitter, sturzartige Regengüsse folgen in kurzen Abständen auf schwül-heiße Tage. Er versucht sich einzurichten, baut eine Art Zelt unter einem Busch am Westabhang, aus seiner Decke und einer Kordel; er rupft Gras, breitet es zum Trocken aus und häuft es dann unter dem Zeltdach zu einem Heulager auf.

Trotzdem wird sein Durchfall von Tag zu Tag schlimmer. Der Hunger? Die Ruhr? Immer noch die Hepatitis? Er schleppt sich zum britischen Militärarzt, einem freundlichen älteren Captain. «Lazarett», sagt der, «Sie brauchen unbedingt Bettruhe.» Sekundenlang gestattet Walter sich den verführerischen Gedanken an ein richtiges Bett – aber Lazarett würde mit Sicherheit Einzelverhör bedeuten, und das muss er vermeiden. Also gibt er sich dem Captain gegenüber gesünder, als er sich fühlt. Es heiße ja, das Camp werde ohnehin bald aufgelöst, sagt er, und seine Familie zu Hause könne ihn sicher am besten pflegen. Der Militärarzt insistiert nicht, er hat auch ohne ihn genug zu tun, verschreibt ihm die erlaubten 25 Tropfen Opium pro Tag und entlässt ihn mit dem Rat, nichts zu essen, um Magen und Darm zu schonen, auch kein Brot, sich ausschließlich an den Tee zu halten.

Nichts essen! Obwohl sie bei den Engländern geradezu fürstlich verpflegt werden: morgens Brot und 25 gr. Margarine, mittags eine Suppe, nachmittags und abends noch mal eine Scheibe Brot, und zu jeder Tageszeit kann man sich warmen Tee holen! Er verzichtet erst auf das Essen, als er es nicht mehr bis zur Essensausgabe schafft.

Zunächst leiht er sich noch von der Feldküche einen großen Topf aus, erhitzt an einem der Lagerfeuer Wasser und kocht notdürftig seine Wäsche aus. Dann verschlechtert sich sein Zustand. Zwei Tage verbringt er apathisch auf dem Heulager und bringt kaum die Kraft auf, zur 70 m entfernten Latrine zu kriechen. Die Kameraden rechts und links versorgen ihn mit Tee.

Tagelang liegt er im Halbschlaf; schreckt nur manchmal zwischendurch aus dem dumpfen Zustand auf. Ich muss mich jetzt konzentrieren, beschwört er sich dann, mir über alles klar werden – über was? –, was der Zusammenbruch bedeutet, eine Bilanzierung, wo ich stehe, was werden soll, was als Nächstes zu tun ist. Bilder der letzten Monate flackern vorüber; er starrt in das schwarze Loch der Zukunft. Dann packen ihn aufs neue Magen- oder Darmkrämpfe; er tastet nach dem Opiumfläschchen unter dem Bündel, das ihm als Kopfkissen dient, und kriecht wieder los auf dem beschwerlichen Weg zum Klo. Damit sind seine Energien für die nächsten Stunden verbraucht, und er fällt erneut in den Dämmerzustand.

Als das Gerücht über ihre baldige Entlassung sich verdichtet, geht es ihm schon etwas besser, und als es definitiv «übermorgen» ist, kann er sich zumindest eine Weile auf den Beinen halten. Die Entlassung soll nach Berufen erfolgen, heißt es. Er hat seinen richtigen Namen angegeben, aber beim Beruf schummelt er und schreibt nach einiger Überlegung: «Landwirtschaftstechniker» in das Formular. Die Ernte steht bevor, und diese Angabe weist ihn als nützliches Mitglied der Gesellschaft aus. Doch was, wenn sie es überprüfen? Ihn etwa vor einen Traktor stellen und: Nun zeig mal, was du kannst! sagen? Da wäre er, bei seinem technischen Ungeschick, schnell aufgeflogen.

Außer ihm gibt es etwa dreißig Männer, die ebenfalls ins Lipperland entlassen werden wollen. Ein freundlicher junger Major beginnt ein Verhör im Plauderton. Der Krieg ist ja nun vorbei, sagt er lächelnd – und alle lächeln dankbar zurück. Es habe doch in der Vergangenheit so einige nationalsozialistische Organisationen gegeben. «Wer von Ihnen war denn eigentlich dabei?»

Einige sind so unvorsichtig, sich zu melden. «Ich, Herr Major.»

«So, und was waren Sie denn? Und Sie?»

Einer war Amtswalter bei der NSDAP, einer hat Ferienlager für die HJ organisiert, zwei, drei sind «einfach nur so» bei der Partei gewesen.

«Soso, sehr interessant. Dann stellen Sie sich doch bitte mal da herüber.»

Genau wie er vermutet hat, werden alle, die sich melden, aussortiert und vorläufig weiter interniert. Das muss er auf jeden Fall vermeiden. Der junge Major ist höflich, aber sehr bestimmt, als er sich dem gelichteten Haufen wieder zuwendet.

«Das waren doch wohl noch nicht alle. Was war zum Beispiel mit Ihnen, Herr Schenk?»

Er lügt. Er lügt, ohne mit der Wimper zu zucken. «Nichts», sagt er.

«Nichts? Sie waren nicht ein ganz klein bisschen in der Partei? In der SA? Wissen Sie, wenn ich Sie mir so anschaue, ihre Größe, Ihre Gestalt ... Sie waren nicht zufällig bei der SS?»

«Ich denke, Herr Major, zur SS durfte nur, wer blauäugig und blond war und keine Brille trug», bemerkt er bescheiden. Er trägt eine Brille. Sein Haar ist dunkel, und seine Augen sind undefinierbar grüngrau.

«Gewiss», sagt der Major, «als Brillenträger war man dann eher beim SD.»

«SD?», fragt er, fast zu dämlich. «Was ist das?»

«Das *ist* nichts mehr, es *war* etwas», erwidert der Major mit einer gewissen Schärfe, um dann nachdenklich hinzuzufügen: «Wissen Sie eigentlich, wie es jetzt da draußen aussieht?»

«Nein», sagt er, «ich höre zwar dauernd aus Ihrem Büro den britischen Sender ‹Don't fence me in› spielen. Aber ich bin *fenced in*. Ich weiß es nicht.»

Der Major lacht. «Seien Sie vernünftig, Herr Schenk! Haben Sie Familie?»

«Ja», erwidert er, «Frau und vier Kinder.»

«Sie machen sich keine Vorstellung, wie viel jetzt da draußen denunziert wird. Besser, Sie sagen gleich die Wahrheit. Wenn Sie bei der SS waren, bleiben Sie keine 14 Tage in Freiheit. Also?»

«Nichts, Herr Major», erklärt er ruhig. Er lügt nicht gern, aber er muss auf jeden Fall erst mal raus aus dem Lager, Luscha wiedersehen und die Kinder. Er muss sich davon überzeugen, dass sie leben und wohlauf sind. Alles andere wird sich später regeln. Er hat das Gefühl, dass der Major sich seinen Teil denkt. Er ist in seinem Alter, womöglich zwei, drei Jahre jünger. Vielleicht hat er auch Kinder.

Der Major zuckt die Achseln. «Wie Sie wollen, Herr Schenk. Viel Glück. Good chance!»

Good chance.

Auf der offenen Ladefläche eines Lastwagens schaukeln sie durchs Lipperland. Er hat einen Platz an der Rampe ergattert, hockt auf seinem Bündel und träumt in die Landschaft hinaus, überwältigt von heftigen, namenlosen Gefühlen. Dankbarkeit – das ist es, was ich fühle, weiß er auf einmal. Denn dies hier, jetzt, ist der Frieden.

«Felder in Gelb und Gold, rotes Obst an sich unter der Last

neigenden Ästen, und hier und da, weit in den Feldern, unter ei-
nem hohen blauen Himmel und vor der dunklen Silhouette des
Teutoburger Waldes Menschen, die sich von ihrer Arbeit auf-
richten, die Augen mit dem Arm überschatten, uns zuwinken.
Ich sitze in einer Wagenecke, unbeteiligt am Gespräch, und
schaue still in das große Glück des Tages.»

In der Nähe von Lage halten die LKWs vor einem weiteren
englischen Camp. Get off, everybody! Zögern, Unruhe, Misstrauen, ängstliche Fragen: Wieso? Was soll das? Man hat uns
doch schon entlassen! Darauf geben die Wachen am Lagerein-
gang freundlich Auskunft: At first: washing. After that: tea. –
Die Spannung löst sich in freudiger Überraschung; sie duschen
unter Aufsicht, bekommen Milchkaffee und eine große Brot-
scheibe. Dann das letzte kleine Stück Fahrt, bis man sie vor dem
Arbeitsamt Detmold aussteigen heißt, zur polizeilichen Anmeldung.

Er stellt sich, einer bewährten Gewohnheit folgend, im letzten Drittel der Schlange auf. Das gibt ihm Zeit zum Nachdenken. Natürlich kann er jetzt nicht so einfach nach Friedrichshöhe wandern – wo sie hoffentlich noch alle leben, gesund und un-
versehrt. Jeder, der Luscha oder sonstwem in der Familie eins
auswischen oder sich bei den Engländern liebkind machen will,
könnte ihn als SS-Mann denunzieren. Er wird zunächst zu
Tante Ella gehen; in der Stadt kennt ihn niemand. Doch wo genau wohnte sie noch? Es war ein Haus in Bahnhofsnähe, efeu-
bewachsen.

Sie werden einzeln in das Zimmer des zuständigen Beamten
gebeten. Er kennt den dicken Mann nicht, den ein Schild auf
dem Schreibtisch als «Herrn P.» ausweist – aber der schaut abrupt auf, als er seinen Namen nennt.

«Sind Sie etwa der Vater von den vier kleinen Mädchen in
Friedrichshöhe?»

Er bejaht und fragt ganz einfach: «Wissen Sie, wie es meiner
Frau geht?»

«Nein», sagt der Dicke freundlich; er habe allerdings gehört,
dass sie dort eine Einquartierung im Haus gehabt hätten. «Keine Ahnung, ob sie schon wieder drin sind oder noch evakuiert.
Ich kann Ihnen aber nur raten, sich in Friedrichshöhe nicht blicken zu lassen! Dort hat sich nämlich der britische Befehlshaber
eingenistet, nur ein paar Häuser weiter. Passen Sie auf, ich wer-

de Sie einfach nicht hier registrieren, sondern notieren: auf Arbeitssuche abgewandert.»

Die Kleinstadt Detmold ist unzerstört. Durch ganz gewöhnliche Straßen zu ziehen, Straßen im Sonnenlicht, im Frieden, an diesem feierlich schönen Sommertag. Er ist wie betäubt. Alles scheint unwirklich. In vielen Fenstern hängen Menschen, die Unterarme auf Kissen gestützt, und unterhalten sich hin und her rufend mit Vorübergehenden: Was, du bist zurück! Und du auch? Woher kommst du denn? Weißt du vielleicht was von Olle Bauer? Bist du nicht mit dem jüngeren Niebur zusammen gewesen? Deine Leute sind weg hier, aber frag mal bei Möllers, die wissen vielleicht was. Eine merkwürdige Mischung vom Volk im Frieden, das sich nach Ruhe sehnt, und Volk im Ausnahmezustand, sensationslüstern. Er wandert langsam, systematisch die Straßen in Bahnhofsnähe ab, Müdigkeit und Schwäche vergessend, erkennt dann das gesuchte Haus tatsächlich an seiner efeubewachsenen Fassade. Tante Ella fällt beinahe um, als er in der Tür steht. Sie stößt ihn energisch in die Küche, schiebt ihm ein paar von den warmen Kartoffeln hin, die sie gerade im Topf hat, begnügt sich mit der allerkürzesten Erzählung, um so bald als möglich auf ihr Fahrrad zu springen und hinaus nach Friedrichshöhe zu radeln.

In der Dämmerung macht er sich dann selber auf den Weg. Der Wald ist feucht, nimmt ihn auf wie eine dunkle Höhle. Es riecht nach Rinde und Moos, und der Pfad federt unter seinem Schritt. Früher ist er hier ein paar Mal neben Luscha gegangen, in glücklichen Tagen. Jetzt umarmt ihn das Dunkel, in feierlicher Unwirklichkeit. Ungefähr auf halber Strecke, bei der Lichtung, hat Ella gesagt, würden die beiden Nichten, dreizehn und fünfzehn Jahre alt, in hellen Kleidern spielen und ihm unauffällig voranlaufen, damit er den Weg nicht verfehle. Anfangs rennt er fast, stolpert ein paar Mal über Wurzeln. Dann verlangsamt sich sein Schritt immer mehr, doch nicht wegen der Erschöpfung, die er kaum mehr fühlt. Kurz vor der Lichtung muss er sogar ganz stehen bleiben, Luft holen, sich auf einen Steinbrocken am Wegrand setzen. Er atmet ein paar Mal tief durch. Dann scheint ihm, als ahne er die weißen Kleider der Mädchen zwischen den schwarzen Stämmen, und er wandert jetzt zügig weiter.

Offiziell gilt er in Friedrichshöhe als verschollen.

«Den Augenblick, als Luscha mir entgegenschritt, Freude und Glück in den Augen, aber auch das fragende Hoffen ungezählter Tage und Nächte, werde ich mein Leben lang nicht vergessen können.» – *«Ich weiß jetzt, dass ich in einen anderen Hof des Lebens eingetreten bin, der dem Prüfling größere, schwierigere und verpflichtendere Augenblicke bringt. Auch sind härtere und folgenreiche Urteile zu erwarten.»*

Einen Monat später wird er 34 Jahre alt sein. Er glaubt an einen Neuanfang. Noch ist ihm nicht klar, dass die zehn zurückliegenden Jahre bereits über sein Leben entschieden haben.

4.

Was im Jahre 1931 zwischen ihnen begann, eine Studentenliebe, wurde erst Jahre später, 1940, zur Ehe. Dazwischen lagen Phasen der Nähe, Phasen der Trennung und der wieder erneuerten Nähe.

Für die Zeit vor den Briefen bin ich auf ihre späteren Erzählungen angewiesen.

1931 war er Student im zweiten Semester, sie eine Möchtegern-Studentin, Gasthörerin an der Kölner Uni. Eigentlich hatte sie Gärtnerin gelernt und bis dato auch als solche gearbeitet, aber sie war darüber hinaus besessen von dem Ehrgeiz, *«ihr Abitur nachzuholen»*, wie sie das selber nannte; das versäumte Abitur war für sie viele Jahre eine brennende Wunde. Sie hatte, höhere Tochter aus verarmtem großbürgerlichem Haus, in der Kleinstadt Detmold nur das Lyzeum besuchen dürfen, es mit der Mittleren Reife abgeschlossen. Im Jahre 1924, als sie 16 war, öffnete zwar das Jungen-Gymnasium erstmals seine Oberstufe auch für einzelne Mädchen, und sie hätte nach einer Sonderprüfung dort aufgenommen werden können. Aber in diesem Jahr starb ihr Vater, der Major a. D. Adolf Schulz, an Magenkrebs, und Mutter Else, existenziell erschüttert und elend vor Trauer, wollte nach dem Tod des Mannes beide Töchter möglichst schnell in sicheren, praktischen Berufen untergebracht wissen. Die Zeiten waren so schwierig, privat wie gesellschaftlich; was sollte ein Mädchen da mit Latein und Naturwissenschaften! Ein bisschen Handelsschule, eine kaufmännische Lehre, ein paar Jahre in einem seriösen Geschäft oder Büro – und dann hoffentlich eine Ehe, die soziale und finanzielle Sicherheit mit sich brachte!

Luscha hatte widerstrebend ein Jahr Handelsschule absolviert, dann aber durchgesetzt, dass sie zu einer dreijährigen Ausbildung auf die Gartenbauschule nach Friedrichstadt an der Eider durfte. Bloß kein Büro, bloß kein «Käfigberuf», stattdessen ein bisschen Welt, ein bisschen Abenteuer. Auf die Annonce der Gartenbauschule war sie zufällig in einer Zeitschrift gestoßen. Die tödliche Krankheit ihres Vaters drückte schwer auf das alte Haus und schaffte zusammen mit den Wirren der Pubertät eine unerträglich düstere Gemengelage, der sie durch Flucht – nur weg, ganz weit weg – zu entkommen hoffte. Sie war überspannt, sie schrieb Verse, und Schleswig-Holstein, mehr als eine Tagesreise von Detmold entfernt, schien ihr weit genug fort.

Anfangs war sie krank vor Heimweh, aber sie wusste: Es war die Sehnsucht nach einer Kindheit, einer Jugend, die mit dem Tod des Vaters ohnehin für immer verloren waren. Also besser vorwärts ins Leben gestürmt! So begannen ihre Lehr- und Wanderjahre. Nach Abschluss der dreijährigen Gartenbauschule hatte sie verschiedene Stellen in vielen Gegenden Deutschlands innegehabt; sie war herumvagabundiert, von Nord nach Süd, von Ost nach West: Gärtnereien, Blumengeschäfte, städtische Gartenanlagen, Gutsbetriebe. Es lag nicht immer an ihr, dass die Beschäftigungsverhältnisse nur wenige Monate oder gelegentlich nur Wochen dauerten. Es war die Zeit der wirtschaftlichen Depression, mal waren die Arbeitsbedingungen für einen Hungerlohn ausbeuterisch, manchmal machten die Betriebe bankrott. Zuweilen wurden die Chefs zudringlich, und ein-, zweimal gab es Liebeleien, die sie nicht anders als durch einen Ortswechsel zu beenden wusste. Die Zeiten waren nicht einfach für eine junge Frau, die sich allein durchschlagen musste.

Sie war zweiundzwanzig, als sie nach Köln kam, eine kurze Verlobungszeit und eine peinliche Trennung lagen hinter ihr. Auf ihrem letzten Arbeitsplatz, einer großen Gärtnerei in Thüringen, hatte sie ein kleines Techtelmechtel mit dem Sohn des Hauses gehabt. Einmal waren sie am Wochenende tanzen gegangen, und er hatte ihr einen Heiratsantrag gemacht, während die Dorfkapelle aufspielte. Sie saßen nebeneinander, er drückte ihre Hand und sagte allerlei Verliebtes dicht bei ihrem Ohr – er musste schreien, da die Blasmusik so laut war, und trotzdem verstand sie die meiste Zeit nichts. Eigentlich wollte sie tanzen, dafür waren sie schließlich hergekommen; sie fand es albern, bloß so herumzusitzen, da man sich doch nicht unterhalten konnte. Er drehte ihr Gesicht zu sich, das mochte sie überhaupt nicht, und sah ihr tief in die Augen, redete auf sie ein, sie nickte und lächelte, wohlerzogen, obwohl sie nichts verstand. All diese Liebesbekundungen bei dem ohrenbetäubenden Krach schienen ihr ein wenig fehl am Platz, aber sie nickte und lächelte. Als sie wenig später das Dorffest verließen, legte er glücklich den Arm um sie. Morgen wollen wir es meinen Eltern sagen, rief er begeistert. Da erst begriff sie, dass sie wohl soeben Ja zu einem Antrag gesagt hatte. Sie brachte es in dieser Nacht nicht fertig, ihm zu gestehen, dass sie ihn zwar gern habe, aber bestimmt nicht heiraten wolle; er schien so glücklich. Sie zögerte die entscheidende Aussprache einige Tage, dann Wochen hinaus. Wenig später merkte sie, dass sie schwanger war. Da wurde sie von wilder Panik ergriffen, und plötzlich wusste sie ganz sicher: Auf keinen Fall will ich dieses Kind, ich will auch diesen Jungen nicht heiraten, ich will hier nicht bleiben, nicht in Thüringen, nicht in dieser Gärtnerei, das ist nicht das Leben, das ich mir wünsche – ich will frei sein, nur weg hier, und alles soll ungeschehen sein. – Der junge Mann, der sich mit ihr verlobt glaubte, war verletzt und gekränkt, als sie ihm dies mitteilte, abrupt, impulsiv, plötzlich ganz ohne Rücksicht auf Konvention und seine Gefühle. Sie nahm dann eine Abtreibung vor, allein im Gewächshaus; er besorgte ihr eine schematische Zeichnung von Form und Lage ihrer Gebärmutter; die Stricknadeln verschaffte sie sich selber. Wohl erst viel später wurde ihr bewusst, welch großes Glück sie gehabt hatte, unbeschadet zu überleben. Es war ein Schock, eine schreckliche Erfahrung, über die sie auch in späteren Jahren lange schwieg. – Sie hatte zum ersten möglichen Termin gekündigt und war geflohen, sobald sie wieder sicher auf den Beinen stand.

In Köln – weit genug von Suhl weg – hatte sie sich auf die Stellenausschreibung eines Blumengeschäftes beworben. Diesen Job verlor sie nach wenigen Wochen, weil sie, bodenlos naiv und gutgläubig, einem Betrüger die Tageskasse ausgehändigt hatte. Der Mann hatte seriös ausgesehen und sich als Vertreter der «Oberpostdirektion» bezeichnet, die die Einnahmen überprüfen müsse.

Sie hatte jedoch schon vorher damit begonnen, abends Vorlesungen an der Universität zu besuchen. Das sollte sie ihrem alten Traum vom Schriftstellerleben näher bringen, den sie nie aufgegeben hatte. Überall, wo sie angestellt gewesen war, hatte sie in ihrer freien Zeit versucht zu schreiben, aber es war nicht einfach, nach langen Tagen mit zum Teil harter körperlicher Arbeit abends noch etwas zustande zu bringen, und sie kannte niemanden, der auch nur entfernt mit Literatur zu tun gehabt hätte. Die unglückselige Verlobung hatte den Wunsch nach einem anderen Leben in ihr verstärkt, und als der Inhaber des Blumengeschäftes sie hinauswarf, beschloss sie, das Gärtnern einstweilen aufzugeben und sich irgendwie, wie auch immer, der Welt des Schreibens zu nähern. Erst einmal wolle sie sich jetzt als Gaststudentin an der Kölner Uni einschreiben, unterbreitete sie ihrer Mutter, trotzig; die schlimme Geschichte in Thüringen behielt sie für sich. Und wer soll das bezahlen?, rief Else verstört.

In dieser Situation kam Luscha die finanzielle Großzügigkeit eines vermögenden Onkels zugute, der sich von Zeit zu Zeit um ihre verwitwete Mutter kümmerte, sie in finanziellen und praktischen Angelegenheiten zu beraten pflegte. Vielleicht hatte Luscha den Onkel Karl von ihren Studien- und Schreibwünschen überzeugen können, wahrscheinlicher ist, dass Mutter Else ihm ihre Sorgen über die vagabundierende Tochter anvertraut hatte. Jedenfalls unterhielt Onkel Karl Luscha ein gutes Jahr lang, während sie sich als Gaststudentin in die Kulturwissenschaften stürzte und nebenher etwas Zusammenhängendes zu schreiben versuchte. Vermutlich hatte die Gutherzigkeit des Onkels Hintersinn; wahrscheinlich hoffte er mit und für Else, dass Luscha auf diese Weise in einem anderen als dem handarbeitenden Milieu den zukünftigen Ehemann finden werde. Seine Großzügigkeit hatte nur einen Haken: Er setzte Luscha keine feste Monatssumme aus, sondern überreichte ihr von Zeit zu Zeit Schecks in unterschiedlicher Höhe. Sie war ihm sehr dankbar, gewiss, aber sie litt unter dieser Form der Abhängigkeit, und sie wand sich jedes Mal, wenn das Geld zur Neige ging, und zögerte den Zeitpunkt neuen Bettelns hinaus. Warum konnte er ihr nicht klipp und klar sagen: Ich werde dich so und so lange in dem und dem Umfang finanzieren – bis dahin musst du etwas veröffentlicht haben oder eine neue Stelle antreten? In dieser Form war es einfach demütigend.

Aber sie nutzte die Zeit, um endlich «*ihr Abitur nachzuholen*», indem sie Vorlesungen zu Literatur, Theater, Kunstgeschichte besuchte.

Dabei begegnete sie meinem Vater.

Walter Schenk war drei Jahre jünger als sie, 1911 geboren, ein Jüngling von gerade einmal zwanzig Jahren, der ihr allerdings reifer vorkam. Er hatte im März 1930 Abitur gemacht und studierte Kulturwissenschaften: Philosophie, Geschichte, Germanistik, Soziologie, Theater- und Zeitungswissenschaft, Völkerwissenschaft. Offenbar beeindruckte ihn die emanzipierte und weltläufige Frau, als die sie ihm erschien. Frauen waren damals an der Uni noch eine bestaunte Minderheit (im WS 1927/8 lag ihr Anteil in Köln bei 12 %, er stieg in den folgenden Jahren leicht an, bis im Jahre 1933 die Nazis eine Quote von 10 % für Studienanfängerinnen festsetzten). Seiner Jugend entging zunächst, dass vieles an ihrem scheinbaren Selbstbewusstsein nichts anderes als forsch überspielte Unsicherheit war. Allerdings war sie eine eigenwillige und kraftvolle Frau, eine Rebellin, die gegen ihre konservative Herkunft und die konventionelle Frauenrolle opponierte, die auch nach drei Wanderjahren noch immer neugierig auf das Leben war und risikofreudig genug, obwohl sie das schon manches Mal teuer zu stehen gekommen war – oft, wenn sie eigentlich Angst vor Neuem verspürte, sprang sie eher vorwärts ins Ungewisse als zurück. Sie sah gut aus, auf eine unpretentiöse Art, ohne jede Affektiertheit, blond, widerspenstig gelockt, blauäugig, schlank und sportlich. Sie kleidete sich eher nachlässig (das kostbare bisschen Geld war ihr viel zu schade für Äußerlichkeiten); sie war temperamentvoll, gab sich mal burschikos, mal spröde, und vor allem war sie wie er leidenschaftlich begeistert von der Literatur.

Anfangs stellte er ihr auf die klassische Weise nach, indem er sich hinter einem Freund versteckte; sie folgten ihr eine Weile zu zweit und tarnten ihr Interesse jeder hinter dem des anderen, als sie sie ansprachen. Das Dreiergespann war Teil einer Clique, die gemeinsam an der Universität herumzog, aber bald schon wurde klar, dass sie ihn bevorzugte.

Sie waren Kumpel; sie besuchten die gleichen Seminare, diskutierten über Bücher, philosophische Theorien und den Sinn des Lebens; sie trafen sich manchmal im Cafe, noch häufiger –

da auch eine kleine Tasse Kaffee Geld kostete – zu langen Spaziergängen am Rhein, sie lasen sich Gedichte vor, erst fremde und dann auch eigene Texte. Sie fand ihn intelligent und sehr belesen, war beeindruckt von seinen brillanten Formulierungen und seiner hinreißenden Art zu erzählen; sie mochte seinen Witz und Charme, auf die sie in ihrer kessen Art gern einstieg. Beide lachten sie damals noch viel. Walter – sie nannte ihn «Wälti» – war groß und breitschultrig, trug das dunkle Haar an der Seite gescheitelt und glatt und streng nach hinten gekämmt, seine nachdenklichen Augen, grüngrau, schauten durch große kreisrunde Brillengläser. Es war nicht nur seine Intelligenz und Schlagfertigkeit, die ihr gefielen, sondern mehr noch die Nachdenklichkeit, eine große Sensibilität und auch Weichheit, die sie dahinter fühlte. Er konnte aber durchaus auch ein bisschen großsprecherisch sein, sehr von sich überzeugt, manchmal gefiel er sich in der Rolle des Dandys, mit flachem Strohhut, ein Spazierstöckchen schwenkend, während er Mackie Messers Song aus der Dreigroschenoper pfiff. Er wanderte jeden Tag quer durch Köln von seinem Elternhaus in Lindenthal zu den Universitätsgebäuden am Rhein, eine Stunde hin, eine Stunde zurück, da er sich das Geld für die Straßenbahn nicht leisten konnte. Sie wohnte, bescheiden möbliert, bei einer Wirtin im alten Universitätsviertel, bei ihrer «*Schlummerolschen*», wie man damals sagte.

Platonisch ist das Verhältnis sicher nicht lange geblieben. Sie deutete später manchmal etwas an, in der Art von «an diesem Tage lasen sie nicht weiter», von einem Ausflug auf dem Rhein, nach einer Exkursion des Zeitungswissenschaftlichen Instituts, einer Begebenheit im Ruderboot, einem Picknick zu zweit danach, noch vier Jahrzehnte später ganz leicht errötend, obwohl er doch keineswegs ihr erster Mann war. Und er spielte vermutlich auf die nämliche Begebenheit an, als er ihr, sechzehn Jahre später, als Hilfsarbeiter auf einer Baustelle am Rhein nach Detmold schrieb, wie nah sie ihm hier sei, am Flussufer, «... *wo doch für uns gewissermaßen historisches Gelände ist*» – die Erinnerung an die lange Geschichte ihrer Liebe gegen seine Düsternis heraufbeschwörend.

Er nannte sie «Luscha», da sie ihren Taufnamen Herta überhaupt nicht mochte. «*Ich war als Knabe konzipiert*», heißt es in ihren Lebenserinnerungen, «*und so stur hatten sich meine El-*

tern in diese Wunschvorstellung hineingesteigert, dass sie, als ich mir den Spaß machte, in weiblicher Aufmachung zu kommen, noch nicht einmal einen Mädchennamen für mich parat hatten ... Ich bin sicher, dass ‹Herta› Knall auf Fall an den Haaren herbeigezogen wurde ... Herta – diese preußische Schnoddrigkeit! Ein Name, den man niemals zärtlich flüstern konnte, ein Name wie Hundegebell, viel schlimmer noch: wie ein Maschinengewehr.» Für ihn war sie «Luscha»; ursprünglich erfand er ihr diesen Namen, ein Anagramm aus «Herta Schulz», als Nom de plume für sie. Irgendwann würde sie so etwas brauchen, meinte er, als werdende Schriftstellerin, denn «Herta Schulz» klinge nun einmal nach gar nichts. «Wie gefällt dir also ‹Luscha Hertz?›» («Luschaherz» ließ sich aufs Schönste zärtlich flüstern.) Zwar kam «Luscha» nie so recht als Schriftstellername zur Verwendung, aber es wurde sein Kosename für sie, niemand anders sollte sie so nennen dürfen.

Walter war das vierte von sieben Kindern des Kaufmanns Hermann Schenk und seiner Frau Franziska, geborene Vockeroth: ein älterer Bruder, zwei ältere Schwestern, drei jüngere Schwestern. Beide Eltern stammten aus der Schicht des Kleinbürgertums, die durch die Nachkriegs- und Inflationsjahre in größte wirtschaftliche Bedrängnis geriet. Zuvor waren sie auch nicht gerade wohlhabend gewesen, hatten aber ihr Auskommen gehabt. Der Vater verschuldete sich in den späten 20er Jahren zunehmend, während er verbissen um sein Geschäft kämpfte und am Bankrott entlangtaumelte. Zeitweilig hielt nur die Unterstützung zweier Tanten, Vaters Schwestern, die im Bergischen Land ein etwas besser gehendes Wäschegeschäft führten, die neunköpfige Familie über Wasser. Die Mutter Franziska soll ursprünglich eine fröhliche und sinnenfreudige Frau gewesen sein, der die Lebensfreude aber nach und nach durch wirtschaftliche Not und die fromme Verachtung der Schwägerinnen ausgetrieben wurde; sie hielten Franziska für nicht tüchtig genug, missbilligten insbesondere, dass sie zu viel Zeit mit müßigem Lesen verschwende – Romane! zum bloßen Vergnügen! –, während die Schwägerinnen ihrerseits einem strengen, sinnenfeindlichen Protestantismus anhingen, in dem auch ihr Bruder Hermann, Franziskas Mann, Walters Vater, erzogen worden war. Sittlicher Ernst! Das bedeutete: kein Alkohol, kein Tanz, keine Musik, kein Kartenspiel und wenn schon Lesen, dann ausschließlich erbauliche Traktate. Von Franziskas Kindern ist vor allem ein Bild überliefert: die Mutter, wie sie lesend in der Küche steht, über den Tisch gebeugt, während es hinter ihr auf dem Herd unbeachtet in Töpfen und Pfannen köchelt, brutzelt, vielleicht sogar anbrennt, weltvergessen, beide Arme auf der Tischplatte abgestützt, auf einem Bein, das andere abgewinkelt auf dem Küchenstuhl. Niederzusitzen, mitten am Tag, hätte sie nie gewagt; sie musste die geschmähte Beschäftigung jederzeit unterbrechen können.

Von der Mutter muss Walter die Liebe zum Lesen geerbt haben. Er las schon während seiner Schulzeit fast ununterbrochen und wurde von seinem Deutschlehrer, der ihm Lektüre lieh, intensiv gefördert. Auch Walter träumte in diesen frühen Jahren vom Schreiben, wollte Schriftsteller oder wenigstens Journalist werden, er verfasste Kurzgeschichten und sparte jeden Pfennig, um die ersten gehefteten Ausgaben expressionistischer Dichter zu erwerben. Er war, was die geisteswissenschaftlichen Fächer betraf, ein herausragender Schüler, aber ohne Interesse für die Naturwissenschaften und ein vollständiger Versager in Mathematik, prahlte noch später vor uns Kindern manchmal damit, wie er sich während der Mathestunden mit anderer Lektüre beschäftigt habe, im Einverständnis mit dem Lehrer, der ihn ganz aufgegeben hatte. Von seinen Geschwistern war er der Einzige, der zur Universität ging. Der Vater konnte ihm dabei weder finanziell helfen, noch gab es in der weiteren Familie irgendwelche akademischen Vorbilder, die ihm den Weg hätten ebnen oder ihm auch nur gelegentlich hätten raten können. Als er 1930 Abitur machte, waren die Zukunftsaussichten für seine Generation trostlos; es war die Zeit gehäufter Abiturienten-selbstmorde. Viele junge Menschen ertrugen die Perspektivlosigkeit des vor ihnen liegenden Lebens nicht. Und auch das Studium schien nur eine Warteschleife, die darüber hinwegtäuschen sollte, dass die Mehrzahl von ihnen weder Beschäftigung noch Lebensunterhalt finden würde.

1931/32 – die erste Zeit ihrer Liebe –, eine sonnige, eine idyllische Zeit? Einerseits. Andererseits war es auch eine Zeit der Geld- und Zukunftssorgen. Die ihnen allerdings in dieser Lebensphase noch nicht so viel ausmachten; sie waren jung, sie waren begabt, sie waren verliebt, sie glaubten an sich und daran, dass sie es schaffen würden, jedes von ihnen einzeln, vielleicht auch irgendwann sie beide gemeinsam. Manchmal versäumte er Vorlesungen, weil es für ihn Gelegenheitsarbeit auf dem Bau gab, dann fertigte sie für ihn Mitschriften an; abends saßen sie in Luschas Bude beisammen, tranken Tee und besprachen sehr ernsthaft die Inhalte.

1931/32 – eine freundliche, romantische Zeit? Was ihre persönliche Biographie angeht: gewiss. Wie aber sah es um sie herum aus? Was nahm ein junges Paar, im Kokon der illusionären Ideen über die eigene Zukunft, von der sozialen Wirklichkeit um sich her wahr, außer dem, was sie hautnah an sich selbst erlebten: Geldnot, Wirtschaftspleiten, Verschuldung, Armut, eine ungewisse Zukunft? Unsicherheit und politisches Durcheinander waren nichts Neues, besonders Merkliches für sie, das hatte sie schließlich von früher Kindheit an begleitet. Luscha war erst zehn und Walter nur sieben Jahre gewesen, als die Katastrophe des Ersten Weltkriegs in die Wirren der Nachkriegszeit überging. Luscha hatte als Kind den sozialen Abstieg ihrer Herkunftsfamilie erlebt, den mühsamen Kampf ihres Vaters, des ehemaligen kaiserlichen Majors, um den Erhalt seines Selbstrespekts, ein unfreiwilliger Frühpensionär ohne nennenswertes Einkommen, der sich erfolglos als Obstbauer und Geflügelzüchter versuchte. Walter war als Schuljunge Zeuge des vergeblichen Kampfes seiner Eltern gegen den wirtschaftlichen Bankrott gewesen; er war Mutters Liebling und hatte zuschauen müssen, wie sie immer trauriger und immer kränker wurde; er fühlte sich als Hoffnungsträger beider Eltern – «aus dem Jungen wird mal was, er lernt gut, er kann sich ausdrücken».

Die junge Universität Köln galt vor der Machtergreifung als eine politisch besonders liberale Hochschule. Die Mehrzahl der Dozenten war parteipolitisch indifferent, dem Alltagsgeschehen gegenüber abstinent. Vor 1930 war Köln kein besonders günstiger Aktionsraum für die NSDStB (Nationalsozialistische Deutsche Studentenbewegung) gewesen, die dort viel schwerer Fuß fasste als andernorts, an den altkonservativen Hochschulen. Noch im WS 1930 stellte der damalige Rektor Planitz fest, die NS-Studentengruppe habe mit nur 25 Mitgliedern eine äußerst geringe Bedeutung. Von 1930 bis zum Februar 1931 war sie ganz verboten.

Im Sommersemester 1931 gab es Krawalle an der Universität

Köln: Die NS-Studenten hatten für den Jahrestag des «Schandvertrages von Versailles» eine Kundgebung organisiert und den späteren Reichsjugendführer Baldur von Schirach als Redner geladen; an dieser Versammlung am Kriegerdenkmal vor der Uni nahmen auch zahlreiche SA-Leute, als Studenten getarnt, teil. Polizei erschien, um die Versammlung aufzulösen, und die Studenten flüchteten in die Hochschule. In diesem Zusammenhang kam es zu Tätlichkeiten gegen den Rektor Kroll, der erschienen war, um die Studenten zur Raison zu bringen. Man skandierte: «Wer hat die Kundgebung von Versailles verboten?/Kroll, der Liebling der Roten!» Baldur von Schirach, der einen fremden Studentenausweis benutzt hatte, wurde verhaftet.

Rektor Kroll bat die Kollegen, in ihren Vorlesungen kritisch auf die Vorfälle einzugehen. Das tat u. a. Paul Honigsheim, renommierter Soziologieprofessor und Jude. Er habe seinen Studenten dargelegt, wie abträglich gewaltsame Auseinandersetzungen dem Geist der Hochschule seien, berichtete er dem Rektor später schriftlich, und seine Ausführungen seien von der großen Mehrheit im Hörsaal mit beifälligem Klopfen aufgenommen worden; nur sehr vereinzelt habe es ein Missfallen äußerndes Scharren mit den Füßen gegeben. – In dieser Vorlesung könnte auch Walter und mit ihm Luscha gesessen haben; er mochte Honigsheim und beabsichtigte, später bei ihm zu promovieren. Es ist auch nicht auszuschließen, dass Walter, allein oder mit Luscha, an der voraufgegangenen Kundgebung gegen den Versailler Vertrag teilgenommen hat, obwohl ich mir vorstelle, dass sie in dieser Zeit viel zu sehr mit ganz anderen Dingen beschäftigt waren.

Luschas Weltanschauung, ihre Einstellung zur Politik damals? Sie war nationalkonservativ erzogen; ihre Mutter stammte aus dem kapitalistischen Großbürgertum, das in der Gründerzeit zu Geld gekommen war und an Kaiser, Reich und Deutschlands Glanz und Gloria hing; ihr Vater Adolf, der Major, war vielleicht ein wenig liberaler als manch anderer preußischer Offizier, weil bürgerlicher Herkunft, aber dennoch preußisch genug, der Weimarer Republik zutiefst zu misstrauen. Luschas Rebellion gegen ihr Milieu richtete sich weniger auf seine politischen Anschauungen denn auf seine spießigen Vorstellungen von der Frauenrolle; zwar hatte sie jahrelang heftig für eine «rote» Deutschlehrerin geschwärmt, ihr aber immer hitzig die konservative Weltsicht ihres Vaters entgegenhalten. Später interessierte sie sich nach eigenen Angaben überhaupt nicht mehr für Politik: Politik war langweilig und dumm, bestand bestenfalls aus leerem Redenschwingen und war schlimmstenfalls schmutziges Geschäft. Sie interessierte sich für Literatur und Geist; sie wollte ein Künstlerleben führen!

Ich weiß es nicht mit Sicherheit, aber ich kann mir kaum vorstellen, dass sie 1931/2, in ihrer ersten Kölner Zeit, viel über Politik geredet haben. Vermutlich wurden für sie die gesellschaftlichen Ereignisse erst später so dringlich, dass sie sich zu ihnen stellen mussten. Walter verstrickte sich früher in das politische Geschehen als Luscha. Sie ignorierte die gesellschaftliche Entwicklung vermutlich sehr lange, vielleicht so lange, bis der Nationalsozialismus Ende der Dreißiger Jahre in Walters Gestalt unausweichlich auf sie zukam – und auf eine Art ignorierte sie ihn sogar darüber hinaus.

1931, so geht aus einer Chronik der Universität Köln[1] hervor, unterstützte die Mehrheit der Studierenden noch die Bestrebungen, rechtsradikale Elemente vor der Tür zu halten. Im Februar 1932 kam es dann abermals zu Krawallen. Die NSDStB hatte bei den Wahlen zum Sudentenparlament 8 von 16 Sitzen errungen – allerdings bei einer Wahlbeteiligung von nur 22 %. Im selben Jahr wurde durch eine Kampagne der Nationalsozialisten die Wahl von Professor Aschaffenburg zum Rektor verhindert; Aschaffenburg war Jude und trat von seiner Kandidatur «freiwillig» zurück, nachdem man ihn und seine Familie anonym bedroht hatte. Von da an nahm die Nazi-Anhängerschaft auch an der Uni sprunghaft zu. Vermutlich waren zur Zeit der Machtübernahme die Hälfte, wenn nicht zwei Drittel der Studenten Gesinnungsgenossen der Nationalsozialisten.

Doch während die Studenten sich politisierten, blieb die Mehrzahl der Hochschullehrer indifferent; die meisten von ihnen waren weder vor noch nach 1933 überzeugte Nazis. Dennoch haben sie, vielleicht gerade mit ihren weltfernen Vorstellungen von der Wertfreiheit der Wissenschaft und ihrer Distanz zur Tagespolitik, die ihnen den Blick auf die Dramatik der gesellschaftlichen Veränderungen verstellte, den Weg für den Nationalsozialismus bereitet. Sie vermittelten den Jüngeren jedenfalls keine Orientierung, die sie gegen die Nazi-Ideologie immun gemacht hätte.

Vor 1933 und gerade gegen Ende der Weimarer Republik gab es an der Kölner Uni überdurchschnittlich viele jüdische Hochschullehrer. Deswegen bedeutete hier die Gleichschaltung einen besonders harten Bruch mit der Vergangenheit. Obwohl die Kölner Universität für ihren liberalen Geist bekannt war, war sie die erste, noch vor den rechtskonservativen Hochschulen, die von sich aus ihre Gleichschaltung betrieb. Das ging erstaunlich schnell und glatt über die Bühne, ganz ohne spektakuläre Aktionen oder Krawalle, aber auch ohne deutlich sichtbare «nationale Begeisterung» wie anderswo. Ernst Leupold, Mediziner, Professor für Pathologie, leitete die Gleichschaltung mit einer Hand voll gleich gesinnter Dekane ein, er wurde der erste Nazi-Rektor, und es begegnete ihm keinerlei Widerstand aus den eigenen Reihen. Die jüdischen Kollegen wurden nach und nach aufgefordert, ihre Lehrstühle aufzugeben; allerdings muss man zur Ehrenrettung der übrigen Professorenschaft erwähnen, dass sie sich noch längere Zeit bemühte, verdienstvolle jüdische Kollegen zu halten.

Das war im Frühjahr 1933. Luschas und Walters Wege trennten sich schon 1932, als sie fortging, nach Berlin. Sie hatte ein Arbeitsangebot von der UFA bekommen, ein entfernter Verwandter hatte auf dem Weg über Beziehungen dort etwas für sie erreichen können. Zunächst sollte sie als Sekretärin arbeiten, später als Dramaturgie-Assistentin oder als Lektorin für Film-Drehbücher. Jubel! Berlin, das bedeutete Bohème, Verlage und Literaturszene, viele noch lebende Exemplare von ihr bewunderter Schriftsteller, eine zukunftsweisende Stelle, endlich etwas, das mit dem Bücherschreiben zu tun hatte!

Er wird es verstanden und sie nicht behindert, wahrscheinlich sogar in ihren Plänen unterstützt haben, denn in seiner Bewunderung für sie waren ihre Ambitionen mit eingeschlossen. Es hat wohl keine festen Versprechen gegeben, aber wahrscheinlich hofften beide auf eine Möglichkeit, in Verbindung zu bleiben, wieder zueinander zu kommen. Indes wurde ein Abschied für länger daraus. Während sich Luscha die Welt zu öffnen schien, sah es für Walter zunächst einmal düster aus. Er musste sein Studium unterbrechen, da er die Studiengebühren nicht bezahlen konnte. In den Ferien hatte er immer schon als Werkstudent gearbeitet, nun musste er auch während des Semesters auf den Bau. Er versuchte, auf diese Weise auch seine

Eltern finanziell zu unterstützen, der Bankrott des Vaters war nicht aufzuhalten gewesen.

Nach zwei Semestern Unterbrechung kehrte er wieder an die Uni zurück, für noch einmal zwei oder drei Semester. Es wurde immer schwieriger für ihn, da sich nach 1933 die Lehrinhalte völlig wandelten; er musste ganz von vorn anfangen, und die Aussicht auf einen Abschluss rückte in immer weitere Ferne. Viele der ihm vertrauten Professoren waren emigriert, auch der jüdische Soziologe Honigsheim, den er sich als Doktorvater erkoren hatte.

Noch eine Unterbrechung aus wirtschaftlicher Not, noch ein dritter kurzer vergeblicher Versuch – dann gab Walter Ende des WS 34/35 ohne Examen sein Studium auf. Die Hochschule war ihm mit jeder Unterbrechung fremder geworden, und er rutschte immer tiefer in eine persönliche Krise. Die Autoritäten, an denen er sich früher orientiert hatte, waren plötzlich entwertet; all das, was er früher für wichtig gehalten hatte, schien nichts mehr zu zählen, eine Umwertung aller Werte war im Gang und verunsicherte ihn tief. Wäre es in dieser Situation nicht nahe liegend gewesen, den gesellschaftlichen Kräften zu misstrauen, die den Umbruch forcierten, ihm den Boden unter den Füßen fortzogen? Doch das Gegenteil geschah. Er hatte schon lange vor der Machtergreifung der Nazis gefühlt, dass der hochgezüchtete Individualismus, der das geistige Klima um ihn her bestimmt hatte, am Ende war. Hatte ihn die dekadente Weltfremdheit der Universität nicht schon immer gestört? Wahrscheinlich, dachte er, musste wirklich etwas ganz anderes, etwas Neues und Gewaltiges kommen, um das Abgleiten der Gesellschaft in Nihilismus und Chaos zu verhindern.

Ökonomische Notwendigkeit zwang ihn, sein Studium abzubrechen, und seine Desorientierung bewog ihn, sich erst einmal freiwillig zum Arbeitsdienst zu melden. Um irgendetwas Handfestes zu tun zu haben. Er war 24 Jahre alt.

Seine Weltanschauung in diesen Jahren? In dem Lebenslauf, den er im Jahre 1947 für sein Entnazifizierungsverfahren schreibt, heißt es: «1933 *bin ich, mehr dem allgemeinen Zwang der Studentenschaft als eigenem Entschluss folgend, in Köln in die SA eingetreten.*» Vorher hatte er eher mit linken als mit rechten Ideen geliebäugelt; er las Schriftsteller aller Couleur, in seinem Bekanntenkreis gab es Freigeister, Kommunisten, engagierte Katholiken und natürlich auch Juden. Er selber war eigentlich vor allem Romantiker. *«Im Geiste der liberalistischen Hochschule aufgewachsen, spürte ich gegenüber der neuen politischen Bewegung noch zu große innere Hemmungen.»*

Genau das muss sich während seiner Zeit beim Reichsarbeitsdienst geändert haben.

5.

Ich weiß nicht viel über meine Eltern in dieser ersten Phase ihrer Beziehung, aber es ist nicht schwer, sich das Studentenleben ihrer Zeit vorzustellen, ihre beengten Verhältnisse, bei ihm das Zimmer im Elternhaus in Lindenthal – hatte er überhaupt ein eigenes Zimmer? Oder teilte er es noch mit dem Bruder? –, bei ihr das möblierte Zimmer in der Wohnung der wachsamen Wirtin.

Ich habe die alten Vorlesungsverzeichnisse studiert, um einen Eindruck von den Vorlesungen und Seminaren zu bekommen, die Walter vermutlich besuchte, und mich bei einzelnen Veranstaltungen gefragt, ob sie ihn wohl in den Jahren 1931/2 hierhin oder dorthin begleitete? Sie interessierte sich vor allem für Literatur; wenn sie in Veranstaltungen zur Soziologie, Geschichte und Philosophie auftauchte, dann wird es vorwiegend ihm zuliebe gewesen sein.

Besonders nahe sind die beiden mir in diesen Jahren, wenn ich sie mir auf ihren stundenlangen Gängen kreuz und quer durch die Stadt vorstelle. Selber Studentin an der Kölner Uni, fünfunddreißig Jahre nach ihnen – und sicher nicht zufällig mit dem Schwerpunkt Soziologie und anfangs auch Neuere Geschichte –, lief ich ähnlich viel zu Fuß; allerdings lagen zu meiner Zeit die Hauptgebäude und fast alle Institute in Lindenthal und nicht mehr, wie zu ihrer Zeit, am Rhein. Zeitweilig wohnte ich in einem Studentenheim in Lindenthal, nahe der alten Adresse seines Elternhauses – aber nichts an dieser Straße, fast nichts in diesem Viertel war nach den Zerstörungen des Kriegs und dem Wiederaufbau noch wie damals. Der Gedanke an meines Vaters Studentenleben in den dreißiger Jahren in dieser Stadt, räumlich so nah bei meinem, zeitlich Äonen entfernt, hat mich damals, falls überhaupt, nur flüchtig beschäftigt. Ich kann mich nicht erinnern, ihn dazu genauer befragt zu haben.

Ich bin wohl, schon als Studentin und auch später in meinen Kölner Jahren, unwissentlich oft auf ihren Spuren am Rhein gewandert, ohne einen Gedanken daran, dass es «*für sie historisches Gelände*» war. Ganz in mein eigenes Leben verwickelt, lief ich oft stundenlang an beiden Ufern, und im übrigen habe auch ich im Sommer manchmal mit einem Freund am östlichen Flussufer im hohem Gras gesessen, auf das Wasser geschaut und über den Sinn des Lebens geredet. Auch dort hat die Stadt ihr Gesicht völlig verändert. Nur der Fluss, immer gleich, immer anders, schwermütig und gelassen, mag dieselbe Wirkung auf die haben, die ihn betrachten.

Wenn ich damals an diesen Orten überhaupt an meine Eltern dachte, so geschah es im Zusammenhang mit aktuellen Problemen und nicht aus Neugier gegenüber ihrer Vergangenheit, die mir angesichts all meiner eigenen aufregenden Gegenwart und Zukunft sehr uninteressant schien.

Doch wenn ich heute, da ich nicht mehr am Rhein lebe, in Gedanken den Fluss entlangwandere, am liebsten am westlichen Ufer stromaufwärts, dann fällt es mir gar nicht schwer, in einem Liebespaar, das plötzlich vor mir im Schatten der Bäume auftaucht, meine Eltern zu erkennen. Er, groß und schlank, hat den Arm um ihre Schultern gelegt, sie, kleiner und schmal, den ihren um seine Hüfte. Sie gehen einige hundert Schritte vor mir den gleichen Weg, umschlungen; bleiben zwischendurch gelegentlich stehen, manchmal, weil es das intensive Gespräch verlangt; da stehen sie, einander zugewandt, debattierend, und ich gäbe etwas darum, könnte ich hören, worüber sie sprechen. Manchmal halten sie auch inne, weil sie lachen müssen über eine Bemerkung, die ich aus der Entfernung erst recht nicht verstehen kann, oder weil sie einander lang und zärtlich küssen.

Damals lag das ganze Leben noch vor ihnen; so viel Gutes schien noch möglich; es gab noch keine Verführung durch die Macht, keine Verstrickung in Politik und Schuld, noch drohte kein Zweiter Weltkrieg – was wäre in einer anderen Zeit aus ihnen geworden?

6.

Winter 1945/46. In den kalten Januartagen, eng an den rußenden Ofen gedrängt, in der Wohnung seiner Schwester Martha, schreibt Walter Tagebuch, blättert in seinen Aufzeichnungen rückwärts. «*Ich bin in der Situation eines Schülers, der sich in wenigen Tagen auf ein Examen vorbereiten und dazu notwendige Kenntnisse erwerben muss.*»

So war ihm zumute, im vergangenen Jahr, als er nach dem kurzen Wiedersehen mit Luscha von Detmold aufbrach, um sich nach Köln durchzuschlagen, in den letzten Julitagen, als das Wetter kippte und sich seine euphorisierte Heimkehrerstimmung wieder in die sonderbare Benommenheit verwandelte. Er hätte schreiben sollen: Ich bin in der Situation eines Prüflings, der sich auf ein Examen vorbereiten muss, ohne die geringste Ahnung, welcher Stoff eigentlich verlangt wird. Das denkt er, bitter, während er die vergangenen Monate noch einmal an sich vorüberziehen lässt. Manchen Abend blättert er im Tagebuch, frierend, in den ein, zwei Stunden nach der Arbeit, bevor er hundemüde ins Bett bzw. auf die Wohnzimmercouch fällt. Im Schlafzimmer nächtigen die Frauen, seine Schwestern: Martha, die Älteste, der die Wohnung eigentlich gehört, Erika, die Jüngste, und später, nachdem Erika eine eigene Wohnung gefunden hat, eine Zeit lang Ruth, die mittlere, mit Schwägerin und Baby.

«*Später geriet ich in einen Traum, in dem ich einen langen, durch hohe Mauern umschlossenen Hof zu durchschreiten hatte und in dem mannigfache Unvorhergesehenheiten und Gefährnisse mich vorzudringen hinderten. In einer unbestimmten Ferne, die deshalb auch Nähe sein konnte, glaubte ich manchmal menschliche Augen wahrzunehmen, die auf mich gerichtet waren und in ängstlicher Erwartung meine Bemühungen verfolgten.*»

Die Prüfungssituation dauert an. Aber da ist niemand, der ihm die Fragen stellt, deren Beantwortung ihm weiterhelfen könnte. Er selber müsste die richtigen Fragen formulieren, in großer Schärfe, aber er kann es nicht.

Wieder denkt er an die Tage des vergangenen Sommers, als er, aus der Kriegsgefangenschaft entlassen, Detmold hinter sich

39

ließ und mit allen Fahrzeugen, die ihm begegneten, Richtung Köln reiste, mit Lastwagen, Bauernkarren, zwischendurch auch zu Fuß, immer in Richtung Westen, einer ungewissen Zukunft entgegen. Mehrmals wurde er bis auf die Haut durchnässt, er fror, fühlte sich zunehmend entkräftet und von Darmkrämpfen geplagt. Auch die verbliebenen Opiumtropfen verschafften ihm nur vorübergehend Linderung; abwechselnd schüttelten ihn Übelkeit und Hungergefühle.

Als er sich Detmold und dem Wiedersehen mit Luscha genähert hatte, war Bilderbuchsommer gewesen; als er von dort aufbrach, kippte das Wetter. Wie hätte es anders sein können? «*Seit dem frühen Morgen zäher Regen, der sich im zunehmenden Wind oft zu Güssen steigert. Dazu dichter brodelnder Nebel. Reißt der Sturm ihn auf, zeigt der Himmel schwarze Wolkenmassen in schneller Fahrt. Der Teutoburger Wald wirkt in solchem Wetter noch so elementarisch, wie er den römischen Kohorten vor 2000 Jahren erschienen sein muss.*»

Die zerstörten Städte stehen in seltsamem Kontrast zur üppigen Fülle der Natur. Sanft geschwungene unversehrte Landschaften ziehen vorüber, dunkle Wälder, die unberührt aussehen, träumerisch, als sei nichts gewesen, abgemähte Wiesen und erntereife Weizenfelder, idyllisch wirkende Dörfer. Dann wieder, wie ein Keulenschlag, geht es durch zerfetzte Städte, zwischen schwarz ausgebrannten Ruinen hindurch, Hauswände mit leeren Augenhöhlen, bloße Geisterkulissen, vor denen Menschen im Schutt wühlen, dünne Kinder, ernste Mädchen und Frauen in ausgebeulten Hosen, mit Kopftuch. Sie schauen kaum auf, emsig beschäftigt damit, irgendwelche Habseligkeiten auf Schubkarren und in ausgediente Kinderwagen zu sortieren.

Im Postwagen eines überfüllten Zuges, erschöpft von der Reise, den aufdringlichen Eindrücken, fährt er am Abend des dritten Tages in Köln ein und schafft es gerade noch, vor der Sperrstunde die Wohnung seiner Schwester zu erreichen, froh, das Mietshaus unzerstört zu finden, sie in der gewohnten Umgebung anzutreffen. Martha nimmt ihn freudig auf. Wieder einer, der lebt, der davongekommen ist. «*Ein Sessel*», notiert er glücklich, «*Tee, Zigaretten, Gespräche und Pläne bis in die Nacht.*»

Erleichtert kann er sich für den Augenblick fallen lassen. Er verbringt zwei Tage auf der Couch im Wohnzimmer, versucht, Kräfte zu sammeln, die er brauchen wird, um sich kommenden Aufgaben zu stellen. In den lebhafteren Phasen zwischen Schlafen und Dösen durchstöbert er begehrlich Marthas Bücherschrank und stößt zwischen Trivialem und Ungenießbarem auf unerwartete Schätze, Prosa von Stifter, Gottfried Keller, C. F. Meyer, Lyrik von Stefan George. Er blättert nur in den Bänden, sortiert sich einen kleinen Stapel aus, den er in den kommenden Wochen zu lesen beschließt. Er findet etwas wie Sicherheit bei dieser aus Schüler- und Studententagen vertrauten Literatur, Bewährtes, das ihm helfen soll, an einem früheren Ich wieder anzuknüpfen. Wohlgemerkt, er blättert nur, er kann sich nicht wirklich vertiefen – zu schwach noch, zu krank, so erklärt er sich das. In Wirklichkeit ist er erfüllt von einer gewaltigen namenlosen Unruhe.

Nach wenigen Tagen des Atemholens rappelt er sich auf, macht sich auf die Füße, um die Voraussetzungen für seine bürgerliche Existenz zu schaffen: ohne legale Aufenthaltsgenehmigung keine Lebensmittelkarte. Das wichtigste Papier, die kleine Bescheinigung «ist unbelastet aus der Kriegsgefangenschaft entlassen», bekommt er ganz unbürokratisch von einer freundlichen jungen Angestellten zugesteckt, ohne weitere Formulare ausfüllen zu müssen. Er hat einfach ein bisschen mit ihr geflirtet und über das alte Köln geplaudert. Dann folgen die verschlungenen Wege von der Entlassungsstelle für Kriegsgefangene zur polizeilichen Anmeldung, von dort zum Einwohnermeldeamt, zuletzt zum Arbeitsamt.

Der Anblick der zerbombten Stadt verstört ihn tief. Zwar ist er Zeuge gewesen, wie Berlin Zug um Zug in Schutt und Asche versank, aber von der Stadt seiner Kindheit und Jugend hatte er bis zu seiner Rückkehr ein unversehrtes inneres Bild mit sich herumgetragen. Im Herzen Kölns ragt allein der Dom noch aufrecht aus der Steinwüste, umgeben von bizarren Häusergerippen, von Schutthügeln und -bergen, aus denen Eisenträger, Drahtgewirre, Röhren, verkohlte Bretter und Balken kreuz und quer in den Himmel ragen. Manche der alten Hauptstraßen sind freigeräumt, rechts und links türmen sich die Schuttwälle, die sauber gefegten Wege muten grotesk an inmitten der unbeschreiblichen Zerstörung. Verbreitete Verkehrsmittel sind Schubkarren, Kinderwagen, nur manchmal sieht man Pferdekarren oder stolze Fahrradbesitzer, ganz selten Autos, meist Jeeps der Besatzer. Kreuz und quer durch die Trümmerlandschaft haben sich die hin und her wuselnden Menschen ganz neue Trampelpfade gebahnt, die nichts mit dem alten Straßenverlauf zu tun haben, und manchmal steht er, der jeden Winkel Kölns kannte, ratlos in dieser gespenstischen Umgebung – muss ich nun nach rechts oder links? Wo bin ich hier überhaupt? Immer noch sind die Leute damit beschäftigt, irgendetwas Brauchbares aus dem Schutt herauszuwühlen, mit Eisenstangen oder den bloßen Händen: angekokelte Holzbalken, Reste von Hausrat. Lange Menschenschlangen bilden sich an den Hydranten, denen man Wasser entnehmen kann, blasse Frauen, magere Kinder mit zu großen, vorne klaffenden Schuhen. Manchmal stehen mehrere Frauen in einer Kette, reichen einander Steine, behauen sie, schichten sie zu kleinen Quadern auf. Er stolpert dahin zwischen Trümmerhaufen, zerborstenen Betonplatten, Mauerresten, zwischen den flachen Scheiben einsamer, zwei oder drei Stockwerke aufsteigender Hausfassaden, mit zerbrochenen Fensterscheiben, auf der Innenseite kann man noch bis hoch hinauf die Tapetenmuster erkennen – was ist aus den Menschen geworden, unter denen die Fußböden wegstürzten oder verbrannten? Hohle Kellergewölbe, mit Vorhängen verhängt – hier leben noch oder wieder Menschen! Viele Schuttberge sind schon mit Büschen und Sträuchern bewachsen, Trümmerflora; Verwitterung, Begrünung und Bemoosung der Ruinen sind wie Jahresringe, an denen man rückwärts nachvollziehen kann, in welchen Schritten sich die Zerstörung der Stadt unter den Wellen der Bombardierung vollzog.

In Lindenthal ist sein Elternhaus, ist mit ihm das ganze Viertel drumherum verschwunden. Die Eltern selber sind schon seit Jahren tot – soll er «zum Glück» denken?

Es ist dieselbe Stadt und doch eine andere, schmerzlich verwirrend, so wie er derselbe und zugleich ein anderer ist. «*Verweigere mir bewusst, die Summe der Zerstörungen zu errechnen, da sie gebieterisch die politische Bilanzierung fordert, der ich mich noch nicht gewachsen fühle, da zu viel Persönliches, Nichtüberwundenes in einer derartigen Abrechnung aufscheinen würde.*» Heißt das: Ich wage es noch nicht, richtig hinzuschauen? Ich fürchte mich davor, das alles wirklich bis an seinen Rand zu begreifen – und wie könnte ich, der ein Teil des Zerstörten ist, mich zugleich außerhalb davon stellen und es in seinem vollen Umfang begreifen – Vielleicht hat so oder so ähnlich 1945/46 die ganze Nation gedacht, in dumpfem Schock, als der Lärm der letzten Sirenen verklungen war und sie betäubt aus den Bunkern, den Ruinen hervorkrabbelte.

Das Arbeitsamt weist ihm eine Stelle als Hilfsarbeiter beim britischen Kommando zu, Schutt räumen im Südwesten der Stadt, dazwischen gelegentliche Dolmetscherdienste. Als Erstes wollen die Briten das Fußballstadion für ihre Jungs in Stand gesetzt bekommen. Nebenher arbeitet er einige Tage auf einem verwucherten Gartengrundstück am Rande der Stadt, da, wo sie sich in Schrebergärten, in wüste Lagerplätze und Notwohnungen, behelfsmäßige Unterkünfte für Ausgebombte und Flüchtlinge auflöst. Hier rodet, gräbt und jätet er allein, vom späten Nachmittag bis zum Einbruch der Dunkelheit, die aufgewühlten Gedanken besänftigt von entfernten Geräuschen, die der Wind ihm herüberträgt, das Pfeifen rangierender Waggons auf dem Güterbahnhof, das Schreien spielender Kinder.

Abends betrachtet er dann die Fotos seiner Kinder: Tordis, vier Jahre, zu ernst für ihr Alter, schmal, viel zu mager, mit großen wissenden Augen; Gunild, drei Jahre, lange, blonde Locken um das eckige Gesichtchen, ein ängstlich-schüchterner Blick – wo ist nur das runde Baby von vor zwei Jahren geblieben, das er liebevoll «kleiner Quellmatz», «dicke Popenfrau» nannte? Dann Silke, zwei Jahre, freundlich lachend, gutgläubig, scheinbar unbeschwert, sie wirkt noch bewahrt und gut aufgehoben in ihrem Babyspeck; schließlich Klein-Arnild, die ihnen so viel Sorge macht, ein Jahr alt, schlaff in Luschas Arm, einen uralten Blick von sehr weit her auf den Betrachter gerichtet. Die Fotos beruhigen und schmerzen ihn zugleich. Dass sie ohne ihn älter werden, jetzt schon wieder ganz andere sein werden als die hier abgebildeten Kinder, dass er sie nicht beschützen kann.

Zweieinhalb Stunden Weg zum Arbeitsplatz sind auf Dauer einfach zu weit, das Ganze zweimal täglich, es strapaziert auch seine dünnen Schuhsohlen zu sehr, und er besitzt nur dieses eine Paar. Täglich muss er vor fünf aufstehen, und abends schafft er es nur mühsam, vor neun wieder an der Deutzer Behelfsbrücke zu sein, bevor sie für die Nacht gesperrt wird. Jeden Tag läuft er über diesen «Tausendfüßler», den die Besatzer bauten, die einzige Verbindung zwischen den Rheinufern. Alle drei Kölner

Brücken sind zerstört; die Reste der alten Deutzer Hängebrücke liegen in großen Brocken neben der Behelfsbrücke im Strom, ragen wie bizarre Ungetüme aus Beton und Stahl aus dem Wasser, und weiter südlich ist die Hohenzollernbrücke an beiden Ufern in die Knie gegangen, als ihr Mittelstück weggesprengt wurde, hüben zwei und drüben drei Bögen, schön geschwungen, versinken nach wenigen Metern im Strom.

Er bemüht sich um einen besser erreichbaren Arbeitsplatz und bekommt vom Arbeitsamt eine Stelle beim Bau zugewiesen, mitten in der Stadt.

Er fürchtet sich noch immer vor Denunzianten. Als SS-Angehöriger wäre er normalerweise in Internierungshaft gewandert und erst nach gründlicher persönlicher und politischer Überprüfung entlassen worden, falls überhaupt. Er war zuletzt immerhin SS-Sturmbannführer, und er hat in Lemberg die SD-Dienststelle für den Distrikt Galizien geleitet. Deswegen steht sein Name zumindest in der sowjetischen Besatzungszone auf der Fahndungsliste. Sein Vorarbeiter, ein sympathischer wacher Mann, beobachtet ihn einige Tage aufmerksam, nimmt ihn dann beiseite. «Mit dir ist doch was. Haste was auf dem Kerbholz?»

«Wie man's nimmt», sagt er. «Meiner Meinung nach: nein, aber andere würden vielleicht meinen: doch.»

«Politisch? Wirste gesucht?»

«Ich nehme es an.»

«Du bist in Ordnung», sagt der Vorarbeiter, «du kannst dich auf mich verlassen, wenn ich was von Polizei sehe, pfeif ich dir.» Er schiebt probeweise Daumen und Zeigefinger in den Mund. «Alles klar?»

Seine Nervosität erweist sich als überflüssig; es kommt keine Polizei, und er wird auch nicht denunziert. Stattdessen setzen im Oktober Regen und Kälte ein, die eisige Zugluft unter dem Brückenbogen macht ihm zu schaffen, wo sie endlos Betontrümmer zerkleinern und zum Abtransport auf Waggons laden. Während besonders heftiger Regengüsse flüchten sie in die Baubude und sitzen um den rauchigen Ofen. Dann beobachtet er die Kollegen, beteiligt sich vorsichtig, ohne zu viel von sich preiszugeben, an ihren Gesprächen, immer geht es um früher und jetzt, wem es wie ergangen ist und was nun werden soll, um die nackte Existenz. Er fühlt sich nicht unwohl in diesem zusammengewürfelten Haufen, in dem es mehr Entwurzelte als wirkliche Arbeiter gibt. Obwohl ihm die anderen sicher anmerken, dass er die letzten Jahre am Schreibtisch verbracht hat, kommen ihm seine Erfahrungen von früher zugute, aus der Werkstudentenzeit auf dem Bau. Auch das verschafft ihm manchmal die Illusion, in eine frühere Lebensphase zurückversetzt zu sein. Damals, als alles noch Zukunft war. Am desolatesten erscheinen ihm einige ältere Männer, gerade aus der Kriegsgefangenschaft entlassen, im Osten sind sie Kleinbauern gewesen und haben bei der Flucht alles verloren, auch den Kontakt zu ihren Familien, über deren Verbleib sie nichts wissen. Die reißen stumpf und mechanisch ihre Stunden ab, verfallen dabei sichtbar von Tag zu Tag. So weit darf es mit dir nie kommen, ruft er sich innerlich zu, aber so kann es dir auch nie geschehen, denn deine Familie lebt, du weißt, wofür du lebst, und wenn es noch so hart ist, hoffnungslos wird es nie werden. Unser Leben darf nicht auf dieser Stufe bleiben.

An Weihnachten 1945 ist er mit der Schwester Martha allein, zu zweit sitzen sie wortlos vor ein paar Kerzenstümpfen; er müht sich, sie sein grenzenloses Elend nicht fühlen zu lassen, denn immerhin ist sie doch da, und es könnte sie kränken, wie sehr er sich fortsehnt, nach Luscha und den Kindern; er will Luscha im Arm halten und den Kindern beim Spielen zuschauen, sie auf den Schoß nehmen. Nur Körpernähe, animalische Wärme könnte ihn trösten an diesem Tag, der ihm als Tiefstpunkt seines Lebens scheinen will. Während sie, beide mit ihren eigenen Gedanken beschäftigt, in das spärliche Flackern starren, ereignet sich doch noch so etwas wie ein kleines Weihnachtswunder. Überraschend taucht am späten Abend ihre Schwester Ruth mit einem Baby auf, begleitet von der Schwägerin Ilse – Ruth zurück aus Norwegen, wo sie Lazaretthelferin war. Den Vater ihres Kindes hat keiner von ihnen kennen gelernt. Er war Soldat, sie verliebten sich an der Front und heirateten gleich; wenige Wochen später war er schon gefallen.

Im Januar verlässt Walter die Baufirma, wegen ständiger neuralgischer Beschwerden, Schmerzen im linken Arm, Sehnenscheidenentzündung in der rechten Hand und andauernder Kopfschmerzen. Der Arzt konstatiert polyneuralgische Beschwerden, stellt eine beträchtliche Einschränkung der Arbeitsfähigkeit fest. Doch anderntags läuft er schon herum und findet neue Beschäftigung, in einer Montagekolonne, die die Dächer der zerstörten Fabrikhallen der Humboldt-Werke in Kalk ausbessert. Es hat sich von der Arbeit in der Halle weniger Zugluft versprochen, dafür frieren sie an den kalten Tagen fast an der Eisenkonstruktion der Decke fest. Immerhin ein kürzerer Arbeitsweg, dazu gut bezahlt, ganze 95 Pfennig die Stunde, außerdem zwei Lebensmittelzulagekarten. Leider ist er nicht ganz schwindelfrei und steht grässliche Angst aus oben unter dem Dach. Er vertraut sich seinen Arbeitskameraden an, die Verständnis zeigen und ihn unter der Decke anbinden. Doch als der Vorarbeiter das bemerkt, verliert er den gut bezahlten Arbeitsplatz in der Montage und wird in eine andere Kolonne gesteckt.

«Stadt und Stimmung grau in grau; die Gewissheit einer Kürzung der Rationen liegt wie ein schwerer Druck auf allen.»

Er absentiert sich, so häufig es eben geht, in der kleinen Wohnung, in der inzwischen auch die Schwester Ruth mit ihrem Baby und Ruths Schwägerin Ilse Unterkunft gefunden haben. Ihrer aller Leben spielt sich abends wie am Wochenende in der Küche und im Wohnzimmer ab; nur nachts verziehen sich die anderen ganz ins Schlafzimmer. Die Müdigkeit und der Lärm sind seine größten Feinde am Abend; er versucht das Geschrei des Kindes, die häufig angespannten Wortwechsel der Frauen, das ständige Geplärre des Volksempfängers zu überhören, wenn er in einer Ecke liest und schreibt, lange Briefe an Luscha oder Eintragungen in sein Tagebuch. Das gelingt nicht immer. Nachts, eher gegen Morgen, liegt er manche Stunde wach auf der Couch, die Augen geschlossen, und lässt Bilder aus den vergangenen Jahren vorüberziehen. Sein früheres Leben scheint ihm ebenso unwirklich wie sein Leben jetzt. Er versucht, die inneren und äußeren Begebenheiten der Vergangenheit zu ordnen, ihnen einen Sinn zu geben – ab wo und wann hat alles begonnen, falsch und schief zu werden?

«Seit Mitte Januar können wir im Wohnzimmer, wo ich sitze und schlafe, wieder nicht heizen, weil der Sturm gegen die Fensterseite rennt und die Wärme aus dem Kamin treibt.»

Zwei Fensterscheiben sind zerbrochen, in einem Rahmen fehlt das Glas völlig; sie haben Pappe davor geklebt und Sperrholzplatten dagegen gestellt, Lumpen entlang der Fensterrinne gestopft – der eisige Luftzug findet dennoch hindurch. Er geht wegen der Kälte in diesen Tagen meist schon vor neun Uhr abends zu Bett, versucht noch ein bisschen zu lesen. Aber er friert, friert jämmerlich, auch weil ihn hungert. Das Buch fällt ihm aus der Hand auf den Boden, da ist er schon eingeschlafen.

Anfang Februar verliert er seinen Arbeitsplatz, weil die Humboldtwerke seiner Baufirma wegen Einsparmaßnahmen kündigen. Wieder eine neue Stelle, wieder eine Baufirma; er fährt Steine, läd Waggons aus. Die Arbeit ist anstrengend, der Verdienst gering, die Lebensmittelzulage nicht nennenswert. Aber die Arbeitsstelle liegt auf einer schmalen Landzunge zwischen Rhein und Deutzer Hafen, unterhalb der Südbrücke, und da er oft im Freien zu schaffen hat, verbringt er auch manche Stunde am Fluss, gerät manchmal beinahe ins Träumen, wenn er den Schleppkähnen nachschaut, wenn er über Farbspiegelungen auf dem Wasser die Zeit vergisst. Damals, denkt er manchmal, früher, ganz hier in der Nähe, mit Luscha ... Aber er würde seine Lebensuhr auch dann nicht zurückstellen wollen, wenn er es könnte. Er hat sich doch in der jetzt zerbrochenen Vergangenheit immer ernsthaft bemüht, nach bestem Wissen und Gewissen, er hat es sich doch nicht einfach gemacht! Wann ist ihm eigentlich klar geworden, welch brutale Dynamik dem politischen Geschehen innewohnte, wie alles in einen schrecklichen, sich ständig selbst beschleunigenden Sog geriet, mit immer mehr Tempo auf den Abgrund zu? Im Winter 1941? Doch viele Anzeichen gab es schon vorher.

März, blassblauer Himmel, auf dem Weg zum Lagerplatz am Wasser bemerkt er die zum Platzen prallen Knospen der Büsche. Die Stadt riecht nach Staub, Kalk und Mörtel, aber er ist, «trotz mancherlei Schmerzen und vielerlei Sorgen», in vergnügter Stimmung. Vorfrühling. Frühling, weiß und gelb blühende Sträucher treiben aus den Trümmerhaufen.

Im April muss er auch diesen Arbeitsplatz aufgeben. Ständige neuralgische Schmerzen im Arm; der Arzt diagnostiziert eine Nervenentzündung, empfiehlt einige Wochen Schonung. Doch so verdient er nichts mehr, kann Luscha kein Geld schicken. Die schon zum Greifen nahe Hoffnung auf eine Anstellung in der Verwaltung, die ihm seine Schwester Erika in ihrer Firma vermitteln will, zerschlägt sich, weil der Betriebsrat keine ehemaligen NSDAP-Angehörigen akzeptiert. Er will nicht noch einmal lügen, wurstelt sich stattdessen so durch, zieht über Land, um Nützliches zu hamstern, zu tauschen, zu organisieren, zwischendurch hier und da mal eine Aushilfe, für ein paar Tage Schutträumen zumeist, Bezahlung in Naturalien. In dieser Zeit leidet er häufig an Kopfschmerzen, immer wieder, heftige Kopfschmerzen – es stellt sich dann heraus, dass sie von den Zähnen herrühren, von der Parodontose und dem vereiterten Backenzahn, der endgültig herausmuss.

Fast drei Monate ist er im Frühling und Frühsommer 1946 ohne feste Arbeit, das quält ihn über die Maßen. Immer wieder läuft er zum Arbeitsamt. Er will nicht mehr auf den Bau; wünscht sich eine Beschäftigung in der Landwirtschaft, besser für die Gesundheit und außerdem mit der Möglichkeit verbunden, ein bisschen Gemüse und Kartoffeln für beide Haushalte, den in Köln und den in Detmold, zu ergattern.

Die älteste Schwester Martha arbeitet als Sekretärin, ihr Verlobter, vor Stalingrad gefallen, schaut noch aus einem Fotorahmen von der Wohnzimmerkommode. Martha und Ruth führen den Haushalt, aber es gibt häufig Spannungen zwischen ihnen, des Kindes wegen, noch mehr wegen der Schwägerin Ilse. Wahrscheinlich haben die beiden Frauen etwas miteinander; sie tuscheln und kichern viel und nutzen jede Gelegenheit, einander anzufassen, warum auch nicht, was kann es schaden, denkt er, sich aneinander zu wärmen in dieser Zeit. Als nach einigen Monaten Ruth und Ilse eine andere Wohnung gefunden haben, wird es dann, wieder nur mit Martha allein, deutlich angenehmer.

Mitte Juli hat er endlich Glück und bekommt eine Stelle in einer großen Gärtnerei am Stadtrand. «*Mein Liebstes! Montag beginne ich in der Gärtnerei zu arbeiten, meine Hand hat sich gebessert und wird bis dahin wieder in Ordnung sein; Arbeitszeit von 7–18 Uhr, allerdings längere Mittagspause in Anbetracht der sommerlichen Mittagshitze; um 6 muss ich aus dem Hause, 25 Min. Bahnfahrt. Ein langer Arbeitstag, aber die Gärtnerei liegt, obwohl sehr stadtnahe, wie eine grüne Insel zwischen zwei Reichsautobahnen. Über den Betrieb weiß ich noch nicht viel, er ist 68 Morgen groß, davon nur ein Teil bisher bebaut, Nutzungsrechte für große Stücke grasbestandener Straßenböschungen, 6 Treibhäuser, alle ohne Glas und noch unbenutzt, Wirtschaftsgebäude, Stallungen, ohne Vieh; sehr wenig*

Arbeitskräfte. Bald erfährst du über meine Tätigkeit mehr; je-
denfalls habe ich die Absicht, die Zeit zu nutzen und viel zu ler-
nen.»

7.

Im März 1935 verließ Walter endgültig die Universität und meldete sich zum Reichsarbeitsdienst, sechs Monate landwirt-
schaftlicher Einsatz in der Eifel. Aus dem «Arbeiter der Stirn»
wurde wieder ein «Arbeiter der Faust» – jetzt allerdings war er
nicht mehr Werkstudent, sondern einer, der sein Studium abgebrochen hatte. Nach dem Arbeitsdienst, im Oktober 1935, trat
er, vierundzwanzigjährig, eine Stelle als Pressereferent beim
SD-Abschnitt Essen an, formal als «Hilfssachbearbeiter». Zu
diesem Arbeitsplatz riet und verhalf ihm, laut Lebenslauf, ein
«Bekannter», über den wir nichts weiter wissen. Wahrscheinlich hatte er ihn über den Arbeitsdienst kennen gelernt.

Ich kann nur darüber spekulieren, was ihn zu diesem Schritt
bewog. War es der Wunsch, einen Arbeitsplatz zu haben, oder
war er inzwischen von der nationalsozialistischen Ideologie
überzeugt – oder war es ein bisschen von beidem: Weil er das
eine wollte, ließ er sich von dem anderen mehr und mehr überzeugen? Während des Arbeitsdienstes muss jedenfalls ein entscheidender Wandel in ihm vorgegangen sein.

In seinem Nachkriegstagebuch, im Juni 1946, hat er einige
aufschlussreiche Anmerkungen zu seiner Biografie gemacht. Er
spricht von seinen literarischen Versuchen als Schüler und Student, von günstigen Beurteilungen dieser Versuche durch einige
zeitgenössische Literaten, unter anderen Otto Gmelin, Willy
Haas und Walter Hasenclever, von ein paar essayistischen Veröffentlichungen. Er hatte einiges von Rimbaud, Verlaine, Bau-
delaire und Edgar Allan Poe übersetzt. Doch er habe früh erkannt, schreibt er in seinem Tagebuch, dass er zu wenig originelles schöpferisches Talent habe, dass er nur analysierend und
kommentierend *über* Literatur schreiben könne. «*Meine lyri-*
schen und prosaischen Versuche hielten meiner nachträglichen
Prüfung nicht stand ... Ich lebte in einem sehr geistigen Raum
und hätte beinahe das Unglück gehabt, ein Literat zu werden.
Dann zerstörten mich Philosophie und Soziologie; ich neigte zu

Abstraktionen und zielte in meinen Anstrengungen auf Selbst-
erkenntnis, die in nihilistischen Ausschweifungen endete. Der
Boden, auf dem literarische Arbeiten hätten entstehen können,
schwankte unter mir und entzog sich ... Die Umwälzung des
Jahres 1933, die ich übrigens in sozialer und wirtschaftlicher
Hinsicht begrüßte, traf mich in anderer Hinsicht tief, da sie das
Bild unseres geistigen Lebens zerstörte und Werte und Persön-
lichkeiten eine Behandlung erfuhren wie Börsenpapiere, sie
stürzten, ungeprüft, da sie lediglich einer neuen Tendenz nicht
nachgaben. Ich erinnere mich, dass ich um Benn und andere
monatelang zitterte ... Neue Inhalte und Gestalten stiegen
nicht auf, ..., lediglich Umwertungen erfolgten, aber ihre Ak-
teure waren mir fremd und zuwider; jeder neue, mir bis dahin
unbekannte Name im geistigen Raum löste Misstrauen in mir
aus, da ich meine Kenntnis und Übersicht als fast lückenlos an-
sehen konnte ... Meine nach Gestaltung drängenden Kräfte
sammelten sich – der Prozess vollzog sich langsam und ging
durch viele Irrungen – und wirkten auf einer anderen Ebene als
der künstlerischen.» Verunsichert, weil der Boden des *geistigen*
Raumes, in dem er sich früher zu Hause gefühlt hatte, unter seinen Füßen wegbrach, erschien ihm die Rolle des *Literaten*
plötzlich als bemitleidenswert; auf der Flucht vor dem Nihilismus erschien ihm die neue Erlösungsreligion, als die der Nationalsozialismus sich anbot, attraktiv, er wollte nicht abseits im
Elfenbeinturm hocken, sondern die neue Gesellschaft *geistig*
mitgestalten.

Welche Zukunftsperspektive hatte er schon, als Studienab-
brecher in einer Zeit, in der so viele examinierte Akademiker arbeitslos waren, ein junger Mann von knapp 24 Jahren, ohne finanziellen Rückhalt im Elternhaus? Er musste endlich einen
Platz im Arbeitsleben finden. Den bot ihm nun der erst im Aufbau begriffene Sicherheitsdienst; eine neue Institution im
NS-Staat, die den Geruch des Elitären hatte, dazu mit einem Tä-
tigkeitsbereich, in dem zu arbeiten er sich oft gewünscht hatte:
im Zeitungswesen.

«Ich beabsichtigte, Journalist, Verlagslektor o. Ä. zu werden,
jedenfalls einen das öffentliche Leben geistig mitgestaltenden
Beruf zu ergreifen», schreibt er später, 1947, in seinem Lebenslauf. Den hatte er nun, wie es schien. 1933 war er, *«mehr dem*
allgemeinen Zwang der Studentenschaft als eigenem Entschluss

folgend», in Köln in die SA eingetreten; 1935, nach dem Arbeitsdienst, stellte er, jetzt aus eigenem Antrieb, den Antrag auf Mitgliedschaft in der NSDAP, *«da ich von ihr Nutzen für mein Volk glaubte erwarten zu dürfen, zu dem mein Teil beizutragen ich als meine Pflicht erachtete».* Gleichzeitig trat er, wie es für SD-Angehörige vorgeschrieben war, der SS bei.

«Dem SD war die Aufgabe gestellt, durch seine Berichterstattung der Staatsführung ein ungefärbtes Bild der tatsächlichen Lage zu vermitteln. Einen breiten Raum innerhalb dieser Berichterstattung nahm die Aufzeigung von Missständen, Korruption usw. innerhalb der Partei ein. Polizeiliche Vollmachten besaß der SD nicht; ebenso wenig konnte ich aus dem Wesen der Organisation, dem Charakter meiner Vorgesetzten oder der Art der Arbeit erkennen, dass der SD einmal Ausführender verbrecherischer Handlungen werden könnte.»

1937 wurde er mit der Mitgliedsnummer 4 583 232 in die NSDAP aufgenommen; als SD-Angehöriger war er direkt dem «Braunen Haus, Sektion Berlin» angegliedert und hatte nichts mit dem örtlichen Parteileben zu tun; offenbar hielt er sich weit gehend von SS-Treffen, Schulungen und Ähnlichem fern und konzentrierte sich ganz auf seine Arbeit beim SD. Es fällt mir auch schwer, ihn mir innerhalb von lautstarken Parteiversammlungen vorzustellen, mit ihrem demonstrativen Selbstbewusstsein, ihrem Männlichkeitskult, ihrem Wir-wissen-wo-es-langgeht-Gebaren. Es will einfach nicht zu meinem Bild von ihm passen. Und doch war es seine selbst gewählte Bezugsgruppe.

War er bei seinem Einstieg in den SD ein Mitläufer? Der Berufschance wegen ein Opportunist? Oder ein weltfremder Idealist, der die Augen vor den Vorkommnissen verschloss, die ihm nicht gefielen, sie als zwar unerfreuliche, aber leider nicht zu ändernde Randerscheinungen des Umbruchs, einer vermeintlichen Anfangsphase, beiseite schob und sich auf andere, ihm wertvoll scheinende Züge des Nationalsozialismus konzentrierte? Der Nationalsozialismus sei ihm, nach anfänglichen *«inneren Hemmungen»*, dann doch als die richtige Antwort auf die Krise der Moderne erschienen – so sagte er später einmal. Und im Entwurf zu seinem Lebenslauf, 1947, schreibt er: *«Ich glaubte zu erkennen, dass seine Kräfte sowohl bindend wie sammelnd, geschichtsgebunden wie revolutionär waren, und dieser synthetische Kern sprach mich an. Da glaubte ich, mich dieser Bewegung nicht entziehen zu dürfen oder zu können und ihr und damit meinem Volk zu dienen, indem ich meine eigene Person zur Verfügung stellte.»*

Hatte er beschlossen, mit den Wölfen zu heulen, weil er keine lebenswerte Alternative sah? Oder hatte ihn die politische Entwicklung der ersten NS-Jahre beeindruckt, überzeugte ihn die Konsolidierung der gesellschaftlichen Verhältnisse in den Jahren 1933 bis 1935? Fühlte er sich als Auserwählter? Glaubte er, das Gesicht des Nationalsozialismus mitgestalten zu können, wenn er selber in das Boot stieg? *«Ich ahnte, dass diese Bewegung Konflikte und Schwierigkeiten heraufbeschwören würde, europäische und deutsche, individuelle und allgemein-geistige, und diese Erkenntnis einer unausweichlichen Gefahr begründete meinen Entschluss. Als ich daher, nach Ableistung meiner Arbeitsdienstpflicht, 1935 ein Angebot erhielt, Mitarbeiter im SD zu werden, nahm ich aus Verantwortungsbewusstsein an.»* Diese Begründung steht im Entwurf zum Lebenslauf 1947; in der endgültigen Version hat er sie weggelassen; wahrscheinlich schien sie ihm selber für eine Rechtfertigung zu problematisch.

Wir wissen nicht viel, fast gar nichts, über Walter und sein Leben in dieser entscheidenden Zeit, zwischen 1932, als Luscha Köln verlassen hatte, bis zu ihrer Heirat im Jahre 1940, nach der sie gemeinsam in den Osten aufbrachen. Weder über seine Weltsicht noch über seinen Freundes- und Bekanntenkreis, wenig über seine Tätigkeit, nichts über sein Liebesleben.

Nur ein paar Äußerungen, dem 1947 (und damit natürlich in Rechtfertigungsabsicht) geschriebenen «Lebenslauf» und «Tätigkeitsbericht» entnommen:

«Als Pressereferent war ich nacheinander in Essen, Berlin und Aachen tätig. Meine Aufgabe war, die Presse meines jeweiligen Dienstbereiches als eigengesetzliches Lebensgebilde in ihren vielfältigen Erscheinungsformen (Tageszeitung, Zeitschrift, Fachblatt usw.) und mannigfachen Äußerungsformen (polit. Kommentar, Feuilleton, Wirtschaftsteil, kommunalpolitische Beilage, Theater- und Buchrezension u. a.) zu beobachten und in kurzen, ihr Wesen illustrierenden Beschreibungen in ‹Pressespiegeln› oder überschauartigen Darstellungen zusammenzufassen. Eine irgendwie geartete Einflussnahme auf die Presse geschah nicht und war nicht möglich. Wenn überhaupt in dieser

Arbeit eine Tendenz verfolgt wurde, dann die, die Schattenseiten der Gleichschaltungs- und Uniformierungstendenz des Propagandaministeriums immer wieder nachzuweisen und die Notwendigkeit einer Eigenarbeit der Schriftleiter zu betonen» (aus dem Entwurf zum «Lebenslauf»).

War er wirklich so naiv? Seine Berichte gingen an den Reichsführer SS. War ihm wirklich nicht klar, dass und auf welche Weise mit den von ihm zusammengetragenen Informationen Druck auf die Redakteure ausgeübt werden konnte – auch wenn nicht durch den SD selbst, dann umso mehr durch die Gestapo? In seinen Ausführungen weist er auf den immer schwelenden Konflikt zwischen SD und NSDAP hin: Seinem Selbstverständnis nach war die Partei *«auf Grund ihrer negativen Führerauslese»* ungeeignet, den Nationalsozialismus umzusetzen, und die Partei fühlte sich bedroht vom SD als einem Kontrollorgan, einem *«unbequemen und ihren Totalitäts- und Autonomieanspruch durchkreuzenden Organ»*, das der Staatsführung gegenüber berichtete und Missstände innerhalb der Partei aufzudecken bemüht war. Die Staatsführung selber und ihre Absichten werden von ihm nicht in Zweifel gestellt, jedenfalls nicht in dieser Zeit und an dieser Stelle.

Die Daten seiner beruflichen Laufbahn: 1935/36 Pressereferent im SD-Abschnitt Essen; 1936/37 Pressereferent im SD-Hauptamt in Berlin; 1937–1940 Stabsführer in den SD-Abschnitten Aachen und Dortmund, mit Aufgaben des «inneren Dienstbetriebs» betraut; 1940 schließlich Abkommandierung nach Lodz, dem damaligen Litzmannstadt.

Die nackten Fakten. Mutmaßungen: Hatte es ihn auch Luschas wegen nach Berlin gezogen, im Jahre 1936? Oder hatte das nur wenig mit ihr zu tun? Solche Versetzungen in die Zentrale waren im SD üblich; eine Zeit lang im SD-Hauptamt zu arbeiten, gehörte zur Schulung für spätere SS-Führer. Sein zeitweiliger Aufenthalt in Berlin könnte also ganz unabhängig von Luscha erfolgt sein. Ich weiß nicht einmal, ob sie, als er dort auftauchte, noch losen Kontakt miteinander hatten, ob sie etwa gelegentlich korrespondierten.

Anfangs werden sie einander schmerzlich vermisst haben. Er spricht noch in seinen Nachkriegsbriefen vom Gefühl der Einsamkeit nach der Trennung. Aber inzwischen, vier Jahre später, führten beide ihr eigenes Leben und hatten einander eher für länger als für kürzer aus den Augen verloren. Selbst wenn sie sich gelegentlich noch geschrieben haben sollten, gab es wohl keine Pläne mehr für eine gemeinsame Zukunft. Er hatte Freundinnen, sie hatte Liebhaber; von seinen wissen wir weit weniger als von ihren, denn sie erzählte später freizügiger. Dennoch bleibt auch ihre Zeit in Berlin ein wenig unscharf. Sie erscheint als ein wirres Durcheinander, ereignisreich genug, beinahe chaotisch und keinesfalls nur erfreulich.

Sie wohnte teils allein, teils mit Freundinnen, möbliert, bescheiden. Das Geld war immer knapp; ihre Stelle bei der UFA, erst als Sekretärin, dann als Dramaturgieassistentin, nicht besonders gut bezahlt. Zeitweise arbeitete sie freiberuflich als Lektorin für Filmdrehbücher.

Es gab ein paar Männer, obwohl ihr die Sexualität, der ewigen Angst vor Schwangerschaft wegen, nur bedingt Spaß machte. Zum Beispiel einen rothaarigen Physiker, ein bisschen verschroben, aber genial, der eher wie ein Künstler als wie ein Naturwissenschaftler lebte und seine besten Ideen in der Badewanne hatte, deswegen halbe Tage im warmen Wasser plätschernd verbrachte, ein kreativer und auch warmherziger Mensch. Seine verstiegenen Gedankengänge beeindruckten sie, doch sie fand ihn nur nett, nicht erotisch attraktiv und zog sich zurück, als er sie zu sehr bedrängte.

Überhaupt ging es ihr weniger um das Bett als um die Gespräche, die Ideen; sie wollte von ihren männlichen Freunden wie von ihren Freundinnen vor allem als Person wahrgenommen werden.

Sie bewunderte Gottfried Benn, genau wie Walter; in ihrer gemeinsamen Kölner Zeit hatten sie einander seine Gedichte vorgelesen und deklamiert. Eines Tages suchte Luscha Benn unter einem recht durchsichtigen Vorwand in seiner Sprechstunde auf: ein Herpesbläschen an der Lippe, das ihr im Übrigen immer genau dann zu schaffen machte, wenn die Beziehungen zu einem Mann in die entscheidende Phase traten. Er durchschaute sie, schien einem Techtelmechtel nicht abgeneigt; noch Jahre bewahrte sie das spöttisch-liebevolle Billett, das sie zum Rendezvous lud, auf seinem Rezeptblock geschrieben. Aber Luscha war eine gespaltene Frau, Kopf und Bauch konnte sie nur schwer miteinander versöhnen. Kaum hatte sie, was sie wollte, musste sie sich eingestehen, dass sie zwar seine Gedichte liebte, seine physische Erscheinung aber wenig einnehmend fand. Was sie bei ihm eigentlich suchte, würde sie nicht bekommen: Beachtung für das, was sie schrieb, ein bisschen liebevolle Kritik und Anregung von berufener Seite, Ermunterung. Eigentlich war sie noch immer auf der Suche nach dem zu früh verstorbenen Vater. Doch den Ersatzvätern, die sie sich erwählte, war es immer nur um die kleine problemlose Affäre zu tun. «Eine Frau ist etwas für eine Nacht, und wenn es gut war, vielleicht noch für eine zweite …», diese Zeile aus einem Gottfried-Benn-Text zog ihr durch den Kopf, als sie schon auf seinem Bett lag, und es war typisch für sie, abrupt, oft von Affekthandlungen geleitet, die sie erst nachträglich reflektierte, dass sie daraufhin sogleich aufsprang, noch bevor er hatte zum Zuge kommen können, sich die Kleider zurechtrückte und ihrer Wege ging. Er hielt sie nicht auf – ein kleines Mädchen mehr oder weniger, so wichtig war sie ihm auch nicht.

Sie hatte eine Liebelei mit Ernst von Salomon, die mit einer Abtreibung endete. Salomon, der spätere Autor des «Fragebogens» (1951) bezeichnete sich selber als «rechten Anarchisten»; er war im Freicorps der «Brigade Ehrhardt» gewesen, hielt aber – obwohl zur rechtsmilitanten Oppostion gegen die Weimarer Republik gehörend – Distanz zu den Nazis. Als Zwanzigjähriger in den Rathenau-Mord verwickelt, wanderte er für einige Jahre ins Zuchthaus. Seit 1933 verhielt er sich politisch abstinent; er arbeitete als Lektor im Rowohlt-Verlag, wo Luscha ihm im Zusammenhang mit der Veröffentlichung ihres Romans begegnete, später trafen sie sich auch bei der UFA, wo er Drehbücher für Unterhaltungsfilme schrieb und sie die Lektorin war. Als Luscha schwanger wurde, besorgte er ihr die Adresse eines Arztes und steckte ihr das nötige Geld zu. Das war es dann. Enttäuscht und verletzt, war sie anschließend bemüht, ihm aus dem Wege zu gehen.

Diese zweite Abtreibung ihres Lebens blieb die letzte. Zwar wurde der Eingriff diesmal fachgerecht von einem Gynäkologen vorgenommen, er war aber aus anderen Gründen ähnlich dramatisch.

Als sie wenige Tage nach dem Abbruch erneut mit einer Freundin vor der Haustür des Arztes stand, waren die Jalousien in der Wohnung heruntergelassen, und es wurde nicht geöffnet. Sie hatte ihm hoch und heilig versprochen, niemandem von ihm zu erzählen; schließlich wusste sie, dass in Nazideutschland über seinem Kopf die Schlinge schwebte. Sie hatte dennoch der schwangeren Freundin seine Adresse verraten, weil sie deren Selbstmorddrohungen nicht länger ertrug. Als sie nun mit der anderen vergeblich klingelte und klopfte, scheuchte die Hauswartsfrau sie flüsternd fort: Der Arzt sei abgeholt worden, nur zwei Tage nach der Abtreibung bei ihr. Das ließ Luscha noch einmal schaudern, obwohl sie den Mann als unfreundlichen Zyniker erlebt hatte. «Wer unter Palmen wandelt, muss eben leiden», war sein mürrischer Kommentar gewesen, als sie vor Schmerzen schrie.

Erlebnisse dieser und ähnlicher Art genug, keineswegs waren sie immer erhebend und bestätigend; sie steckte vieles weg, scheinbar flapsig und burschikos, aber immer wieder fühlte sie ihre Zerrissenheit, ihr Unbehaustsein und oft, recht schmerzlich, die Fröste der Freiheit. Die Arbeit stabilisierte nicht immer, weder die zum Broterwerb noch das eigentliche Schreiben. Wenn die Dinge des Lebens ihr genügend Luft ließen, dann gelangen ihr manchmal Texte, mit denen sie selber zufrieden war, einige erschienen auch in Berliner Zeitschriften. In ihren ersten beiden Berlinjahren schrieb sie auch den einzigen Roman, der veröffentlicht wurde: «Draußen ist Wind», eine Liebesgeschichte mit autobiographischen Zügen, angelehnt an ihre Zeit auf der Gartenbauschule in Friedrichstadt.

Fest steht: Luscha und Walter haben sich wiedergesehen, irgendwann während des Winters 1936/37, als Walter für vier Monate beim SD-Hauptamt in Berlin war. Zuvor war allerdings Luscha noch einmal für längere Zeit abgetaucht. 1935 war ihr «Wind» erschienen, sie hatte das gesamte Honorar gerafft und war nach Südtirol gegangen. Warum das? Und warum gerade Südtirol? Vermutlich einfach deswegen, weil es sehr weit weg und ganz anders war, ein Kontrastprogramm zu Berlin. Wieder einmal wurde es ihr zu eng, wieder einmal floh sie, wahrscheinlich wollte sie nicht mehr an den unerfreulichen Ausgang ihrer Salomon-Affäre erinnert werden. Sie bildete sich ein, wie früher schon so oft, woanders könnte sie sich besser konzentrieren, sie wollte anderswo ein neues weißes Blatt aufschlagen. Mit dem Romanhonorar besaß sie einen kleinen Grundstock für ein bescheidenes Leben, das sie einige Monate würde durchhalten können. Und wer weiß, vielleicht wäre bis dahin der neue Roman fertig!

In Brixen verbrachte sie ein überwiegend heiteres, sonniges Jahr mit vielen Freuden, wie sie Berlin nicht zu bieten hatte – Landschaft, Natur, südliches Flair, Wanderungen, Jausen –, in erfreulicher Distanz vom aufdringlichen politischen Alltagsleben in Deutschland. Sie besuchte regelmäßig einen Mittagstisch für allein stehende berufstätige Damen und Herren und blieb nicht lange ohne Kontakt. Auch hier gab es bald einen Mann, Siegfried P., diesmal eine im Ansatz ernst zu nehmende Sache. Siegfried war Gymnasiallehrer, vielleicht ein wenig brav, aber beeindruckt von der selbstbewussten Frau aus einer fremden exzentrischen Welt, und er umwarb sie eine Weile, bis seine wachsame, eifersüchtige Mutter dazwischenging und die gefährliche Emanzipierte aus der Großstadt wegbiss. Was willst du mit dieser Frau? Einer Schriftstellerin? Eine Frau mit einem zweifelhaften Vorleben! Die kann doch nicht mal kochen und bügeln! Du musst einmal ein nettes sauberes Mädel von hier nehmen, das dir ein wirkliches Heim schafft!

Vielleicht war Luscha, nachdem sie die Kränkung verwunden hatte, Siegfrieds Mutter später dankbar. Denn einen Lebensaugenblick lang wäre sie beinahe der Versuchung durch die Idylle erlegen, nach so viel Irrungen und Wirrungen. Was wäre dann wohl aus ihr (und uns) geworden: Luscha in der Provinz, in der geblümten Haushaltsschürze, viele Blumen – oder eher wohl doch Gemüse? – und bestimmt kaum noch Bücher. Mit Walter wartete ein Leben im Epizentrum der deutschen Katastrophe auf sie, ein gebrochenes und vermutlich sehr viel härteres Leben, dafür voller Intensität und emotionaler Dichte.

Jedenfalls leugnete sie wieder einmal die Enttäuschung, sagte dem Muttersohn ade, ihr Geld war ohnehin aufgezehrt, der neue Roman allerdings keineswegs fertig (zu viele Bergwanderungen und Jausen mit Siegfried hatten sie abgelenkt), und kehrte zurück nach Berlin, wieder einmal etwas Angefangenes und Unvollendetes zurücklassend.

Damals müssen sie sich dann wiedergesehen haben, Walter und Luscha, damals haben sie sich wohl aufs Neue ineinander verliebt. Im Berlin von 1936/37 war das Bohèmeleben fast erstarrt; zwar gab es noch Theater, Kinos, Kneipen, aber nur noch wenig Pfiffiges, Schräges, Originelles; die Künstlerszene trocknete allmählich aus. Stattdessen gab es umso mehr patriotische Feste, Aufmärsche, Fahnenspektakel und braune Uniformen.

1938, nach der «Reichskristallnacht», vollzog sich noch einmal ein spürbarer Veränderungsschub. Viele jüdische Intellektuelle und Künstler, die es bis dahin ausgehalten hatten, versuchten nun, in letzter Minute, fluchtartig das Land zu verlassen, einige Freundinnen und Bekannte von Luscha unter ihnen. Doch da lebte sie schon wieder in Detmold und Walter in Aachen. Vielleicht wollte sie dort, wo sie sich bei der Mutter durchfuttern konnte, in Ruhe etwas Neues schreiben. Oder interessierte sie Berlin nicht mehr, seit Walter wieder fort war? Von Detmold aus war er ihr in Aachen, zwischendurch auch in Dortmund, räumlich näher. Hatten sie das so abgesprochen?

Wahrscheinlich war es eine bunte Palette von Gründen: Das Berlin von 1937 war nicht mehr ihr Berlin, hatte sie sich doch dort schon in der letzten Zeit vor Südtirol nicht mehr besonders wohl gefühlt. Ihr Leben in der Hauptstadt hatte keine solide ökonomische Basis, sie krauchte am Existenzminimum, die Hoffnung auf die Veröffentlichung des zweiten Romans zogen sich hin, ernährten sie nicht und zerschlugen sich dann. Vielleicht fühlte sie sich auch zunehmend einsam. Viele der Kontakte, die sie im Literatur- und Filmbetrieb gehabt hatte, existierten nicht mehr; Ansprechpersonen waren plötzlich fort, ausgewechselt. Manche ihrer Freundinnen waren aus Berlin spurlos verschwunden, andere hatten geheiratet. Es war kein angenehmes Pflaster mehr für eine allein stehende Frau von dreißig Jahren – nach den Begriffen ihrer Zeit uralt und auf dem besten Wege, unverheiratet und kinderlos, eine vertrocknende alte Jungfer zu werden. In Detmold war das Leben nicht nur billiger, sondern zunächst auch einfacher – wenn auch ein wenig arm an Anregungen und Gesprächspartnern und somit auf Dauer etwas triste. Aber sie war großstadtmüde geworden. Sie arbeitete wieder als Gärtnerin, in der Kurgartenanlage des benachbarten Städtchens; dazwischen schrieb sie, in dieser Zeit zumeist kürzere Sachen, Erzählungen, Novellen, von denen einiges auch in Zeitschriften und Zeitungen gedruckt wurde.

Aus dem Jahre 1938 stammt der erste erhaltene Brief von ihm an sie; er enthält einige unverständliche Anspielungen und deutet auf eine lebendige Beziehung hin.

«Liebstes Luschamädchen.

Entschuldige Schrift und Schreibmaterial, ich bin müde, ich bin in Eile; ich mag nicht schreiben; ich komme zu dir. Das Be-

*dürfnis, dich zu sehen, ist so groß, dass jeder Brief Quatsch ist.
Ich fahre am Sonntag, 5. 11., ab Aachen 8.03, bin in Detmold
14.06. Sei bitte pünktlich am Bahnhof.*

*Mach ein Programm, überlege dir 1000 Fragen, schimpfe mich
aus, weil ich nicht schreibe, weil ich nicht voranmache. Dein Brief
im «Fuhrmannston» hat mich aus übelster Apathie wachgerüt-
telt, aber Schnaps erhältst du von mir nicht mehr, er verdirbt dich.
Ich hab dich lieb und freue mich auf Wiedersehen.*

Walter»

5. November 1938 – war Walter während der Pogromnacht
noch in Detmold zu Besuch? Wir hätten wenigstens unsere
Mutter später danach fragen können, aber wir taten es nicht.
Im Vorort Friedrichshöhe wird man aus eigener Anschauung
nur wenig von den Ausschreitungen mitbekommen haben, später muss es natürlich Erzählungen von anderen gegeben haben,
und dann erschienen die gefärbten Presseberichte – Luscha allerdings wird möglicherweise nicht einmal regelmäßig Zeitung
gelesen haben.

Was meint Walters Brief mit der Andeutung *«schimpfe mich
aus, weil ich nicht voranmache»*? Geht es schon um eine gemeinsame Zukunft? Aus welcher *«Apathie»* hat sie ihn *«wachgerüt-
telt»*? Deutlich wird immerhin: Es hat in dieser Zeit wohl noch
andere Briefe, hin und her, und auch persönliche Treffen gegeben.

Das Familienfotoalbum wird eröffnet von einem Porträtfoto
von ihr: «Köln 1931/32». Auf der nächsten Seite folgt eines von
ihm, das ihn vermutlich in seiner Aachener Wohnung zeigt, im
Jahre 1938, gedankenvoll, ohne Lächeln. Er wirkt älter als seine siebenundzwanzig Jahre und keineswegs unbeschwert, nicht
in Uniform, sondern zivil, mit Anzug, Hemd, Krawatte. Luscha
hat dieses Fotoalbum angelegt und beschriftet: *«Kommt Zeit,
kommt Schenk»* und: *«Planwirtschaft in Aachen 1938»* – hin-
tersinnig, geht es doch um das Planen der gemeinsamen Zukunft. Neben seinem Foto: *«Sauber denken, Gläschen schwen-
ken!»* und *«Listen anlegen bringt Segen»* – Lieblingssprüche
aus seinem Repertoire.

Auf der gleichen Seite darunter ein Foto von ihr: im geblümten Sommerkleid, mit Söckchen und flachen Schuhen, blond,
schmal, am Ufer eines Baches auf einem Stein sitzend. *«Auf der
Liste der Heiratskandidatinnen an oberster Stelle: Luscha»*.
Nur wieder einer seiner flotten Sprüche oder ein kleiner Hin-

weis auf tatsächliche Entscheidungsschwierigkeiten? *«Eine unsichere Existenz – Aus der Gosse aufgelesen?»* Selbstironie mit einem Körnchen Wahrheit? Sie sieht in der Tat ein wenig verloren aus. Offenbar dokumentiert sie mit diesen Albumseiten für 1938 den Beginn ihrer verbindlichen Beziehung, ihrer Geschichte als Familie.

Einerseits schien die Zukunft immer noch offen. Luscha war um einiges älter und desillusionierter als in der Kölner Zeit, vor ihrem Aufbruch nach Berlin, in die große Welt der Literatur. Setzte sie überhaupt noch auf einen schriftstellerischen Durchbruch? Hoffte sie nicht inzwischen, heimlich oder offen, auf eine bürgerliche Existenz und trieb ihn deswegen, er solle *«vo ranmachen»*?

In dieser Zeit hatte Walter in Aachen auch eine andere enge Freundin, Irma, die ihm noch nach dem Krieg schrieb. Ein Doppelspiel? Wusste Luscha damals von der Existenz einer Konkurrentin? Hoffte sie, dass Walter sich für sie entscheiden würde? Wollte sie endlich Kinder? Haben sie über dergleichen gesprochen? – Ich glaube, die Abenteuerin war ein wenig müde geworden und sehnte sich nach Verwurzelung.

Wir wissen es nicht genau, umso erstaunlicher, als wir solche Auskünfte, wenn auch nicht mehr von unserem Vater, so doch von unserer Mutter noch lange hätten einholen können; sie wurde immerhin 84 Jahre alt. Aber wir fragten zu wenig, und wir vergaßen von dem, was sie erzählten, zu viel. Auch besaßen wir noch zu wenig Wahrnehmungsfähigkeit für die aufschlussreichen Zwischentöne in ihren Geschichten.

Die Vorzeichen hatten sich jetzt, im Vergleich zu 1932 in Köln, umgekehrt: Damals schien sich für sie die Tür zur literarischen Welt aufzutun, während sich seine akademische Zukunft verdüsterte. Jetzt gab es nicht mehr viel Aussicht auf eine befriedigende Schriftstellerexistenz für sie, während vor ihm eine viel versprechende Karriere bei SS und SD zu liegen schien. Er hatte eine steile Karriere gemacht, war im September 1938 zum SS-Untersturmführer und schon ein knappes halbes Jahr später, im Januar 1939, zum SS-Obersturmführer befördert worden. In Aachen vertrat er eine Zeit lang verantwortlich seinen Vorgesetzten, als jüngster Weisungsberechtigter weit und breit, bei einer Dienststelle mit 30 Mitarbeitern und noch einmal so vielen in so genannten «Außenstellen». Im April 1940 erfolgte, anlässlich seiner Abkommandierung in den Osten, die Beförderung zum SS-Hauptsturmführer.

Von SS-Führern wurde erwartet, dass sie jung heirateten und viele Kinder zeugten; er war Ende zwanzig, es wurde also Zeit.

8.

Wer und was genau war der SD?

«Ursprüngliche Aufgabe des SD war es, Nachrichten über den politischen Gegner zu sammeln und an den Reichsführer SS weiterzugeben ... Die Kontrolle über die auswuchernde Partei oblag dem SD schließlich als weitere Aufgabe ... Das Bild des SD im ‹Dritten Reich› wurde von einem Nimbus geprägt, der die wahren Möglichkeiten des SD sowie dessen innere Probleme verdeckte», schreibt Jens Banach in seinem Buch «Heydrichs Elite».[2]

Von der SS haben die Menschen im heutigen Deutschland im Allgemeinen ein deutliches Bild; der SD dagegen, der Sicherheitsdienst der SS, der Nachrichtendienst des Naziregimes, bleibt auch für manche besser informierten Zeitgenossen im Dunkeln, obwohl wiederum weitgehend bekannt ist, dass es «Einsatzgruppen der SS und des SD» waren, die die Maßnahmen zur «Endlösung» durchführten.

«Um den Sicherheitsdienst des Reichsführers SS ranken sich noch immer Mythen, deren Anfänge bis zu den Nürnberger Prozessen zurückreichen. Dort wurde der SD zwar zur verbrecherischen Organisation erklärt, aber weniger als eigenständige Formation der SS als vielmehr in Verbindung mit der Sicherheitspolizei wegen der Einsatzgruppenmorde in der Sowjetunion», schreibt Michael Wildt in der Einleitung zu seiner Dokumentation über die «Judenpolitik des SD 1935 bis 1938».[3] «Wurde einerseits das Bild vom SD-Inland als eine Art Gallupinstitut des ‹Dritten Reiches› bis in die neuere Forschung fortgeschrieben und der SD-Ausland ... in den Selbstdarstellungen seiner ehemaligen Protagonisten als ‹gewöhnlicher› Auslandsnachrichtendienst geschildert, wuchs der SD auf der anderen Seite ins Dämonische.»

In den neunziger Jahren sind viele neue historische Forschungsarbeiten über spezielle Aspekte des Nationalsozialismus entstanden, unter anderem auch die biographisch-statistische Studie von Jens Banach über das Führerkorps der Sicherheitspolizei und des SD, die aus umfangreichem Archivmaterial schöpft, das zum Teil erst seit den neunziger Jahren zugänglich ist. Diese und andere Arbeiten erlauben es mir, einen distanzierten Blick auf die Organisation zu werfen, die mein Vater in seinem «Lebenslauf und Tätigkeitsbericht» 1947 aus seiner Sicht von innen charakterisiert hat.

Der SD, als eine noch im Aufbau begriffene Organisation im NS-Staat, bot die Möglichkeit eines raschen Aufstiegs; seine Mitarbeiter erhielten zwar keine besonders hohe Besoldung, aber er hatte den Nimbus des Geheimnisvollen und Elitären. Es war keine große Institution; bei Walters Eintritt gab es kaum mehr als tausend Mitarbeiter. Die Zahl der «Amtstätigen» im SD stieg dann auf 3000 im Sommer 1938 und verdoppelte sich noch einmal bis Anfang 1944. Jens Banach hat die Personaldaten von ungefähr der Hälfte der führenden Männer bei Sicherheitspolizei und SD analysiert, die weitgehend im Bundesarchiv Berlin lagern. Er kommt zu dem Ergebnis, dass das Führerkorps des SD im Vergleich zu anderen nationalsozialistischen Führungsgruppen jünger, bürgerlicher geprägt und deutlich besser gebildet war; es gab dort weitaus mehr Akademiker als in der Führungsgruppe der SS und erst recht der SA, darunter viele Juristen, vergleichsweise auch mehr Geisteswissenschaftler. Das aus wirtschaftlichen oder anderen Gründen abgebrochene Studium taucht als biographischer Hintergrund häufiger auf.

Die meisten der jungen Männer, die in den dreißiger Jahren beim SD Karriere machten, stammten aus dem unteren Mittelstand; ihre Väter waren Kaufleute, Handwerksmeister oder untere Beamte. Die Mehrzahl von ihnen war nach 1900 geboren. Ihre spätere Kindheit und die Jugend war geprägt durch die Krisenzeiten der Weimarer Republik: die Inflation von 1923, die Folgen des Schwarzen Freitags von 1929, die Große Wirtschaftskrise 1931.

In der Soziologie ist für diese nach 1900 geborene Altersgruppe der Name «die überflüssige Generation» geprägt worden – eine geburtenstarke Kohorte, die aussichtslos und vergeblich auf den überfüllten Arbeitsmarkt drängte. Die Ablehnung der Weimarer Republik war in dieser Altersgruppe weit verbreitet. Die Jungen fühlten sich dominiert von einer Vätergeneration, die politisch versagt hatte, die nun von einer Krise in die nächste schlitterte. Die Demontage des Vaters und die Krise der Familie bewirkten bei dieser Generation eine Flucht in den Männerbund und eine Hinwendung zum Führerkult.

Man hat die im ersten Jahrzehnt des 20. Jahrhunderts Geborenen auch als «Generation der Sachlichkeit» bezeichnet; sie waren nicht nur beeinflusst von völkischem Denken, vom Frontkämpfermythos, von Sozialdarwinismus und Antisemitismus, sondern auch von einer «Verhaltenslehre der Kälte»: einer «Stilisierung des kalten, entschlossenen Kämpfers».[4]

Der SD fühlte sich als eine Elite innerhalb der SS, vor allem seit die SS personell stark anwuchs und zur Massenorganisation wurde. SS und SD lag das gleiche Ideal zugrunde: Man verstand sich als eine verschworene Gemeinschaft der Besten, sowohl in Hinsicht auf die rassische Auslese als auch charakterlich, weltanschaulich gefestigt, zum Führen geeignet, in Exklusivität und Elitedenken dem Jesuitenorden nachempfunden. Die Angehörigen dieser Elite sollten sich für ihr Korps weitgehend von früheren Bezügen, altem Lebensstil, gewachsenen Traditionen, konfessionellen Bindungen frei gemacht haben, sie waren untereinander durch das Treueideal verbunden und dem Führer durch das Gelöbnis absoluten Gehorsams unterworfen. Weit prägender als das rassische Ideal war bei SD wie SS eine bestimmte Mentalität, die den Kampf um des Kampfes willen stilisierte, den Gehorsam ohne Überlegung forderte, die Härte als Abhärtung (aber auch als Verhärtung gegenüber mitmenschlichen Regungen) pries, die Verachtung der ‹Minderwertigen› und den Hochmut gegenüber all denen pflegte, die nicht dem Orden angehörten, die Kameraderie untereinander hochhielt, davon überzeugt war, dass es für die Tüchtigen und Besten kein «Unmöglich» geben darf. Ausgeprägt war ferner der permanente Druck zur Aktion, das Lebensgefühl eines unaufhörlichen Angespanntsein, die Idealisierung der Leistung um ihrer selbst willen.[5] «Aristokratische Selbststilisierung» verknüpfte sich mit dem Bewusstsein, dass die Zugehörigkeit zur Elite verpflichtet, und mit der Bereitschaft, sich als Individuum in soldatischem Gehorsam dem Korps zu unterwerfen. Das Umtriebige, Hektische im Lebensgefühl dieser Generation verband sich mit dem Ideal der kühlen Sachlichkeit.

In welchen Facetten des so geschilderten «Korpsgeistes» von

SS und SD finde ich meinen Vater wieder? – Ich habe niemals eine antisemitische Äußerung von ihm gehört (was natürlich keineswegs beweist, dass er die generelle Haltung seiner Umgebung vor 1945 nicht geteilt hätte). Der Begriff der «Rasse» und des «Blutes» taucht noch ein paar Mal in seinem Nachkriegstagebuch auf; es ist jedoch schwer zu sagen, wie stark die nationalsozialistische Rassenideologie sein Denken zuvor beeinflusst hat. Die Vorstellung vom «Untermenschentum» der slawischen Rasse jedenfalls hat er schon in der Zeit zwischen 1940 und 1945 vehement zurückgewiesen. Blinder Gehorsam scheint ihm schwer gefallen zu sein; er hat sich wiederholt mit seinen Vorgesetzten angelegt.

Aber er war sehr empfänglich für ein gewisses Elitedenken, vermutlich weil es die Gefühle von Deprivation und Demütigung kompensierte, die seine Studentenzeit beherrscht hatten, als ihm trotz Begabung und größter Anstrengung kein Studienabschluss gelang. Eine ausgeprägte Leistungsorientierung wie auch die Idealisierung der «Sachlichkeit» blieben bei ihm zeitlebens erhalten. «Sachlichkeit» hieß für ihn vor allem: Disziplin, Gefühlskontrolle und die Leugnung einer subjektiven Sichtweise der Dinge zugunsten einer allerdings oft nur scheinbaren Objektivität.

Aufgabe des SD war, so die heutige wissenschaftliche Literatur, die systematische Erfassung, Analyse und Kategorisierung der Gegner des Nationalsozialismus; die exekutiven Aufgaben dagegen, die direkte Verfolgung der Opposition, war Sache der Gestapo. Als missliebige Gruppen und potentielle oder erklärte Gegner galten keineswegs nur die Juden, sondern zunächst vor allem die Sozialisten und Kommunisten, die Kirchen, die Freimaurer und andere Sekten, Sinti und Roma, Homosexuelle. Mit der Vorbereitung des Krieges kam auf den SD auch die Aufgabe der gründlichen Erfassung und Auswertung von Nachrichten aus Osteuropa zu, die Beobachtungen verschiedener Gruppierungen und ihrer Einstellung zur deutschen Politik. Man setzte schon früh auf die Einführung wissenschaftlicher Methoden der Datenerfassung, Auswertung und Berichterstattung, auf den Aufbau von Archiven und deren systematische Aufarbeitung. Die Rekrutierung eines hohen Akademikeranteils war deswegen durchaus beabsichtigt. Dem SD aber kam auch eine zentrale Position bei der Erarbeitung von Konzepten zur «Judenpolitik» zu.

Der SD erstellte bis zum Kriegsausbruch Überblicke über die Zahl der jüdischen Emigranten und die Aufnahmeländer, über die Einwanderungsquoten und Aufnahmebedingungen der verschiedenen europäischen und außereuropäischen Länder. Dokumente über die Arbeit des Judenreferates beim SD zeigen, dass in der Zeit vor 1938 vor allem das Konzept einer Auswanderung der deutschen Juden nach Palästina favorisiert wurde; man suchte auch nach «unwirtlichen Ländern», Kolonien, in denen die emigrierten Juden keinen neuen Reichtum anhäufen und aufs Neue ein Zentrum der «jüdischen Weltverschwörung» bilden könnten. Auch der spätere «Madagaskar-Plan», der zur Lösung der «Judenfrage» eine Aussiedlung aller europäischen Juden auf die Insel Madagaskar vorsah, ist ursprünglich eine Idee des Juden-Referates des SD gewesen. Die Auswanderungspläne fanden mit Beginn des Krieges ein Ende. Die Deportationen der Juden aus dem Reich in die besetzten Ostgebiete und die Maßnahmen zur «Endlösung», die nach 1941 durchgeführt wurden, bauten auf Planungen und Vorschlägen auf, die von den «Judenexperten» des SD im Reichssicherheitshauptamt – Hagen, Eichmann, Dannecker, Wisliceny – entwickelt wurden.

«Seit 1935 wurde im SD-Hauptamt die ‹zweite und dritte Garnitur› des SD ausgebildet. Da das rekrutierte Personal des SD über sehr unterschiedliche Voraussetzungen verfügte und es in den ersten Jahren keine zentrale Laufbahnpolitik beim SD gab, waren Schulungen und informatorische Tätigkeiten beim SD-Hauptamt ... von großer Bedeutung. Deswegen ‹schleusten› die SD-Ämter mehr Personal durch ihre Zentrale als Gestapo und Kripo».[6] Zu diesem 1936 «durch die Zentrale geschleusten» Personenkreis gehörte auch mein Vater.

Untypisch für einen SD-Führer ist Walter in Bezug auf seinen späten NSDAP-Beitritt und die relativ späte SS-Mitgliedschaft. Die meisten SD-Mitglieder waren schon sehr früh NSDAP-Genossen und SS-Männer. Er stellte seine Aufnahmeanträge erst nach seinem Arbeitsantritt beim SD, als beide Mitgliedschaften für ihn obligatorisch wurden. Typisch war sein Austritt aus der evangelischen Kirche: Während sich nur 6 % der deutschen Bevölkerung als «gottgläubig» bezeichneten – so die offizielle NS-Sprachregelung für «konfessionslos» –, waren es bei der SS 25 % und beim SD sogar 81 %. Typisch war Walters jugendliches Alter zu Beginn seiner SD-Laufbahn. Bei der Sicherheitspolizei und im Sicherheitsdienst machten viele Männer Karriere, die deutlich jünger waren als die Vertreter gleicher Positionen in Verwaltung, Wehrmacht und Partei. Walters schnelle Karriere der ersten Jahre war also nichts Außergewöhnliches – ungewöhnlich und auffällig ist eher die relativ lange dreijährige Beförderungspause zwischen April 1940 und Juni 1943, die genau in die Zeit seines «Osteinsatzes» fällt.

Auch dieser «Osteinsatz» gehörte zum typischen Karriereverlauf beim SD; er galt als obligatorische Bewährungsprobe gerade der jungen Führeranwärter.

Typisch für das Führerkorps des SD waren auch Walters biographischer Hintergrund und die weltanschauliche Prägung, die er in seiner Jugend erfahren hatte. «‹Normal› waren die Krisenerfahrungen, die die späteren Sipo- und SD-Führer mit Millionen ihrer Zeitgenossen teilten, die Pauperisierungserfahrungen als Studenten, die Heroisierung des Krieges. Millionen Menschen teilten mit ihnen seit 1933 auch die Überzeugung, dass es mit den Nationalsozialisten gelingen würde, die Schmach des verlorenen Weltkrieges zu beseitigen, Deutschlands Stellung in Europa zu stärken und die Folgen der Wirtschafts- und Staatskrise zu beseitigen ... In diesem Gemisch aus historischer, negativ empfundener Erfahrung und radikaler rassistisch bestimmter Erlösungsutopie bewegten sich diese Männer, als sie zur Gestapo, zur Kripo oder zum SD gingen. Hier, in der aktiven Partizipation in den Repressionsorganen, beginnt der Bruch, die Entwicklung zum ‹unnormalen› Lebenslauf».[7]

9.

Briefe, von Walter an Luscha, von Luscha an Walter, in den Jahren 1946/47.

«Mein Liebstes», schreibt er – und sein Liebstes war sie, wenn vielleicht auch nicht ununterbrochen zwischen 1931 und 1940 gewesen, so doch auf jeden Fall jetzt und in den letzten, schicksalhaften Jahren für ihn geworden. *«Liebstes Luscha-Mädchen»*. *«Wälti, mein lieber Junge»*, antwortet sie, und so geht es zwischen ihnen hin und her, zwischen Köln und Detmold, mindestens einmal in der Woche in beide Richtungen, ein ununterbrochener Strom von Nachrichten und Gedanken, Fra-

gen und Sorgen, Alltägliches und Schwergewichtiges, Vergewisserung und Beteuerung.

«*Bitte*», schreibt sie ihm, «*könntest du vielleicht irgendwo für uns Zahnbürsten auftreiben? Meine hat schon eine Glatze, und die Kinder benutzen eine zu dritt.*»

Immer bedanken sie sich ausführlich und überschwänglich für die vielen nützlichen Dinge, die sie füreinander organisieren konnten: «*Bin so froh über die Wolldecke! Was für Pfundskerle von Nägeln! Tee und Zigaretten hast du dir sicher am Munde abgespart!*»

Er: «*Habt Ihr genügend Hausbrand? Ofenholz? Ich werde versuchen, hier Briketts für euch zu besorgen. Ich denke, ich könnte mehrere Zentner auftreiben, so viel, als ich Säcke finden kann – das ist das größere Problem. Schreib mir, wann ein LKW von Ellas Sohn Rudolf in Köln ist, der sie mitnehmen könnte.*»

Sie: «*Ich freue mich kindisch auf die Holzschuhe, denn ich kann die, die ich habe, nicht tragen, weil der Stoff der Bindebänder mir die Hacken aufscheuert. Kindersandalen wären auch hochwillkommen!*»

Er: «*Ende der Woche werde ich dir ein Expresspaket mit Schreibpapier, Büchern, Glühbirne, Stopfwolle und anderem schicken – leider keinen Tee und keinen Tabak!*»

Sie: «*Frag doch bitte mal deine Schwester Friedel, was mit den Kinderschuhen ist, die ich ihr im Februar schickte – sie wollte sie reparieren und dann erst mal Jutta tragen lassen –, ob ich sie jetzt wiederhaben kann?*»

Er: «*Wirst du Zeit finden, mir den ersten Band von Prousts ‹Weg zu Swann› zu schicken?*»

Sie: «*Wir haben hier schrecklich große Sehnsucht nach Zwiebeln!*»

Er: «*Jetzt stehen ca. 6 Zentner Briketts, gesäckelt, hier für euch bereit. Auch ein Ofen, mit zwei Meter langem Rohr und zwei Knien.*»

Sie: «*Hier ist die Novelle ‹Heimkehr›, die ich letzte Woche zu Ende schrieb. Sag mir doch, was du davon hältst!*»

Er: «*Schreibpapier für dich erwarte ich täglich; auch elektrische Schnur. Rüben sind immer noch nicht da, die Zufuhr ist jetzt auch durch das Hochwasser und die totale Sperre der Brücke nicht möglich.*»

Sie: «*Kannst du irgendwo ein Farbband für Schreibma-*

schine auftreiben? Ich leihe mir zur Zeit die von Hollos, an der aber schon drei lettische Schriftsteller mit Sekretärin kleben; das Farbband ist so abgeschrieben, dass man sie nur ungern ausgeliehen bekommt.»

Er: «Die Reichsbahn hat die Brikettsäcke nicht angenommen – könnt Ihr versuchen, mehrere starke Kisten zu schicken, dann würde ich sie als Bücher aufgeben.»

Sie: «Ich habe in den letzten Tagen mit einer neuen Geschichte begonnen – wenn ich nur nicht immer so hundemüde wäre am Abend.»

Er: «Sobald die größere der beiden Kisten wieder bei mir ist, retourniere ich sie mit Kartoffeln und Schuhen. Ein Farbband für dich habe ich auch ergattert, ebenso eine zweite Glühbirne.»

Sie: «Rudolf hat Ofen und Briketts immer noch nicht bei uns abgeliefert, er hat angeblich keinen Sprit, zu langweilig, weil wir doch die Säcke dringend wieder benötigen.»

Er: «Ich habe eine Flasche Lebertran für Tordis hier stehen, hoffe, noch eine zweite besorgen zu können. Ich warte sehr auf die versprochenen Bücher – gibt es bei euch noch Hofmannsthal, Rilke, Heym, Trakl, Stadler, Thomas Mann?»

Sie: «Wie kann man den Lebertran für Reibekuchen brauchbar machen? Wir versuchten es schon mal mit einem Stück Zwiebel und kochenlassen – schmeckte aber infam.»

Er: «Ich habe von einem Bekannten von Erika bzw. von dessen Schwester – er ist gefallen – einen prächtigen Militärmantel bekommen, auch eine Jacke, Tarnjacke und Schuhe, leider in der falschen Größe. Ich hoffe, sie bald gegen passende eintauschen zu können. Ich habe auch einen Schuster gefunden, der mir versprochen hat, die alten Schuhe noch einmal zu reparieren.»

Sie: «Nur mit Zigaretten ist es eine aufgelegte Pleite. Seit Monaten haben wir keine mehr auf Zuteilung bekommen; die Raucherkarten werden nicht mehr beliefert.»

Er: «Die Zeltplane kannst du ungefärbt zu langen Überfallhosen für die Kinder verwenden; meinen blauen Pullover schenke ich dir; er wird dich hoffentlich gut warm halten mit dem Rollkragen.»

Sie: «Endlich kamen Ofen und Briketts. Rudolf schmiss die Ladung einfach auf die Straße; wir (Omi und ich) mussten alles allein den Berg raufschaffen, da niemand sonst zu Hause – schwer, aber wir taten es mit Wonne!»

Er: «Könntest du nicht irgendwo noch eine Kiste auftreiben, die wir zum Hin- und Hertransport nutzen können? Den einzigen festen Kasten, den ich hier habe, brauche ich, um meine Wäsche unterzubringen – es ist so wenig Platz in der Wohnung.»

Sie: «Der Schließkorb mit Geschenken von uns allen hier müsste pünktlich zu deinem Geburtstag da sein; ich bat Martha in gesondertem Brief, ihn nachts neben deine Couch zu stellen, damit du ihn gleich morgens beim Aufwachen vorfindest.»

Er: «Ich war so kindisch enttäuscht, keinen Geburtstagsbrief von dir zu bekommen, warte jetzt jeden Tag darauf.»

Sie: «Bitte, melde es sofort, wenn der Korb da ist! Ich hatte mühsam ein Schloss organisiert und Martha den Schlüssel geschickt; es ist ein ganz schikanöses, von Herberts Seesack, und er weiß nicht einmal, dass Ronni es mir auslieh.»

Er: «Leider immer noch kein Korb. Hoffentlich ist er nicht gestohlen. Bald kann ich euch das erste Gemüse aus der Gärtnerei schicken, denke vor allem an Tomaten und an Wirsing, den könnt Ihr wie Sauerkraut für den Winter einlegen.»

Sie: «Der Schließkorb war mit 100 RM versichert und ging vier Tage vor deinem Geburtstag per Bahnexpress ab. Er enthielt: eine Dose Fischkonserven, die Ilse dir aus Wilhelmshaven mitbrachte, von Ronni Glückwünsche und zwei Zigaretten, von mir eine graue Wolldecke und Wolfgang Koeppen «Die Mauer schwankt», einen Brief, eine Sammlung mit Aussprüchen unserer Kinder (unersetzlich!), massenhaft Äpfel – und zuoberst als Krönung von Omi einen Kuchen.»

Er: «Noch immer kein Korb. Dafür erhielten wir gestern eine große leere Kiste, die uns Rätsel aufgab, da sie außer etwas Stroh und Papierresten nur ein kleines Äpfelchen und eine Dose Lachspastete enthielt.»

Sie: «Ich könnte platzen, wenn der Schließkorb gestohlen wäre! Dabei war ich ohnehin schon geknickt, weil du deinen Geburtstag allein verbringen musst. Klauen die Schweine einem noch das bisschen, das man mit List und Lust und Liebe zusammengeschleppt hat. – Die leere Kiste kommt aus Hagen; sie konnten dort eine für uns erübrigen.»

Er: «Ich schreibe sofort, um euch zu sagen, dass der Korb heute angekommen ist! Leider war Omis Kuchen schon so von Würmern belebt, dass wir ihn nicht mehr essen konnten; dafür sind die Äpfel während des Transportes gereift und schmecken köstlich.»

«Mein Gott», schreibt sie ihm, «was für ein seltsames Leben wir führen, zwischen Kohl und Kunst und Kindern und Kriegen!»

Am Jahrestag seiner Entlassung aus der Kriegsgefangenschaft versucht er eine Bilanz: «Es ist so vieles geschehen in diesem Jahr nach dem Zusammenbruch, Bitterkeiten und auch unverhofftes Glück. In bürgerlich-technischer Hinsicht ist meine Existenz noch fragwürdig. Ich lebe spartanisch, gehe in dürftiger Kleidung, habe kein Bett, nichts Eigenes, arbeite manchmal mehr, als mein Körper verträgt. Und ich schicke dir viel zu selten etwas Geld. Es könnte für uns materiell besser aussehen, wenn ich nicht ehrlich wäre. Aber ich versuche, mir selbst treu zu bleiben, das ist schwer, für mich wiegt es viel. Bleib weiter tapfer, Luscha, und behalte mich lieb. Ich habe große Sehnsucht nach dir.»

Sie antwortet ihm nachdenklich: «Ich lese in diesen Tagen viel in deinen Aufzeichnungen. Danke, dass du sie mir gegeben hast. Ich kann nicht sagen, dass ich dich in allem verstehe, und beruhigter bin ich deinetwegen nach der Lektüre auch nicht. Das Grundgefühl von Kälte und Einsamkeit, das in deinem Tagebuch vorherrscht, sticht ins Herz. Übrigens ein versteckter Vorwurf für mich – in einer so glücklichen Verbindung, wie die unsere es zuweilen zu sein scheint. Du grübelst zu viel.»

Er: «Nein, Liebstes, nicht zu viel, aber unfruchtbar. Das ist beschämend.»

Sie: «Was braucht man schon? Das einfache Feld. Ein Milchschaf. Futter für uns alle. Bücher, viele Blumen und der offene Himmel über uns. Das ist alles.»

Er: «Ich denke in diesen Tagen viel an das Zukünftige, unser gemeinsames Zukünftiges, in dem wir alle sechs eingeschlossen sind, immer in Zusammenhang mit dem hinter uns Gebrachten, von dem es ja nicht zu lösen ist.»

Sie: «Oft träume ich von einer Baracke, die wir uns hier im Obstgarten bauen. Mache schon Pläne: ein ganz großer «Mittelpunktsraum» mit Couch-Ecke (zwei Couchs über Eck), Bücherregalen, Schreibtisch, Kamin mit Kochecke. Um diesen Mittelpunktsraum gruppieren sich zwei, drei Schlafkabinen. Fertig. Es wäre herrlich.»

Er: «*Beim Kartoffelhacken und -jäten kann man gut seinen Gedanken nachhängen. Gerade dann denke ich viel an euch, vielleicht weil ich dich zur gleichen Zeit im Garten oder auf dem Felde und bei ähnlichen Tätigkeiten vermute. Und plötzlich fließen mir unsere beiden Beschäftigungen in eins, und wir bauen daraus eine gemeinsame Zukunft.*»

Sie: «*Zu der Baracke im Obstgarten würden wir noch etwas Land pachten, eventuell Hühner halten, Eier verkaufen und unser eigener Herr sein. Eine Gärtnerei und ein Künstlerheim gleich daneben. Du lachst mich aus? Ich bin so froh. Wir lachen. Wir leben. Wir haben Kinder. Im Übrigen: Gott befohlen.*»

10.

«*Wir leben. Wir haben Kinder.*»

Die Kinder sind eine Quelle der Freuden und der Sorgen, auf jeden Fall bedeuten sie eine Verankerung in der Welt. Luscha kann das tagtäglich spüren, Walter erlebt es nurmehr symbolisch, wenn er sich den Detmolder Alltag heraufbeschwört.

Tordis, sehr umsichtig für ihre fünf Jahre, erfreut durch altkluge Sprüche. Gunild, vier Jahre, ist stiller, eine aufmerksame Beobachterin, weiß fast immer, wo die Dinge stecken, die ihre Mutter verlegt hat und dann hektisch zu suchen beginnt. Silke, dreijährig, lacht und strahlt die meiste Zeit, obwohl sie der zwei Jahre alten Arnild wegen immer etwa zu kurz kommt. Und dann Arnild selber, Arni-Sorgenkind, die Vierte, geboren im Herbst der Ungewissheit, im September 1944.

Weißt du noch?, hat er ihr 1945 zu Weihnachten geschrieben. «*Weißt du noch: 1940 saßen wir zwei alleine, tief eingeschneit und versponnen in Bücher, Flaschen und Zigaretten, dann kam Tordis erste Weihnacht, und dann war zu jedem weiteren Fest ein Kleines mehr da, und von Mal zu Mal wurden die Tage runder und glücklicher ...*»

Tordis im März 1941, Gunild im Mai 1942, Silke im Juli 1943, Arnild im September 1944 – immer genau 14 Monate lagen zwischen den Geburten. Am Anfang hatte es Luscha gar nicht schnell genug gehen können mit dem Kinderkriegen; wenn schon Familie, dann richtig, einen ganzen Stall voll; am liebsten hätte sie sie gleich paarweise zur Welt gebracht.

Aber schon zu Beginn der Schwangerschaft mit Arnild hatte sie unter großem Druck gestanden, die russische Front rückte näher, die Zukunft verdunkelte sich, und nach der Flucht aus Lemberg begann für sie ein harter Alltag in Detmold, beengte Verhältnisse im Haus, das sich zusehends mit Flüchtlingen füllte, die wachsende Schwierigkeit, Nahrung für alle heranzuschaffen, die Angst vor der herannahenden Katastrophe des Zusammenbruchs, das Bangen um Walter. Sie vermisste ihn bei der Niederkunft und noch mehr in den Tagen danach; sie ließen ihn aus Berlin nicht fort, aber zum Glück hatte sie den Beistand ihrer Mutter und ihrer Schwester Ilse. Sie hatte Arnild glatt und zügig zur Welt gebracht, nichts, das sie gewarnt hätte: Mit dem Baby stimmt etwas nicht.

Nachträglich konnte sie auch nur schwer zeitlich festmachen, wann genau ein erstes Unbehagen aufgetaucht war. Anfangs schien alles ganz normal. Gewiss, da war das Klumpfüßchen, auf das man sie nach der Geburt nicht gleich aufmerksam gemacht hatte. Würde sich das auswachsen, oder würde es dem Kleinen später Schwierigkeiten beim Laufen bereiten? Das Kind nahm begierig die Brust, es trank und es wuchs; sie stillte es zwei Monate, wie die anderen auch. Dann wieder schien ihr, als hinge es sonderbar schlaff in ihren Armen. Und hatten die anderen nicht mehr mit den Ärmchen und Beinchen gestrampelt im Liegen? Anfangs beschwichtigte sie die eigenen Ängste: Babys sind nun mal sehr unterschiedlich. Silke zum Beispiel hatte Wochen später zu krabbeln begonnen als Gunild, und Tordis hatte deutlich eher geredet als die beiden anderen.

Arnild hatte so ein bezauberndes Lächeln. Mein süßes kleines Wurm. Vielleicht würde sich die Schlaffheit der Glieder von selbst geben. Stattdessen musste sie sich eingestehen, dass sie immer auffälliger wurde.

Als Walter im Juli 1945 so unverhofft aus dem schwarzen Loch des verlorenen Krieges auftauchte, hatte sie ihm in der Nacht des Wiedersehens ihre Bedenken nur angedeutet, weil sie viel zu glücklich war: «Weißt du, sie ist jetzt zehn Monate … Sie müsste sich viel mehr bewegen … Sie liegt immer nur so apathisch in ihrem Bettchen …»

Von Köln aus fragt er in seinen Briefen immer wieder nach Arnild: *«Schreib mir bitte, ob Veränderungen eintreten. Ich mache mir unablässig Sorgen.»*

«*Bei Arnild immer dasselbe*», antwortet sie, und: «*Über Arnild besser mündlich.*»

Sie führt die Kleine dem Kinderarzt vor. Der wiegt bedenklich den Kopf: «In der Tat, da stimmt was nicht. Aber was es nun genau ist …» Auch im Detmolder Krankenhaus zeigen die Ärzte sich ratlos.

«*Danke für die Fotos*», schreibt Walter. «*Ich freue mich über das gesunde und hübsche Aussehen unserer Kleinen. Arnild sieht erstaunlich gesund und kräftig aus; auch scheint mir ihre Haltung straffer zu sein; das Gesichtchen enspricht ganz ihrem Alter; ich gebe keinen Tag die Hoffnung auf, dass sie die Entwicklungshemmungen überwinden wird.*»

Walters Hoffnung wider Luschas bessere Erfahrung, die täglich, wöchentlich hartnäckiger auf die hässliche Gewissheit hinweist: Dieses Kleine wird nie laufen, nie richtig sprechen können. Er findet heraus, dass es in der Bonner Universitätsklinik eine gute neurologische Abteilung gibt und einen Gehirnchirurgen, der auf ähnliche Krankheitsbilder spezialisiert scheint. Sie melden Arnild dort zu einer gründlichen Untersuchung an.

«*Ich weiß ja, dass du alles Erdenkliche für sie tust.*»

Jemand empfiehlt Luscha einen Homöopathen, angeblich einen wahren Wundermann in der Kleinkindbehandlung. Sie sucht auch den auf und ist über seine Reaktion zugleich entrüstet und tief betroffen. «*Weißt du, was er mir gesagt hat? ‹Es ist natürlich nicht leicht, bei solchen schweren angeborenen Missbildungen irgendwas von Heilung zu versprechen›.*» Wie kann ein Arzt so blöd daherreden!

Die Zeit verstreicht, und niemand kann ihr genau sagen, was dem Kind eigentlich fehlt. Dass es sich nicht normal entwickelt, springt ihr nun täglich in aller Deutlichkeit entgegen, wenn sie die Kleine im Arm herumschleppt, wenn sie sie windelt und anzieht und dabei, über die Wickelkommode gebeugt, ihr reizendes Lächeln erwidert. Mein armes kleines Wurm! Was ist bloß los mit dir?

Aber neben der Sorge um Arni gibt es so viele andere Dinge, die sie beanspruchen, sie kommt fast nie aus dem Rennen heraus: der tägliche Kampf gegen den Hunger, die Kälte, ihre ungewisse Zukunft als Familie. Manchmal scheinen die Anforderungen des Alltagslebens übermächtig, sie stoßen Luscha von einem Tag in den nächsten, für jede erledigte Arbeit entstehen zwei neue, während die Wochen dahingehen. Im Frühjahr 1946 rüstet sie mit großem Elan Teile des Blumengartens für den Gemüseanbau um; darüber hinaus haben sie einen Kartoffelacker gepachtet, den sie mit dem Spaten umgräbt, Rückenschmerzen, müde Knochen – sie beschreibt das sehr komisch im Brief an ihn, aber was erzähle ich dir da, du hackst ja selber zur Zeit den ganzen Tag Unkraut!

Im April erhalten sie Nachricht, dass in der Bonner Universitätsklinik ein Bett für Arnild frei sei. Infolge der Kriegswirren ist die Uniklinik teilweise nach Bornheim ins Vorgebirge ausgelagert worden; sie verbringen dort zwei gemeinsame Tage in einem einfachen Gasthof, eine bescheidene Freude, die aber doch den wenig erfreulichen Anlass der beschwerlichen Reise in den Hintergrund zu rücken vermag. Nur sie beide allein, fast wie ein kleiner Urlaub, mit Frühlingsspaziergängen Hand in Hand und langen Gesprächen, während sie Arni dort drinnen gründlich untersuchen, und mein Gott, sind wir nicht glücklich, trotz allem, denken sie, sagen sie einander immer wieder: Wir haben alle sechs überlebt, wir haben uns gegenseitig, wir lieben uns – ist das nicht wichtiger als alles andere auf der Welt! Und vielleicht gibt es ja doch noch Hoffnung auf eine günstige Entwicklung bei Arnild.

Zum ersten Mal wird bei der Kleinen ein Enzephalogramm gemacht. Auf die Ergebnisse der verschiedenen neurologischen Untersuchungen müssen sie allerdings bis in den Spätsommer warten. Inzwischen rollen neue Sorgen an: Der Kinderarzt schlägt Alarm; Tordis hat gefährliches Untergewicht; sie wiegt nur 29 Pfund; es müssten, bei ihrer Größe, mindestens 36 Pfund sein. Alle Kinder sind zu mager für ihr Alter, aber was kann sie daran ändern? *«Ein unterernährtes Kind also. Ein Kind wie aus Elendsvierteln. Ich war so niedergeschlagen, vor allem wegen der Unmöglichkeit, sie zu päppeln.»*

Sie bekommt vom Hausarzt Dr. Schieb einen Antrag auf Lebensmittelzusatz, auf die Sonderzulage für Kranke. Tordis soll vor allem viel Butter essen, und Luscha ist zunächst hocherfreut, auf dem Formular etwas von «225 Gramm Wochenration» zu lesen. Doch der Optimismus hat ihre Wahrnehmungsfähigkeit getrübt: Die zusätzliche Buttermenge für Kranke beträgt pro Woche 22,5 Gramm. Dazu kommen 150 Gramm Nährmit-

74

tel und ein Viertelliter Milch. Soll man da vor Enttäuschung weinen oder vor Wut schreien?

«Nach drei Tagen und Nächten Grübeln trage ich nicht mehr so schwer daran. Gewiss, das Kind ist mager, du kannst alle Rippen zählen – aber es ist kein schwächliches Geschöpfchen und schleicht nicht müde umher ... Wie gern täte ich Tordis und Gunild in ein Kinderheim für einige Wochen, d. h., gern gäbe ich sie gar nicht her, nur wegen der Aufpäppelung – aber es ist halt eine Geldfrage ...»

Hoffnungslosigkeit und Verzweiflung lässt sie nur im Anflug zu; kaum hat sie ihm ihre Ängste mitgeteilt, da rafft sie sich schon wieder auf, überzeugt sich selbst mit ihrer Zuversicht und tröstet auch Walter, der sich fernab in Köln quält wegen seiner Unfähigkeit, sie und die Kinder zu ernähren. Wenigstens seine Lebensmittelkarte sollen sie haben, erklärt er, denn er ist erwachsen und braucht weniger als die Kinder; er wird schon irgendwie durchkommen. Das verbietet sie ihm rundheraus: Bitte, lass das bleiben! Sonst muss ich dir dergleichen in Zukunft verheimlichen, und das will ich nicht, denn es würde doch bedeuten, dich noch weiter an den Rand der Familie zu schieben, als du jetzt schon bist, als es uns beiden und den Kindern gut tut. Mach dir also bitte keine unnötigen Sorgen um uns. Wir kommen hier einigermaßen zurecht. Du musst körperlich hart arbeiten und brauchst ein Minimum, damit du nicht krank wirst.

In den folgenden Wochen versucht er, zusätzliche Lebensmittel für sie die Kinder zu hamstern, er schickt Reis und Haferflocken – welche Freude, den Kindern beim Essen von Reisbrei zuzusehen, schreibt sie begeistert, sie hatten schon ganz vergessen, wie so etwas schmeckt! Er organisiert sogar zwei Flaschen Lebertran für Tordis. *«Wie gut du für uns sorgst, Lieber!»*

Im Laufe des Sommers nimmt die fünfjährige Tordis langsam ein bisschen zu, und Luscha vermeldet darüber hinaus üppige fünf Pfund Gewichtszunahme bei sich selber, prahlt übermütig mit *«dem Wanst, den sie sich angefuttert»* hat. Den sucht er allerdings auf den viel zu selten beigelegten Fotos vergebens. Aber in diesem Sommer haben sie schon eigenes Gemüse in Detmold, auch die Saatkartoffeln auf dem neu in Nutzung genommenen Boden haben wundervoll angeschlagen, und vor allem die Boh-

75

nenernte ist über die Hoffnung geraten. Einstweilen wunderbar satt, können sie sich verstärkt der Holzversorgung für den Winter zuwenden.

Der Sommer 1946 ist freundlich und periodenweise heiß; der September bringt noch einige herrlich warme Tage. In dieser Zeit feiern sie Mutter Elses, Omis Geburtstag. Geburtstage haben einen erstaunlich hohen Stellenwert in dieser kargen Zeit; allen liegt viel daran, sie mit den geringen Mitteln, die sie haben, feierlich aus dem Alltag herauszuheben. So lässt Luscha es sich nie nehmen, jedem Kind zu seinem Geburtstag ein spezielles Kopfkränzchen aus Blumen zu flechten: für Tordis, Märzkind, sind es immer Veilchen, Gunild Maienkind bekommt Heckenrosen, Silke Julikind Glockenblumen.

Für ihre Mutter hat Luscha selber Fuchsien gezogen, und die drei Kinder überreichen ihrer Omi frühmorgens je einen kleinen blühenden Stock, nachdem sie sie mit einem Chor vor der Zimmertür geweckt haben. Dann sagen sie ein paar Verse auf und krabbeln alle drei noch einmal zur Großmutter ins Bett. Wenig später kommt Luschas Schwester Ilse hinzu, mit ihren beiden jugendlichen Töchtern; jetzt wird Radiomusik gespielt, und noch vor dem Frühstück hopst und tanzt man in Elses Zimmer herum. Luscha schildert das Walter alles ganz ausführlich und in recht hellen Farben, sie will den Abwesenden auf diese Weise in das Großfamilienleben einbeziehen. Auf dem Geburtstagstisch findet sich Nützliches: eine warme Jacke, ein Halstuch, zum Frühstück genießen sie als Luxus die ersten reifen Tomaten des Jahres, die Walter aus Köln geschickt hat.

Den Vogel schießt Ronnis Geschenk ab. Ronni und Herbert, ein Flüchtlingspaar, beim großen Angriff auf Dresden ausgebombt, wohnen mit Ronnis Mutter und dem kleinen Sohn Dirk in einer Kammer im Erdgeschoss. Herbert hat eine Figur aus Holz geschnitzt, die Omi darstellt, mit weit ausgreifendem Schritt, Rucksack, Taschen, Netzen – offenbar beim Hamstern, ganz lebensecht. Doch Ronni ist es gelungen, ein großes Holzfass angefertigt zu bekommen, das drei bis vier Zentner Sauerkraut fassen kann. Herbert rollt es unter stürmischem Beifall ins Zimmer, da steht es, groß und dick und bekränzt, und obenauf turnt der dreijährige Dirk. Jetzt können sie nur noch hoffen, genügend Weißkohl für den Winter zu ergattern; sie setzen dabei vor allem auf Walter und seine Gärtnerei in Köln.

Doch dann sind die letzten schönen Spätsommertage verweht; mit einem Mal zeigt der Herbst seine hässliche, kalte und feuchte Seite, und gerade jetzt erhalten sie aus Bonn den Bescheid, dass Arnilds geistige und körperliche Behinderung unheilbar ist. Sie wird keine normale Schule besuchen, wahrscheinlich niemals laufen können und ihr Leben lang Pflege brauchen.

«Dr. Kroll hat keine Hoffnung mehr, nachdem er den Bonner Krankenbericht gelesen hat.»

«Nun müssen wir uns wohl doch auf das Unglück einstellen.»

Kein weiteres Jammern und Klagen liest man in den Briefen, nachdem die Dinge einmal klar sind, weder von seiner noch von ihrer Seite. Eigentlich, gibt Luscha jetzt zu, haben wir es ja wohl längst gewusst und nur noch wider besseres Wissen gehofft. «Meine süße kleine Arni – die Zeit war so schlimm, und wie viel Lebensgefahren in jeder Ecke drohten dem Neugeborenen – aber es blieb uns erhalten und doch verloren. Ich mache mir Vorwürfe. Als es unterwegs war, konnte ich mich nicht immer so auf es freuen ...» Doch nun, da die Dinge sind, wie sie sind, werden sie eben damit weiterleben wie bisher und so gut wie möglich mit den Belastungen fertig werden.

II.

Walter und Luscha heirateten am 7. Juli 1940 in Detmold.

Den letzten Anstoß gab wohl seine im März erfolgte Abkommandierung nach Litzmannstadt (Lodz) in Polen, im damaligen Generalgouvernement. Während seines kurzen Osterurlaubs, den er bei ihr in Detmold verbrachte, fragte er förmlich an, ob sie ihn heiraten wolle. Auf dem einzigen Verlobungsfoto im Familienalbum sitzen Luscha und Walter nebeneinander in Liegestühlen vor dem Haus, die kostbare Frühlingssonne genießend; sie im hellen Kostüm, eine Wolldecke übergelegt, er in Uniform und kniehohen Stiefeln; sie wirkt, ihm zugewandt, untypisch brav und ein wenig steif; und er lächelt, breit und zufrieden, ein bisschen verschmitzt, in den Fotoapparat: Na also, hab ich's doch geschafft ...

«Die Würfel sind gefallen», lautet ihr schriftlicher Kommentar zu diesem Foto.

Die Heirat war von langer Hand vorbereitet, denn als SS-Führer musste Walter eine Heiratserlaubnis einholen wie vormals die preußischen Offiziere im Wilhelminischen Reich. Gegen Person und Abstammung seiner Ehefrau durften keine Einwände bestehen; eine «Sippenakte» musste angelegt werden, in der ihre Abstammung und Familienverhältnisse genau dargelegt waren. Die standesamtliche Eheschließung erfolgte bei seinem nächsten Kurzurlaub im Sommer. Walter war bereits 1935 aus der evangelischen Kirche ausgetreten –«*um ein nur formales Verhältnis aufzulösen*», wie er 1947 im Fragebogen der Militärregierung angibt. Tatsache ist, dass auf SS- und sogar mehr noch auf SD-Angehörige ein gewisser Druck in diese Richtung ausgeübt wurde, dem Walter offenbar ohne große Bedenken nachgab. Luscha wird es ihm aus Anlass der Hochzeit gleichgetan haben. Man feierte bei strahlendem Hochsommerwetter in ihrem Elternhaus, Familienfeier im kleinen Kreis, Kaffeetrinken im Garten, geblümte Tischdecken auf der Tafel unter dem Kirschbaum, der reichlich trug, so dass man mit den Wespen zu kämpfen hatte, dennoch Glücksgefühle allenthalben, vor allem bei der strahlenden Mutter Else, die diese eigenwillige Tochter nun endlich – immerhin war sie schon 32 Jahre alt! – unter der Haube wusste. Anschließend brach das Paar gemeinsam in den Osten auf.

«*Im März 1940 wurde ich nach Litzmannstadt kommandiert und mit der Leitung der dortigen SD-Dienststelle beauftragt. Hier gelang es mir, gegenüber der noch im Aufbau begriffenen deutschen Verwaltung meine direkte Einflussnahme zu verstärken. Gleichzeitig begannen aber auch meine Auseinandersetzungen mit der deutschen Polenpolitik, die von da an für mich kein Ende nehmen sollten und zu einer Lebensfrage wurden*» (aus Walters «Tätigkeitsbericht» 1947).

7. 7. 1940 – ein Hochzeitsdatum wie jedes andere? Zwar befand sich Deutschland im Krieg, doch im Lande merkte man noch nicht allzu viel davon; noch war es ja die siegreiche Phase der Blitzerfolge. Polen war im Oktober 1939 im Handschlag erobert; der Winter 39/40 war ruhig geblieben; im April und Mai hatten die Deutschen erfolgreich Norwegen und Dänemark überrannt. Als Luscha und Walter heirateten, war soeben Frankreich besiegt und der Waffenstillstand mit Paris unterzeichnet; der Luftkampf um England verstärkte sich. Von all

dem war in Detmold nur wenig zu spüren; zwar waren viele Männer an der Front, doch die Zahl der Gefallenen hielt sich noch in Grenzen; zwar waren die Lebensmittel rationiert, aber noch gab es fast alles, und niemand konnte sich über das Hochzeitsessen beklagen.

Würdest du mit mir nach Polen gehen?, wird er sie gefragt haben, kannst du dir ein Leben dort vorstellen? Und sie hat wohl mit Ja geantwortet.

Ich weiß nicht, ob es dir dort gefallen wird, in der Rolle als Ehefrau, wird er vielleicht hinzugefügt haben, du bist dort wahrscheinlich weitgehend auf dich selber verwiesen, zumal mein Dienst sehr fordernd ist; ich kann auch jederzeit wieder versetzt werden. Es ist möglicherweise auf Dauer auch nicht ganz ungefährlich. Aber es ist Krieg, andere müssen an die Front, und es ist nun mal mein Job, dort zu sein. («Job» wird er mit Sicherheit nicht gesagt haben, sondern: «Unser Volk erwartet es von mir, es ist meine Pflicht.»)

Ein bisschen Abenteuer ist es auch, wird er eventuell hinzugefügt haben. Ich habe doch vorher nur den Kölner Raum gekannt und das Ruhrgebiet; Berlin war schon die große Welt für mich. Du bist weiter herumgekommen, aber glaube mir, Osteuropa und die slawische Kultur, das ist noch ganz etwas anderes als Schleswig-Holstein oder Südtirol. Ich jedenfalls finde den Osten faszinierend. Willst du also mitkommen?

Sie wollte. Wollte den Aufbruch in eine neue Welt und vor allem in einen neuen Lebensabschnitt. Lust auf Abenteuer? Zuversicht? Vielleicht auch ein bisschen Angst? Ich weiß nicht, was überwog. Ob sie meinten, es sei ein Aufbruch für immer? Mit Sicherheit hat keines von beiden geahnt, was genau im Osten auf sie wartete und was dieser Schritt einmal für ihr Leben bedeuten würde. Zunächst reisten sie nur mit einigen Koffern, Kisten und Kasten, mit nur wenig Hausrat, Betten, Wäsche, einigem Nützlichen, das sie zur Hochzeit bekommen hatten, da sie ja in Lodz erst in seine nicht allzu große Wohnung einzogen, und Büchern natürlich, nicht zu vergessen: vielen Büchern. Er brauchte sie nicht daran zu erinnern, dass die polnischen Winter lang und kalt seien.

«Schon gleich am Anfang im Zug, am Tag nach der Hochzeit, haben wir uns heftig gestritten», erzählte Luscha uns später vergnügt. Gestritten? Wieso? Worüber denn? «Kleinigkeiten. Ich weiß es gar nicht mehr. Ich mochte es nicht, wie er auf einmal alles bestimmen und über mich verfügen wollte. Er war anders als sonst, auf eine demonstrative Art beschützend und bevormundend.» Ein SS-Führer, frisch verheiratet, bringt seine Ehefrau in die neue Heimat – fühlte er sich genötigt, nach außen hin Stärke und Überlegenheit zu demonstrieren? Vielleicht stellte sie sich gleich auf die Hinterbeine, um ihm zu signalisieren: Nur weil wir jetzt verheiratet sind, nur weil wir jetzt in eine mir fremde Welt reisen, in der du jemand bist und ich niemand bin, werde ich noch lange nicht zur kleinen gefügigen Frau. «Zum Glück hatten wir ja schon Übung im Streiten. Die Missstimmung legte sich rasch wieder.» Dass sie schon schwanger war, wussten sie auf der endlos langen Fahrt in den Osten vermutlich noch nicht, obwohl es bald danach offenbar wurde. Sie reisten mehr als 1200 km ostwärts, mit Zwischenstation Berlin, erst mit der Reichsbahn, dann mit der Ostbahn, einen Tag, eine Nacht und einen Tag, endlose Ebenen, sommerliche Viehweiden und reifendes Getreide, Kühe, ärmliche Gehöfte und verlassen wirkende Dörfer, Pferdekarren, die in Staubwolken auf den Ackerwegen dahinzogen, darauf hockten verhüllte Gestalten, die dem Zug nachstarrten.

Der neue Alltag in Lodz. Luscha wird viel allein gewesen sein. Ihre Kontakte waren weitgehend auf die Ehefrauen der deutschen Besatzung beschränkt, und sie blieben eher distanziert. Es handelte sich nun einmal nicht um den Typ Frau, mit dem sie in ihrem bisherigen Leben Freundschaft gepflegt hatte. Die meisten lasen, falls überhaupt, nur seichte Unterhaltungsliteratur, und Luscha langweilten die Gespräche über Kinder und Küche, der leere Klatsch, die stereotypen, arroganten Klagen über die polnischen Hausangestellten («polnische Wirtschaft» als Synonym für Schlamperei, der «deutschen Ordnungsliebe» entgegengesetzt). Anfangs lief sie auf den zentralen Straßen und Plätzen herum, besah sich die Baulichkeiten; Lodz war nicht so östlich fremd, wie sie das erwartet hatte, überall begegneten ihr deutsche Uniformen, hörte sie deutsch sprechen, es gab viele Deutsche, die aus anderen besetzten Gebieten dort angesiedelt worden waren. Dafür hatte man zahlreiche Polen vertrieben und weiter östlich zwangsangesiedelt. Die Randbezirke der Stadt und das Umland lernte sie nicht kennen. Mit einheimischen Polen hatte sie nur wenig Kontakt, etwa beim Einkauf, sie begegneten ihr mit Reserve oder auch devot, jedenfalls kontrolliert und nicht unbefangen; die fremde schwierige Sprache war eine weitere Barriere, obwohl die meisten über ein paar Brocken Deutsch verfügten. Sie besaß ein Polnisch-Lexikon und eine Grammatik, mühte sich anfangs mit der Sprache, kam aber nicht weit. Die meisten Worte lernte sie von ihrer polnischen Stundenhilfe, einem jungen Mädchen vom Land: *pani majorowa* – Frau Major (das war sie), *klucz* – der Schlüssel, *spizarka* – die Speisekammer, *kapusta* – der Kohl. Sie war jetzt eine Dame, mit dem bisschen Haushaltsarbeit nicht wirklich ausgelastet, sie lebte jetzt ähnlich wie ihre Mutter, die Offiziersgattin, zu Beginn ihres Ehelebens. Vielleicht erinnerte sich Luscha jetzt manchmal an Elses Erzählungen über diese Jahre, und auf dem Hintergrund des Lebens ihrer Mutter schien wieder stimmig, was sonst nicht ganz zu ihrem bisherigen eigenen Leben zu passen schien. Manchmal ging sie zusammen mit dem polnischen Mädchen einkaufen, aber als der lange östliche Winter begann, hielt sie sich die meiste Zeit zu Hause auf und las.

Sie verschlang Buch um Buch, während der Schnee sich in meterhohen Wellen um das Haus legte. Sie studierte sogar das Kochbuch, das ihre Mutter ihr zur Hochzeit geschenkt hatte, und bemühte sich, interessante Gerichte zu servieren, im Rahmen dessen, was man hier kaufen konnte; 1940/41 war die Versorgungslage noch einigermaßen gut, zumindest für die deutsche Besatzung. Bisher hatte sie das Geschäft des Kochens immer verachtet und in ihrem bisherigen Bohèmeleben auch wenig Gelegenheit dazu gehabt. Zu Hause war Mutter Else eine ebenso leidenschaftliche wie großartige Köchin, neben ihr hatte sie sich gar nicht erst anzustrengen brauchen. Jetzt aber, da sie Zeit hatte und bemüht war, die Rolle der Ehefrau so gut wie möglich zu geben – «die Liebe geht durch den Magen!», hatte Else ihr eingeschärft –, wagte sie sich an verschiedene schwierigere Gerichte heran. Doch Walter war ein wenig dankbares Objekt für solche gut gemeinten Etüden in Sachen Häuslichkeit. Zwar lobte er stets höflich, was sie auf den Tisch brachte, um am Ende der Mahlzeit festzustellen: «Das war köstlich, Luscha – aber wann können wir wieder mal Bratkartoffeln essen?»

Kein Wunder, dass sich Luscha unter diesen Bedingungen nie zu einer begnadeten Köchin entwickelte.

Walter verließ die Wohnung früh, kam zwar meistens mittags

zum Essen nach Hause, doch abends oft erst spät zurück; immer wieder gab es zusätzliche Besprechungen, gelegentlich machte er auch Dienstreisen. Abends erzählte er von dem, was sich auf der Dienststelle tat, von den Menschen, die ihm begegneten, natürlich erzählte er längst nicht alles, das war ihr klar.

«Gleichzeitig begannen aber auch meine Auseinandersetzungen mit der deutschen Polenpolitik, die von da an für mich kein Ende nehmen sollten und zu einer Lebensfrage wurden. Damit geriet ich in Konflikte mit meinen Vorgesetzten und der SS überhaupt und in Kämpfe mit der Staatspolizei» (aus Walters «Tätigkeitsbericht» 1947).

«Ich kann darüber nicht reden», wird er manches Mal gesagt haben, «das musst du verstehen», und sie wird akzeptiert haben, dass er es bei Andeutungen beließ; Verschwiegenheit gehörte nun mal zu den Regeln des schwarzen Corps. Gelegentlich schien er irritiert und besorgt, und sie spürte, wie er bei ihr mit der Körperwärme innere Ruhe suchte. *«Die Berührung mit dem polnischen Volkstum wurde für meine gesamte weitere persönliche Entwicklung und dienstliche Tätigkeit entscheidend. Ausgehend sowohl von den Gesichtspunkten des deutschen Ansehens und seiner daraus erwachsenden Verpflichtungen wie auch von den unverletzbaren Rechten, die auch dem Besiegten noch bleiben, geriet ich, je länger ich mich mit der Polenfrage befasste, umso intensiver in eine Auseinandersetzung mit dem Problem der deutschen Ostpolitik überhaupt. Diese Auseinandersetzung wurde dann vom Jahre 1941 ab sehr konfliktreich und gewann eine schicksalhafte Bedeutung für mich»* (Entwurf zum «Tätigkeitsbericht» 1947).

Was genau war seine Aufgabe? Als SD-Leiter hatte er Hintergrundinformationen über die Sicherheit der besetzten Gebiete zusammenzutragen, Informationen über die politische Lage, die öffentliche Stimmung in seinem Zuständigkeitsbereich; er sollte Kontakte zu den verschiedenen Bevölkerungsgruppen herstellen, ihre Einstellungen, ihre Beziehungen untereinander und zu den Deutschen ausloten und darüber an das Reichssicherheitshauptamt (RSHA) nach Berlin berichten. Trotz der zuweilen auftretenden Konflikte mit seinen Vorgesetzten fand er seine Arbeit befriedigend. Sein Interesse an der slawischen Kultur vertiefte sich; er entwickelte in diesen Jahren eine slawophile Neigung, die während seines ganzen weiteren Leben anhielt.

Als Deutscher hatte er in seiner Position eine gewisse Macht, aber er lebte in dem Gefühl, sie nicht auszunutzen, und er genoss die positive Rückmeldung, die er auch und gerade von Einheimischen erhielt.

Auch Luscha ging es nicht schlecht in dieser Zeit, vielleicht sogar wider Erwarten gut, nach den beschwerlichen ersten drei Schwangerschaftsmonaten, in denen sie von Übelkeit gebeutelt wurde. Zum ersten Mal seit ihrem sechzehnten Jahr wurde für sie gesorgt, musste sie nicht selbst um ihren Lebensunterhalt kämpfen. Sie vergrub sich in die kleine gemeinsame Bibliothek, und ihr spürbar wachsender Bauch machte ohnehin aus dieser neuen Lebensphase nur eine Übergangzeit zu etwas noch Anderem und noch Aufregenderem; sie freute sich unbändig auf das Kind. Sie wollte eine richtige Familie, sie wünschte sich so sehr, angekommen zu sein.

Im März 1941 wurde in Lodz, dem damaligen Litzmannstadt, die erste Tochter Tordis geboren. Mutter Else kam, um Beistand zu leisten, und dehnte ihren Besuch noch ein wenig über die Geburt hinaus, besonders wohltuend für Luscha, da Walter im April vorübergehend nach Krakau kommandiert wurde, bis zum September, bis man ihn nach Lemberg schickte. *«Im April 1941 wurde ich ins Generalgouvernement als Leiter der SD-Dienststelle Krakau kommandiert. Hier kam ich in nahe Berührung mit der ukrainischen Bevölkerung und gleichzeitig zu einer breiteren und vertieften Auseinandersetzung mit den Grundfragen der deutschen Ostpolitik. Über diese und meine anschließende Lemberger Tätigkeit muss ich ausführlicher und unter Beifügung von eidesstattlichen Versicherungen schreiben, weil diese Dienstzeit einerseits für mich von großer Bedeutung war, andererseits die Tätigkeit in den besetzten Gebieten dem SD den Charakter der verbrecherischen Organisation eingebracht hat»* («Tätigkeitsbericht» 1947).

Luscha folgte ihm nicht nach Krakau; seine Lebensverhältnisse dort waren beengt und wenig erfreulich. Später berichtete er einmal von seiner finsteren Unterkunft, von den Kakerlaken an den Wänden; man habe ihm zu dem Trick geraten, das Bett in die Mitte seines Schlafzimmers zu schieben und ringsum kleine Näpfe mit Petroleum aufzustellen, in die sie hineinfielen. In dieser Zeit legte er sich in voller Montur, sogar im Uniformmantel, schlafen.

«*In Krakau fand ich sogleich Kontakt mit der ansässigen und emigrierten ukrainischen Bevölkerung und ihrer Intelligenz. Ich habe ihre rechtlichen, wirtschaftlichen und kulturellen Ansprüche stets und mit nachweisbar großem Erfolg gegenüber der deutschen Verwaltung vertreten ... Ich erwarb mir dadurch die uneingeschränkte Sympathie der Ukrainer, eine nachweisliche Popularität, eine gründliche Kenntnis ihrer Geschichte, Mentalität und Eigenstaatlichkeitsbestrebungen, die sie mit dem bevorstehenden Russlandkrieg verbanden, und dadurch auch enge Beziehungen zu ihrer im Entstehen begriffenen Widerstandsbewegung, die diesen Anspruch am radikalsten vertrat ... Ebenso stand ich trotz eines scharfen Verbots des Reichsführers SS mit der polnischen Intelligenz in engen Verbindungen ...*»* (Entwurf zum «Tätigkeitsbericht» 1947).

Luscha blieb noch einige Zeit mit dem Säugling in Lodz und hielt sich danach während einer längeren Sommerpause in Detmold auf, um im September 41 mit Walter in Lemberg wieder zusammenzutreffen. Dort sollte er in der gerade eroberten Westukraine die SD-Dienststelle für den Distrikt Galizien aufbauen. Eine kleine Insel relativer Dauer, zwei Jahre und vier Monate wohnten sie gemeinsam in Lemberg in einem Einfamilienhaus mit Garten, nacheinander wurden dort Gunild und Silke geboren.

Auf der einen Seite Familiengeschichte, Familienalltag – auf der anderen Seite die politische Geschichte:

Die Ukrainer hatten in ihrer langen Geschichte, von einigen kurzen Ausnahmen abgesehen, nie einen eigenen Staat; sie standen fast immer im Schatten benachbarter Völker, mal der Polen, mal der Russen, die ihre eigenstaatlichen Bestrebungen nicht anerkannten und zum Teil gewaltsam unterdrückten. Als die Deutschen 1941 in Galizien einmarschierten, lebte dort eine ukrainische Mehrheit nicht ohne Spannungen neben einer polnischen Minderheit, außerdem gab es etwa eine halbe Million galizischer Juden und einige andere kleinere ethnische Minderheiten. Das Land hatte bereits lange Jahre des stalinistischen Terrors, der Zwangskollektivierung, der «Säuberungen» und Deportationen hinter sich. Der deutsche Einmarsch hatte zunächst bei Teilen der ukrainischen Bevölkerung, vor allem bei der weitgehend nationalistisch gesinnten Intelligenz, große Hoffnungen geweckt. Zwei ukrainische militärische Einheiten waren gemeinsam mit der Wehrmacht in der Ukraine einmarschiert, und Ende Juni proklamierten in Lemberg Führer der ukrainischen Widerstandsbewegung einen souveränen ukrainischen Staat. Sie wurden allerdings nach wenigen Tagen verhaftet und ins KZ Sachsenhausen verbracht. Trotzdem gewährte die deutsche Besatzungsmacht den Ukrainern zwischen 1941 und 1944 vor allem in Galizien weitaus mehr Mitsprache- und Selbstverwaltungsmöglichkeiten als etwa den Menschen im besetzten Polen. Ukrainische Schulen und Genossenschaften wurden wieder zugelassen, die Universität Lemberg neu eröffnet; das Ukrainische Zentralkomitee konnte kulturelle und soziale Aktivitäten entfalten und koordinieren; nationalukrainische Bestrebungen waren in einem gewissen Umfang möglich; Kirchen und Klöster, die unter der sowjetischen Besatzung vollkommen unterdrückt waren, konnten ihre Tätigkeiten wieder aufnehmen.[8]

Galizien war dem Generalgouvernement zugeordnet worden, d. h., es gehörte administrativ zu den seit 1939 besetzten Gebieten Polens, während die zentrale und südliche Ukraine zum Reichskommissariat unter dem Kommissar Erich Koch erklärt wurde. Die östlichen Teile der Ukraine waren Frontbereich und der Militärverwaltung unterstellt. In der nationalsozialistischen Ostpolitik war der Ukraine ihrer fruchtbaren Landwirtschaft wegen die Rolle der Kornkammer zugedacht, sie sollte Getreide, Milch und Fleisch an das Reich liefern. Außerdem wurden im Verlauf des Krieges aus der Ukraine insgesamt mehr als eine Million Zwangsarbeiterinnen und Zwangsarbeiter ins Reich deportiert, um den ständigen Arbeitskräftebedarf der deutschen Industrie zu decken, der dadurch entstand, dass immer mehr deutsche Männer zur Wehrmacht eingezogen wurden. Im Reichskommissariat führte die brutale Besatzungspolitik dazu, dass die Bereitschaft der ukrainischen Bevölkerung zur Zusammenarbeit mit den Deutschen rasch nachließ und stattdessen Hass und Widerstand wuchsen. Doch in Galizien – Walters Wirkungsbereich – blieben die Beziehungen zwischen der Besatzungsmacht und den Ukrainern weniger spannungsvoll.

Walter schreibt in seinem «Entwurf zum Tätigkeitsbericht» 1947: «*Ende September 1941 wurde ich nach Galizien kommandiert und übernahm dort den Aufbau und die Leitung der*

SD-Dienststelle für Galizien. Infolge meiner Arbeit in Krakau ging mir nach Lemberg ein guter Name in der Bevölkerung voraus, der es mir möglich machte, dort meinen Einfluss zu verbreitern und zu steigern. Ich habe die Einrichtung der deutschen Hoheitsverwaltung als eine nur vorübergehende betrachtet und die Bestrebungen der ukrainischen Bevölkerung nach Selbstverwaltung offen unterstützt, in schroffem Gegensatz zu den gesamten deutschen Planungen. Ebenso bekannte ich mich offen gegen die Gewalt- und Ausbeutungspolitik im benachbarten Reichskommissariat Ukraine. Mein Standpunkt und die Bemühungen, ihn durchzusetzen, brachten mich sofort in Widerspruch zu meinen eigenen Vorgesetzten und zum Reichsführer SS, der Sicherheitspolizei, der Regierung des Generalgouvernements und der Verwaltung der Ukraine.»

Von Lodz und Krakau gibt es, außer einem einzigen Bild ihres ersten Babys, zehn Tage alt, keine Fotos im Familienalbum. Mit dem Einzug in das Lemberger Haus in der Maienstraße, tief verschneit im Dezember 1941, beginnt eine Fotoserie, die ein freundliches und scheinbar ungetrübtes Familienleben dokumentiert. Säuglinge und Kleinkinder, im Wohnzimmer auf einer Decke krabbelnd, später im sommerlichen Garten spielend, eine zufrieden wirkende Mutter auf der Gartenbank, ein liebevoller Vater, in Trainingshosen, mit nacktem Oberkörper, auf dem Sandkastenrand, mit seinen Kleinen spielend. Luscha hatte ein polnisches Kindermädchen, das erleichterte ihr die Arbeit mit den drei Winzlingen sehr. Das Haus in der Maienstraße war ein einstöckiges Art-déco-Haus, der Garten eine einzige Wiese, im Frühsommer eine kleine ungemähte blühende Wildnis, von ein paar Büschen am niedrigen Maschendraht umgeben, an ihn angrenzend sieht man auf einem Foto die Hinterseiten dreistöckiger Mietshäuser. Nach vorne heraus lag das Haus in einer wohl etwas besseren Wohngegend, eine baumbestandene Straße, andere kleine Einfamilienhäuser. Kein besonders prächtiges, aber ein geräumiges Haus. Wer wird wohl vor ihnen dort gewohnt und es für sie geräumt haben? Eine jüdische Familie? Kämpfer gegen die deutsche oder die vorangegangene russische Besatzung, die erschossen worden waren? Offiziere der vor ihnen in Lemberg stationierten sowjetischen Besatzungsmacht? Hat er es gewusst? Hat sie sich dafür interessiert?

Im Sommer 1943 kam Luschas Mutter Else aus dem Reich zu

Besuch. Auf Fotos sehen wir sie mit den kleinen Enkelinnen im Garten. Wir sehen auch Walter und Luscha, Luscha auf der Holzbank, Klein-Tordis und Klein-Gunild turnen um sie herum, die gerade geborene Silke liegt auf ihrem Schoß, und Luscha singt, so lautet jedenfalls ihr eigener schriftlicher Kommentar: «*Es sind schon drei!*» Walters Gesicht, das fällt auf, ist in jenem «galizischen Sommer 43» beim Sandkasten nicht mehr das unbekümmerte jungenhaft runde, das er auf dem Hochzeitsfoto zeigte; es ist schmal und ernst geworden.

«Im Gegensatz zur deutschen Ostpolitik, die auf der Untermenschentheorie fußte, forderte ich eine Gewinnungspolitik gegenüber der Bevölkerung und die gerechte Einhaltung der ihr gegebenen Versprechen, wie Reprivatisierung des von den Sowjets verstaatlichten Eigentums, Wahrung der Rechte und Freiheiten des Einzelmenschen, uneingeschränktes Kultur-, Schul- und religiöses Leben usw. Gegen jede diese Rechte und Freiheiten aufhebende oder einschränkende Maßnahmen, gleichgültig von welcher Stelle sie angordnet oder durchgeführt wurden, habe ich in zahllosen Berichten protestiert, vielfach mit Erfolg, oder auf ihre Durchführung revidierenden bzw. mildernden Einfluss genommen. Durch meine ständigen Proteste schuf ich mir Freunde und einen guten Namen in der einheimischen Bevölkerung und Feinde in vielen deutschen Lagern; mehrfach sind mir durch meine Vorgesetzten und zweimal durch den Reichsführer SS harte Strafen wegen Befehls- und Gehorsamsverweigerung angedroht worden; ich wurde drei Jahre in der Beförderung zurückgestellt und erhielt keine Auszeichnungen. Von der Theorie und Praxis dieser Gewinnungspolitik aus erfolgte 1942 der Durchbruch zu einem europäischen Denken mit dem Ziel der Schaffung einer europäischen Schicksalsgemeinschaft gegen den Bolschewismus aus selbstständigen Volksstaaten unter gleichberechtigtem Einschluss der Ostvölker. In vielen Berichten habe ich diese Idee vertreten, unter ständiger Betonung des wahren Wertes des osteuropäischen Menschen ... die Vertreter der ukrainischen Bevölkerung und ihrer Selbstständigkeitsbewegung drängten mich immer dazu, auf meinem Posten zu bleiben, wenn ich nach erfolglosen Kämpfen in Phasen der vollkommenen Entmutigung von meinen vorgesetzten Dienststellen meine Freigabe zum Wehrdienst verlangte» (Entwurf zum «Tätigkeitsbericht» 1947).

Man sieht Walter auf den Familienfotos nur selten; auf den meisten sind die Kleinen allein abgebildet, was wohl bedeutet, dass fast immer Luscha fotografiert hat: Kinder im Garten, Kinder unter dem Weihnachtsbaum («*galizischer Winter 1943*»), mit einem neuen Püppchen und Holzpferdchen spielend.

Zwischen den vielen Kinderfotos eine einzige Landschaftsaufnahme: «*Blick vom Ehrenfriedhof auf die Stadt*», ein versonnener Weitblick vom Hügel, eine große weit ausladende einsame Eiche, eine Kuh, ein verträumter Hirte, die Stadt sanft vernebelt im Tal – ein Bild scheinbar vollkommenen Friedens. Offenbar unternahmen sie dann und wann auch Ausflüge. Einmal, wohl im Sommer 1942, haben sie sogar einen kurzen Urlaub in der Hohen Tatra gemacht.

Besonders an dieser Stelle klafft die Geschichte in mehrere wie unverbunden nebeneinander stehende drastisch verschiedene Lebenswirklichkeiten auseinander. Um die Familienidylle herum gab es den Krieg, der jetzt, nach den anfänglichen «Blitzsiegen», mehr und mehr ein anderes Gesicht zeigte. Ende Juni 1941 hatte der Angriff auf Russland, das «Unternehmen Barbarossa», begonnen, anfangs wiederum siegreich, doch schon Ende November 1941 begannen die Rückschläge für die deutsche Wehrmacht. Luscha und Walter konnten noch nicht ahnen, dass sich die Wende im Osten just zu der Zeit anbahnte, als sie ihr neues Domizil in Lemberg bezogen. Die deutschen Truppen wurden erstmals vor Moskau zurückgeschlagen, um im Frühjahr 42 im Morast der Schneeschmelze stecken zu bleiben. Im Sommer 42 unternahmen die Deutschen den Marsch auf Stalingrad, das im Winter zum Grab der 6. Armee wurde. Charkow, Industrieknotenpunkt und zweitgrößte Stadt der Ukraine, war mal in deutscher und dann wieder in russischer Hand; es ging im August 1943 mit großen Verlusten endgültig an die Russen zurück. Während dieses herrlich sonnigen galizischen Sommers, während Mutter Else bei Luscha und Walter zu Besuch war, während die nackten Kleinen im Garten im Wasserbottich planschten, tobte die Panzerschlacht von Kursk in der östlichen Ukraine; sie leitete die Phase des langsamen, aber unaufhaltsamen russischen Vormarsches ein, der erst mit der Eroberung Berlins zum Halt kam. Im Reich hatte die Mobilmachung der Heimatfront zum totalen Krieg begonnen. Zwischen Dezember 1943 und Juni 1944 vertrieben die Russen die Deutschen wieder von der Krim und aus der Ukraine. Luscha verließ Lemberg mit den Kindern Ende März; Walter hatte bis zuletzt, bis zur Räumung seiner Dienststelle, zu bleiben.

Und dann noch die andere grausige Wirklichkeit: Neben dem Kriegsgeschehen, hinter der Front, nahm in dieser Zeit die «Endlösung» konkrete Gestalt an. Im Januar 1942 fand die Wannseekonferenz statt, auf der die «endgültige Lösung der Judenfrage» beschlossen wurde.

Als das Lager Auschwitz in der Nähe von Krakau errichtet wurde, war Walter nicht mehr dort, sondern schon in Lemberg. Doch die Stadt Lemberg selbst war wie andere Orte des Distriktes Galizien Schauplatz zahlreicher Massenerschießungen, und bei der Auflösung des Lemberger Gettos, bei der Deportation seiner letzten Bewohner ins Vernichtungslager Belzec, gab es ein Blutbad. Das Lager Belzec selbst, in dem ca. 400 000 Juden ermordet wurden, lag nicht im Distrikt Galizien, sondern im Distrikt Lublin, nur etwa 60 km von Lemberg entfernt, und seit Herbst 1941 rollten die Eisenbahnwaggons der Deutschen Ostbahn, fensterlose und plombierte Container, die vor allem Juden aus den besetzten Ostgebieten in die Arbeits- und Vernichtungslager brachten. Viele von ihnen haben auch den Bahnhof von Lemberg passiert.

«Zunächst muss ich betonen, dass ich nie einem ‹Einsatzkommando› angehört habe, deren Tätigkeit nie unmittelbar und aus eigener Anschauung kennen lernte. Die Aufstellung dieser Einsatzkommandos habe ich nie gebilligt und entsprechend kritisiert, da ich glaubte, dass der SD als Nachrichtendienst eine Notwendigkeit sei, seine Einbeziehung in exekutive polizeiliche oder militärische Funktionen aber ein Abweichen von dieser Aufgabe bedeute. Auch habe ich mich im Osten gegen alle Unterstellungsabsichten der Sicherheitspolizei und der SS- und Polizeiführer gewehrt und dadurch mir und meiner Dienststelle die Freiheit und Unabhängigkeit der Kritik bewahrt, die für meine Arbeit notwendig war. Meine Beziehungen zur Sicherheitspolizei bestanden aus einer ununterbrochenen Kette von Konflikten und Kämpfen, mit ihren unteren Organen um Einzelfälle, mit ihren Spitzen um die Abschaffung der staatspolizeilichen ‹Ermessenssphäre› und um die Freiheit der Kritik des SD. Diese Tatsache war sogar der ukrainischen Be-

völkerung Galiziens bekannt» (aus Walters «Tätigkeitsbericht» 1947).

Walter hat als Adlatus, als Sekretär oder Protokollant eines Vertreters des Landwirtschaftsministeriums an der Wannseekonferenz teilgenommen. Auf Nachfrage eines Schwiegersohns erzählte er später, er sei wegen der Geheimhaltung von den meisten Sitzungen ausgeschlossen gewesen. In seiner Anwesenheit sei es vor allem um den Arbeitskräftemangel in der Landwirtschaft gegangen. Von der geplanten «Endlösung» sei nichts durchgesickert.

Einmal, erzählt Luscha später, seien sie, als sie mit Walter in der Innenstadt von Lemberg verabredet gewesen sei, plötzlich mitten in eine Judenrazzia geraten; Menschen wurden aus den Häusern auf einem Platz zusammengetrieben, zumeist Frauen und Kinder, magere, schäbig gekleidete Frauen, ausgehungerte Kinder, auch hilflose alte Leute, sie wurden mit Kolbenhieben geschlagen, wenn es nicht schnell genug gegangen sei. Das Ganze vollzog sich so plötzlich, war so gespenstisch am helllichten Tag, und sie, Luscha, sei wie gelähmt dagestanden und habe Walter ganz entsetzt gefragt: Was ist denn das? Was geht da vor?, und er habe sie brüsk beiseite geschoben und sei dann in einen heftigen Wortwechsel mit dem Einsatzgruppenleiter geraten, habe sich dann aber, blass vor Wut, abgewandt und sie fortgeführt: Komm, das ist nichts für dich, in deinem Zustand! – Sie war, wie fast immer, schwanger.

Einmal, erzählte Luscha uns, ebenfalls später, sei Walter von einer Dienstreise nach Berlin zurückgekommen, sie konnte sich an den Zeitpunkt nicht mehr genau erinnern, meinte aber, es sei 1942 gewesen. Sie hatte mit dem Abendessen auf ihn gewartet und war erst beleidigt, als er überhaupt nichts von dem essen wollte, was sie liebevoll vorbereitet hatte. Ihm war speiübel, er hatte Magenbeschwerden, er konnte nur Kamillentee trinken. Er habe im Zugabteil, so vertraute er ihr zögernd an, unter dem schärfsten Siegel der Verschwiegenheit, mit zwei SS-Männern zusammengesessen, die zu ihrem Einsatz an die Ostfront fuhren. Sie hatten ihren Dienst als KZ-Wachmannschaften nicht länger ausgehalten und waren degradiert worden. Sie seien stark alkoholisiert gewesen, sie glaubten, nun nichts mehr zu verlieren zu haben, und so hatten sie das Schweigegebot gebrochen und ihm nach und nach einiges von dem erzählt, was sie dort hatten tun und mitansehen müssen. Lieber in Russland vor die Hunde gehen als einen Tag länger in dieser Hölle, sagten sie zu ihm. – Leider konnte Luscha sich nicht mehr erinnern, aus welchem KZ die Männer kamen.

«*Letzte Bilder aus Lemberg*» im Fotoalbum, im März 1944, zeigen noch einmal das Haus und die Straße im tiefen Schnee, sie zeigen Walter, auf dem Boden kauernd, einen kleinen Terrier zwischen den Knien. «*Herr und Hund allein*», schrieb Luscha darunter; er scheint ihr und den Kindern nachzuschauen. Der Anfang vom Ende, ein Abschied ins Ungewisse – «Hauptsache, ich weiß dich und die Kleinen halbwegs sicher in Detmold!», wird er ihr bei der letzten Umarmung gesagt haben, «sei tapfer, halte durch, was auch immer geschieht, behalt mich lieb!» – «Versuch vor allem, am Leben zu bleiben!», wird sie ihm gesagt und die Tränen dabei unterdrückt haben – es war ja ganz fraglich, ob sie sich je wiedersehen würden.

Äußerlich vollzog sich alles durchaus noch eine Weile im «geordneten Rückzug», aber er machte sich längst keine Illusionen mehr, der bodenlose Fall des NS-Regimes in den schwarzen Abgrund und sein Fall mit ihm hatten schon vor langer Zeit begonnen.

12.

Familiengeschichte, freundliche Seiten im Fotoalbum, und gleich nebenan das Grauen, dokumentiert durch die historische Forschung. Es ist immer noch so schwer zu verstehen, dass es dieselben Menschen waren, die sowohl in der einen wie in der anderen Welt agierten – vor allem, wenn es sich um die eigenen Eltern handelt.

Was genau hatte Walter mit dem Massenmord zu tun, der während seiner Amtszeit in Galizien stattfand? Was mit den Erschießungen Hunderttausender von Juden, mit der blutigen Räumung der Gettos, mit den Deportationen in die Gaskammern des Vernichtungslagers Belzec? War er direkt daran beteiligt? Inwieweit ist die organisatorische Abwicklung der Verbrechen auch über seinen Schreibtisch gelaufen? In welchem Umfang war er über den Plan zur «Endlösung» informiert?

So nah und vertraut mir Walter und Luscha in ihrem Briefwechsel nach 1945 sind, so schwer wird mir die Einfühlung in den Lebensabschnitt davor, in die Jahre 1940 bis 1945. Ich kann die beiden deutlich als Kinder und Jugendliche vor mir sehen, obwohl ich über ihn nur weniges von ihm selbst oder anderen Verwandten Erzähltes weiß, umso mehr aber von ihr, die sie einen großen Teil ihrer letzten Jahre darauf verwandte, ihre Kindheit und Jugend literarisch festzuhalten. Ich kann mir die familiären Bedingungen und die zeitgeschichtlichen Ereignisse vorstellen, die ihr Leben in den ersten beiden Jahrzehnten prägten. Ich kann mich mühelos in Luschas Traum von einem Schriftstellerleben, in ihren Ehrgeiz und ihre innere Unruhe einfühlen. Ich glaube auch zu verstehen, welche Persönlichkeitseigenschaften und inneren Krisen, welche Erwartungen und Hoffnungen Walter zu seinem Eintritt in den SD bewogen.

Aber es fällt mir sehr schwer, mich in ihre Gedanken- und Gefühlswelt zwischen 1936 und 1945 hineinzuversetzen. Wie nahm Walter sich selbst und seine berufliche Tätigkeit, sein Land (bzw. «sein Volk») wahr? Hat er die Ungerechtigkeiten, die Menschenrechtsverletzungen der ersten Jahre des Dritten Reichs gar nicht registriert? Oder ordnete er sie nach den Kriterien seiner nationalsozialistischen Weltanschauung einfach anders ein, etwa als notwendiges Opfer für Ruhe und Ordnung in der Übergangszeit, für den Aufbau einer neuen Gesellschaft? Kann er, können sie beide, die schrittweise Ausgrenzung und immer krassere Entrechtung der Juden, deren Kulmination in den «Nürnberger Gesetzen» und der «Reichskristallnacht», wirklich gutgeheißen haben? Waren die Gettobildung und die brutalen Umstände der jüdischen «Umsiedlung» in die Konzentrationslager für Walter vielleicht nichts anderes als notwendige Maßnahmen innerhalb einer Vision zur Neugestaltung des besetzten Ostens?

Immer wieder und immer lauter drängt sich mir bei der Erzählung ihres Lebens in dieser Zeit die entscheidende Frage auf: Was genau hat er, haben sie beide von der «Endlösung» wahrgenommen? Wie konnten sie mit dem, was sie selber taten, was sie sahen, hörten und wussten, einfach so weiterleben?

Ich weiß über ihr Leben in der damaligen Zeit nur wenig, eben das, was sie selbst erzählten. Wir fragten auch kaum danach. Lange Zeit hätte ich nicht einmal gewusst, wie und nach was genau ich hätte fragen können oder sollen. In unserer Familie wurde die Nazivergangenheit des Vaters als solche durchaus nicht verschwiegen, aber es lag dieser sonderbare Schleier über der Zeit, und die heranwachsenden Kinder spürten zunehmend, dass sich Unausgesprochenes hinter dem Ausgesprochenen verbarg. Dass es eine dunkle und schicksalsträchtige Periode im Leben der Eltern war, wurde mir spätestens im Laufe der Pubertät bewusst. Damals schlich ich mich manchmal, wenn sie fort waren, an den Schrank, in dem der Aktenordner «Entnazifizierung» aufbewahrt wurde, und ich versuchte, mir selber ein Bild zu machen. Niemand dürfte davon wissen, denn es galt als «Schnüffeln in Dingen, die Kinder nichts angehen», deswegen konnte ich auch nach dem Gelesenen nicht weiter fragen. Es tat mir gut, in den «Entlastungszeugnissen», die mein Vater für seine Entnazifizierung vorgelegt hatte, so viele positive Dinge über ihn zu lesen, die andere ausgesagt hatten. Warum aber musste überhaupt irgendwer ihn «entlasten» – und von was entlasten? Das blieb beunruhigend.

Der für mich blinde Fleck dieser vier, fünf Jahre in ihrer Biographie ist von zentraler Bedeutung. Ich kann, was in dieser Zeit geschah, ansatzweise recherchieren; aber was sie damals dachten und fühlten, entzieht sich mir. Ich kenne die objektiven biographischen Daten, ich weiß weitgehend, wann sie sich wo aufhielten. Ich besitze ein Fotoalbum, das die familiengeschichtlichen Entwicklungen dieser Jahre dokumentiert. Ich habe seine eigenen Aussagen, in einem «Tätigkeitsbericht», den er zwei Jahre nach Kriegsende vermutlich für den amerikanischen Geheimdienst verfasst hat, und in einer «Erklärung», die er 1948 für seine Entnazifizierung schrieb, außerdem seine späteren Zeugenaussagen in den Naziprozessen der 60er Jahre. Schließlich sind da ein paar Mitteilungen meiner Mutter, noch viel später, nach seinem Tode. Auf der anderen Seite gibt es die neuere Forschung zur Zeitgeschichte, Informationen aus regionalhistorischen Studien, die vor allem in der zweiten Hälfte der neunziger Jahre aus Archivmaterial viele empirische Einzelheiten über die politische Organisation und den Hintergrund der Judenverfolgung in Galizien dokumentieren. Doch auch nachdem ich alle diese Einzelheiten zusammengetragen habe, wird es mir kein bisschen leichter, mich in ihre damalige Gedankenwelt hineinzuversetzen.

Nach dem deutschen Überfall auf die UdSSR wurden im

Distrikt Galizien des Generalgouvernements Polen mindestens 500 000 Juden ermordet. Schon zwischen Juni und November 1941 waren etwa eine Million Menschen, zumeist galizische Juden, aber auch nichtjüdische Polen, Kommunisten, Partisanen, durch Einsatzgruppen der SS und des SD ermordet, niedergeknüppelt, erschossen worden. Wehrmacht und Einsatzgruppen fanden in einer ersten Phase der Pogrome zum Teil bereitwillige Hilfe von ukrainischen Milizen, die die Juden pauschal beschuldigten, Spitzel der abgezogenen Sowjetmacht gewesen und für den Tod vieler Tausender Polen und Ukrainer verantwortlich gewesen zu sein. In der Schlucht von Babi Jar erschossen Angehörige von Einsatzgruppen allein 33 771 Männer, Frauen und Kinder, die man unter dem Vorwand der «Umsiedlung» zehn Tage nach Eroberung der Stadt Kiew zusammengetrieben hatte. Die meisten Juden starben in Massenerschießungen vor allem seit Oktober 1941, in verschiedenen Zwangsarbeitslagern an der so genannten Durchgangsstraße IV und in Lemberg, in den Vernichtungslagern der ‹Aktion Reinhard› und zuletzt bei der Auflösung der Arbeitslager und der Gettos des Distrikts. «Bereits am 30. Juni 1943 meldete der zuständige SS- und Polizeiführer Friedrich Katzmann Galizien ‹judenfrei›.»[9]

«Der Prozess der ‹Endlösung›... bestand aus Hunderten von Mordaktionen. Allein nach den Ermittlungen von Berenstein und Kruglow fanden mindestens 179 Massenerschießungen statt. In mindestens 129 Fällen erfolgten brutale Deportationen, bei denen Tausende Opfer an Ort und Stelle erschossen wurden. Mindestens 65 Deportationszüge fuhren nach Belzec», berichtet Dieter Pohl.[10]

Thomas Sandkühler fasst den zeitlichen Ablauf der Ereignisse im gesamten Generalgouvernement so zusammen: Anfangs gab es die vom Höheren SS- und Polizeiführer favorisierte Idee eines «Judenreservats» im Lubliner Raum zwischen Weichsel und Bug. Diese Idee wurde zu Beginn des Jahres 1940 offiziell aufgegeben. Bis Ende Juni 1940 war dann unklar, was mit den Juden im Generalgouvernement geschehen sollte, die sich aus Sicht der Verwaltung zu einem Dauerproblem entwickelten: Sie mussten registriert und überwacht und später, nachdem man ihnen die Lebensgrundlage ganz entzogen hatte, auch ernährt werden. Auf den drei Ebenen, von der Regierung bis zum Kreis, wurden Judenreferate innerhalb der Abteilungen für Bevölkerungswesen und Fürsorge eingerichtet. Sie waren administrativ für die Juden zuständig, während der Höhere SS- und Polizeiführer Krüger sämtliche polizeilichen Vollmachten besaß. Der Judenreferent des Auswärtigen Amtes, Rademacher, hatte den Plan entwickelt, die insgesamt 6,5 Millionen Juden Europas auf die französische Kolonialinsel Madagaskar zu deportieren, was praktisch kaum durchführbar war, so dass die Krakauer Regierung schon wenig später wieder davon abrückte, ohne eine andere umfassende Perspektive für die «Judenumsiedlungen» zu haben. Zwischen März und Oktober 1941 erfolgten dann die wichtigsten Weichenstellungen zur Judenvernichtung. Heydrich wurde von Hitler bevollmächtigt, die «Endlösung der Judenfrage» herbeizuführen. Von Juli 1942 bis Mai 1943 lief die «Endlösung» im Generalgouvernement in höchstem Tempo; Ende 1943 war sie weitgehend abgeschlossen.

Die unmittelbaren Akteure der Judenvernichtung im Distrikt Galizien waren die Einsatzgruppen, die unter dem Befehl der SS- und Polizeiführer standen. Die zentrale Figur dabei war der SSPF für den Distrikt Galizien, Katzmann. Katzmann hat sich Gesprächspartnern gegenüber auf einen «Führerbefehl» zur Judenvernichtung berufen, hinter dem aber in Wirklichkeit eine mit Hitler abgesprochene Weisung Himmlers an den Höheren SS- und Polizeiführer Friedrich-Wilhelm Krüger stand: «Ich ordne an, dass die Umsiedlung der gesamten jüdischen Bevölkerung des Generalgouvernements bis 31. Dezember 1942 durchgeführt und beendet ist.»[11]

Im September 1941 wurde aus einer Einsatzgruppe heraus die Dienststelle des KdS (Kommandeur der Sicherheitspolizei) für den Distrikt Galizien gebildet, die von nun an die «Judenumsiedlungen» organisierte und etwa 350 Personen in Gestapo, Kripo und SD umfasste. Kommandeur der Sicherheitspolizei war bis März 1943 SS-Obersturmbannführer Dr. Hellmut Tanzmann. Sein Nachfolger wurde SS-Obersturmbannführer Witiska. Chef der Gestapo war der Hauptsturmführer Kurt Stawitzki, Judenreferent der SS-Untersturmführer Erich Engels. – Mein Vater, der Hauptsturmführer Walter Schenk, war seit 1. Oktober 1941 SD-Chef in Lemberg.

Aus den neueren Forschungsarbeiten muss man den zwingenden Schluss ziehen, dass alle diese Dienststellen und damit natürlich erst recht die leitenden Männer in irgendeiner Weise an der Organisation der Judenverfolgung beteiligt waren, wenn auch die Durchführung selber bei den Einsatzgruppen lag. Walter hat sich in seinem «Tätigkeitsbericht» 1947 von den Einsatzgruppen distanziert; auch betont er, dass er sich immer gegen die *«Unterstellungsabsichten der Sicherheitspolizei und der SS- und Polizeiführer»* zur Wehr gesetzt und sich so die Unabhängigkeit seiner SD-Dienststelle gewahrt habe. Auch habe er *«... die Einkleidung der Sicherheitspolizei in die Uniform der SS leidenschaftlich bekämpft ..., da ich in ihr eine negative Auslese sah ...»* (Entwurf zum «Tätigkeitsbericht», 1947). Zitat aus dem «Tätigkeitsbericht»: *«Meine Beziehungen zur Sicherheitspolizei bestanden in einer ununterbrochenen Kette von Konflikten und Kämpfen, mit ihren unteren Organen um Einzelfälle, mit ihren Spitzen um die Abschaffung der staatspolizeilichen ‹Ermessenssphäre› und um die Freiheit der Kritik des SD»* («Erklärung», im Zusammenhang mit der Entnazifizierung, vom 15. September 1948).

Lange hielt ich mich an der immerhin auffälligen Tatsache fest, dass er, nach der anfangs so raschen Karriere, zwischen 1940 und 1943, gerade in der entscheidenden Phase der «Endlösung», nicht befördert worden ist. Könnte dies nicht unmittelbare Auswirkung der von ihm erwähnten Konflikte mit der Sicherheitspolizei gewesen sein?

Es gibt in Walters Unterlagen eine Reihe von Entlastungszeugnissen, die ihm polnische und ukrainische Emigranten anlässlich seiner Entnazifizierung ausstellten. Sie bestätigen seine andauernden Konflikte mit der Sicherheitspolizei und den SS- und Polizeiführern. Aber die erwähnten Konflikte entzündeten sich zumeist im Zusammenhang mit der deutschen Politik gegenüber den Polen und Ukrainern. Die Tatsache, dass Walter sich wiederholt mit Sipo und SS- und Polizeiführern angelegt hat, bedeutet keineswegs, dass er die Judenmorde der Einsatzgruppen missbilligt oder verurteilt hätte.

Wenn wir seiner Aussage bei der Entnazifizierung von 1948 glauben, in der er sich von den «Einsatzgruppen» distanziert (*«nie einem ‹Einsatzkommando› angehört»*, *«deren Tätigkeit nie unmittelbar und aus eigener Anschauung kennen gelernt»*, *«ihre Aufstellung nie gebillig und entsprechend kritisiert»*) –, und ich will ihr zunächst einmal glauben –, dann bleibt noch immer die Frage offen, wieweit er über die Tätigkeit der Einsatz-gruppen informiert war.

Dieter Pohl, der eine grundlegende und dabei die wohl fak-tenreichste Forschungsarbeit über die Judenverfolgung in Gali-zien verfasst hat, ist davon überzeugt, dass der Massenmord an den Juden trotz der anfänglichen Geheimhaltungsabsichten nicht nur im engeren Kreis der «Täter» bald ein offenes Ge-heimnis war, sondern auch dem gesamten deutschen Besat-zungspersonal des Generalgouvernements sowie deren Fami-lien nach und nach bekannt geworden sein muss.

«Wie schon die bisherigen Darlegungen gezeigt haben, wuss-ten nahezu alle Deutschen im besetzten Ostgalizien über die Massenmorde ziemlich genau Bescheid. Die Pogrome des Juni/Juli waren allgemein bekannt, weniger schon die Erschie-ßungen von Angehörigen einer angeblich – vor allem jüdischen – ‹Intelligenz› in den Monaten Juni bis September 1941. Das Wis-sen über die Morde von Oktober 1941 bis Juni 1942 war unter-schiedlich verbreitet ...»[12] Mit den Gettoräumungen in ver-schiedenen Städten wurde das Morden immer öffentlicher. Manche Angehörigen des Besatzungspersonals haben über Din-ge, die sie beobachteten, andeutungsweise oder offen nach Hau-se ins Reich geschrieben. Einige Mitglieder der Erschießungs-kommandos haben gelegentlich in den Kasinos damit geprahlt, wie viele Juden sie «erledigt» hätten. Bei den Gettoräumungen wurden zwar von der Polizei die betroffenen Straßen gesperrt; die Schüsse, mit denen die nicht Transportfähigen an Ort und Stelle umgebracht wurden, waren aber weithin zu hören. Man-che Menschen haben später berichtet, zufällig, im Vorüberge-hen, Zeuge von Judenverladungen in die Lastwagen geworden zu sein. Deutsche, die in der Nähe der Bahnhöfe wohnten, haben durch die Fenster beobachten können, wie die Juden dort zu-sammengetrieben wurden. Manchmal lagen noch Stunden nach den Razzien Leichen auf den Sammelplätzen oder auf dem Weg zum Bahnhof, die in einzelnen Fällen sogar von Schulkindern wahrgenommen wurden. In den Orten, die in der Nähe von Bel-zec lagen, wussten auch viele Menschen von den Massenverga-sungen. «Angesichts der weitgehenden Öffentlichkeit und der geographischen Verbreitung der Judenmorde muss man davon ausgehen, dass es für deutsche Bewohner Ostgaliziens eher schwierig war, *nicht* mit ihnen konfrontiert zu werden.»[13]

97

Folgt man diesen gut belegten Ausführungen, dann war nicht nur Walter über die Judenmorde informiert, sondern auch Luscha muss, unabhängig von dem, was er ihr erzählt hat, Zeugin solcher Vorgänge gewesen sein und sich ihren Teil gedacht haben. Wahrscheinlich haben sie auch miteinander darüber geredet. Es ist für mich unvorstellbar, wie und was sie geredet haben.

Das Puzzle, das ich aus diesen Bruchstücken um das schwarz klaffende Loch in ihrer Biographie lege, kann die großen Fragezeichen nicht auslöschen. Mir bleibt nichts, als die Bruchstücke einfach so nebeneinander stehen zu lassen. Jedenfalls hat, was für mich immer ein blinder Fleck bleiben wird, ihr ganzes weiteres Leben verdunkelt. Je mehr ich mich bemühe, das schwarze Loch auszufüllen, desto gewaltiger wächst es und droht alles andere zu verschlucken, was es über diese beiden Leben zu berichten gibt. Wie verlockend wäre es, über die fragliche Zeit mit wenigen Sätzen hinwegzugleiten – was sind schon vier Jahre? –, warum beschränke ich mich nicht einfach auf die paar Begebenheiten, die ich einigermaßen genau weiß, und hüpfe dann schnell weiter, in die Nachkriegszeit, wo ich mich auf sicherem Boden fühle, wo mir ihre Stimmen in den Briefen so vertraut, ihre Gefühle und Probleme so nah sind, wo es mir so leicht fällt, den Alltag mit ihnen zu teilen, mich mit ihnen zu identifizieren, sie zu lieben?

Doch je knapper ich die Darstellung halten will, desto lauter und unüberhörbarer werden die Fragen, die ich nie vollständig werde beantworten können.

13.

Detmold, noch einmal der Sommer 1946, vom Wetter her ein guter Sommer, sonnige Tage, auch ausreichend Regen – sie sehen das jetzt in erster Linie unter landwirtschaftlichen Gesichtspunkten.

Am 7. Juli ist Luscha wie fast immer früh auf den Beinen, es gibt in diesen Hochsommertagen so viel zu tun, doch nach dem Frühstück – sie hat die Kinder zum Spielen in den Sandkasten unter die Buche geschickt – bleibt sie einige Minuten allein beim Kirschbaum stehen. Niemand soll sehen, wie sie ein paar Kirschen pflückt, denn eigentlich dürfen die nicht einfach so verzehrt, sondern sollen doch zu Kompott verarbeitet werden. Aber symbolische drei Stück genehmigt sie sich doch, zur Erinnerung, ein Ritual, und das wird sie auch Walter schreiben, wenn sie heute Abend, hoffentlich, Zeit für einen Brief findet. *«Ich aß einige Hochzeitskirschen vom Hochzeitsbaum. Eine Tasse Tee, Blumen um dein Bild – das ist mein Fest. Ich feiere es allein. Denn die Umstände erlauben keine Gäste und Feste. Aber eine stille Feier für mich mache ich doch.»* Am 7. 7. 1940, ihrem Hochzeitstag, hatten sie sich die reifen süßen Kirschen gegenseitig in den Mund gesteckt. Die Zukunft war ungewiss, doch damals glaubten sie sich im Aufwind; nie hätten sie geahnt, welcher Absturz ihnen bevorstand. *«Und wenn der tiefste Punkt im Vorjahr war, so dürfen wir doch schon privatim für das gegenwärtige Jahr einen Aufschwung feststellen»* – am 7. Juli 1945 hatte sie nicht einmal gewusst, ob er noch am Leben war! –, *«im Vorjahr hatte ich keine Blumen, keine Feier, aber auch keine Tränen für dich, ich hoffte so zuversichtlich.»*

Unter dem Kirschbaum rechnet sie nach: bisher 35 gemeinsame Monate mit Walter, in sechs Jahren Ehe mit dem Mann, dessen Leben vor sechzehn Jahren zum ersten Mal nachhaltig das ihre berührte. Mehr getrennt als zusammen, keine rosige Bilanz, doch trotz räumlicher Ferne oft eine große innere Nähe, und schließlich sind sie am Leben, alle sechs, und die Kirschen schmecken auch in diesem Jahr. Luscha kostet dem Geschmack des Sommers lange nach. Es wird eine gemeinsame Zukunft geben, wann auch immer, wie auch immer. Solange man lebt, ist Hoffnung, *«und solange wir uns lieben, wächst auch diese Kraft nach, die aus Finsternis Freude machen kann und Glück aus Leid.»* Das muss ich ihm schreiben, denkt sie. Dann wirbelt sie fort zu den Beschäftigungen des Tages.

Der Sommer hat Erleichterungen gebracht, der Hunger plagt nicht mehr so schlimm, jetzt, wo es einiges zu ernten gibt. Die Tage sind lang – und doch viel zu kurz für all das, was getan werden muss. Aufstehen früh vor sechs, gestern große Wäsche, stundenlang am Kessel vor dem Herd, krebsrot in den feuchtheißen Schwaden, bei der ohnehin schwülen Hitze, dann das schwere nasse Zeug in den höher gelegenen Teil des Gartens zum Wäscheplatz schleppen, fünfmal musste sie laufen, und aufhängen. Heute steht das Unkrauthacken im Garten an, auf den Gemüsebeeten, dazwischen das übliche Herumrennen nach Futter, die meiste Zeit vergebens. Immerhin kann sie jetzt die Kinder stundenweise draußen sich selbst überlassen; Tordis, *«der magere Rädelsführer»*, immer voran; *«sie ist schon sehr umsichtig und einsichtig für ihre fünf Jahre»* – «Mutti, dürfen wir mit Lotte auf Westermanns Gut, die neuen Tierbabys und die Himbeersträucher angucken?» – «Natürlich, geht nur, aber vergreift euch bitte nicht unerlaubt an den fremden Beeren!»

Doch abends dann, wenn die Kinder endlich schlafen, wenn sie die Novelle wieder vornimmt, ist sie von Haus- und Feldarbeit und Kinderlärm ganz zermürbt, und obwohl sie sich noch fast jedes Mal an den Schreibtisch setzt, verschlägt es nicht mehr viel, ihr Geist hängt schwerfällig an der Erde und will zu keinem Höhenflug ansetzen, klebt an den Kartoffeln, die sie tagsüber gestoppelt hat, oder an den Buschbohnen, die sie in diesen Tagen stundenlang schnibbeln, um sie in Salz einzulegen. Man muss an die Wintervorräte denken. Immerhin kann man sitzen beim Bohnenschnippeln, auf der Bank vor dem Haus, und plaudern dabei.

Ich brauchte nach solchen erdenschweren Tagen Kaffee oder wenigstens etwas Tee, um mich am Schreibtisch in Schwung zu bringen, um die Musen anzulocken, die faulen Biester!

Während sie hackt – Steine, nichts als Steine! Man sollte meinen, dieses Beet, das früher bloßer Zierrasen war, brächte Steinbrocken als Früchte hervor! –, während sie hackt und zunehmend ihren Rücken spürt, aber weiterhackt, weil sie sich vorgenommen hat, immer erst am Ende einer Reihe sich zu strecken, und weil sie vor der größten Mittagshitze mindestens die Hälfte geschafft haben will, kommt ihre Schwester Ilse angelaufen: «Unten auf der Straße spaziert schon wieder so eine Gruppe von Engländern herum! Sie haben schon mehrmals zum Haus hochgeschaut!»

«Schnell, alle Kinder auf die Treppe!

«Jutta soll die Kleinen vom Sandkasten holen!»

«Wo sind die Häuslerskinder?»

«Denkt daran: weinen und jammern!»

«Ihr könnt auch dazwischenquengeln: Mutti, ich hab so Hunger!»

«Bringen die uns denn was zu essen?», fragt die dreijährige-

Silke interessiert, während die Kinder in Position gebracht werden. Sie verstehen die Aktion noch nicht ganz.

Seit Wochen geht das Gerücht um, die englische Besatzung wolle noch einige passende Häuser für die Militärverwaltung beschlagnahmen. Mit Grauen erinnert sich Luscha, erinnern alle im Haus sich an die Tage, als sie im Frühjahr, kurz vor Kriegsende, von den Amerikanern ausquartiert und im Dorf in eine Notunterkunft eingewiesen worden waren. Die drei Frauen, Mutter Else und ihre Töchter Ilse und Luscha, dazu die sechs Kinder, waren mit anderen Flüchtlingen im ehemaligen Ballsaal des Dorfgasthauses Loges untergebracht, im ersten Stock über der Kneipe, ohne Wasser, natürlich auch ohne Ofenheizung, Matratzenlager auf dem Boden. Der Saal war über eine baufällige hölzerne Außentreppe zu erreichen gewesen. Zum Glück konnten sie nach drei Wochen wieder ins Haus zurückkehren, als die Amerikaner Detmold und Umgebung an die englischen Alliierten abtraten. Inzwischen hatten die Amerikaner aber übel in «Waldesruh» gehaust: Geschirr zerschmissen, Kleider aus den Schränken gezerrt und sinnlos darauf herumgetrampelt, die Bezüge von Sesseln und Sofas aufgeschlitzt, auf der vergeblichen Suche nach Wertgegenständen, viele zum Teil kostbare alte Bücher aus dem Fenster in den Garten geworfen, auch in die mit Wasser gefüllte Badewanne, aus bloßer Rachsucht und Zerstörungslust.

So etwas wäre jetzt von den Engländern nicht mehr zu befürchten – dafür würde eine englische Einquartierung dauerhafter sein.

«Immer wenn sich verdächtige fremde Personen dem Haus nähern, schicken wir alle Kinder in den Garten, sie sollen unübersehbar und unüberhörbar auf dem Treppenaufgang herumlungern» – «Mutti, was ist denn ‹lungern›?», fragt die vierjährige Gunild –, «dafür ist es gar nicht schlecht, dass sie immer ein bisschen verrotzt sind und ziemlich heruntergekommen aussehen. Vielleicht hält das den Tommy davon ab, unser Haus zu konfiszieren!»

Wochenlang schweben sie in Angst. An diesem Tag erscheint zum zweiten Mal eine Kommission zur Hausbesichtigung, vier Uniformierte und eine Dolmetscherin. Nichts ist schlimmer in diesen Zeiten, als bei fremden Leuten unterkriechen zu müssen und dort nur geduldet zu sein. Doch der Kelch geht an ihnen vorüber. Die Kinder haben ein paar Bonbons geschenkt bekommen und zählen Hausbesichtigungen von nun an zu den attraktiven Ereignissen. Ob die Engländer sich allerdings tatsächlich von der Kinderplage haben beeindrucken lassen, bleibt unklar. Vermutlich erscheint ihnen das Haus Waldesruh, dieser altertümliche Kasten mit den hohen Räumen, der Küche im Erdgeschoss, den vielen Treppen am Berg und im Haus selber, dann doch zu unbequem, zumal er nur schwer zu beheizen ist. Jedenfalls sind die Häuser, die dann tatsächlich in der Nachbarschaft beschlagnahmt werden, alles kleinere und modernere Bauten.

Sie leben im Sommer 1946 zu zehn Erwachsenen und zwölf Kindern im Haus Waldesruh, es besteht also kein Mangel an mageren Kindern, die man demonstrativ herumlungern lassen kann. Die Villa aus den Gründerjahren, die gegen Ende des Ersten Weltkriegs als Eigenheim für eine Familie der gehobenen Mittelschicht mit Personal gekauft wurde, platzt damit wirklich aus allen Nähten. Außer Elses Familie, den drei Frauen ohne Männern, Else, Ilse, Luscha, mit den insgesamt sechs Kindern, wohnen in der oberen Etage, seit zwanzig Jahren, jetzt eng in zwei Zimmern, Elses Mieter schon aus Vorkriegsjahren, das ältere Ehepaar P. Dann, im Kellergeschoss, das Ehepaar R.: «Ronni», Sekretärin auf Walters ehemaliger Dienststelle in Lemberg, war nach der Räumung in ihre Heimatstadt Dresden zurückgekehrt und dort beim großen Luftangriff im Februar 1945 ausgebombt worden; daraufhin floh sie mit ihrer Mutter und dem einjährigen Sohn vor den Russen und kroch in Detmold unter; ihr Mann Herbert, Soldat bei der Marine, folgte nach der Entlassung aus der Gefangenschaft. Die Familie R. hatte noch ein bekanntes Ehepaar H., ebenfalls aus Dresden, im Gefolge, die einige Monate mit drei Kindern, einem ehemaligen Hausmädchen und einem Hund in einer der Kammern im Erdgeschoss hausen – in der anderen leben die R.s –, bevor sie auf dem oberen Teil von Elses großem Gartengrundstück zu bauen beginnen. Else teilt sich mit Luscha und deren Kindern den ersten Stock, und Ilse wohnt mit ihren beiden Töchtern und den langjährigen Mietern im zweiten Stock.

Im Sommer ist die drangvolle Enge leichter zu ertragen. Im Sommer ist überhaupt alles leichter zu tragen. Der Mais blüht auf ihrem gepachteten Ackerland, sieht prachtvoll aus, ist riesig hoch gewachsen. Die Teckebohnen haben enorm angesetzt –

hoffentlich wird nichts gestohlen. Luscha verfügt außerdem noch über größere Bestände Lauch, Rote Beete, Steckrüben, und außerdem gibt es fünf fette Kürbisse. Da, wo sie die Kartoffeln schon aberntete, hat sie noch einmal Mohrrüben gesät, allerdings fraglich, ob die noch kommen, in den unwirtlichen Gefilden des Teutoburger Waldes.

Lästig nur das ewige Bücken, das anstrengende Hocken, sie versucht es abwechselnd mit beidem, Gärtnersport. Dabei denkt sie an Wälti, den langen Lulatsch, dem wird das Bücken noch schwerer fallen in Köln, sie hat darin immerhin einige Übung von früher, und er muss oft den ganzen Tag bei einer Beschäftigung bleiben, während sie ab und an zur Abwechslung auch anderes macht. Aber welch ein Segen, dass er jetzt weg ist vom Bau und diese Arbeit in der Gärtnerei hat; die Natur wird seiner gequälten Seele wohl tun. Wir schreiben uns viel zu selten, sagt sie sich, zu selten, um alles Wichtige mitzuteilen, was man denkt. Arbeit und Müdigkeit und kurzer Schlaf und wieder Knochenarbeit – da geraten auch die Briefe an ihn dröge und alltagsgrau.

Ihr letzter Brief an ihn liegt schon bald zwei Wochen zurück, denn in den vergangenen Tagen hat sie Nachtschichten eingelegt, um ein Expose für ein Filmthema zu schreiben. *«Die DEFA (früher UFA) hatte mir die ‹Marlene Dietrich› zurückgeschickt mit dem Vermerk, dass sie sich zu dem Manuskript nicht entschließen könnten, da ‹Mme Curie› sich als Parallelstoff ungünstig auswirken würde. Ich solle aber ein aktuelles Frauenthema als Handlungsaufriss, ganz gleich in welcher Form, entwickeln und einschicken. Ich werde, wie ich dir zusicherte, nur im dringendsten Notfall ein Film-Manuskript schreiben. Aber ein Frauenthema habe ich ihnen entwickelt – damit versündige ich mich nicht, und zudem: Dürfen wir wählerisch sein?»*

Für vier Tage konnte sie die Schreibmaschine von den lettischen Schriftstellern leihen, und in viermal vier Abendstunden wurde sie fertig, keine Arbeit, an der ihr Herz hängt, und natürlich ist es völlig ungewiss, ob sie ihr die Sache abnehmen werden, immerhin hat sie es versucht und ist jetzt mit sich und diesem Versuch zufrieden – aber jetzt so müde, so müde. *«Also, ich habe Nachtschichten gemacht und wurde heute fertig. Morgen geht's ab. Dazwischen tagsüber harte Fron: einige Tagesausflüge in die Bucheckern, das ist wie Flöhe suchen, man braucht 14*

Pfund, um Bezugsmarken für 1 Liter Öl zu kriegen. *Auf den Knien rumgerutscht und die Laubdecke geflöht, eine Beschäftigung, bei der man Pimpelgicht, Rheuma und Frost bekommen kann. Aber wir haben unsere 14 Pfund glücklich beisammen. Außerdem habe ich Kartoffeln gestoppelt – nachdem Pflug, Kultivator und Egge alles rausgehackt hatten, nochmals mit der Hacke hinterher, für die Reste – bei all diesen Unternehmungen fiel mir ein, wie wahr sie seinerzeit sprachen, als sie uns drohten, wir würden unsere Nahrung ‹aus dem Boden kratzen› müssen.»*

Immerhin hat sie, zum Teil mit Hilfe der Kinder, an die zwei Zentner zusammengestoppelt. Und insgesamt geht es ihnen doch etwas besser als im vergangenen Jahr, jetzt, wo sie selber einiges angebaut haben.

Wenn sie im Obstgarten oder auf dem Feldstück zu tun hat, spielen die Kinder oft am Rande bei dem kleinen Gehölz; dort hat sie auch Arni auf der Decke abgelegt, damit das Kleine ein bisschen Sommerluft abkriegt – «Guckt ihr Kinder zwischendurch immer mal nach Arni?», ruft sie zwischendurch zum Wäldchen herüber. Manchmal hütet Ilse alle Kinder, während Luscha auf dem Acker wühlt, falls Ilse nicht ihrerseits gerade unterwegs ist, Nährmittel ergattern, Schlangestehen für Brot und Milch. So sieht ihre Arbeitsteilung aus im gemeinsamen Großfamilienhaushalt, und im Großen und Ganzen funktioniert sie recht gut, von gelegentlichen Sticheleien zwischen den Schwestern mal abgesehen, harmlos, weil nach dem vertrauten Muster ihrer Kindheit verlaufend, und natürlich gibt es auch immer mal Reibereien mit den anderen Parteien im Haus. Mutter Else ist die Köchin, eine großartige Köchin nicht nur in guten, sondern auch in schlechten Zeiten; ihr Einfallsreichtum ist von unschätzbarem Wert. Kartoffelschalenkuchen, Meldesuppe mit Gartenkräutern, Brennnesselspinat mit Tarte pommes de terre, in ihrem schönsten Schweizer Pensionatsfranzösisch angekündigt!

Bedenklich nur, dass die Angst vor dem Winter neuerdings schon auf dem Höhepunkt des Sommers herankriecht. Irgendwo im Wald, allerdings einige Wanderstunden entfernt, lagern einige Ster Holz, die ihnen zugeteilt wurden; die sind aber ohne Gefährt gar nicht herbeizuschaffen, und dann müssen sie noch zerkleinert werden. Sie haben auch ein Schlagrecht für dieses Waldstück, aber wie sollten sie allein Bäume fällen! Der einzige fähige Mann im Haus ist Herbert, der aber werktags früh zur Arbeit aus dem Haus geht und erst spätabends zurückkehrt – egal, er wird ranmüssen! Der Dorfbürgermeister hat die Hilfe des Männergesangsvereins in Aussicht gestellt, der für «Greise, Hinterbliebene und sonstige Gebrechliche» Holz schlägt, aber es gibt so viele männerlose und Flüchtlingshaushalte im Umkreis. Im August «schlachten» sie erst einmal eine eigene Buche, die im Garten ohnehin zu viel Platz und dem Gemüse Licht wegnahm. Dann das Problem, eine Säge zu organisieren, und das ganze Zeug muss auch noch gespalten werden. Wenn nur Walter hier wäre.

Aber einstweilen muss das Holzgeschäft warten, denn spätestens nächste Woche sollten die Äpfel gepflückt werden, obwohl sie eigentlich die Baumreife noch nicht erreicht haben, da über alle Maßen geklaut wird. Auch bei den Pflaumen stellt sich demnächst die Frage, ob sie oder andere ernten werden. Man kann schließlich nicht Tag und Nacht neben den Bäumen sitzen.

Die Frühkartoffelernte ist ein «Bombenerfolg»; alle sind des Lobes voll für Luscha, die doch in ihrer Gärtnerinnenausbildung kaum etwas über (nützliches) Gemüse, dafür umso mehr über (dekorativen, aber den Magen nicht füllenden) Blumenschmuck lernte. Jetzt stellt sich heraus, dass sie (außer über die weitgehend brotlose Kunst des Schreibens) auch über ein durchaus nützliches Handwerk verfügt. Sie ernten 80 Pfund Kartoffeln von 8 Pfund Saatgut – das Zehnfache. Das andere Stück Ackerland, schon im Vorjahr genutzt, bringt dagegen nur das Vierfache des Saatgutes. Auf den abgeernteten Kartoffelland sät sie nach wenigen Tagen Stielmus, das für den Winter eingemacht werden soll.

Walter, der zuletzt an Pfingsten bei ihnen war, kündigt seinen Besuch zunächst für den Spätsommer, dann für den Herbst an, nach dem Ende der wichtigsten Erntearbeiten in seiner Gärtnerei. Vorher könne er einfach nicht weg. Sie hadert ein wenig. Der nächste Winter wird kommen, und nichts, nichts an ihrer Lebenssituation hat sich verändert.

Im September Pflaumenmuskochen, Obst trocknen – vor allem Apfel-, aber auch einige Birnenscheiben auf Schnüre aufziehen, die kreuz und quer über den Dachboden gespannt werden, Holunderbeeren und Apfelmus einkochen, nicht ganz einfach, da die Amerikaner bei der Hausbesetzung einen großen Teil der

Einmachgläser zerknallten. Die Kinder werden jeden Tag zum Fallobstsammeln in den Garten geschickt. «Himmel und Erde», Apfelmus und Kartoffelpüree (ein Kartoffelbrei fast ohne Fett, mit mehr Wasser als Milch), ist das Gericht der Saison. Abends – wenn nicht gerade «Holzaktion» ist und sie mit Herbert nach Anbruch der Dämmerung in den Wald schleicht, um das eine oder andere magere Stämmchen zu klauen – schreibt sie an der Novelle «Der kleine Gott». Eine halbe bis eine Seite, wenn sie Glück hat, wenn sie Pech hat, streicht sie stattdessen ein bis zwei Seiten von dem, was sie zuvor schrieb. Zwei Geschichten hat sie seit Kriegsende veröffentlichen können, kein rauschhafter Erfolg, aber ein paar hundert Mark Zubrot, besser als ein Loch in der Hose. Sie hat auch wieder Kontakt mit ihrem alten Literaturagenten Herzog aufgenommen, der offenbar wieder arbeiten kann und einen Neuabdruck ihres Romans in Aussicht stellt.

Schon im Oktober verdrängt die Kälte sie aus ihrem ungeheizten Wohn- und Arbeitszimmer, dem «Schriebes», und sie muss sich für die Nachtschicht ins Schlaf- und Kinderzimmer hocken, bei abgedunkeltem Lampenschirm. Die Kleinen schlafen unruhig, mit rasselndem Atem, sie sind zu häufig erkältet, obwohl sie doch eigentlich abgehärtet sein müssten vom vielen Herumlaufen draußen, das macht ihr Sorgen, das lenkt sie von der Arbeit ab. Aber morgen ist Sonntag; da werden sie ein bisschen länger im Bett bleiben, die Kinder kommen dann zu ihr gekrabbelt. *«Am Sonntagmorgen, wenn wir so alle nebeneinander im Bett liegen, kommt durchs Fenster das Zauberpferd hereinspaziert, spannt sich vor unser Bett und erbietet sich, unter der Bedingung, dass jeder die Augen fest schließt, uns durch die Luft zu Pappi zu tragen, denn das Zauberpferd weiß, wo er ist. So gegen halb acht morgens sind wir dann einige Minuten bei Pappi, der auch noch im Bett liegt, aber ein schönes Frühstück für uns bereitet hat, mit Bratkartoffeln!»*

Weihnachten naht, das Weihnachtsfest 1946. Sie heizen im November nur die Küche, um für Weihnachten und die noch kommenden frostigeren Wintermonate Kohle zu sparen. Alle halten sich in der Küche auf, Erwachsene und Kinder, Luschas Kleine an einem Tischchen für sich. *«Heute diktierten die Kinder ihren Wunschzettel für den Weihnachtsmann, lauter ihrem Alter angemessene Sachen. Silke jedoch, angeregt durch eine auf dem Tisch liegende Flöte ihrer großen Cousine Sybille, wünsch-te sich: 1 Flöte, 1 Klavier, 1 Geige, 1 Radioapparat, 1 Trommel! Das war alles!»*

Wieder hat Walter seinen Besuch angekündigt, und wieder hat er ihn aufgeschoben – es mangelt an Fahrgeld, und er muss warten, bis der Schuster sein einziges Paar Schuhe repariert hat; noch läuft er in Sommersandalen. Vier, fünf Monate ohne Gespräche, ohne Spaziergänge, ohne wenigstens ein bisschen gemeinsamen Alltag – das ist wirklich zu lang. Er hat versprochen, ihnen in Köln ein Kaninchen zu besorgen, das sie mästen wollen. *«Es wäre auch schön, wenn du Kerzen mitbringen könntest, wir haben 0,0003, nämlich genau drei Stümpchen von sechs Millimeter Länge.»* Sie malt sich und ihm das Fest in den schönsten Farben aus, sie haben noch reichlich Lageräpfel, deren köstlicher Duft den Obstkeller füllt, wirklich weihnachtlich, sie haben sogar einige Konservendosen geschenkt bekommen, es ist ihnen gelungen, Kohle zu organisieren, so dass sie während der Feiertage die Wohnräume im ersten Stock heizen können, Omi hat eine Flasche Wein gefunden, die die Amerikaner im Keller vergaßen, als sie das besetzte Haus wieder verließen, sie haben drei Brote, eine Dauerwurst und ein Säckchen Haferflocken aufgetrieben, die für Haferflockenmakronen vorgesehen sind – richtiges Weihnachtsgebäck! *«Wenn du nicht kommst, fahre ich nach Köln, nehme dich beim Wickel und schleife dich her!»*

Vielleicht werden sie obendrein von den Polen etwas Fleisch für einen Festtagsbraten bekommen, wenn es noch klappt mit Milla und dem Schwein. Milla, eigentlich Emilia, ist ihr früheres polnisches Kindermädchen, das Luscha im Sommer 1944 nach Detmold gefolgt war, vor den Russen aus Lemberg flüchtend, aus Angst, wegen Kollaboration denunziert, verhaftet, vielleicht sogar erschossen zu werden. Dazu reichte es vollkommen aus, auch nur in einem deutschen Haushalt gearbeitet zu haben. Einige Wochen, bis zum Einmarsch der Amerikaner, hatte Milla mit ihnen in «Waldesruh» gelebt.

Die junge Polin war selber noch ein halbes Kind, als sie zu ihnen kam, warmherzig, sehr naiv und extrem ängstlich. Allerdings hat sie in ihrem kurzen Leben genug schreckliche Dinge gesehen und von noch schrecklicheren gehört: erst die Massaker der Russen an den Polen, dann die Massaker der Deutschen an den Polen, die mit den Sowjets kollaboriert hatten, und jetzt wieder Massaker der Russen an den Polen und Ukrainern, die mit den Deutschen zusammengearbeitet hatten, Mord, Totschlag, Verschleppung, Vergewaltigung.

So hatte Milla auch schreckliche Angst ausgestanden, als die Truppen der Sieger sich Detmold näherten. Sie wurde immer schreckhafter und hysterischer in den letzten Kriegstagen, als der Geschützdonner von Haus Waldesruh aus zu vernehmen war und gar nicht mehr aufhören wollte. Natürlich hatten auch die anderen im Haus Angst – aber Gott sei dank, dies waren die Amerikaner und nicht die Russen! –, und während sie noch darüber debattierten, wann es Zeit sei, die weißen Betttücher aus dem Fenster zu hängen – lebensgefährlich, wenn man zu früh, aber vielleicht nicht minder gefährlich, wenn man zu spät war –, erheiterten sie immerhin Millas Schreckensrufe: «Hört doch! Jetzt haben sie wieder ganz in der Nähe geschissen!» Aus panischer Angst vor den Besatzern war sie am Tag des amerikanischen Einmarsches aus dem Klofenster gesprungen und in den Wald hinter dem Haus geflohen. Die anderen Frauen hatten sie nicht davon abhalten können, obwohl sie ihr eindringlich vorstellten, es sei viel gefährlicher in diesen Tagen, draußen allein herumzulaufen und durch solche Aktionen Aufmerksamkeit auf sich zu lenken. Vergeblich, Milla blieb eine ganze Nacht und einen Tag im Wald versteckt und kam erst beim Anbruch der nächsten Nacht zu ihnen ins Haus zurückgeschlichen.

In den folgenden Tagen, als alles drunter und drüber ging, erkannte sie dann in einer Gruppe ehemaliger polnischer Zwangsarbeiter, die als «Displaced Persons» zum Teil plündernd durch die Gegend zogen, einen Mann aus ihrer Heimat wieder. Sie war dann mit den Polen gegangen, nicht ohne ihnen nachdrücklich einzuschärfen, dass in Haus Waldesruh nur «gute Deutsche» wohnten, die man in Ruhe lassen müsse, und lebte seitdem in einem etwa dreißig Kilometer entfernten polnischen Barackenlager. Auch Luscha hatte ihr dazu geraten; sie war in den Wirren des Kriegsendes bei ihren eigenen Leuten sicherer als bei ihnen. Milla hatte sich dann in einen Landsmann verliebt, das erzählte sie Luscha auf einem Besuch Wochen später, strahlend – und sie erwartete im Sommer 1946 ein Baby.

Kurz nach der Niederkunft hat dann Luscha ihrerseits Milla besucht, ein aufregender Zweitagesausflug, teils zu Fuß, teils auf Lastwagen und Ochsenkarren, mit Übernachtung auf einem Matratzenlager. Sie hat Milla einige Babysachen von Arni mitgebracht, und Milla hat ihr Lebensmittel geschenkt; die Polen stehen sich jetzt nicht schlecht, sie haben gute Lebensmittelkarten, betreiben blühende Tauschgeschäfte und kultivieren hinter den Baracken kleine Gärten und Felder, halten Hühner, Kaninchen und sogar Ziegen und Schweine.

«Von der Reise zu den Polen, die gottvoll war, muss ich dir mündlich erzählen. Millas Kind heißt übrigens ‹Luscha› – kannst dir denken, nach wem! Sie versprach, mir ein Telegramm zu schicken, wenn sie noch vor Weihnachten schlachten; sie will mir einige Kilo Fleisch verehren.» Nun warten sie alle gierig auf dieses Telegramm, dass die Schlachtung und den erwünschten Weihnachtsbraten ankündigen soll. «Frag doch noch mal bei Milla an, ob es klappt mit dem Schwein!», drängt Else, aber wie soll Luscha Milla erreichen, wenn nicht gerade jemand von den Polen zufällig bei ihnen vorbeikommt? «Willst du Milla nicht doch mal schreiben, ob es klappt mit dem Schwein?»

«Milla, klappt es mit dem Schwein?», singen die Kinder den halben Tag – vermutlich weil sie diesen ebenso geheimnis- wie verheißungsvollen Satz von den Erwachsenen so oft hören.

Leider klappt es dann doch nicht mehr, und für den Weihnachtsbraten muss anderweitig weniger attraktiver Ersatz beschafft werden. Milla kehrt im Laufe des Jahres 1947 mit Mann und Kind nach Polen zurück. Von dort meldet sie sich, trotz ihres Versprechens, nie mehr. Luscha hofft später sehr, dass ihr Schweigen nur mit ihrer Aversion gegen das Briefeschreiben zusammenhängt, dass sie nicht doch noch den «Säuberungsaktionen» der neuen kommunistischen Machthaber zum Opfer gefallen ist. Sie zögert ihrerseits lange, Milla zu schreiben; sie kennt ja die genaueren politischen Verhältnisse dort nicht und will sie nicht in Schwierigkeiten bringen. In späteren Jahren lässt sie noch einmal über den Suchdienst des Deutschen Roten Kreuzes nach ihr forschen – vergeblich.

«Milla, klappt es mit dem Schwein?», avanciert in der Familie zu einem geflügelten Wort, auch für die nachgeborenen Kinder, die das polnische Kindermädchen gar nicht mehr kennen gelernt haben. Ihnen erscheint «Milla Klapptes» als ein Eigenname, und «Milla Klapptes und ihr Schwein» werden für sie zu legendären Figuren.

14.

Köln 1946.

«*Luscha zur Bahn gebracht; gab ihr meinen ganzen Optimismus, dessen ich fähig war, meinen Gleichmut und Festigkeit mit, der Zug entführte sie wie ein Sog. Jetzt bin ich leer und anfällig für alle Zweifel und weiß, dass mir schlimme Tage bevorstehen.*»

Walters Nachkriegstagebuch ist das Dokument einer tiefen Verstörung und inneren Einsamkeit. Das Ausmaß seiner Erschütterung wird vor allem in den Träumen deutlich, die er ab und an notiert.

«*Traum, mehrfach wiederkehrend: Ein riesiger Brand bedeckte die Stadt, begleitet von einem bis dahin nicht gekannten Sturm. Selbst Dinge brannten, denen diese Fähigkeit durch die Natur verwehrt ist, die Steinruinen der Häuser, die Trümmer der Brücken im Strom. Die Menschen schwirrten in insektenhaften Fluchtsäulen aus der Stadt, auf allen Ausfallstraßen. Ein Bild grandioser Vernichtung, das ich aber nicht als Zuschauer, sondern leidend miterlebte. Ich sah mich, sehr merkwürdig, neben meinem Vater ...*»

«*Ging im Traum durch einen mir seit Kindheitstagen vertrauten Park, den ich seit vielen Jahren nicht mehr gesehen hatte und dessen grausame Verwandlung mir Angst einflößte: Weiher und Bäche ausgetrocknet und verwuchert, die Bäume abgestorben und zerbrochen, die Wege verwildert, Plätze und Gartenhäuser zerfallen; alles Wachstum schien in einer plötzlichen Katastrophe erstarrt zu sein, so dass es erst nach der Starre welkte und verfiel. Wege und Pfade waren mit totem Getier und Gewürm bedeckt. Auf den Bänken saßen vereinzelt Menschen, deren verblichene Kleidung nur mühsam das Skelett verdeckte. Als ich mich verängstigt zum Ausgang wenden wollte, griff ein altes Weib von hexenhaftem Aussehen meine Hand und zog mich tiefer in den Wald hinein. Sie hielt mich dabei an, ihr beim Auslesen und Schneiden von starken Schösslingen und Trieben behilflich zu sein, die sie in die Erde einpflanzte und die dann sogleich zu treiben und zu grünen begannen in einem unwirklichen Entwicklungsprozess. Als Furcht und Ekel erregend empfand ich besonders die Ausmusterung von Getier, das in der Umspan-*

nung ihrer Hände wie durch Übertragung magnetischer Ströme wieder Leben erhielt. Dann zerrannen die Bilder kaleidoskopisch.» Ist das ein Wunschtraum?, fragt er sich. Ist die hexenhafte Alte die heilende Natur, ein Bild für das Leben selbst, das aus der größten Zerstörung wieder zu keimen beginnt? Aber diese zauberische Art, Totes zum Leben zurückzubringen, löst in ihm Furcht und Ekel aus – er traut wohl dem Ganzen nicht.

Der Walter des Tagebuchs scheint ein anderer als der Briefeschreiber. In seinen Briefen wirkt er einfühlsam und bezogen, wenn er sich nach Luscha und den Kindern erkundigt, von eigenen Erlebnissen und wechselnden Stimmungen berichtet. In den Tagebüchern verselbstständigen sich die Reflexionen; er mauert sich autistisch ein in schwerfällige übereinander gestapelte Begrifflichkeiten, die den Leser oft ratlos außen vor lassen. Doch immer ist unter den zum Teil schwer verständlichen Ausführungen die qualvolle Rastlosigkeit seines Denkens zu spüren.

Er grübelt, meistens für sich allein, ohne geeignete Gesprächspartner; nur gelegentlich gibt es Begegnungen mit früheren Kameraden, mit denen er sich austauschen kann. Das sind helle Augenblicke, wenn ein Freund auf der Durchreise ist, seinen Besuch ankündigt, dann sitzen sie halbe Nächte auf im Gespräch. Noch immer sind das Reisen und der Briefverkehr erschwert, von vielen Bekannten weiß er immer noch nicht, ob sie und, wenn ja, wo sie leben.

Seine Geschwister, zwar Gefährten im Alltag, sind keine Adressaten für grundsätzlichere Gedanken, und Luscha, nach der er sich sehnt, sieht er manchmal monatelang nicht. Dabei übt sie doch auf sein Denken einen so heilsamen Einfluss aus, mit ihrer Vitalität, ihrer größeren Erdverbundenheit vereinfacht sie vieles, wo er sich im Nebulösen versteigt. Primär für sie seien diese Aufzeichnungen gemeint, notiert er, eigentlich kein richtiges Tagebuch, vielmehr *«einige Aufzeichnungen, in denen versucht wird, einen Standort zu gewinnen und zu verteidigen».* Indem er es ihr schickt, von Zeit zu Zeit ein Heft, will er den Gedankenaustausch über die Trennung hinweg erhalten. Aber es entsteht eher der Eindruck, dass sich da jemand laut denkend an eine wie auch immer geartete Öffentlichkeit wendet. Seltsam einsam, wie ein Redner in der Ruine eines Amphitheaters, der vor leeren Bänken spricht.

Sobald er ins Reflektieren und Philosophieren gerät, bedient er sich einer substantivischen Sprache, die – so Luscha – «*Kälte und Leere*» ausstrahlt, manchmal klingt er pathetisch, manchmal schreibt er verworren, als zerflösse ihm das, was er begrifflich zu fassen versucht. Die sprachlichen Bilder, die er gebraucht, sind bombastisch, gigantisch; so ist, wenn er psychische, soziale, kulturelle oder politische Prozesse beschreibt, die Rede von Bergmassiven und Gesteinsbrocken, Lava und Glut, von Verwerfungen, Rissen und Spalten, Abtragungsprozessen und Verwitterung, von gewaltigen Urkräften.

«*Man begreift, wie diese Zeit als harte und unbarmherzige Presse wirkt und das Menschliche in uns zu vernichten imstande ist. So werden nicht nur unter diesen Formungsgewalten neue Typen entstehen, die die Glut reinigt und umschmilzt, sondern auch Schichten zerrieben werden und abfallen, als seien sie die notwendige Schlacke dieses großen Prozesses.*» Überdimensionierte anonyme Gewalten sind am Werk, Kräfte der Natur, mechanische Kräfte, die quasi naturgesetzlich wirken. Das sind nicht nur Sprache und Denkkategorien, bei denen der Nationalsozialismus Pate stand, es finden sich auch Anklänge an die verschwommene Begrifflichkeit der deutschen Philosophie der 20er Jahre. Unklar bleibt: Wer handelt hier, wer ist das Subjekt, was ist der Motor des Geschehens, in dem die Menschen nur Objekt und Opfer zu sein scheinen? «*Jede tiefe Erschütterung der Grundlagen unserer Kultur und Geistigkeit – gerade wenn sie aus einem nationalen Unglück hervorgegangen ist – hat den echten Sinn, in einem tödlich wirkenden Feuer unsere Werte umzuschmelzen und Schlacken abzusondern.*»

Früher einmal konnte er schriftlich wie mündlich lebhaft erzählen, er besaß eine schöne, poetische Sprache, die jetzt noch öfter in den Briefen, im Tagebuch aber nur mehr selten, meist bei Naturschilderungen, aufscheint. «*Die Tage begannen mit einem weichen dunstigen Nebel, so dass selten vor acht Uhr das Tageslicht für die Arbeit ausreichte; gegen Mittag hob sich flackernd und fahl die Sonne, doch immer nur niedrig und scheinbar unter ihrem vorgeschriebenen Stand bleibend. Dann wurden die Nachmittage kalt und klar, ausgefüllt von einem metallisch klirrenden Wind. ... Wenn die schwachen Sonnenstrahlen die einzig noch stehende Häuserzeile des benachbarten Vorortes trafen, gaben sie ihr das Aussehen einer unfertigen Theaterkulisse; kalkig-weiß und gelblichgrau die Giebel und Fronten* der Häuser … *Die frei stehenden Sparren der zerstörten Dächer haben die Nacktheit noch unverkleideter Gerüste; das Ganze macht den Eindruck eines noch farbenfeuchten Gemäldes, das frierend in der Sonne trocknet.*»

«*Bin seit Tagen damit beschäftigt, einen Stapel Ziegelsteine vom Hafenplatz zum Lagerplatz zu karren; halte in dieser Tätigkeit oft inne, um die Farbspiegelungen des frühen Morgens zu genießen. Das Wasser des Hafens hat in dieser Stunde den unbeweglichen Ernst, der der graugrünen Metallfarbe eigen ist. Streicht ein Boot vorbei, bricht die Oberfläche schollenartig auf, mit seltsam hartem Laut. Die lang gestreckten Leiber der Frachtkähne ragen wie ungetüme Fossilien halb versenkt aus dem Wasser …*»

Solche Naturschilderungen wirken feierlich, als versöhne ihn dieser Blick auf die Dinge mit den Härten seiner Situation. Er will Zuschauer, distanzierter Beobachter bleiben, aber manchmal scheint ein kalter Finger ihn zu berühren, und Verstörung und Verlorenheit springen von dem, was er wahrnimmt, auf ihn über. «*Heute auf dem Weg zur Arbeit in der morgendunklen Straße ein gestürztes Pferd, von einem Auto angefahren und tödlich verletzt. Gespenstisch hoben sich im Schein einer Laterne die Menschen aus dem Dunkel hervor, die sich um das Tier bemühten.*»

Frauen und Kinder schleppen Kohlensäcke zwischen den Ruinen, sie transportieren sie in allen möglichen Behelfsfahrzeugen, und plötzlich fällt ihm eine Käthe-Kollwitz-Radierung ein, über die er einst einen Schulaufsatz schrieb. Sie stellte genau das dar, was er jetzt wie in Wiederholung erlebt: Frauen und Kinder, wie sie in der Kohlennot des Ersten Weltkriegs Schutthalden nach Brennbarem absuchten. Damals, als Fünfzehnjähriger, hatte er über dieses Bild geschrieben: «*Lernen wir daraus: Krieg dem Krieg.*»

So irrt er durch sein Tagebuch wie durch das ihn umgebende, bis zur Unkenntlichkeit zerstörte Gelände seiner Vaterstadt, ganz ohne Anhaltspunkte, wohin er sich wenden soll, die äußere Verwüstung entspricht seiner inneren Verfassung, der existenziellen Orientierungslosigkeit. «*Vom Theater sind Reste der Außenmauern erhalten, durch deren große Löcher der Blick die verbliebenen reliefartigen Andeutungen der Ränge abstreift; Bühnenraum und Parkett tragen üppige Bewachsung, der*

Klatschmohn leuchtet sanft aus dichten Unkrauthecken hervor. Hier ist nur noch Raum für Bergschafe. Ich fand den Gasthof nicht mehr, in dem Freunde vor 15 oder 14 Jahren literarisches Kabarett spielten, nicht mehr das kleine Cafe, in dem wir in den Theaterpausen so leidenschaftlich unsere Eindrücke besprachen, so unduldsam Kritik gaben. Auch die Buchhandlung ließ keine Spuren zurück ... Nun bieten sich die Ruinenfossile in nackter Schauerlichkeit, durch die man ohne Erinnerungsvermögen irrt.»

Das Tagebuch ist das einzige persönliche Dokument, das einen gewissen Einblick in seine weltanschauliche Entwicklung bietet. *«Was geschah? – Eine Welt zerbrach, die eine Klammer gesteigerter und selbstübersteigerter Macht und Gewalt zusammengehalten hatte um einer Vision willen, und bescherte ein Chaos, in dem Gesetze und Gemeinschaften sich auflösten.»*

Was die große Katastrophe für ihn ist, liegt auf der Hand: der verlorene Krieg und das, was der Zusammenbruch offenbart, das unvorstellbare Ausmaß an menschlichem Leid, an dinglicher Zerstörung, ein Chaos des Wertezerfalls. Doch was war für Walter die ursprüngliche Vision, die er mit dem Nationalsozialismus verband?

Es gibt in seinem Tagebuch keinerlei Hinweis darauf, dass er die nationalsozialistische Idee als ursächlich für die Katastrophe ansieht. Den Nationalsozialismus nimmt er eher als einen gescheiterten Versuch wahr, einer gesellschaftlichen Krise zu begegnen, die schon vor dem Krieg, in den seine Entwicklung prägenden Jahren der Weimarer Republik, sichtbar wurde und die jetzt seiner Ansicht nach in aller Heftigkeit erneut aufbricht. Allerdings begann der innere Zusammenbruch des Nationalsozialismus für ihn schon lange vor der militärischen und politischen Niederlage, als *«die Führung»* die eigentlichen Ziele verriet.

Vor allem um *«die Krise des abendländischen Menschen»* kreisen Walters Gedanken. Er hat an den Nationalsozialismus geglaubt, weil er sich vom *«synthetischen Kern seiner Weltanschauung»* eine Lösung dieser Krise erhoffte. Der abendländische Mensch sei in Gefahr, zerrieben zu werden *«zwischen dem materialistischen Kollektivsozialismus aus dem Osten und dem positivistischen Determinismus aus der westlichen Sphäre»*. Das Christentum habe versagt, weil es keine eigenständige Kraft mehr sei und dem Nihilismus und dem Materialismus nichts mehr habe entgegenstellen können. Europa, so Walter, hätte das besondere Dritte darstellen müssen zwischen dem sowjetrussischen Kollektivsozialismus einerseits und dem amerikanischen technisch-ökonomischen Fortschrittsdenken andererseits, es hätte auf höherer Ebene eine fruchtbare Synthese zwischen diesen beiden Denkansätzen herstellen müssen. Damit beschreibt er offenbar nicht nur seine Utopie für die Gegenwart nach dem Zusammenbruch, sondern vor allem die Hoffnung, die er zu Beginn seiner politischen Laufbahn mit dem Nationalsozialismus verknüpfte.

Schuldgefühle treiben ihn um. Im Januar 1946 notiert er: *«Träume, in denen ich mich in hoffnungslosen Situationen befand; so wohnte ich mehrmals meiner Verurteilung bei.»* Noch kann er seinen Anteil an der Katastrophe nicht wirklich ermessen. Immer sei es schwierig, den eigenen Lebensbeitrag zum Weltgeschehen einzuschätzen, mit einer gewissen Gerechtigkeit gegeneinander abzuwägen, was man selbst eigentlich wollte und was dann tatsächlich geschah, scheinbar schicksalhaft. *«In allen derartigen Überlegungen, wie ich solche im Jahre 1942 in der dumpfen Vorahnung der Möglichkeit einer Katastrophe und seit dem Herbst 1944, verstärkt durch Eindrücke aus dem Reich, anstellte, erwies sich die Anrechnung des getäuschten uneingeschränkten Vertrauens als schwierigster (und bitterster) Posten der Urteilsschrift.»* Was heißt das: Ich habe vertraut und wurde getäuscht? Die Führung hat das eigene Volk getäuscht, das ihr blind vertraute? Und von welcher *Urteilsschrift* spricht er? Ist es das Urteil, das er jetzt über den Nationalsozialismus fällt? Oder das Urteil, das über ihn selbst gesprochen wird?

«Es gilt, nachspürend, festzustellen, wann sich die deutsche Kriegsführung von der inneren Wahrheit ihrer ursprünglichen Ziele entfernte ...» Dieser Krieg sollte seiner Ansicht nach dazu dienen, eine europäische Völkergemeinschaft zu schaffen, die den abendländischen Geist gegen den Weltanspruch des Bolschewismus verteidigte; in dieser Vision lag für Walter seine *«innere Berechtigung»*. Zu diesem politischen Konzept hätte für ihn aber auch gehört, dass die Deutschen die Ostvölker in ihrem Wunsch nach nationaler Eigenständigkeit respektierten und zu unterstützen hätten. Mit den militärischen Anfangserfolgen bis 1941, meint er, seien dann andere Ziele ins Blickfeld gerückt; danach erst habe sich rassischer und Wirtschaftsimpe-

rialismus durchgesetzt, «*erst jetzt wurde der Herrenmensch geboren*». Von nun an habe man den Osten nur kolonisatorisch ausbeuten wollen. Seitdem wurde «*der Geist unseres Krieges wertefeindlich und unschöpferisch*», bestimmt von der «*Technik der Macht*», entwickelte er eine «*bösartige grausame Mechanik*». Aber die Frage nach der Kriegsschuld werde nicht weiterführen, räsonniert Walter, wenn es gälte, die großen Probleme zu lösen, mit denen die Menschen sich heute, nach dem Krieg, noch stärker konfrontiert sähen als zuvor. Wenn es dem europäischen Abendland nicht gelinge, eine neue Wertorientierung zu gewinnen, dann «*werden über diesem Kontinent zwei Fluten zusammenschlagen: die quantitativ-qualitative Fortschrittslehre und die Herrschaft des Kollektivismus. Hinter beiden aber steht die gleiche Gefahr, die den abendländischen Menschen schon seit Jahrzehnten bedroht: der Wesenstod am mechanistischen Weltbild.*»

Angesichts dieser Gefahr habe er im Nationalsozialismus eine Kraft vermutet, die imstande sei, ein bloß quantitatives Fortschrittsdenken in etwas qualitativ Neues umzumünzen. Durch diese «*Umprägung des Menschen*» werde, so hatte er sich das vorgestellt, eine neue Elite entstehen, die die geistige, die politische, die wirtschaftliche und die militärische Führung übernehmen werde. Er sei von der «*platten sozialen und züchterischen Fortschrittsideologie der Partei*» immer abgestoßen gewesen, aber er fühlte sich unterstützt durch eine «*kleine Gruppe unseres Corps*», die ähnliche Ideen hatte wie er selbst. Doch diese Konzeption wurde, «*... große Schuld unserer Führung – wenn es geschichtliche Schuld gibt – in diesem Krieg in grausigen Abenteuern verspielt, von nur wenigen erkannt*».

In diesem Gedankengang tritt seine Prägung durch den Nationalsozialismus deutlich hervor: die Idee des «guten Krieges» im Osten, der ein Bollwerk gegen den Bolschewismus errichten soll, die Idee von einer Elite hervorragender Männer, denen in diesem Zusammenhang eine Führungsrolle zukommt.

«*Es führt zu keinem nutzbringenden Ausweg, den Nationalsozialismus in der Polarität von Kindergärten und Konzentrationslagern zu sehen. Es wäre allenfalls der Kern seiner Lehre zu prüfen, nicht die Irrtümer und Irrwege der Realisierung.*» Noch immer glaubt er an einen «positiven Kern» der NS-Ideologie, und er kann oder will nicht sehen, dass die «*Irrwege*», das heißt die Verbrechen des Nationalsozialismus, bereits im Kern dieser Lehre angelegt waren.

Er war in der krisengeschüttelten Weimarer Republik großgeworden, die politische Entwicklung, die er miterlebte, schien ihm auf der persönlichen Ebene in den Nihilismus, auf der gesellschaftlichen Ebene geradewegs in Desintegration und Chaos zu führen. Seine Entwurzelung und Desorientierung machten ihn empfänglich für eine Idee, die ihm ein gangbarer Mittelweg zwischen dem dekadenten westlichen Individualismus auf der einen Seite und der auf der anderen Seite drohenden Zwangskollektivierung aus dem Osten zu sein schien. An einer Stelle seiner Aufzeichnungen stellt er einen ausdrücklichen Bezug zum Schicksal seiner Generation her. *«Wir glaubten, unserem Volke und Europa etwas schuldig zu sein.»* *«Wir waren nicht politisch typisiert – hinter uns lagen die Jahre der liberalistischen Hochschulbildung –, wohl aber radikal. Wir konnten emigrieren – länger als ein Jahr habe ich das erwogen – oder bleiben, und wir blieben, aus blutgebundener Überzeugung des Verantwortungsbewusstseins.»*

Der Nationalsozialismus war zu diesem Zeitpunkt noch weitgehend unausgeformt, und sie – er und andere, denen er sich verwandt fühlte – waren zuversichtlich, ihre eigenen Vorstellungen in seinem Rahmen verwirklichen zu können. Je größer die ideologischen Schwierigkeiten wurden, die ihnen aus dem Zusammenstoß eigener Vorstellungen mit denen der Partei erwuchsen, desto mehr mühten sie sich, das mit verstärkten persönlichen Anstrengungen in die für sie richtige Richtung wieder wettzumachen. *«Vielleicht erlebten wir im Verlaufe des Krieges die tiefste Enttäuschung, weil uns das größte Maß des Unbefriedigtseins gegenüber unserem idealistischen Wollen blieb. Der Gegner, gleich welcher Schattierung, hatte das Sättigungsgefühl aus unserer Niederlage.»*

An dieser Stelle wird deutlich, dass das Unbestimmte, Vage der nationalsozialistischen Weltanschauung, heute von vielen Historikern als ein charakteristisches Merkmal hervorgehoben, auch Walter dazu verführte, seine eigenen Ideen und Ideale in diese Erlösungsreligion hineinzuprojizieren. Der Nationalsozialismus verband auf eine diffuse Art die Themen «Schaffung einer solidarischen Volksgemeinschaft, in der Gesamtnutz vor Eigennutz geht», «neuer Lebensraum im Osten», «Europa als

Bollwerk gegen den Kommunismus» und natürlich den Antisemitismus. Diesen letzten Schwerpunkt, der sich uns heute aus historischer Rückschau als zentraler und besonders verbrecherischer Teil der NS-Ideologie darstellt, scheint Walter offenbar weitgehend ignoriert, seinen Stellenwert im faktischen Geschehen einfach verdrängt zu haben.

Zwischen den theoretischen Reflexionen des Tagebuchs finden sich, immer wieder eingestreut, Bekundungen von Düsternis und Hoffnungslosigkeit. «*Verzweiflungszustände. Ein unübersehbares Meer von Fragen. Die alten Schiffe des Glaubens erweisen sich als leck, viele liegen schon in Trümmern ... Auch ernsthafte Denker weisen uns nur Inseln, die nur wenige tragen können und deren Zukunft fragwürdig bleibt. Nirgendwo ein neues Festland. Die wieder frisch berieselten Felder individualistischen positivistischen Denkens werden in einigen Jahren wieder verstepppen.*»

«Konstatiere mit steigender Verbitterung, dass ich noch nie so schlecht und schwer schrieb. Mit zwanzig Jahren galt ich als kenntnisreich und literarisch begabt; heute erfahre ich, dass mein Wissen gering ist und mir keine Leistung gelingt.»

Er führt seine Schwierigkeiten beim Formulieren auf die «*Störungssymptome*» zurück, «*die für den Unterlegenen charakteristisch sind*». In der Tat bedeutete ja der Fall des 3. Reichs zugleich mit dem Zusammenbruch der Weltanschauung auch die Selbstentlarvung einer Sprache, die sich an ihr gebildet hatte, die durch sie geprägt war. Walter spürt sehr wohl, dass seine Sprache ihn im Stich lässt, nicht mehr stimmig ist. Eine andere findet er nicht, wird sie vielleicht auch nie wieder finden. Doch er weiß ganz genau, dass seine Schwierigkeiten, «*einen Standpunkt zu finden und zu verteidigen*», nicht nur auf die extrem harten äußeren Bedingungen zurückzuführen sind, auf Armut, Hunger, Erschöpfung, bedrängtes Wohnen: «*Als unbekannte wichtigste Größe in der Rechnung bleiben die hindernden Faktoren, die in meiner Person liegen.*» Er fühlt, dass seine Schreibstörungen Ausdruck eines Gleichgewichtsverlustes sind. «*Wir beherrschen auch sprachlich nur die Erlebniszonen, die wir geistig erobert und wieder in das Gleichgewicht ihres Maßes geführt haben.*» Einfacher ausgedrückt: Es gelingt ihm nicht, die Dinge sprachlich zu fassen, weil er sie noch gar nicht wirklich begriffen hat.

Er möchte manchmal weinen über seine Müdigkeit, seine Unfähigkeit, all das auszudrücken, was ihm unaufhörlich durch den Kopf geht und schwer auf der Seele liegt. *«Man müsste jetzt Zeit haben und eine gewisse soziale Sorgenfreiheit, um schreiben zu können um seines eigenen Heils willen, um einen magischen Kreis um sich abzumessen. Ich habe einige Gedanken, viele Pläne. Aber ich misstraue meinem Können, auch meiner Ehrlichkeit. Würde ich nicht in jedem Satz heimlich eine Verteidigung schreiben, jedes Argument untersuchen, ob es der eigenen Rechtfertigung dienen könnte? Ich würde mehr geistige Bemühungen auf die Sauberkeit meiner Absichten richten müssen, als für die Erstellung der Arbeit übrig blieben.»*

Besonders viele seiner Aufzeichnungen sind im Frühjahr 1946 entstanden, in den Wochen der erzwungenen Arbeitslosigkeit, in denen seine Lebensstimmung auf einem Tiefpunkt ist. *«Krank»*, notiert er, als er sich von seinen letzten Pfennigen ein paar Briefmarken kauft, *«ohne Verdienst und Besitz»*. *«Es gibt in diesem Zustand keinen tröstenden Vergleich mit ähnlichen Situationen in vergangenen Jahren, in denen man ihnen, unbeschwert, abenteuerliche Seiten abgewann.»* Das Gefühl, materiell am Rande der Existenz zu stehen, lähmt den Lebensnerv.

«Bewusstsein wachsender Vereinsamung, nachdem es unmöglich ist, den Postverkehr mit L. anders zu gestalten … Man lebt sich so stark in das gefährliche Gefühl hinein, eine Welt für sich darzustellen; dazu oft von einer entsetzlichen dunklen Stimmung beherrscht.»

In den Sommermonaten, nachdem er angefangen hat, in der Gärtnerei zu arbeiten, stabilisiert sich sein Zustand ein bisschen. Es sind lange Arbeitstage. Morgens steht er um fünf Uhr auf, verlässt um sechs das Haus, beginnt um sieben mit seinem Rundgang bei den Neupflanzungen, den Frühbeeten. Über Wochen ackert er allein mit dem alten Gärtner in dem großen Betrieb, einer der Mitarbeiter ist lungenkrank geworden, der andere hat plötzlich epileptische Anfälle infolge einer Kriegsverletzung bekommen. In der Mittagspause, die je nach Hitze zwei bis drei Stunden dauert, sucht er sich ein schattiges Plätzchen, liest oder schreibt. Er starrt gedankenverloren auf seine Hände, die nicht mehr sauberzuschrubben sind, hässlich grün und braun verfärbt, die Außenkanten der Finger sind vom Jäten schwarz geädert. So wird es auch Luscha gehen, denkt er sich,

und er stellt sich vor, wie sie vielleicht auch gerade die Mittagsruhe nutzt, um ihm zu schreiben, er sieht das vom wilden Wein
umrankte Haus Waldesruh vor sich; da steht er neben Luscha
im Arbeitszimmer, den Arm um sie gelegt, während von draußen die Stimmen der spielenden Kinder herauftönen. Vielleicht
wäre das überhaupt die Zukunftsvision, ein einfaches Leben,
zusammen mit Luscha in Detmold: *«Ich höre nicht auf zu hoffen: Gartenarbeit, und in den wenigen Stunden, die nach der Arbeit bleiben, mit einem Buch am Fenster sitzen oder mit den
Kindern auf der Bank vor dem Haus, es wäre eine reine Lösung,
ein «in Einheit mit den Mitteln sein», vielleicht auf geringen
Rängen, aber auch die höheren wären von da erreichbar. Oder
erst von da.»*

In der Regel kehrt er nicht vor sieben Uhr nach Hause zurück, knochenmüde und kreuzlahm. Eine Woche pflanzen sie
Rosenkohl und Krauskohl, die nächste Breitlauch und Endi-
vien; des Personalmangels wegen macht er häufig Überstunden,
manchmal zehn oder elf Stunden gebückt oder in der Hocke,
aber allmählich gewöhnt sich der Körper daran, und außerdem
kann er ein Pfund Buschbohnen je Überstunde mit nach Hause
nehmen. *«Viele gute Augenblicke, wenn ein Stück gereinigt
oder neu besetzt daliegt, der Blick in das Frühbeet, wo der Endi-
viensamen sich regt, oft springen Hasen und Kaninchen vor mir
auf und zuckeln ab, hier und da fliegt aus dem Kartoffelfeld eine
Kette Feldhühner hoch.»* Am Abend ein paar Seiten aus einem
Buch, nicht mehr viel, ein, zwei Gedichte, er ist zu müde. Die
Lektüre muss ihm das Gespräch mit gebildeten Menschen erset-
zen.

Am 1. Oktober 1946, als im Radio die Urteile der Nürnberger Prozesse verkündet werden, liegt Walter krank zu Hause,
mit einer Magen-Darm-Infektion: Übelkeit, Erbrechen, Durchfall, allgemeiner Schwächezustand. Auf dem Sofa im Wohnzimmer, fröstelnd in eine Wolldecke gepackt, hört er, wie mit
monotoner Stimme die Liste der Angeklagten verlesen wird:
Reichsmarschall Heinrich Göring – going to be hanged. Reichs-
außenminister Joachim von Ribbentrop – going to be hanged.
Generalfeldmarschall und Chef des Oberkommandos der
Wehrmacht Wilhelm Keitel – going to be hanged. SS-Obergrup-
penführer und Chef des Reichssicherheitshauptamtes Ernst
Kaltenbrunner – going to be hanged. Und so weiter, eine un-

bewegte Stimme, erst auf Englisch, dann in deutscher Übersetzung: Reichsminister für die besetzten Ostgebiete Alfred Rosenberg – zum Tode durch den Strang. Generalgouverneur für Polen Hans Frank – zum Tode durch den Strang. Vierundzwanzig Angeklagte, der Reichsorganisationsleiter Dr. Richard Ley hat vor der Hauptverhandlung Selbstmord begangen, Göring gelingt das noch nach der Urteilsverkündung, Gustav Krupp von Bohlen und Halbach soll wegen Verhandlungsunfähigkeit erst später der Prozess gemacht werden. Zwölf Todesurteile, das gegen Martin Bormann in Abwesenheit, lebenslange Freiheitsstrafen für den Führerstellvertreter Rudolf Hess, den Wirtschaftsminister Walter Funk, den Admiral Enst Raeder, zeitige Freiheitsstrafen für den Reichsjugendführer Baldur von Schirach, den Rüstungsminister Albert Speer, den Admiral Dönitz und den Reichsprotektor Böhmen und Mähren Constantin von Neurath.

Die Wohnung ist leer und liegt ganz still. Walter ist allein. Seine Schwester Ruth ist mit der Schwägerin und dem Kind vor wenigen Tage ausgezogen, seine Schwester Martha auf ihrer Arbeitsstelle.

In Nürnberg steht der Nationalsozialismus als solcher in Person seiner ranghöchsten Vertreter vor Gericht. Es sind nicht in erster Linie die Verbrechen gegen die Menschlichkeit, die den Angeklagten bei diesem Tribunal vorgeworfen werden, sondern vor allem die Tatsache, dass sie Europa und die Welt mit einem verheerenden Angriffskrieg überzogen haben. Der Massenmord an den europäischen Juden spielt in der Anklage keine zentrale Rolle.

Jemand hämmert gegen die Wohnungstür. Walter kommt nur mühsam auf die Füße, in die Hausschuhe; er hat Kreislaufprobleme, da er seit zwei Tagen kein Essen bei sich behalten konnte. Der Telegrammbote bringt ihm eine Botschaft von Luscha: *«Wir grüßen dich herzlichst. Erwarten dich bald.»*

Nur dies. Nicht mehr als diese paar Worte, ein Zeichen, das sie heute besonders an ihn denkt. Er fühlt die Geste wie eine wärmende körperliche Berührung, als er zähneklappernd wieder unter die Wolldecke kriecht. Fast möchte er weinen. Er will nun bald, ganz bald nach Detmold fahren und sie in die Arme schließen. Erst einmal wird er ihr so schnell wie möglich schreiben, sobald er wieder aufsitzen kann.

«Am 30.9. und am 1.10. musste ich zu Bett liegen, die Ma-
genkrämpfe stellten sich wieder ein, wie in und unmittelbar
nach der Gefangenschaft. Ich lag auf der Couch, hörte die
Rundfunkberichte und war sehr ruhig und wenig angerührt, es
gab keine Überraschung, keine Enttäuschung. Ich dachte mehr
an euch als an mich selbst. Als dein Telegramm kam, da durch-
lief mich ein Strom von Wärme und Glück. Es ist unmöglich ab-
zumessen, welches Maß von Stärke und Vertrauen mir von dir
zufließt. Hab vielen Dank. Ich brauchte nicht über das Datum
fortzuspringen, ich sah es an mir vorbeiziehen, in Abstand (ob-
wohl es Einfluss auf meine Bedingungen hat), aber ich bin im
Fluss der mir zukommenden Veränderungen und Wandlungen
geblieben und will weitergehen wie ein Wanderer, der sich nach
Zeichen orientiert, die nicht am Wege von öffentlichen Gesell-
schaften auf Tafeln plakatiert sind.»

Das soll wohl heißen: Er bezieht die Urteile von Nürnberg
nicht auf sich selbst; was diesen Männern vorzuwerfen ist, ist
nicht das, was ihm vielleicht vorzuwerfen wäre, was er selber
sich vorwerfen würde. Einige Monate zuvor hat er im Tagebuch, als er seine politische Entwicklung beschrieb, angemerkt:
«Indem du ein hohes Ziel verfolgtest und für ein Ideal gearbei-
tet hast, hast du doch an Unschönem wie an Fremdkörpern vor-
beigesehen, wenn du sie nicht ausräumen konntest.» Das ist
vielleicht der Satz, der einem Schuldbekenntnis am nächsten
kommt.

15.

«Samstagabend – ich habe 4 Kinder geschrubbt, 4 × Strümpf-
chen, Höschen, Leibchen, Hemdchen gerichtet, 4 Frostverbänd-
chen gemacht, 4 × gesalbt, zu Abend gegessen, mich selbst ge-
schrubbt ...»

Jetzt, wo die Kinder im Bett sind, könnten die kostbaren ruhigen Stunden des Abends beginnen. Aber sie ist müde, und in
einer Stunde, um Punkt 21 Uhr, wird wieder das Licht abge-
schaltet – zur Zeit täglich Stromsperre, außerdem herrscht eine
niederträchtige Kälte. Da reicht es nur für einen halben Brief an
Walter. *«Die Tage waren trüb, dazu die große Kälte, im Zimmer*
stehende Nässe, dauerndes Tropfen von den Außenwänden,

Holzkalamitäten, keine Nährmittel für die Kinder (lauter unbe-
lieferte Marken) – und Tordis seit einer Woche krank.»

In den ersten Monaten des Jahres 1947 zeigt sich der Winter in geradezu apokalyptischer Gestalt, zumindest ist es der härteste, der kälteste und längste, an den sie beide sich erinnern können. Und beide, Luscha und Walter, verfallen in schwermütige Gedanken, nachdem seine Weihnachtsferien in Detmold vorüber sind. Sie hatten es so warm und gut miteinander, das ist nun alles wieder auf unbestimmte Zeit vorbei. Einziger Wermutstropfen: Für die Kinder war er als Onkel Rudi, nicht als ihr Vater gekommen.

«Ich hatte die letzten Tage kleinmütige Anwandlungen, unserer Zukunft wegen. Manchmal packt es einen eben … Besonders nach besseren Tagen. Und die vielen unfreiwilligen Stunden im Dunkeln wirken auch nicht aufheiternd», schreibt Luscha.

«Fast zwei Wochen bin ich wieder hier», antwortet er, *«aber noch ist nichts in mir in seinem gehörigen Gleichgewicht.»* Schmerzliches Heimweh färbt die Erinnerung an die Weihnachtstage, *«ich musste mich etwas gewaltsam in die Hand nehmen»*. Auch in Köln viele Stunden kein Wasser, kein Licht, nicht immer vorher angekündigt, manchmal verlischt es mitten am Abend einfach so, für eine halbe, eine ganze Stunde, und kommt dann ebenso plötzlich wieder. Der Temperatursturz der ersten Januartage beschert Walter eine hässliche Erkältung mit Nierenschmerzen, wahrscheinlich eine Nierenentzündung; er muss einige Tage im Bett liegen, da er zu matt zum Aufstehen ist. In der Gärtnerei erledigt er manches im Laufschritt, um warm zu werden, doch die meiste Zeit sind sie damit beschäftigt, die zerbrochenen Treibhäuser zu reparieren und Frostschutz an den Rahmen der Frühbeetfenster anzubringen. Dabei holt er sich Frostbeulen an Händen und Füßen.

«Was für eine widerliche Kältewelle ist das nun neuerdings!» In Detmold reißt die Kette der Kinderkrankheiten nicht ab. Nacheinander bei allen fiebrige Erkältung. Kaum ist Tordis wieder bei Appetit und auf den Beinen, da bildet sich bei Gunild über Tage ein schmerzhafter Abszess im Mittelohr, das Kind weint stundenlang vor sich hin. Zum Glück bricht das Geschwür auf dem Höhepunkt von selber auf, der Eiter kann abfließen, und das Schlimmste ist überwunden. Auch Silke will ta-

gelang von der Welt nichts wissen und wendet sich zum ersten Mal in ihrem Leben vom Essen ab. Jetzt hat als letzte Arnild Fieber bekommen; hoffentlich erwischt es sie nicht so schwer – das Arme kann sich ja nicht mal aussprechen und Schmerzen und Kummer mitteilen.

In Köln ist im Februar bei minus 20 Grad der Rhein zugefroren, nur in einer schmalen Mittelrinne schieben sich noch träge dicke Eisschollen aneinander vorbei. Man kann den Fluss jetzt mit Vorsicht zu Fuß überqueren, und einige wagen das bereits. Ein, zwei Tage lang tropft bei strahlender Februarsonne das Tauwasser von den Dächern, «... *fast glaubte man schon, der Frühling breche die harte Kruste, für Stunden hörte man sein Pochen*». Aber in der Nacht danach setzt wieder verschärfter Frost ein. «*Durch Frost und Trümmer irrt der Karneval: grell bemalte Gesichter, betrunkenes Schreien, hektisches Lachen; kölnische Sitte und Selbstbetäubung am Rande des Abgrundes.*» Walter findet das, vor der Ruinenkulisse, gespenstisch, es erinnert ihn an einen Totentanz.

In Detmold sind die Kinder der anhaltenden Kälte und ihrer Anfälligkeit wegen weitgehend in das Kinderzimmer verbannt, wo wenigstens stundenweise der Ofen brennt, wo sie die Fenster zur Hälfte mit schwerem Stoff verhängt haben, Fenstermäntel, gegen den Zug. Nach der Erkältungswelle bekommen alle vier nacheinander die Masern. Sie sind nun, mit kurzen Unterbrechungen, schon seit sechs Wochen krank. Erst hatte Arnild die Wundrose, dann die Erkältungen, Rückfälle bei Tordis und Gunild nach dem ersten Spaziergang draußen, dabei hat Luscha wirklich alle Vorsichtsmaßnahmen beachtet und die Kinder gut eingepackt, erneut Ohrenprobleme bei Gunild. Es ist ein Elend, wenn man sie den ganzen Tag im Zimmer halten muss. «*Viel Kindergeschrei, auch nachts, viel Quängeleien und Quackeleien ... Oft hängt einem alles zum Hals raus, immer Windeln waschen, immer Kuppka bis in alle Ewigkeit und die verdammte Schinderei mit dem Holz – man hat es alles einfach satt.*» (Eigentlich «kupa» –– das polnische Wort für «Haufen» ist, vom Kindermädchen Milla eingeführt, in die Familiensprache übergegangen.)

Die Kälte hält sie noch immer in eisiger Zange. Nachdem sie einige Tage ohne Hausbrand in arger Bedrängnis gesessen haben, altes Gerümpel verheizend, dennoch elend frierend, wird endlich doch das Holz angeliefert, das man ihnen im vergangenen Sommer zugewiesen hatte: sechs Raummeter, die allerdings eher wie vier aussehen. Sie rücken den kleineren Stämmchen gleich zu Leibe; für die größeren muss erst einmal eine Kreissäge aus dem Dorf organisiert werden. Einstweilen raucht das Öfchen im Kinderzimmer wieder. Dann friert in einer der eisigen Nächte die Wasserleitung ein. Es ist die Zuleitung, die hinter dem Haus etwa 60 cm unter der Erde liegt. Der herbeigerufene Installateur verlässt sie achselzuckend mit dem Bescheid, sie sollten sich im April/Mai wieder bei ihm melden, wenn die Erde aufgetaut sei. Sie müssen jetzt jeden Eimer Wasser, den sie benötigen, vom Wasserhäuschen auf der anderen Seite der Straße holen, mit der schweren Last zurück die siebzig Treppenstufen den Berg hochsteigen.

Ende März platzt das gefrorene Wasserrohr. An einem Sonntagnachmittag fluten plötzlich Wasserschwälle durch den Hausflur; ein verstörtes Kind taucht in Großmutter Elses Zimmer auf: «Omi, der Rohr kommt!» Alle Erwachsenen werden in Panik zusammengetrommelt, sie fegen die Wassermassen mit Besen und Bürsten die Treppen hinunter bis zum Gartentor, jemand rennt einige Häuser weiter, um nach dem Installateur zu telefonieren. Auf der unteren Gartenterrasse, um die große Buche herum, hat sich ein See gebildet, als er endlich naht. Es bleiben Wasserflecken an den Wänden, und noch lange hängen Feuchtigkeit und Modergeruch im Treppenhaus.

Zwei Tage später platzen auch die Abwasserrohre im WC. «Morgens beim Erwachen fanden wir im Clo nebst Flur und unten im Keller Jauche-Bäche, die langsam und unaufhaltsam stiegen.» Der erneut herbeigerufene Installateur trägt ihnen auf, die gesamte Jauchegrube im Garten, die ebenfalls nebst Zuleitung gefroren war, auszuleeren. Sie schleppen zu dritt, Else, Luscha, Herbert, jeder an die dreißig Eimer. Die Toilette im Haus darf einige Tage nicht benutzt werden, also alles ab in den Wald! Zum Glück für diese Verrichtungen ist es draußen endlich milder geworden.

Denn natürlich sind die Rohrbrüche, bei all ihrer Widrigkeit, der Auftakt zu besseren, zumindest wärmeren Zeiten. Noch bis in die dritte Märzwoche hat es Frost und Schnee gegeben, auch tagsüber. Doch jetzt, endlich, bricht sich der Frühling Bahn – und es scheint, als komme er nach diesem schrecklichen Winter mit umso größerer Wucht. «*Geliebter Junge! Ich nehme mit Freuden die einmalige Gelegenheit wahr, dir einen Liebesbrief zu schreiben. Leider drängt die Zeit, und daher kann er nicht so schön sein, wie er es für dich immer sein sollte! Ich bin ganz von Frühling erfüllt, obwohl er nur mehr erst zu ahnen ist und, wenn er kommt, aus seinem Füllhorn für uns vielleicht nur magere und schwere Lose auswirft. Aber wir lieben uns. Unter keinem Zeichen könnte das Leben schöner sein.*»

Luscha beginnt die Arbeit an einer neuen Novelle mit dem bezeichnenden Titel «Stürmischer Frühling». Sie spürt einen Schub von neuer Kraft, die Kinder sind endlich alle wieder gesund; sie kann sie schon an manchen Tagen hinaus in den Garten zum Spielen schicken. Während der ganzen langen Wintermonate hat sie kaum etwas zu Papier gebracht, und mitten in der Zeit der geplatzten Wasser- und Abwasserrohre ist wieder einmal eine Ablehnung eingetrudelt, der Redakteur der «Berliner Hefte» hat die Geschichte «Der kleine Gott» nicht drucken wollen, die sie im Herbst unter so viel Mühen schrieb. «*Sehr verehrte gnädige Frau, wenn ich Ihnen Ihr Manuskript zurückgebe, so geschieht das, weil ich Ihr Talent zu hoch schätze. Ich möchte Sie meinen Lesern mit einer stärkeren Arbeit vorstellen, die ich denn bald in Händen zu halten hoffe, Ihr sehr ergebener ...*» Man könnte die Formulierung dieser Ablehnung vielleicht auch als Kompliment auffassen – aber wie soll sie denn unter diesen Lebensumständen eine «stärkere Arbeit» zustande bringen? Jetzt wirft sie sich mit Elan auf die neue Geschichte. «*Hoffentlich wird es kein Mist. Habe manchmal Angst, dass ich schludere und mir's zu leicht mache, nachdem der Tag voll Fron und Plage war. Aber glücklicherweise bist du da, mir auf die Finger zu sehen. Niemand kann ermessen, was für ein Glück das ist – das einst in Köln mit ‹Der Gleichung zweier Unbekannten› (entsinnst du dich des scheußlichen Machwerks?) begann.*»

Walter hat in den letzten Winterwochen eine Begegnung gehabt, die vielleicht folgenreich für sein weiteres Leben werden könnte, die ihn jedenfalls nachhaltig beschäftigt. Ein ehemaliger Klassenkamerad hat ihn aufgesucht, Ernst H., mit dem er in den ersten Gymnasialklassen befreundet war. Ernst ist Halbjude; sie hatten sich aber schon vor 1933, bald nach dem Abitur, aus den Augen verloren.

So ist der Sonntagsbesuch eine große Überraschung. H. erzählt Walter von seinen vergangenen Jahren; er habe in Berlin illegal gegen den Nationalsozialismus gearbeitet; Judenschmuggel betrieben, außerdem Papiere und Lebensmittelkarten für versteckte Juden organisiert, bis er 1943 gefasst wurde. Er erhielt dann neun Jahre Zuchthaus, von denen er zwei knappe Jahre in Neubrandenburg absaß, bis zum Einmarsch der Russen. H. ist über Walters politische Vergangenheit genau unterrichtet. Umso mehr erstaunt es Walter, dass H. gekommen ist, um ihm seine Hilfe anzubieten. Er hat in Essen eine Großhandelslizenz für Haushalts- und Papierwaren bekommen und könne vielleicht bald einen zweiten Mann für seinen Zeitschriftenvertrieb brauchen; er wolle ihm, wenn es das Arbeitsamt gestatte, die Stelle gern geben. Vielleicht habe aber auch Ludwig D., der ebenfalls den Kontakt zu Walter wieder aufnehmen wolle, eine Arbeit für ihn.

Ludwig D. ist ein enger Freund Ernst H.s, mit dem Walter ebenfalls bis zum Ende der Schulzeit viel zusammentraf, obwohl D. die Schule aus finanziellen Gründen schon in der Quinta verlassen musste. Er war schon früh Kommunist geworden; sie hatten viel miteinander über Politik diskutiert; Walter hat D. ebenfalls seit Anfang der 30er Jahre nicht mehr gesehen.

Was ihn zu solchen Hilfsangeboten bewege?, will Walter wissen, und H. erinnert an ihre Jugendfreundschaft. Walter sei für ihn damals sehr wichtig gewesen; außerdem sei nicht einzusehen, warum ein Mann mit solchen Talenten sich in Hilfsarbeiten vergeude. Aber er und D., mit dem er sich in dieser Angelegenheit besprochen habe, hätten auch andere, nämlich politische Gründe: Beide seien sie entschiedene Demokraten und Sozialisten, und sie befürchteten, dass die Zwangsdemokratisierung, wie die Alliierten sie zur Zeit betrieben, genau in ihr Gegenteil umschlagen würde, nämlich in eine Rückkehr zur finstersten Reaktion. Sie suchten deswegen das Gespräch mit ehemaligen Nationalsozialisten, die sie nicht als reaktionär einschätzten.

Hoffnungzeichen? Wenig später besucht Walter, auf dessen Einladung hin, auch Ludwig D. in Troisdorf. D. ist Abteilungsleiter in einer Kunststoffgroßhandelsgesellschaft und lebt in so guten wirtschaftlichen Verhältnissen, wie sie Walter schon lange nicht mehr begegnet sind. Er verbringt einen ganzen Sonntag bei ihm, wird mit einem guten Mittagessen, mit Kaffee und Kuchen und englischen Zigaretten bewirtet; er ist beeindruckt von D.s umfangreicher und gut sortierter Bibliothek und empfindet die Gesprächsatmosphäre als wohltuend. Lange plaudern sie über alte Zeiten, gemeinsame Bekannte, Bücher und Politik. Dann kommen sie auf Walters Situation zu sprechen. Walter legt ihm sein zentrales Dilemma vor: Soll er sich selber bei einer Spruchkammer melden und damit riskieren, aufgrund seines SS-Rangs und der Tatsache, dass er SD-Dienststellenleiter war, für längere Zeit ins Gefängnis zu wandern? Oder soll er die weitere politische Entwicklung abwarten – was allerdings auch bedeutet, dass er einstweilen Hilfsarbeiter bleiben muss? Walter wird D. auch von seinen bisher vergeblichen Versuchen berichtet haben, schriftlich *«einen Standort zu gewinnen und zu verteidigen»*. D. rät ihm zum Warten; die Zeit arbeite für ihn, und er habe das Diktum der Spruchkammer zu seiner moralischen Entlastung nicht nötig. *«Es tut gut»*, schreibt Walter an Luscha, *«wenn ein Außenstehender aus einem anderen Lager einem so etwas sagt, obwohl es mich nicht meinen Grundsätzen entpflichten kann.»*

Doch Ludwig D. kann ihm, anders als Ernst H., keine Beschäftigung in seiner Firma anbieten; es seien noch zu viele Fachkräfte arbeitslos. Aber er macht ihm einen anderen erstaunlichen Vorschlag: Er verfüge über einige Ersparnisse und einen guten Verdienst, er könne für Walter ein Scheinarbeitsverhältnis arrangieren und ihm monatlich eine Summe zuwenden, die ihn in den Stand setzen werde, in Ruhe und ohne wirtschaftlichen Druck seine *«Verteidigungsschrift»* zu schreiben, vielleicht auch andere schriftstellerische Arbeiten. Ein ungewöhnlich großzügiges Angebot, selbst auf dem Hintergrund einer Freundschaft zwischen Jugendlichen, allerdings wohl auch ein nicht ganz legales.

«Ich habe mir Bedenkzeit erbeten … Die Beschaffung eines Arbeitsverhältnisses, das mir ermöglicht, Euren Unterhalt zu verdienen, wäre mir am liebsten gewesen.» Denn die von D. angebotene Summe würde ja nur zur Deckung seiner eigenen Lebenshaltungskosten, nicht aber für den Detmolder Haushalt mit reichen. *«Sein Plan ist verlockend, aber er enthebt mich nicht der Sorgen, die eigentlich meinen Tag und mein Bewusstsein ausfüllen, die mich auch an einer geschlossenen geistigen Leistung noch hindern; sie kann man ja mit Geld nur betäuben,*

verarmt aber innerlich dabei.» Was, wenn er es auch unter diesen Bedingungen nicht schaffen würde, eine überzeugende Bilanz aus dem Zusammenbruch zu ziehen, wirklich klar und sauber zu analysieren, was war und was jetzt ist, was er früher einmal geglaubt hat und wie er jetzt dazu steht? Ein Versagen wäre umso beschämender und niederschmetternder, wenn er während seiner Schreibversuche von fremdem Geld gelebt hätte.

Doch die Begegnung mit H. und D., wenn sie auch vielleicht noch nicht die Wende bringt, gibt ihm immerhin frühlingshaften Auftrieb.

«Hoffentlich tollen deine Gedanken jetzt wie muntere Füllen auf der Frühlingsweide!», schreibt Luscha. *«Komm Ostern! Bitte!»* verlangt sie. *«Du musst einfach kommen. Ich habe dir im Kopf entzückende Liebesbriefe geschrieben, nur auf dem Papier kommen sie leider nicht so recht heraus, weil ich immer so müde bin. Aber ich möchte dich unbedingt sehen und hier bei mir haben!»*

Er zögert. Er will und er will nicht, eigentlich, denkt er, darf er nicht: Er hatte sich an Weihnachten ganz fest vorgenommen, erst dann wieder im Haus der Schwiegermutter aufzukreuzen, wenn er Erfolge in puncto beruflicher Zukunft vorweisen kann. Andere um ihn her, Bekannte von früher mit ähnlicher politischer Biografie, haben schon längst wieder in bürgerlichen Berufen Fuß gefasst; zum Teil haben sie ihre NS-Vergangenheit einfach verschwiegen, die entsprechenden Fragebogen falsch ausgefüllt. Ist er untüchtig? Hat er zu viele Skrupel? Aber er will, auf diesem tiefsten Punkt seines Lebens, nicht die Ehrlichkeit aufgeben; das könnte seine Selbstachtung zerstören. Vielleicht gelingt es ja Dankert doch noch, ihn in einem besseren Arbeitsverhältnis unterzubringen. Und außerdem hat er gerade über einen Freund von möglichen Berufsaussichten in Tübingen gehört; er hat ihn gebeten, dort weiter zu sondieren.

Er arbeitet jetzt, im März, häufig in Rhöndorf, wo er den schönen, aber verwahrlosten Park seines Chefs in Ordnung bringen soll; er fällt Bäume, dünnt Sträucher aus, sägt und hackt; an schneefreien Tagen harkt er den Rasen aus und reinigt die Gartenwege. *«Vor dem Park, hinter der schon brüchigen verfallenen Mauer, der Rhein, mit den Schiffen und Lastkähnen, die zu Berg und zu Tal fahren, die sanfte Uferlinie, ein Strich* von schmerzlicher Feinheit, so vollendet, unnachahmlich, hinter mir der Drachenfels, grau und nackt, mit überscharfen Schraffierungen.» Ein paar Tage lang ist die Luft frühlingshaft «und verführt die Augen dazu, schon das erste Grün auf den Hängen und Ufern liegen zu sehen, aber in der Nacht fiel der Winter wieder ein, und morgens kreischte und schrie der Schnee unter den Schuhen, aber mittags, als ich abfuhr, troff das Schmelzwasser von Dächern und Bäumen.» Der verwunschene und verwucherte alte Park in Rhöndorf erinnert ihn an Detmold, und manchmal stellt er sich vor, er arbeite dort und nicht hier, neben sich hört und sieht er die Kinder, und er ertappt sich dabei, wie er ihnen in Gedanken seine verschiedenen Arbeiten und Handreichungen genau erklärt.

Manchmal hängt er träumerisch seiner langen Geschichte mit Luscha nach: «Ich ging weit in mir zurück und traf immer auf dich, die lange Kette unserer Zuneigung und Liebe hielt ich in den Händen, eine bunte Prozession stiller und bewegter Tage, voller Stationen des Erkennens, Begegnens, Trennung und Rückkehr, Freuden des lockeren, später des dichten Zusammenseins; ein langer Zug durch viele Straßen, Plätze und Brücken, in vielen Städten, Ländern, durch manche Häuser und Gärten, über ihm wehten viele Fahnen, aber auf allen stand dein Name.»

Luscha bittet ihn, allen falschen Stolz beiseite zu schieben; er müsse sie einfach über Ostern besuchen, denn sie brauche dringend seine Hilfe. Man hat vom Volksbildungswerk Detmold (dem Vorläufer der Volkshochschule) angefragt, ob sie eine Vortragsreihe zur Literaturgeschichte des 20. Jahrhunderts machen wolle? Erst hat sie abgelehnt – woher soll sie, bei allem anderen, noch die Zeit zur Vorbereitung nehmen? Außerdem ist das Honorar – fünf Mark pro Vortrag – eher symbolischer Natur. Und die Detmolder Stadtbibliothek bietet ihr viel zu wenig Material. Aber dann, als der Leiter des Volksbildungswerkes schmeichelt und insistiert, auch mit der Möglichkeit eines später aufgebesserten Honorars lockt, gerät sie ins Schwanken. Es wäre eine so willkommene Abwechslung zum Windelnwaschen und zum Hacken auf dem Kartoffelacker, zumal die Musen, was ihr eigenes Schreiben angeht, so launisch sind. Vielleicht würden sich daraus auch Kontakte für die Zukunft ergeben. Sie erbittet sich Bedenkzeit. Rate du mir!, bittet sie Walter. Doch ich glaube, ich kann nur zusagen, wenn du mir bei Stoffsammlung und Gliederung unter die Arme greifst.

Er spürt wohl, wie wichtig es ihr ist, und entwickelt plötzlich selber Elan bei dem Gedanken an das Projekt. Du müsstest mit dem Naturalismus beginnen, dann natürlich etwas Manierismus und Neoromantik und dann ausführlicher die Expressionisten bringen, schreibt er. Natürlich könne sie das, bestimmt werde die Anregung ihr gut tun, *«ein geistiges Fluidum»*, wenn sie nur eben die Zeit erübrigen könne – aber das könne ja nur sie selbst einschätzen. Wenn er nur mehr verdiente, so dass sie wenigstens stundenweise eine Hilfe nehmen könnte, um sich in dieser Zeit vorzubereiten! Er zögert noch immer, ob er Ostern kommen soll, kommen darf. *«Da ist dein verliebter Frühlingsbrief, der mir viel Unruhe ins Blut und in den Kopf goss ...»* Wenn er nun wirklich etwas Nützliches für sie tun kann, ist die Reise nach Detmold doch eigentlich gerechtfertigt. Sie könnten über die Ostertage gemeinsam einen Aufriss für Luschas Literaturvorträge machen, immer unter der Voraussetzung, dass Albert Soergels «Dichtung und Dichter der Zeit» in der Lippischen Landesbibliothek vorhanden und auch auszuleihen ist, denn aus dem hohlen Bauch heraus traut er sich das, nach so langer Zeit, auch nicht zu. *«O ja, ich fand, selbst ohne Sophistik, viele Gründe für die Reise ... aber brauche ich für diese Reise überhaupt Verstandesgründe?»*

So verbringen sie Ostern 1947 eine knappe Frühlingswoche miteinander. Ihre Verlobung, in so ganz anderen Zeiten, liegt jetzt sieben Jahre zurück und scheint doch auf eine Art noch vergangener als die Zeit vor siebzehn Jahren, als sie sich zum ersten Mal in Köln begegneten und ebenfalls gemeinsam über literaturwissenschaftlichen Arbeiten saßen, unter einem anderen Stern. Doch sicher haben sie an Ostern nicht nur an Luschas Vorträgen gebastelt und auch nicht nur über Ludwig D.s Angebot geredet. Sie haben, nach dem schlimmen Winter, den Frühling und das Wiedererwachen der Hoffnung gefeiert.

Dann sind auch diese Tage verweht, in Köln und Detmold beginnt wieder der Alltag; es ist April, Hochbetrieb für alle gärtnerischen und landwirtschaftlichen Arbeiten, Zeit der krummen Rücken, der schmerzenden Schultern, der lahmen Beine. Tordis wird eingeschult. *«Am 2. Tag kam sie strahlend angelaufen: Mutti, Mutti, ich kann lesen! Ich war fassungslos über das*

Wunderkind, aber dann stellte sich heraus, dass sie «O» lesen kann ... Es macht ihr Spaß, aber die Tafel bricht immer in lauter Scherben auseinander, und wir seufzen sehr nach einer neuen.»

Und dann, plötzlich, erhält Walter einen sehr verzweifelten Brief. Die verliebten Ostertage haben gewichtige Folgen gehabt: Luscha ist schwanger. Ihre ersten Gefühlsäußerungen auf dem Papier müssen so schauderhaft düster gewesen sein, dass sie den Brief später vernichtet hat. Erhalten ist nur eine kurze Entwarnung, die sie einen Tag später der ersten Nachricht hinterherjagt. *«Es tut mir sehr Leid, dass ich dir so einen verzweifelten Brief schrieb ... Nachdem er fort war, wurde ich sogleich um vieles ruhiger. Es muss eben gehen. Und es wird gehen.»*

Doch es ist eine Katastrophe. Ein weiteres Kind ist das, was sie in ihrer Lebenssituation jetzt am allerwenigsten brauchen können. Er ist genau so überrumpelt und betäubt von der Nachricht wie sie. Wie konnte das nur passieren! *«Ich war doch in guten beruhigten Überzeugungen»* – vielleicht hatte Luscha ihm an Ostern erklärt, die «gefährlichen Tage» seien vorüber. Er versucht, ihr Mut zu machen, auch wenn er sehr wohl weiß, *«wie ungleich die Lastenverteilung zwischen uns ist, wie viel schwerer deine Waagschale ist»*. Er will sie nicht mit flachen Trostworten abspeisen, aber irgendwie glaubt er ganz fest und bittet auch sie daran zu glauben, dass dieses Jahr 1947 in ihren persönlichen Verhältnissen eine Wende zum Besseren bringen wird. Obwohl er selber nicht wisse, woher er, gerade jetzt, diese Gewissheit nehme. *«Und, Luschamädchen, hasse mich jetzt nicht, wir wollen uns lieb haben, darin liegt doch unser ganzer Halt, gerade weil wir wissen, dass uns nun Schweres bevorsteht.»* Er wird an Pfingsten nach Detmold kommen. Sie werden alles besprechen. *«Sei bitte nicht verzweifelt, du warst immer so tapfer, ich, ich freue mich, dich zu sehen, Luschamädchen.»*

Pfingsten will Luschas Schwester Ilse Hochzeit feiern, sie heiratet zum zweiten Mal, sie hat Walter aus diesem Anlass schon zuvor schriftlich eingeladen; er müsse unbedingt dabei sein – und vielleicht könne er ja auch eine kleine Ansprache halten? Es wird ohnehin nur eine Feier im kleinsten Kreis.

Nun ist noch ein anderer, für sie beide dringlicherer Reiseanlass hinzugekommen. Walter richtet es so ein, dass er mit dem Zug nur bis Lemgo fährt, also eine Station vor Detmold aussteigt. Luscha kommt ihm mit dem Zug entgegen, und sie wandern gemeinsam die letzten zwei, drei Stunden nach Hause. So machen sie es immer, wenn es sich eben einrichten lässt, wenn sie viel auf dem Herzen haben, damit sie sich über das Wichtigste austauschen können, bevor Walter im Kreise der Großfamilie ankommt.

Was für ein Debakel!, werden sie auf dieser Wanderung gesagt haben. Und dann: Irgendwie werden wir auch das noch schaffen! Vielleicht immer abwechselnd, mit anderen Worten, wenn er so, dann sie anders, und umgekehrt.

Dann natürlich noch: Wie wird Mutter Else reagieren? Wer von uns sagt es ihr, wann und wie? Sie wird aus den Pantoffeln springen, fürchtet Luscha. Sie wird außer sich sein, wohl auch voller unausgesprochener Vorwürfe an mich, formuliert Walter es vornehmer. Und Luscha hört schon Else rufen: Was habt ihr euch nur dabei gedacht, ihr solltet doch wissen, wie man sich vorsieht! Noch ein Kind! Wo es jetzt schon so schwierig ist, sie alle satt zu bekommen. Und sie werden größer und brauchen immer mehr, kein Vater im Haus, und jetzt werden deine Kräfte, die schon durch die Pflege von Arnild auf Dauer sehr gebunden sind, noch einmal über die Maßen in Anspruch genommen, und sie, Else trage doch entscheidend mit an der Last des großen Haushalts, und das, wo Ilse jetzt mit ihrem Mann fortziehen wird und die ganze Arbeit nur noch an ihnen beiden hängt. Und was Walter als Gärtner verdient, reicht für nicht mehr als einen gelegentlichen Zuschuss zum Haushaltsgeld, und wer weiß, wann und ob überhaupt seine Verhältnisse sich je wieder bessern werden! Vier Kinder sind doch wahrhaftig mehr als genug, wenigstens unter diesen Umständen!

Natürlich wird Else mit allen diesen Argumenten völlig Recht haben. Luscha fürchtet sich wirklich ein bisschen vor der entscheidenden Aussprache mit ihr. Ihre Mutter neigt, wie sie selber, zu Gefühlsausbrüchen. Sie ist wirklich eine großartige Frau, eine kraftvolle Stütze in diesen Notzeiten, die den Beinamen «westfälische Eiche» durchaus verdient, den ihr Mann Adolf, Luschas Vater, ihr einst in zärtlichem Spott verlieh; wo wären sie ohne Elses Hilfe, wo wären sie ohne das Elternhaus, in dem sie alle mietfrei leben können?

Doch allein das Gespräch mit Walter, seine Nähe beruhigt Luscha. Hand in Hand wandern sie durch den Frühsommerabend; zwischendurch nehmen sie sogar wieder das Blühen um sich her wahr, das frische Blattgrün des Waldes, sie saugen den Duft des frisch gemähten Heus ein – wie schön die Natur hier ist, wenn man aus der Ruinenwüste der Stadt kommt!, sagt Walter, wenigstens habt ihr das, du und die Kinder! — Sie umarmen einander, hocken eine Zeit lang umschlungen am Wiesenrand. Aber wir dürfen nicht zu spät nach Hause kommen. Wir werden es schon irgendwie schaffen!

Wenn er nur immer hier wäre, bei ihr! Wenn sie den kommenden Schwierigkeiten wenigstens gemeinsam gegenübertreten könnten!

Natürlich hat sie sich auch verschiedene Möglichkeiten durch den Kopf gehen lassen, die ungelegene Schwangerschaft abzubrechen, hat auch schon einmal mit der befreundeten Ärztin darüber gesprochen. Aber die Mittel sind zu ungewiss und zu gefährlich, und eigentlich scheut sie davor zurück. Es war grässlich genug, damals, als junge Frau, da war ihr keine andere Wahl geblieben; der Skandal der ledigen Mutterschaft hätte ihr Leben zerstört. Immerhin können sie heute sagen: Wo vier Kinder satt werden, werden es auch fünf. Und immerhin zwingt diese Schwangerschaft Walter jetzt zu entscheidenden Schritten: Das neue Kind muss einen Vater vorweisen können. Entweder muss er in absehbarer Zeit eine Beschäftigung mit einem Verdienst finden, der es ihr und den Kindern ermöglicht, zu ihm zu ziehen – oder er muss seinerseits nach Detmold kommen und dort Arbeit finden.

Sie einigen sich darauf, Else an Pfingsten noch nichts von der Schwangerschaft mitzuteilen. Sie soll erst einmal in Ruhe Ilses Hochzeit feiern können. Walter verspricht, seiner Schwiegermutter zu schreiben, sobald er wieder zurück in Köln ist; er will es ihr schonend und unter Übernahme der ganzen Verantwortung mitteilen; das macht es vielleicht für Luscha etwas leichter.

Pfingsten und Ilses Hochzeit werden sie wohl weniger euphorisch erlebt haben als ihre Frühlingsfeier zu Ostern. Sie werden stiller und nachdenklicher gewesen sein und sich manchen versichernden Blick zugeworfen haben in der Runde der Gäste. Alle Gäste, auch Walter, reisen bald wieder ab, denn das Essen ist knapp, erst kurz vor dem Fest hat man den Bewohnern von Haus Waldesruh noch die beiden Kaninchen gestohlen, die sie seit Weihnachten und auf diesen Anlass hin liebevoll und unter viel Mühen gemästete hatten.

Kaum ist Walter wieder in Köln – er hat gerade begonnen, den schwierigen Brief an Else zu entwerfen –, da ereignet sich, vier Tage nach seiner Abreise, der nächste Schicksalsschlag: Arnilds Tod.

16.

«Es ist so schwer, so furchtbar, sein eigenes Kind im Sarg liegen zu sehen.»

Arnilds Tod, im Alter von knapp drei Jahren, kommt für alle völlig unerwartet. Dr. Kroll, der namhafte Gehirnchirurg am Detmolder Krankenhaus, hat Luscha vorgeschlagen, noch einmal ein Enzephalogramm machen zu lassen. Die Untersuchung wird am Samstag nach Pfingsten vorgenommen.

Luscha findet am Montagmorgen ihr Kind im Krankenhaus wohlauf, wenngleich ein bisschen blass, sie füttert Arnild und freut sich an ihrem guten Appetit, an ihrem guten Aussehen, *«gar nicht so entstellt durch geplatzte Äderchen»* wie bei der ersten Prozedur dieser Art, vor einem Jahr in Bornheim. Nur aus dem Bett und auf den Arm nehmen möge sie die Kleine bitte nicht, mahnt die Krankenschwester, sie habe nämlich etwas erhöhte Temperatur, das sei ganz normal nach dieser Untersuchung. Luscha verlässt das Krankenhaus in dem Glauben, alles sei in bester Ordnung; über die Ergebnisse des Enzephalogramms und eine mögliche Weiterbehandlung werde man später reden. *«Hätte ich sie nur noch einmal auf den Arm nehmen können!»*, schreibt sie später an Walter. *«Wer dachte denn, dass ich sie nie mehr lebend wiedersehe?»*

Am Dienstag findet sie keine Zeit, das Kind zu besuchen. Es ist ein Tag mit tropischer Hitze, der eine große Zäsur im Alltagsleben von Haus Waldesruh mit sich bringt: Ilse zieht mit ihrem Mann und den beiden Töchtern nach Neuwied um, schon vorher hat ein LKW den größten Teil ihrer Möbel geholt, der Rest soll in den nächsten Wochen transportiert werden. Drei Jahre lang haben die beiden Schwestern jetzt zusammen bei ihrer Mutter gelebt, eine Konstellation ihrer Jungmädchenzeit wiederholt, ohne Männer, allerdings erweitert um ihre jeweils eigene Brut, eine Fortsetzung vertrauter Umgangsmuster wie auch uralter Rivalitäten. Jetzt hat Ilse das geschafft, von dem Luscha nur träumen kann: Sie bricht wieder auf in ein eigenständiges Leben, mit ihrer Familie in eine eigene Wohnung. Eine Phase geht zu Ende. Else lässt die ältere Tochter nur ungern ziehen, aber Ilse und Luscha fühlen neben Bedauern auch Erleichterung. Es war doch recht eng im Haus. Es gab manche Reibereien.

Auch am Nachmittag hat sie alle Hände voll zu tun, und am Ende dieses heißen Frühsommertages liegt sie noch lange wach, lesend. Sie glaubt ihr Kind gut aufgehoben im Krankenhaus, sie genießt die nächtliche Stille, nichts ahnend. *«Das bisschen Temperatur gab mir überhaupt nicht zu denken, da man mir ja sagte, dass es das Übliche sei, und ich den harmlosen Verlauf der Sache ja schon von Bornheim her kannte.»* Wahrscheinlich ist Arnild genau zu der Zeit gestorben, als sie das Buch beiseite legt, sich zur Seite dreht und einschläft. *«Keine Ahnung kam mir. Das trifft einen hinterher am meisten. Und habe es immer mit mir rumgeschleppt, war kaum je von ihm getrennt und habe doch im entscheidenden Moment nichts gespürt.»*

Früh am nächsten Morgen kommt ein Nachbarskind angelaufen, aus dem weit und breit einzigen Haus mit Telefon: Sie solle schnell ins Krankenhaus kommen, es stünde sehr schlecht um Arnild. Luscha lässt alles stehen und liegen, Else erbietet sich sogleich, sie zu begleiten; die Kinder werden Ronnis Obhut anvertraut. Weil ihnen die Straßenbahn vor der Nase weggefahren ist, laufen sie zu Fuß in die Stadt, so schnell wie Else Luscha folgen kann, sie schaffen den Weg in einer knappen Stunde – nur um im Krankenhaus zu erfahren, dass längst alles vorüber ist. Arnild sei am frühen Morgen, gegen zwei Uhr, gestorben, an einer plötzlich am Vortag aufgetretenen Lungenentzündung, erklärt Dr. Kroll ihr. Man habe alles versucht. Sie müsse das als Fügung des Schicksals nehmen. Im Übrigen habe das Enzephalogramm auch deutlich gemacht, dass ein operativer Eingriff sinnlos sei. Es wäre also doch nur auf eine Anstalt oder auf eine lebenslängliche Last für sie hinausgelaufen.

Luscha steht fassungslos, starrt ihn nur an. *«Das alles wollte ich in dem Augenblick gar nicht wissen ... ich wollte das Kind sehen.»* Arnild liegt unter einer Leinendecke auf dem Bett, so blass, so weiß und so viel älter als noch vor zwei Tagen, viel weniger

Baby, als Luscha sie in Erinnerung hat. *«Die Schwester redete von einem schlafenden Engel. Aber so schläft niemand. Ich verstand den Ausdruck ‹entseelt›. Es war einfach weg. Ich hätte immer heulen können. Warum holten sie mich nicht, als es noch lebte?»*

Sie braucht eine ganze Woche, bis sie Walter schreiben und ihm den Hergang genau berichten kann. Zu Anfang ist sie wie erstarrt, teilnahmslos und zu nichts außerhalb der täglichen Arbeitsroutine fähig. Else kümmert sich um alles, was zu tun ist, sie benachrichtigt Walter, sie organisiert das Begräbnis, das schon zwei Tage später stattfindet, und sie bietet Luscha auch die Grabstätte von Adolf an, ihrem Mann, Luschas Vater.

Ein sonderbarer Zufall hat es gewollt, dass Arnild am 4. Juni gestorben ist, genau am gleichen Tag wie er vor dreiundzwanzig Jahren. Für Luscha ist es tröstlich, dass das Kleine neben ihrem Vater beerdigt wird. *«Man sagt sich, es liegt da nicht so allein im strömenden Regen.»* Eine Beisetzung in allerkleinster Runde: nur Else und ihre Freundin Ella sind da, um sie zu stützen; Ronni hütet zu Hause die Kinder, ein winziger Sarg, ein kleines Rosengebinde von Else und Ella, Juni-Rosenmond, Luscha selber hat Arnild einen kleinen Kranz aus Sommerwiesenblumen gebunden. Sie will keine Anzeige in der Zeitung, keine Anzeigen zum Verschicken. *«Sage du es denen, die es wissen sollen und müssen»*, bittet sie Walter später. Die anderen Kinder haben nicht viel von Arnilds Tod mitbekommen, sie reagieren eher beiläufig auf die Mitteilung, dass ihre kleine Schwester jetzt im Himmel sei. Sie müsse aber bald für ein neues Baby sorgen, zum Ersatz, mahnen sie ihre Mutter.

Luscha weint nur nachts. Sie weint um Arnild, sie weint wegen der mysteriösen Entwicklungsstörungen, um das ganze kleine Leben, das sich nie so richtig entfalten konnte. Wie viel Sorgen, aber auch wie viel unsinnige Hoffnungen sind gerade mit diesem Kind verknüpft gewesen! *«Jetzt ersäuft man in der eigenen Hoffnung, die man so lange nährte und die nun keinen Abfluss mehr findet.»* Als sie eine Woche später an Walter schreiben, es endlich in Worte fassen kann, schüttelt es sie noch einmal. *«Man muss erst ruhiger werden. Dann wird das Furchtbare kleiner – jetzt entsetzt es mich noch zu sehr.»*

Und Walter? Er ist in doppeltem Sinne ahnungslos und außen vor, und das trifft ihn zusätzlich hart. Als Luscha von Arnilds Tod erfährt, ist das Kind schon tot; als Elses Brief bei Walter eintrifft, hat das Begräbnis schon stattgefunden. Warum haben sie ihm kein Telegramm geschickt? Else war dagegen; sie war der Ansicht, dies sei zu brutal, zu plötzlich – Luscha hat sie machen lassen.

Walter sitzt die ganze Nacht auf. Er kann nicht weinen; er sitzt und grübelt und fühlt sich sehr allein, weit fort von Luscha, die ihm doch vor wenigen Tagen, bei seinem Pfingstbesuch, noch so nah war. *«Ein Stück des eigenen Lebens geht von uns fort, und wir, in der räumlichen Trennung, merken es in keinem Nerv, in keiner Regung unseres Hirns.»* Gegen Morgen beginnt er ihr zu schreiben; ihm ist zumute, als habe er nicht einige Stunden, sondern Tage so gesessen, seit ihn die Nachricht erreichte, *«es ist wie ein Auftauchen aus rieselndem Sand».* Das wird ein langer Brief, ins Leere tastend, was weiß er, wie es in dieser Stunde in ihr aussieht? Wahrscheinlich ist sie ähnlich einsam. Nie hat er das Alleinsein als solchen Fluch erlebt wie in dieser Nacht, da sitzen sie nun, in getrennten Städten, getrennten Leben, und jedes von ihnen glaubt, wie Atlas allein die Welt auf den Schultern tragen zu müssen. Wie die richtigen Worte finden, die die Trennung überwinden? *«Da stehen wir zum ersten Mal vor dem Endgültigen, außer uns Beschlossenen und müssen uns fassen und abfinden ... Arni war trotz allem unser Kind, wie jedes andere, in ihr lag, zwar nicht tätig, aber doch ruhend, alles, was wir besaßen ... Und doch ist mir, als hätte in der Stunde ihres Todes eine unsichtbare Hand uns gestreift, ihr und uns bedeutend, dies solle das Bessere sein, besser als unser Warten, besser als ihr unerlöstes Leben ...»*

Am Morgen ist er noch entschlossen, sogleich zu Luscha zu fahren. Doch dann nimmt er davon Abstand: Die Beerdigung, wo sein Platz an ihrer Seite gewesen wäre, ist vorüber, sie haben ihm kein Telegramm geschickt, und jetzt ist alles ohne ihn schon so abgeschlossen, so beendet. Auch wäre es die dritte Reise innerhalb kurzer Zeit, das Fahrgeld für die vergangenen zwei hat ihn schon in Bedrängnis gebracht, außerdem explodiert um diese Jahreszeit die Arbeit in der Gärtnerei; er muss jeden Tag Überstunden machen, sich täglich allein um achtzig Frühbeete kümmern, er hätte ohnehin bloß zum Wochenende fortgekonnt. *«Aber du sollst wissen, dass ich in Gedanken immer bei dir bin und sofort zu dir kommen will, wenn es dir allein zu schwer wird.»*

Dann folgt eine sonderbare Woche, die er wie im Halbschlaf verbringt, immer auf Luschas Brief wartend, in dem sie ihm selber alles schildert; er schreibt ihr ein zweites Mal, legt nun auch die Epistel an seine Schwiegermutter bei, in der er sie um Verständnis für die neue Schwangerschaft bittet. Er schleppt sich durch die Tage, alle Frühlingsgefühle, die ihn in den vergangenen Wochen trugen, scheinen verschwunden, er verrichtet seine Arbeit fast empfindungslos, mit sehr reduzierten Reaktionen. Arnis Tod steht auf einmal für alle Verluste, für alle Fehlschläge, alles Leiden der letzten Jahre. Doch wie merkwürdig, dass gerade jetzt ein neues Kind unterwegs ist! *«Heute erschreckte mich einige Male der Gedanke, wie elementarisch das Leben verfährt, das nun schon die frische Lücke überwuchern will.»*

Else muss von der Schwangerschaft nicht erst durch ihn unterrichtet werden, sie weiß inzwischen davon. Luscha hat es ihr unmittelbar nach Arnilds Tod gesagt, gleich als sie vom Krankenhaus nach Hause kamen. Sie will und kann ihre Mutter, die ihr so liebevoll beisteht, nicht länger hinters Licht führen. Else reagiert entsetzt, wie erwartet; sie bekommt den bei den Töchtern so gefürchteten roten Kopf und holt tief Luft, aber wie kann sie der Tochter in dieser Stunde eine Szene machen! Stattdessen verlässt sie wortlos das Zimmer. Luscha ist innerlich so zerschlagen, dass ihr auch das nicht mehr weh tut. Wenig später kehrt Else zurück, sie hat nur ihre Zeit gebraucht. Das Unaussprechliche wird nicht weiter erwähnt, Else ist lieb und fürsorglich mit Luscha. Erst Tage später, nachdem sie Walters Brief bekommen hat, redet sie eher beiläufig darüber – woher, aus welchem Stoff neue Windeln nähen, da Arnilds unendlich zerschlissen und kaum mehr zu gebrauchen sind? – und springt von den Windeln gleich zu den heikleren Fragen, die mit dem neuen Baby zusammenhängen. Luscha hört keine Vorwürfe mehr von ihrer Mutter.

Heikel ist vor allem die Tatsache, dass sie für dieses Kind offiziell keinen Vater präsentieren können. Und das muss sich ändern, bevor die Schwangerschaft sichtbar wird! Darauf besteht Else, sie bekommt ihren zornigen roten Kopf bei diesem Thema, und Luscha stellt erstaunt wieder fest, wie konventionell ihre Mutter in dieser Hinsicht ist; sie fürchtet nichts mehr als die Gerüchteküche des Dorfes, und sie kann kein bisschen darüber lachen, als Ronni Luscha spaßeshalber vorschlägt, für alle

Fälle mal ab und an am Arm ihres Ehemannes Herbert durchs Dorf zu promenieren. Doch auch Luscha macht Druck bei Walter; sie will endlich ihre Lebensmittelzusatzkarte für werdende Mütter, sie braucht sie dringend. Was ist eigentlich aus der Sache in Tübingen geworden, wo, wie er ihr sagte, seine Aussichten auf Anstellung in einer Art Pressebüro nicht ungünstig ständen?

Einstweilen nichts, noch nichts. Stattdessen erfährt er in dieser Zeit von dem Urteil, dass in der sowjetischen Besatzungszone über einen früheren NS-Kameraden verhängt worden ist: fünfzehn Jahre Zuchthaus, nur aufgrund seiner Parteizugehörigkeit und weil er nationalsozialistische Propaganda gemacht hat. Das wirft Walter wieder zurück in seiner Hoffnung auf einen qualifizierteren Arbeitsplatz, auch wenn in den westlichen Zonen sicher etwas andere Bedingungen herrschen.

Ludwig D. bietet ihm die Möglichkeit einer «*Umschulung zum Glasbläser*» in seinem Troisdorfer Kunststoffunternehmen an. Doch da bleibt Walter lieber in seinem Gartenbaubetrieb. Er nimmt aber doch den kleinen monatlichen Zuschuss an, den D. ihm einige Male überweist.

In diesen Junitagen arbeitet er zuweilen ganz allein in der großen Gärtnerei, und manchmal, schreibt er Luscha, sei die Versuchung groß, irgendetwas Gutes mitgehen zu lassen, Gemüse für den Kölner Haushalt, Ackerbohnen, Erbsen, Kartoffeln als Saatgut, für sie. Aber er unterlässt es, weil sein Chef ihm in Abwesenheit die Verantwortung übergeben hat. Zwar klauen in diesen Zeiten alle, und auch sein Chef ist kein besonders ehrlicher Mensch. Aber egal, wessen Vertrauen man bricht, «*mit seinem Bruch verletzen wir uns nur immer selbst*». Gerade auf dem Tiefpunkt seiner Existenz, fürchtet er, könne ein solcher Normenbruch seine Selbstachtung zerstören. Er wartet auf Nachricht aus Tübingen. Was, wenn die Pläne sich zerschlagen? Dann bliebe die Situation ja so offen, wie sie jetzt ist! Sollte er dann nicht doch nach Detmold gehen, sich offiziell als ehemaliger SS-Führer bei der britischen Militärverwaltung melden und selbst seine Überprüfung durch eine Spruchkammer beantragen? Das Risiko einer Verurteilug auf sich nehmen?

«*Nur musst du dir klar machen, dass, falls es mit Tübingen nichts wird, dennoch irgendwas geschehen muss*», drängt Luscha, «*da es unmöglich ist, alles ‹noch länger offen› zu halten. In spätestens vier Wochen wird das Gerede losgehen; es wäre also angezeigt, dem vorzubeugen ... Es ist mir bis jetzt gelungen, Mutti zu überzeugen, dass du zur rechten Zeit auf den Plan treten wirst ... Aber ich glaube, du nimmst die Dinge zu phlegmatisch. Ich verstehe überhaupt nicht mehr, was du eigentlich willst. Es ist doch nicht das erste Mal, und der Lauf der Dinge dürfte dir bekannt sein ...»*

Phlegma – nein, das ist es nicht –, eher Zaudern, Zögern, Bedenken des Einerseits-Andererseits, Skrupel, Ängste. Warum fällt es ihm heutzutage so viel schwerer, zu entscheiden und zu handeln, als in früheren Jahren?

Die Wende der Dinge bahnt sich nicht in Tübingen, sondern in Detmold an. *«Bekannte aus seiner letzten Berliner Zeit»* seien überraschend in Haus Waldesruh aufgetaucht und hätten nach ihm gefragt, schreibt Luscha, vielleicht hätten sie ein Arbeitsangebot für ihn – *«genre Tübingen, und sie schwört, es sei alles noch viel besser. – Fragezeichen? Ich weiß ja nicht»* Aber es sei wohl das Klügste, wenn er selber herkäme, um mit den beiden zu sprechen, die neuerdings im Nachbarstädtchen lebten.

Die *«Bekannten aus seiner letzten Berliner Zeit»* sind das Ehepaar von M., Norweger, und bei der Tätigkeit, die sie in Aussicht gestellt haben, handelt es sich um Auftragsarbeiten für den amerikanischen Geheimdienst – seiner früheren SD-Tätigkeit wahrscheinlich gar nicht unähnlich.

Seit Kriegsende haben die Spannungen zwischen den westlichen Alliierten und Stalin stetig zugenommen. Churchill hatte schon im April 1945, noch vor der deutschen Kapitulation, an den amerikanischen Präsidenten Truman geschrieben: «Die Lage in Europa bereitet mir allergrößte Sorge. Ein Eiserner Vorhang hat sich niedergesenkt»,[14] und ein Jahr nach Kriegsende konstatierten die britischen Stabschefs: «Unsere langfristige Politik in Bezug auf Deutschland muss in vollem Umfang der Tatsache Rechnung tragen, dass Russland ein sehr viel gefährlicherer potenzieller Feind ist als Deutschland».[15] Inzwischen hat sich die sowjetische Besatzungszone mehr und mehr abgeschottet, bei den westlichen Alliierten verstärkt sich der Antikommunismus. Nicht wenige Menschen befürchten in absehbarer Zeit einen neuen Krieg, diesmal zwischen den Westmächten und Sowjetrussland. Umso mehr sind die westlichen Geheimdienste daran interessiert zu erfahren, was sich hinter dem Eisernen

Vorhang tut. Vor allem in der amerikanischen und der britischen Besatzungszone leben viele Osteuropäer, die vor der Roten Armee und dem Kommunismus nach Deutschland geflohen sind. Von M. arbeitet offenbar mit dem amerikanischen Geheimdienst in München zusammen. Dort gibt es Bestrebungen, ein Informantennetz aus Emigranten aufzubauen, die relevante Nachrichten aus dem Ostblock zusammentragen sollen. Als Mitarbeiter benötigt man neben den Exilanten auch Deutsche, die mit den Verhältnissen in Osteuropa besser vertraut sind als die einigermaßen ahnungslosen Amerikaner. In diesem Zusammenhang sind offenbar sowohl der amerikanische als auch der britische Geheimdienst bemüht, Kontakte zu ehemaligen Mitarbeitern des deutschen Geheimdienstes herzustellen, die Kenntnisse im Bereich Osteuropa besitzen. Von M. hat sich an Walter als einen ausgewiesenen Kenner vor allem Polens und der Ukraine erinnert und ihn ausfindig gemacht, um den Kontakt zu seinen Gewährsmännern herzustellen.

Zunächst ist das alles nicht mehr als eine Möglichkeit, über die sie sprechen, als Walter anreist. Aber dann überschlagen sich die Ereignisse. Walter, zurück in Köln, will den vagen Hoffnungen noch nicht zu viel Raum geben; noch überwiegen die schweren Gedanken. In Detmold hat er mit Luscha an Arnilds Grab gestanden, jetzt blühen die Linden, es herrschen anhaltend große Hitze und Trockenheit; ihm will scheinen, «*dieser Sommer geht in die Notreife*», noch bevor er recht begonnen hat. Aber womöglich ist es nur seine Angst vor dem nächsten Winter, die ihn das denken lässt. Im Winter wird Luscha zu den anderen wieder ein Neugeborenes haben. Und bei ihm geht es nur immer weiter, immer so weiter, mit der anstrengenden Arbeit und dem dürftigen Lohn, der eigentlich gerade knapp für ihn selber reicht. Jetzt kommen die langen Tage in der brüllenden Hitze mit der Hacke auf dem Feld, Schweiß und Monotonie. Die Wirtschaftslage insgesamt hat sich, zwei Jahre nach Kriegsende, kaum gebessert.

Doch schon wenige Tage später folgt Luschas nächster Brief. Von M.s sind wieder da gewesen, es habe sich gleich Gelegenheit geboten, den maßgeblichen Leuten von Walter zu erzählen. In München sei man durchaus interessiert an ihm und wünsche jetzt einen Lebenslauf und einen ausführlichen Bericht über seine Tätigkeit in Lemberg, insbesondere auch über seine Kontakte zu polnischen und ukrainischen Gruppierungen und Organisationen. *«Leb recht wohl und erwäge alles in deinem klugen Kopf.»*

Bei diesen Neuigkeiten gerät auch Walter in einen Zustand erregter Hoffnung, es ist *«wie wenn man nach langer Enthaltsamkeit den ersten Wein wieder genießt … Mit dieser schnellen Entwicklung auf ein Ziel zu hatte ich nicht gerechnet, eher mit einem qualvollen zerreibenden Stagnieren. Wir wollen uns nicht schon laut freuen, da ja alles noch in der Schwebe ist. Aber ist es nicht schon gut, dass überhaupt etwas geschieht? Ich werde gleich heute die sehr schwierige Niederschrift beginnen, einiges hat sich in meinem Kopf schon geordnet.»* Wenn er hier in Köln nicht die rechte Ruhe zum Schreiben findet, wird er einfach ein paar Tage Urlaub nehmen, zu ihnen nach Detmold fahren, dort die endgültige Fassung formulieren und sie von M. direkt übergeben.

Bei diesem Anlass hat er sich auch offiziell in Detmold gemeldet und die Zuzugsgenehmigung beantragt. Auf ihnen lastet die große Hitze dieses ungewöhnlich heißen Sommers, alles kocht, auch sie sind überhitzt in der plötzlichen Entwicklung der Dinge; ihre jetzt in raschem Tempo gewechselten, einander oft überschneidenden Briefe bekommen einen euphorischen Unterton. Doch sie müssen sich noch eine Weile gedulden, von M. ist für vierzehn Tage verreist, nach München, unter anderem in Walters Angelegenheit.

Sie warten auch auf die Entwarnung, dass *«der Tommy nicht rachsüchtig sei»* – will sagen, dass bei der britischen Militärverwaltung kein Haftbefehl gegen ihn vorliegt. Von M. will das vorsorglich in Erfahrung bringen. Luscha holt bereits für Walter die Zuzugsgenehmigung und die Arbeitserlaubnis ab; beides erhält er von der Gemeinde nur, weil seine Familie in Detmold lebt und er eine Wohnung nachweisen kann.

Fiebrige Erwartung, bei ihr, bei ihm – hundert Fragen von ihm an sie –, schreib mir, was sagen die Leute, jetzt, wo sie wissen, dass ich bald wieder da bin? Wie reden sie von mir? Hat schon irgendjemand dich auf das neue Baby angesprochen? *«Die Kunde von deinem Kommen wurde allseits beifällig aufgenommen; einige Leute fielen mir vor Freude fast um den Hals, gegenteilige Äußerungen wurden uns nicht bekannt … Vom Baby hat noch niemand eine Bemerkung fallen lassen – dabei sichtbar jetzt!»*

In Detmold werden fast alle Sommeräpfel im Obstgarten gestohlen; die Teckebohnen sind infolge der anhaltenden großen
Hitze schwarz verbrannt, die Buschbohnen vertrocknen am
Strauch. Die Kartoffelernte im Obstgarten war alles andere als
eine Freude, denn der Boden war, wie vorauszusehen, ausgelaugt; sie hatten dort schon im dritten Jahr Kartoffeln angebaut
und bekamen nur knapp das Zweifache des Saatgutes heraus.
Aber all das kann nichts an Luschas anhaltender Hochstimmung
ändern. Nun wird alles gut werden! Von jetzt an geht es wieder
aufwärts! Sobald von M. ihr grünes Licht gibt, auch in Sachen
Tommy, wird sie Walter ein Telegramm schreiben *«Erwarten
dich»*. Auch die Kinder freuen sich auf den Pappi, noch sind sie
nicht darüber aufgeklärt, dass er und der Onkel Rudi, der zuletzt
immer zu Besuch kam, identisch sind. Es sieht ganz danach aus,
als könnten sie in diesem Jahr am 26. August seinen Geburtstag,
den sechsunddreißigsten, gemeinsam feiern, als Familie wieder
vereint, Auftakt zu einem neuen Lebensabschnitt.

In Köln ertappt sich Walter zunehmend beim Tagträumen. Er
leidet an Realitätsflucht. Während er in der Julihitze jätet und
hackt, springen seine Gedanken immer wieder in die andere, die
mögliche zukünftige Wirklichkeit, er macht Pläne für die Arbeit
im Detmolder Garten; er legt im Kopf Listen an, was in Haus
und Garten dringend gebraucht wird, was er sinnvollerweise
vorher noch hier in Köln zu beschaffen versuchen sollte, er
überlegt schon jetzt, wie er den nötigen Vorrat an Winterholz
beschaffen kann. *«Könnte ich die Frist bis zu meinem Aufbruch
von Köln jetzt schon absehen, nähme ich mir Krankheitsurlaub
und träfe Vorbereitungen; so habe ich nur gestern eine gute Bü-
gelsäge, Baumsäge, langstielige Axt und Heckenschere bestellt,
die sicher willkommen sein werden und die ich bald zu haben
hoffe.»*

Obwohl er fiebrig aktiv ist bei seinen Vorbereitungen, geht er
herum und träumt; er träumt von den kommenden Wochen,
*«dem Herbst, dem ersten gemeinsamen, seit wie viel Jahren?
Nach einer Woche gemeinsamer Plackerei am Samstag vor dem
Hause oder in der Veranda sitzen und ins Abendwerden sehen –
Lohn einer ganzen Woche»*. Er ist nicht mehr hier und auch
noch nicht dort, eine unwirkliche Existenz. *«Das, worauf wir
warten, was wir erhoffen, es ist ja nicht so viel, es sichert ja nicht
das Glück, leiht nur den Rahmen, den wir auszufüllen haben*

...; wir wollen das nüchtern sehen, es wird uns auch in Zukunft nichts in den Schoß fallen oder durch die Luft zufliegen; es werden harte Jahre werden, aber es sollen auch schöne sein ...» Er lebt in seinen Träumen und Plänen für die hoffentlich nahe gemeinsame Zukunft, in den inneren Dialogen mit Luscha, die lange Kette der glühend heißen Tage verstärkt das Gefühl des Ausnahmezustands, während er darauf wartet, dass sie ihm aus Detmold das ersehnte Stichwort für seinen «Auftritt» gibt.

Dann ist es so weit, nach fast vier Jahren Trennung. Das ersehnte Telegramm, noch ein letzter Brief von ihr an ihn: *«Die Kinder haben schon seit Tagen die Steintreppen und Gartenwege gefegt und wollen niemand mehr passieren lassen, weil es ‹schön sein soll für Pappi›»*, schreibt sie. Und: *«Ich bin ganz aus dem Häuschen vor Glück.»*

Zweiter Teil

17.

Im August 1947 endlich wieder vereint, leben die beiden nun einige Jahre gemeinsam mit ihren Kindern in Detmold, in Luschas Elternhaus. Das neue Baby, das Anfang Januar 1948 zur Welt kommt und den leer gewordenen Platz der ein halbes Jahr zuvor gestorbenen Schwester Arnild einnimmt, erhält den Namen Herrad und ist die spätere Autorin dieser Chronik.

Ich stelle mir meine Eltern gern glücklich vor in dieser Zeit, obwohl sie doch alles andere als einfach war, immer noch eine Plackerei am Rande des Existenzminimums, immer noch verdunkelt von den Schatten der Vergangenheit. Doch ich hoffe, es ging ihnen schon einfach deswegen besser, weil sie einander wiederhatten, weil sie ihre Alltagssorgen teilen und sich miteinander besprechen konnten, weil die vegetative Wärme, die man einander gibt, wenn man ineinander verschlungen schläft, tröstet und stärkt.

Da ich für die Geschichte ihres Lebens vor meiner Zeit vor allem aus den Briefen schöpfe, weiß ich weit weniger über ihre gemeinsamen als über die einsamen Jahre. Was die kleine Insel ihres Zusammenlebens in Detmold zwischen August 1947 und Dezember 1950 angeht, bin ich auf eher spärliche spätere Erzählungen meiner Mutter sowie auf die Erinnerungen meiner beiden älteren Schwestern Tordis und Gunild angewiesen, die zu Beginn des gemeinsamen Detmolder Lebens sechs und fünf Jahre, bei der neuerlichen Trennung immerhin aber schon neun und acht Jahre alt waren.

Es muss eine harte Zeit gewesen sein, aber ich stelle sie mir trotzdem gern freundlich vor, vor allem zu Beginn, als sie noch voller Dankbarkeit für das wiedergewonnene Zusammenleben waren. Und da ich sie mir einstweilen glücklich denke, überlasse ich sie an dieser Stelle sich selbst, einen Erzähllaugenblick lang, um von meinen Annäherungsversuchen an ihre Vergangenheit zu berichten, bevor ich mich ihrem gemeinsamen Alltag wieder zuwende. –

Ich saß im Bundesarchiv Berlin, dem ehemaligen US Document Center, mit feuchten Händen vor Walters Personalakten

beim Reichssicherheitshauptamt (RSHA). Ich musste tief durchatmen, bevor ich sie öffnete; es war die Angst, auf schreckliche,
mir noch unbekannte Tatsachen zu stoßen. Er war seit mehr als
drei Jahrzehnten tot, und der handgeschriebene Lebenslauf, der
mir als Erstes ins Auge fiel, war mehr als sechs Jahrzehnte alt,
doch wirkte er auf mich, als sei er gerade erst geschrieben, als sei
mein Vater soeben noch in diesem Raum gewesen. Er hatte den
Lebenslauf für die Heiratsgenehmigung eingereicht. Seine Handschrift war noch sicher und fest, fließend verbundene Linien,
man spürte den Druck seiner breiten Feder auf dem Papier, es
waren noch nicht die mir vertrauteren abgehackten Hieroglyphen aus seinen letzten Jahren, die so schwer zu entziffern sind.
Dann erblickte ich ihn auf den Fotos vor mir, drei nie zuvor gese-
hene Fotos: ein halber Junge noch, mit achtundzwanzig Jahren,
zwei Brustbilder, einmal von vorne, einmal im Profil, Seitenschei-
tel, glatt gekämmtes Haar, sichtlich bemüht, das eigentlich wei-
che Gesicht ernst und unbewegt erscheinen zu lassen, dann ein
Foto in Totale, in SS-Uniform, betont straffe soldatische Haltung, Hände auf dem Rücken, Füße in den kniehohen glänzen-
den Stiefeln leicht auswärts gestellt, die taillierte Uniformjacke,
die an den Oberschenkeln weiten Uniformhosen mit Bügelfalte
betonen seine schlanke Figur. Hinter ihm befindet sich ein Stuhl
im sonst leeren Raum – wahrscheinlich wollte der Fotograf mit
der Größenrelation Walters hoch gewachsene Gestalt dokumentieren. Für diese Aufnahmen war er natürlich in ein Fotoatelier
gegangen.

Es war sonderbar, Fotos und Handgeschriebenes von ihm
und von ihr in diesem Archiv als Eigentum der Öffentlichkeit,
als archivierten Teil der deutschen Geschichte vorzufinden – gehörten sie nicht eigentlich uns und in unser privates Familienalbum? Stattdessen dürfte ich nur unter strengen Auflagen einen
Kopierauftrag geben, nicht einmal selbst kopieren.

Ich erfuhr aus den Personalakten nicht viel Neues über die
beiden. Ich las, dass für die Erstellung der Ahnentafel im «Sip-
peneinlagebogen» des Rasse- und Siedlungshauptamtes Walter
87 und Luscha gar 147 Urkunden über sämtliche lebenden Verwandten und mehrere Generationen von Vorfahren eingereicht
hatten. Die seitenlangen Aufstellungen der weitläufigen
Stammbäume beider enthüllten eine verblüffende Fülle von
Vorfahren und entfernten Verwandten, von denen ich keine Ah-

nung hatte; sie waren überwiegend als «Handwerker» und «Kaufleute» geführt, und die Anmerkungen zu ihrer «Erbgesundheit» schienen zufrieden stellend. Wie viel kostbare Zeit müssen sie aufgewandt haben, um alle diese Informationen zusammenzusuchen! Auch war aktenkundig, dass Walter sich einmal «im Besitz eines Jul-Leuchters» befunden hatte. Den bekamen alle SS-Angehörigen von Himmler geschenkt, damit sie anstelle von Weihnachten das «Jul-Fest» am letzten Tage des Jahres feiern konnten. Es war also nicht weiter aufschlussreich.

Ich habe viele Akten durchgeblättert, in denen laut der Vorrecherchen des Bundesarchivs mein Vater namentlich erwähnt sein sollte. Drei lange Tage öffnete ich von morgens bis abends aufgeregt Leitzordner um Leitzordner, die eine freundliche Archivarin auf meinem Arbeitstisch im Benutzersaal stapelte. Doch die Suche blieb weitgehend unergiebig. Zumeist handelte es sich um langweilige, ganz alltägliche Bürounterlagen: Aufstellungen über die an die NSDAP entrichteten Mitgliedsbeiträge, Gehaltslisten, Geschäftsverteilungspläne, Personalveränderungsblätter, Dienstvorschriften.

Was ich eigentlich suchte, fand ich nicht. Ich hatte auf kritische Beurteilungen durch Vorgesetzte gehofft, aus denen ich vielleicht auf eine gewisse Distanzierung Walters gegenüber dem Regime hätte schließen können. Ich hatte Aufschluss darüber erhofft, warum es einen Beförderungsstopp von immerhin dreieinhalb Jahren gegeben hatte, nachdem er in den ersten Jahren seiner SD-Laufbahn so schnell die Karriereleiter hochgeklettert war (11. 9. 1938 SS-Untersturmführer, 30. 1. 1939 SS-Obersturmführer, 20. 4. 1940 SS-Hauptsturmführer, erst am 21. 6. 1943 SS-Sturmbannführer – obwohl seine Stelle in Lemberg schon lange eine «Sturmbannführer-Planstelle» war). Darüber fand ich jedoch nichts.

Stattdessen eine durchaus positive Beurteilung durch den SS-Obersturmbannführer Heim, Vertreter des Befehlshaber der Sipo und des SD in Krakau, der Walter im Januar 1943 für die Beförderung zum Sturmbannführer vorschlägt: «Er hat sich bisher in jeder Hinsicht bewährt. Seine Arbeitsfreudigkeit, seine Kenntnisse und sein Verhandlungsgeschick sind besonders lobenswert und befähigen ihn auch zur Leitung der im Distrikt Galizien besonders schwierigen und vielgestaltigen Arbeit.» Auch ein Obersturmbannführer Vom Felde aus dem RSHA, der sich ein halbes Jahr später abermals für diese Beförderung einsetzt, lobt ihn. Keinerlei Anhaltspunkte dafür, dass er sich mit Vorgesetzten angelegt hat, außer vielleicht einer enigmatischen Bleistiftnotiz, die jemand am Rande des letzten Beförderungsvorschlags gemacht hat: «Soll mal 8 Wochen dienen». War da doch ein Vorgesetzter mit ihm unzufrieden und wollte ihn an die Front abschieben? Ein ungelöstes Rätsel.

Immerhin fand ich im späteren Briefwechsel zwischen Luscha und Walter einen Hinweis auf ernsthafte Spannungen zwischen Walter und seinen Vorgesetzten. Anfang des Jahres 1954 berichtet er Luscha aus Düsseldorf nach Detmold von einer «mulmigen Lage», in der er sich beruflich befinde; er bangt sogar um seinen Arbeitsplatz. Es war doch auch früher für uns schon oft genug *«mehr oder weniger mulmig»*, schreibt ihm Luscha aufmunternd zurück. *«Deine Andeutungen lassen mich erwarten, dass Dickes sich zusammenbraut. Aber damals, das Kriegsgericht im Hintergrund, war das etwa lieblicher?!»* Die beiläufige Erwähnung des Kriegsgerichts in ihrer privaten Korrespondenz unterstreicht für mich den Wahrheitsgehalt von Walters Aussage im «Tätigkeitsbericht» 1947: *«Mehrfach sind mir durch meine Vorgesetzten und zweimal durch den Reichsführer SS harte Strafen wegen Befehls- und Gehorsamsverweigerung angedroht worden.»* Sie beweist, dass er solche Konflikte nicht etwa in der Nachkriegszeit erfunden hat, um seinen Lebenslauf zu schönen – auch wenn ich keine offiziellen Belege gefunden habe.

Ich hatte für diese Spurensuche auf Bedeutsames gehofft und überwiegend Läppisches gefunden. Natürlich weiß ich, dass es irgendwo noch aufschlussreicheres Material geben kann, manches mag zerstört, anderes unauffindbar oder nur noch nicht zugänglich sein. Doch ich kann nicht Jahre meines Lebens darauf verwenden, weitere winzige und doch zumeist nur sehr prosaische Informationsfetzen über ihn zusammenzusuchen. Immerhin bekam ich bei meinen kleinen Ausflügen in die Archive großen Respekt vor der mühsamen detektivischen Kleinarbeit, die die Historiker leisten.

Also kehrte ich einstweilen wieder zu Walters eigenen Äußerungen zurück. Immer wieder habe ich seine Tagebuchnotizen von 1946/47 und den Briefwechsel zwischen ihm und Luscha in dieser Zeit gelesen, auf der Suche nach seiner eigenen Interpretation seines vorangegangenen Lebens, seiner Weltsicht vor 1945, nach einem besseren Verständnis für das, was er war und tat.

Am 20. 1. 1946 schrieb er im ersten Brief des Jahres 1946 an Luscha: *«Ich wünsche uns Gesundheit, damit wir dem Kommenden ruhig entgegentreten können; was weiter zu dieser Haltung gehört, das Bewusstsein eines hinter uns liegenden guten Werks, das nie für unsere Interessen und immer in der Öffentlichkeit geschah, besitzen wir.»*

Wie kann ein Mann, der zwischen 1941 und 1944 im Zentrum des organisatorischen Apparates agierte, der für die Organisation und Durchführung der «Endlösung» mitverantwortlich war, 1946 in ehrlicher und beruhigter Überzeugung von *«dem guten Werk»* sprechen, das hinter ihm liegt? Seine Bemerkung klingt schlicht, sogar glaubwürdig. Er lebt in dem Bewusstsein, sich der ukrainischen und polnischen Bevölkerung gegenüber anständig verhalten zu haben, jedenfalls menschlicher als die Mehrzahl der Angehörigen des deutschen Besatzungsapparates.

«Was im Kriege zu sagen war, zur Verteidigung der Vernunft, zur Erhaltung der Achtung des (vor dem? H.S.) Menschen, seiner Freiheit, seiner unveräußerlichen Rechte, habe ich zu seiner Zeit und an seinem Ort gesagt, mündlich, in Berichten, vielen hundert Seiten, ohne Rücksicht auf meine Person.» Walter in seinem Nachkriegstagebuch, am 20. 6. 1946. *«Ich war in diesem Jahr nach dem Zusammenbruch immer auf einen sauberen Weg bedacht, der auch später vor den Kindern, wenn sie nach Recht und Rechenschaft forschen, bestehen soll»,* schreibt er 1946 an Luscha.

«Obwohl die Versuchung groß ist», unterlässt er es im Sommer 1947, seinen abwesenden Chef zu bestehlen, und sei es nur um wenige Pfund Saatgut oder Gemüse, weil der Missbrauch des in ihn gesetzten Vertrauens zerstörerisch auf seine eigene Person zurückwirken würde. Und Luscha schreibt ihm nach München, wie froh sie darüber sei, dass sie bei ihm, trotz aller materiellen Not, nie in Sorge sein müsse, dass er sich krummen Dingen zuwenden könne, wie so viele in diesen Zeiten, denn sie wisse ihn *«unbestechlich in seinen moralischen Grundsätzen.»*

Wie verträgt sich solches Bemühen um menschlichen Anstand mit der Tatsache, dass er die Entrechtung und Verfolgung der Juden hingenommen, vielleicht sogar gutgeheißen hat?

Was immer er im Einzelnen gewusst hat: Spätestens 1945, als die Alliierten die KZs geöffnet und die wenigen Überlebenden befreit hatten, wurden Zahlen bekannt, es wurde im Rundfunk über die grausigen Eindrücke berichtet, die sich darboten. Spätestens da wurde das Ausmaß der Verbrechen sichtbar. Warum hat er darüber nichts in seinem Tagebuch notiert? Wie hat er wenig später an Luscha noch diesen Satz schreiben können: «*Wir leben im Bewusstsein eines guten Werkes, das hinter uns liegt*»? Will er damit sagen: Inmitten aller Scheußlichkeiten haben wir uns doch immer nach Kräften bemüht? Waren wir bestrebt, ein richtiges Leben im falschen zu führen? Doch was wiegt das Engagement für einzelne bedrohte Polen und Ukrainer gegen die Millionen Toten des Holocaust?

Hat er die unmenschliche Behandlung der Juden einfach als unabänderlich hingenommen? Nicht weiter hingesehen? Auch die ukrainische und polnische Bevölkerung hungerte ja inzwischen. War das alles für ihn nur ein weiteres unerfreuliches Symptom des aus dem Ruder laufenden Krieges, der «*seine innere Wahrheit verloren hatte?*» – wie das Massensterben an der Front, wie die gelegentlichen Gemetzel an der Zivilbevölkerung? «*Indem du ein hohes Ziel verfolgtest und für ein Ideal gearbeitet hast, hast du doch an Unschönem wie an Fremdkörpern vorbeigesehen, wenn du sie nicht ausräumen konntest.*»

Und was ist mit Luscha? Ich bin auf dem besten Wege, den Fehler aller Nachgeborenen zu machen, indem ich die Frauen aus dem Spiel lasse, als seien sie gar nicht vorhanden gewesen. Luscha verfügte über Beobachtungsgabe, Verstand und eigene Gedanken. Zwar war Walter nach dem Kodex von SS und SD zum Schweigen über vieles auch seiner Ehefrau gegenüber verpflichtet. Aber bei der Intensität ihrer Beziehung dürfen wir schon davon ausgehen, dass er ihr, wenn auch nicht alles, was er selber wusste, so doch einiges mehr, als er sollte, anvertraut hat. Sie war immer, seit Beginn ihrer verbindlichen Beziehung, seine wichtigste Gesprächspartnerin gewesen, und das wird sie auch zwischen 1941 und 1944 gewesen sein, wenngleich in dieser Zeit ihre kleinen Kinder den größten Teil ihrer Aufmerksamkeit besetzten und ihr Gesichtsfeld verengten.

Luscha hielt auch nach 1945 zu Walter. Sonderbarerweise scheint sie sich über ihre eigene moralische Schuld nur wenig Gedanken gemacht zu haben. In den Briefen der Nachkriegszeit und noch in den 60er Jahren tritt sie, während er grübelt, sich quält, abstrakte Gedanken herumschiebt, meist als seine Trösterin, Helferin, Unterstützerin auf, als Große Mutter, die an ihn glaubt, ihn ermuntert, ihn stärkt – aber nie als eine, die unmittelbar ihre eigene Rolle als Ehefrau eines SS-Führers und SD-Chefs reflektiert. Mehrmals drängt sie ihn, sich schriftlich mit seiner Rolle auseinander zu setzen, das sei wichtig für ihn selbst, aber auch von allgemeiner Bedeutung in der augenblicklichen Nachkriegsmisere. So schreibt sie ihm am 20. Juli 1946, nachdem sie einige Teile seines Tagebuchs gelesen hat: «*Ich meine, dass unsere Zeit zu ihrer Erlösung wie kaum jemals eine der Innenschau bedarf; nur ein reicher und konzentrierter Geist kann ihr und sich (sic!) den Spiegel vorhalten; er wird dabei nicht vortäuschen wollen: schwarz sei weiß – aber er wird (zu allgemeiner wie persönlicher Rechtfertigung) erklären, warum schwarz nicht weiß sein konnte. Er wird nicht umhinkönnen, sich anzuklagen – aber dies eben ist ‹das Siegel der absoluten hohen Bestimmung des Menschen›, dass er weiß, was gut und böse ist, dass er Schuld haben kann, ‹Schuld nicht bloß an diesem, jenem und allem, sondern Schuld an dem seiner individuellen Freiheit angehörigen Guten und Bösen› (Hegel).*»

Ich wünschte mir, sie hätte sich an dieser Stelle ein bisschen weniger philosophisch und stattdessen konkreter ausgedrückt. Was genau meint sie mit dem «*Schwarz, das nicht Weiß sein konnte*»? Deutlich wird jedoch: Sie sieht die Notwendigkeit, sich mit dem Geschehenen auseinander zu setzen, als sein und nicht als ihr Problem an. Sie tröstet ihn im Anschluss mütterlich: «*Es ließe sich so viel sagen, aber ich habe keine Zeit mehr, und Halbgesagtes in einem Brief führt meist zu Missverständnissen. Aber können wir uns Bände schreiben? Gute Nacht, mein liebes Kind. Lebe recht wohl, so gut es geht ohne uns; ich sehe schon, wir alle bedürfen einander, aber du der Nestwärme am meisten, Kälte ist nicht das dir zuträgliche Klima. Lass uns glauben und hoffen, dass wir bald beieinander sein können.*» Sie hatte das glücklichere Temperament, kann man dazu sagen. Sie war eine große Verdrängerin, würde die kritische Sichtweise lauten.

Natürlich war sie nicht so direkt beteiligt wie er. Sie hatte persönlich keinerlei Entscheidungsbefugnisse und konsequenterweise nichts politisch Wirksames dazu beigetragen, dieses System zu stützen, und somit auch seine mörderischen Pläne nicht direkt gefördert. Aber sie hatte als Walters Frau teil an seinem Status und seinem Leben, sie bewegte sich als Ehefrau im Rahmen der Nazi-Konventionen, die das Zusammenleben von deutscher und einheimischer, jüdischer und nichtjüdischer Bevölkerung in Galizien regelten. Sie war ein Teil der deutschen Besatzungsmacht im Osten und trug sie in dieser Rolle auch mit. Nach ihren eigenen Aussagen stand sie dem Nationalsozialismus immer ein wenig distanzierter gegenüber als Walter («schon wegen der idiotischen Auffassung von der Frauenrolle!»). Aber sie hatte immerhin den ganzen NS-Zirkus bereitwillig mitgemacht, der ihr erst die Ehe mit einem SS-Führer ermöglichte.

Auch Luschas Fotos, im Bundesarchiv Berlin in den Akten des Rasse- und Siedlungshauptamtes, für die Heiratsgenehmigung eingereicht, waren mir fremd und neu. Auch von ihr gibt es die wohl vorgeschriebenen drei: Halbtotale, von vorn, im Profil, und Totale, ein wenig steif steht sie da, ungewohnt in einem elegant wirkenden Kleid, mit diagonalen Streifen, knielang, figurbetont – eine gute Figur, schöne Beine. Sie wirkt verschlossen und angespannt, wahrscheinlich hasst sie die Szene beim Fotografen, ihr Gesicht ist nicht eigentlich hübsch auf diesen Bildern, eher so etwas wie trotzig-introvertiert. Sie war nicht Mitglied der NSDAP, aber in irgendeiner nationalsozialistischen Organisation musste man offensichtlich sein – sie gibt die «Jugendgruppe des Deutschen Frauenwerks» an, vermeldet auch (stolz?) ihre Mitgliedschaft als Autorin in der Reichsschrifttumskammer. Ihr 1940 verfasster Lebenslauf endet mit dem bezeichnenden Satz: *«Ich bin seit Ostern des Jahres zu Hause, um mich für die Ehe vorzubereiten.»* Der Mütterdienst des Deutschen Frauenwerks bescheinigt ihr, «zur Vorbereitung auf die Ehe» einen Nähkurs, einen Gesundheitspflegekurs sowie einen Säuglingspflegekurs besucht zu haben; außerdem habe sie sich für weitere Kurse angemeldet: in Kindererziehung, Kochen sowie «Heimgestaltung und Volksbrauchtum». Das wurde wohl von ihr erwartet. Aber es macht sich sonderbar in der Vita einer Frau, die im Jahrzehnt zuvor ein ausgesprochenes Bohèmeleben führte.

Sie mag, wie sie selber später sagte, nie eine «glühende Nazisse» gewesen sein – aber sie liebte Walter, sie wollte mit ihm leben, und sie ist zumindest deswegen mit ihm in das Boot gestiegen.

Auch sie bewegte sich mehr als drei Jahre lang nah am Zentrum der deutschen Verbrechen gegen die Juden; sie wird vieles wahrgenommen und registriert haben. Wahrscheinlich bewertete sie das, was sie sah, nicht viel anders als er. So selbstbewusst und eigenständig sie in anderer Hinsicht auch war – in diesen Dingen war für sie nun einmal er der Experte, und sie ging einfach davon aus, dass er sie angemessen einzuordnen wusste, auch wenn sie vielleicht manches anders bewertete, was ich aber nicht einmal genau weiß. Nach 1945 gab es jedenfalls keinerlei Auftrumpfen ihrerseits in der Art: «Habe ich nicht schon damals gesagt ...! Nun siehst du, dass ich Recht behalten habe! ...» Nichts in den Briefen deutet auf größere Differenzen hin, so dass wir durchaus annehmen dürfen, dass Luscha die Welt in politischer Hinsicht mit Walters Augen sah.

Doch fühlte sie sich sonderbarerweise nach dem Zusammenbruch des Nationalsozialismus nicht schuldig – eher: mitgefangen, mitgehangen –, und sie blieb ebenso fraglos-selbstverständlich in ihrer Solidarität mit ihm wie zuvor, als sie, wenn auch nur wenige kurze Jahre, an seiner Seite Nutznießerin des Naziregimes gewesen war.

Vielleicht wollte sie auch in all den späteren Jahren und Jahrzehnten selber nicht mehr so genau wissen, was sie im Einzelnen gesehen, gehört, gewusst und sich gedacht hat. Bei ihr gab es später, anders als bei ihm, auch nur wenige Ansätze, sich systematisch und gründlich mit der Nazizeit auseinander zu setzen. Während Walter alle Veröffentlichungen über die Nazizeit las, die zu seiner Zeit erschienen (u. a. Eugen Kogons «SS-Staat» und Heinz Höhnes «Orden unter dem Totenkopf»), kann ich mich nicht erinnern, dass ich sie über Büchern zu diesem Thema gesehen hätte, auch später, nach seinem Tod, nicht.

Flucht in die Politikferne! Das war Luschas Devise in den Nachkriegsjahren – und nach ihrer eigenen Sicht war sie der Politik auch früher nie besonders nahe gewesen. Die blöde Politik hatte schließlich nicht nur ihr persönliches Leben, sondern das ganze Land, das ganze Volk in den Abgrund gerissen. Was als einziger unzerstörter Wert übrig blieb, war: das Leben an sich! Das Lebendige! Die Natur, die sich in einander ewig gleichenden Zyklen bewegt und nicht um Ideologien schert. Die Familie, die heranwachsenden Kinder als die lebhafteste Verkörperung des Lebendigen. Und natürlich die Kultur als zeitlose Geistigkeit.

Luschas Schreibstil ist übrigens der Zusammenbruch der Denkwelten nach 1945 nur wenig anzumerken. Sie schreibt nachher ähnlich wie zuvor; sie verspürt offenbar nicht dieselbe Erschütterung im Verhältnis zur Sprache wie Walter, nicht seine Ohnmacht angesichts der fehlenden Worte und der versagenden Begriffssysteme.

Sie liebte Walter. So viel steht fest. Für sie war er nicht schuldig. Zwar stand er nun formell als Vertreter der Nazi-Elite am Pranger, die jetzt als verbrecherischer Haufen entlarvt wurde. Aber in ihren Augen war er doch einer der Anständigen gewesen! Sie konnte einfach nicht akzeptieren, dass ihr Mann, so wie er war, schuldig sein sollte wie diese anderen (vielleicht auch, weil das ein wenig drohender die Frage nach dem eigenen Anteil aufgeworfen hätte?). Was sie sicher wusste, war: wie ehrlich bemüht er immer gewesen war. Natürlich hatte es schuftige Kerle unter den Nazis gegeben, denen die Macht zu Kopf gestiegen war; das hatten sie beide im Übrigen schon damals gewusst und auch darüber geredet, oft genug hatte ihr Walter gesagt: bloß keinen persönlichen Kontakt mit dem und dem ... übelste Sorte, schlimmste Auslese ... versaut den deutschen Ruf bei den Ostvölkern! Aber so einer war Walter eben genau nicht und nie gewesen, und wie konnte man ihn, anständig, nachdenklich und voller Skrupel, wie er war und auch nach dem Krieg blieb, wie konnte man ihn einfach in einen Topf werfen mit den miesen Typen, die sich im Osten verbrecherisch aufgeführt hatten? Er hatte es sich vorher nicht leicht gemacht, und er machte es sich auch nach dem Krieg nicht leicht wie so viele andere – war das nicht schon etwas wie Buße? Das reichte ihr jedenfalls. In diesem Zusammenhang hielt sie es mit Nietzsche: «Man geht zugrunde, wenn man immer zu den Gründen geht.»

Sie vertraute auf das, was ihr Gefühl ihr eingab, und sah ihre Aufgabe darin, sein angeschlagenes Selbstbewusstsein wieder zu stabilisieren, ihn zu stützen und aufzubauen. Die Quelle der Idealisierung unseres Vaters in den frühen Jahren unserer Kindheit war unsere Mutter. Sie hielt ihm in jeder Hinsicht die Treue, baute seine und ihre Familie für sie beide zur Fluchtburg vor der schnöden Welt aus und vermittelte ihren Töchtern ein positives Bild von ihrem Vater, was nicht viel Mühe kostete, so wie sie selbst und die Kinder ihn in den frühen Jahren erlebten. Seine Familie war es, die ihn in der Nachkriegszeit am Leben hielt, ihn vor dem Gefühl bewahrte, existenziell gescheitert zu sein, die seine Selbstvorwürfe, die Gefühle der Scham, der Kränkung einigermaßen kompensierte und es ihm möglich machte, allmählich, mit viel Anstrengungen ein neues Leben aufzubauen, auf dem allerdings immer der Schatten des voraufgegangenen lag.

Luscha half ihm dabei. Mehr noch: Sie war dabei tonangebend, oder sollte man besser «federführend» sagen – sie hatte jedenfalls die Regie. Ohne sie wäre er zugrunde gegangen. Er hatte sie schon vor der Ehe, in ihren wilderen Zeiten und auch in der Phasen, da er Oberwasser hatte, immer hoch geachtet und wertgeschätzt, da war weit mehr als emotionale Anhänglichkeit oder bloße erotische und sexuelle Attraktion. Nach dem Zusammenbruch wurde sie der eigentliche Garant seines Überlebens. Sie hätte auch ohne ihn weiterleben können und uns, wenn nötig, allein aufgezogen, zwar mit noch größeren Mühen und in wirklicher Armut. Er aber hätte sich ohne sie und die Kinder vermutlich das Leben genommen. Vielleicht wussten das beide im tiefsten Inneren. Es gibt eine sehr bezeichnende Stelle in dem Brief, den Walter am 10. Mai 1947 an Luscha schrieb, als sie so verzweifelt über die neue Schwangerschaft war. Er spricht darin von früheren Situationen, in denen sie zerschmettert waren und sich doch immer neu aufrafften, obwohl sie *«angesichts der Häufung von Misserfolgen, Fehlschlägen, Not und Widerwärtigkeiten verzweifelten»*, von den *«bitteren Stunden, in denen wir die Nutzlosigkeit unserer Bemühungen konstatierten, ... in denen uns die Aussichtslosigkeit aller unserer Arbeit und Wünsche so klar erschien»*. Eigentlich will er doch ihr Mut zusprechen, aber seine Gedanken klingen fast wie Appelle an sich selbst: *«Dachten wir nicht manchmal, jedes für sich und dem anderen nie eingestanden, an die Wohltätigkeit eines selbstgesetzten Endes?»* Hinter diesem Satz hat Luscha, in Klammern, lakonisch hinzugesetzt: *«Nein. Ich nicht.»*

Sie war in der besseren Position: Sie war nicht so tief in Schuld verstrickt wie er, nur Mitwisserin, Nutznießerin, Mitläuferin, das wog in ihren eigenen Augen und in denen der Umgebung nicht schwer. Sie hatte das glücklichere Temperament. Sie konnte ganz gut verdrängen, und ihre Lebensumstände – all die Wasserrohrbrüche und Kinderkrankheiten, das Fallobst und die ewige Müdigkeit – ließen ihr ohnehin nur wenig Raum für endlose Grübeleien und zerquälte Selbstzweifel, wie sie ihn plagten. Sie liebte ihn einfach und hielt an ihm fest.

Soll ich sie dafür kritisieren, dass sie das Tabu des Schweigens auch nach seinem Tod aufrechthielt, indem sie ihn vor manchen Fragen bis zuletzt in Schutz nahm? Dann müsste ich zugleich mich und meine Schwestern kritisieren, die diese Fragen nie unumwunden stellten, weil wir bestimmte Antworten gar nicht gut ertragen hätten: Wir schützten uns, indem wir sie schützten; sie schützte sich, indem sie ihn schützte.

Oder soll ich sie nicht auch für die Treue bewundern, die sie ihm über den Tod hinaus hielt, indem sie die gemeinsame Geschichte bewahrte?

18.

Haus Waldesruh in Friedrichshöhe bei Detmold, das alte Haus am Hang, war immer Luschas Zufluchtsort gewesen und nach ihrer Rückkehr aus dem Osten wirklich der Nothafen – denn was wäre aus ihr und den Kindern geworden, wo wären sie jetzt, hätte sie sich nicht damals hierher, zu ihrer Mutter, flüchten können? In der flammenden Hitze der Augusttage 1947, nachdem Walter zu seiner Familie zurückgekehrt ist, empfindet Luscha zunächst eine tiefe Erleichterung. Das Haus symbolisiert den Schoß der Familie, die Urhöhle: Wir leben. Wir sind wieder zusammen. Wir haben ein schützendes Dach über dem Kopf. Mit dieser Rückendeckung und unseren jetzt zusammengeworfenen Kräften muss bald alles wieder gut werden. Er, Wälti, wird bei mir sein, wenn ich das neue Kind bekomme – aus diesen Beschwörungen wächst ein Hoffnungsschub, der die Zukunft heller erscheinen ließ.

Das Haus ist aber auch Stein gewordene Familiengeschichte, die Luscha in ihrem Bann hält und manchmal, an düsteren Tagen, Schatten über sie wirft. Wie oft in ihrem Leben ist sie schon von hier, dem Ort ihrer Kindheit, aus aufgebrochen, um die Welt zu erobern. Und jede Rückkehr hierher hat für sie auch den Beigeschmack des Scheiterns gehabt. Aufbruch nach Friedrichstadt zur Gartenbauschule, mit sechzehn, die Welt noch voller Versprechen von Abenteuer und Zukunft, in den

Jahren des Vagabundierens dann immer wieder mal zwischendurch in Friedrichshöhe untergekrochen, arbeitslos und ohne Geld, von der Mutter mit durchgezogen, die auch nicht üppig lebt, aber immer noch ihr Auskommen hat, die vor allem das Haus besitzt, ihre Residenz, aber auch unaufhörlich über die immensen Erhaltungskosten klagt, und natürlich fehlt seit Jahrzehnten ein Mann im Haus, der dies und das wenigstens notdürftig hätte reparieren können. Mutter Else hat es in früheren Zeiten Luscha gegenüber auch nicht fehlen lassen an kritischen Bemerkungen – warum kein ordentlicher Beruf? Warum ausgerechnet Schriftstellerei, diese brotlose Kunst? Warum kein Mann, keine Ehe und keine Kinder? Und als endlich, da sie die Hoffnung auf eine bürgerliche Existenz für diese Tochter schon fast aufgegeben hatte, mit Walter ein ebenso angenehmer wie solider Schwiegersohn auftauchte, der Status und Einkommen besaß und eine respektable Karriere vor sich zu haben schien, da atmete Mutter Else auf. Doch die Freude war nur von kurzer Dauer, und von heute auf morgen war aus dem Mitglied der Führungselite von gestern einer der Parias von heute geworden, und statt eines Schwiegersohns, mit dem man sich brüsten konnte, hatte sie nun einen, den man verschämt verstecken musste und nicht erwähnen durfte, der kaum sich selbst, geschweige denn seine Familie ernähren konnte. Und war es vorher Elses Sorge gewesen, Luscha könne sich zum schrulligen Blaustrumpf entwickeln, ewig ledig und kinderlos bleiben, so muss sie sich nun der viel zu vielen Kinder wegen sorgen, mit denen die beiden wohl nie wieder auf einen grünen Zweig kommen werden.

Natürlich kann man Luscha diese Wendung der Dinge nicht als persönliches Versagen anrechnen. Das sieht auch ihre Mutter nicht so, das weiß Luscha – im Gegenteil, in diesen Zeiten dürfen sie alle doch nur froh sein, dass sie eine Familie haben, mit der man eng zusammenkriechen kann. In der Not lässt es sich geschickter zu mehreren als vereinzelt wirtschaften, und hätte Else nicht ihre Töchter und deren Familien und sonstigen Anhang ins Haus genommen, so hätte sie die Einquartierung fremder Menschen erdulden müssen, was sicher weit unerfreulicher gewesen wäre. Also ist es doch eigentlich ein Glück, wie alles gekommen ist. So wird auch ihre Mutter denken, glaubt Luscha. Dennoch bleibt für sie unter und hinter all diesen einsichtigen Überlegungen ein winziger bitterer Rest. Es wäre eben um so vieles schöner gewesen, wenn Walter jetzt ausschließlich als Nothelfer zu ihnen gestoßen wäre und nicht zugleich als ein Verfemter, der unterkriechen muss.

1947 ist ein denkwürdiges Jahr, für die Deutschen das schlimmste der Nachkriegszeit überhaupt: Auf den kältesten und längsten Winter seit einer Generation folgt ein außerordentlich heißer Sommer, mit anhaltender Trockenheit; beides zusammen bewirkt eine katastrophal schlechte Ernte, die weiterhin nagenden Hunger bedeutet. Auch für sie beide ist es ein Jahr der Extreme, mit der Verzweiflung über die unzeitgemäße Schwangerschaft, der bleiernen Trauer nach Arnilds Tod, der dann wider Erwarten langsam keimenden Freude auf das neue Kind – und schließlich der hochschießenden Glückswelle angesichts von Walters Heimkehr, die sie beide für kurze Zeit alles andere, die unverarbeitete Vergangenheit wie die ungewisse Zukunft, vergessen lässt. Ein Wechselbad intensiver Gefühle, das sie gebeutelt und erschöpft hat. «*Aber ich fürchte, dass im Stadium der (relativen) Geborgenheit eine Reaktion erfolgen wird, eine Erschlaffung, wie nach übergroßen Anstrengungen*» (Walter an Luscha am 9. August 1947).

Die großen Buchen hinter dem Haus ragen in diesem Sommer in einen wolkenlos tiefblauen Himmel. Wann zuletzt hat Luscha die hohen Räume des alten Hauses, sein weit ausladendes Treppenhaus, die langen Flure, die man die meiste Zeit des Jahres frierend durchläuft, als «himmlisch kühl» empfunden? Die Kinder genießen es, wieder einen Vater zu haben – wenn es auch zunächst ein bisschen verwirrend ist, dass der nette Onkel Rudi nun auf einmal auch ihr Pappi sein soll, den sie sich nach den Ausflügen auf dem Zauberpferd doch ein bisschen anders vorgestellt hatten, geheimnisvoller, mächtiger, als einen, der alles kann. Doch sie umlagern ihn anfangs auf Schritt und Tritt, wollen beim Essen auf seinem Schoß oder wenigstens neben ihm sitzen; auf ihren Spaziergängen im Wald möchten alle drei bei der Hand genommen werden, er hat nur zwei und löst das Problem, indem er Tordis und Gunild rechts und links fasst und Silke auf seinen Schultern reiten lässt. Er kann sogar hüpfen dabei und alberne Pirouetten drehen. «Noch mal!», «noch mal!», rufen die Kinder. Sie lagern auf einer Lichtung im Wald, mitten in der Wiese, wo sich ein Meer von braunen Grasblüten ganz leicht in einem kaum merklichen Lufthauch wiegt. «Hasengras», singen die Kinder. Luscha verteilt an jedes, auch an Walter und sich selbst, einen frühen Klarapfel, Fallobst; Walter schneidet den Kindern die fauligen Stellen sorgfältig heraus. Später steckt er für Tordis einen Hut aus großen Blättern zusammen. Bastelt für Gunild Pfeil und Bogen. Erklärt Silke das Leben der Ameisen, die neben ihnen an einem mordernden Baumstumpf herumwuseln und Vorräte zusammentragen. Das werden sie beide auch bald wieder tun müssen. Aber einige kostbare Spätsommerstunden lang liegt Luscha auf dem Rücken im Wald und träumt. Träumt, der Sommer wäre ewig, es gäbe keine Angst vor dem Hunger und dem Winter; träumt, sie hätten die Misere der letzten drei Jahre endgültig hinter sich gelassen. Es tut so gut, ein bisschen Verantwortung abgeben zu können. Sie sind wieder eine richtige Familie. Sie muss Wälti vor den Kindern nicht mehr Onkel Rudi nennen. Er beugt sich über sie und küsst sie auf Stirn und Mund und den schon leicht gerundeten Bauch, während die Kinder am Waldrand nach Brombeeren suchen.

War es so? So oder so ähnlich muss es gewesen sein.

Aber natürlich dauert der Sommer nicht ewig, Herbststürme ziehen auf, und die für den Teutoburger Wald so viel typischere raue, feuchtkalte Witterung hält Einzug. In diesen Wochen spitzt sich die Versorgungslage dramatisch zu, und auch die beruflichen Perspektiven zerfallen, die sich für Walter beim amerikanischen Geheimdienst angebahnt und sie beide vor seiner Heimkehr so euphorisch gestimmt hatten. Er hat bei von M.s Hintermännern den gewünschten Lebenslauf und Tätigkeitsbericht eingereicht, auch eine Namensliste der Kontaktpersonen ukrainischer Gruppen, mit denen er zwischen 1941 und 1944 in Galizien Beziehungen unterhielt, von denen er vermutet, dass sie in die westlichen Besatzungszonen Deutschlands emigriert sind. Man hat das alles mit wohlwollendem Interesse entgegengenommen, ihm auch gelegentliche Honoraraufträge in Aussicht gestellt, u. a. die regelmäßige Auswertung von Artikeln über Osteuropa, die in ein oder zwei englischsprachigen Zeitungen erscheinen. Doch das ist nichts, von dem sie leben können, nicht mehr als ein winziges Zubrot. Man vertröstet ihn auf die Zukunft. Der Eiserne Vorhang hat sich unerbittlich quer durch die Mitte Europas gesenkt, er wird zunehmend undurchlässiger, und es ist sehr wahrscheinlich, dass man über kurz oder lang, eher früher als später, einen regulären Nachrichtendienst aufbauen wird, der Informationen über die kommunistischen Länder Osteuropas sammeln und aufbereiten soll. Dazu werde man Leute wie ihn, Walter, der die slawische Mentalität kenne und die politischen Kräfteverhältnisse dort einschätzen könne, unbedingt brauchen. Man wird mit ihm Kontakt halten. Er soll am Ball bleiben.

Walter, jetzt offiziell in Detmold gemeldet, ist gleich im September zum dortigen Arbeitsamt gegangen. Natürlich kommen auch hier für ihn, als Funktionsträger des untergegangenen NS-Regimes, nur Hilfsarbeiten in Frage, und selbst die sind knapp gesät in dieser Zeit. Das Lipperland ist ein agrarischer Raum; größere Industrieanlagen sind auch in den westlichen Zonen demontiert und in den Osten abtransportiert worden. Ja, wenn er Arzt wäre oder Handwerker oder auch nur ein ausgeprägtes handwerkliches Geschick besäße ... So sind es für ihn die gleichen Beschäftigungsmöglichkeiten wie in Köln, und das auch nur mit einigem Glück: landwirtschaftliche Hilfsarbeiten, Hilfsarbeiten im Straßenbau, gärtnerische Hilfsarbeiten, für einen Appel und ein Ei, im wahrsten Sinne des Wortes. Naturalien sind zur Zeit die solideste Form des Verdienstes; die Reallöhne in Deutschland liegen auf dem kläglichsten Niveau.

Der dicke P., ehemaliger Parteigenosse, jetzt Lumpenhändler von Beruf, bietet Walter eine Stelle als Aushilfe in seinem Trödellager an. P. war der Mann, der ihn vor zwei Jahren, im Juli 1945, nach seiner Entlassung aus der Kriegsgefangenschaft im Detmolder Arbeitsamt empfangen hatte – der damals seinen Namen mit dem hilfreichen Vermerk «auf Arbeitssuche abgewandert» versah. «Alte Flaschen, Lumpen, Eisen und Papier!» Während P. über Land zieht und gebrauchtes Zeug sammelt, ordnet und räumt Walter halbe oder ganze Tage in seinem Lager, reinigt und repariert Sperrmüll und anderen Kram für den Wiederverkauf.

Nach der Arbeit holen ihn die Kinder an der Straßenbahn ab; sein müdes Gesicht hellt sich auf, wenn er die drei Kleinen schon von weitem an der Haltestelle aufgereiht sieht; er stemmt sich Silke auf die Schultern, nimmt Tordis und Gunild bei der Hand und steigt mit ihnen die siebzig Treppenstufen zum Haus am Hang hinauf.

In den freien Stunden wirft er sich auf die wichtigste Arbeit,

die derzeit in Haus und Garten ansteht: das Anlegen der Holz-
vorräte für den Winter. Er baut auf dem Platz unter der Buche
zwei Sägeböcke auf und schleppt Buchenstämme heran; er sägt
und er hackt. Luscha, obwohl bereits im sechsten Monat, hilft
ihm nach Kräften dabei. Auch die Kinder sind häufig mit von
der Partie; sie dürfen die Holzkloben, wenn sie nicht zu schwer
sind, beiseite tragen und auf den wachsenden Haufen werfen.
Während sie sägen, Luscha und Walter – ein rhythmisches Ziehen und Stoßen, jedes hält eine Seite des Sägebügels gefasst,
Ziehen und Stoßen, eine gute Partnerübung, da man aufeinander eingespielt sein muss, damit das Blatt sich nicht verbiegt, ein
Gleichklang, führen und sich führen lassen, wie einatmen und
ausatmen, wie miteinander tanzen vielleicht, nur leider eben
viel anstrengender, aber das merkt man erst nach einiger Zeit –,
während sie also sägen und sich manchmal anlächeln, trotz des
leicht gebeugten und schmerzenden Rückens, auch über die
Kinder lächeln, die so eifrig die Baumscheiben beiseite schleppen, springt auf einmal vor Luscha ein Erinnerungsbild hoch:
Sie sieht ihre Eltern, wie sie vor Jahren hier sägten.

Sie sieht Vater Adolf und Mutter Else über den Sägebock gebeugt, in den Jahren 1919, 1920, 1921, sieht sie erst lächelnd
und später verbissen sägen, erst locker und miteinander scher-
zend, dann müde und einsilbig, die verwöhnte Else, Tochter aus
reichem Haus, der man von dieser Tätigkeit bestimmt nicht an
der Wiege gesungen hatte, und den eisern disziplinierten Adolf,
der sich keine Anstrengung, keine Erschöpfung anmerken lassen will, Ziehen und Stoßen, zwei, drei Stunden, und das Tag
für Tag, mehrere Sommer lang. Bis Adolf zu krank wurde für
solche Arbeiten.

Auch für ihre Eltern war Haus Waldesruh eine Fluchtburg
gewesen, vor allem für Adolf, der es bei einer Wochenendwan-
derung im Jahre 1918 entdeckt hatte, als er in der Nähe im Sen-
nelager Rekruten ausbildete. Er hatte es gesehen und sogleich
mit einer Vision vom einfachen Leben verbunden, Rückzug aus
der Welt, Besinnung auf die wesentlichen Dinge des Lebens, die
Möglichkeit, bescheiden zu wirtschaften und zu sparen, die
nach dem Krieg zur harten Notwendigkeit wurde.

Das Bedürfnis nach Weltflucht hatte mit dem Umbruch in seinem Leben zu tun, allerdings nicht nur mit der Kapitulation und
der kränkenden Entlassung aus der zum Hunderttausend-

Mann-Heer geschrumpften Armee. Es hatte schon vorher, im Sommer 1918, noch während des Krieges, eine Krise in Adolfs Leben gegeben, als er von der französischen Front in ein Lazarett verlegt wurde. Ein blinder Fleck in seiner kriegerischen Vita, denn er hatte keine äußerlich sichtbaren Verletzungen erlitten und hielt sich dennoch einige Zeit im Lazarett auf. Danach wurde er nicht wieder an die Front, sondern als Ausbilder in ein Rekrutenlager abkommandiert. Die äußeren Umstände und das Schweigen der Familie, das sie begleitete, sprechen dafür, dass er, wahrscheinlich bei der zweiten Schlacht an der Marne, einen Nervenzusammenbruch erlitten hat. Nach den Wertvorstellungen der damaligen Zeit war das eine peinliche Schwäche, wenn nicht gar eine Schande für einen Soldaten, und wahrscheinlich teilte Adolf selbst diese Ansicht, so dass er fortan gegen ein tief in ihm nagendes Gefühl der Scham zu kämpfen hatte. Luscha und ihre Schwester Ilse erfuhren nie nähere Einzelheiten, und Luscha war auch in späteren Jahren nicht klar, wieweit ihre Mutter über die genauen Vorfälle im Bilde war. – So gab es also schon in dieser Generation das Muster einer Entwertung der Männer, ein Gefühl von Versagen gegenüber dem, was sie selber in ihrem Leben für wichtig gehalten hatten, sowie den Versuch der Frauen, ihnen über diese Verletzung hinwegzuhelfen, durch Solidarität im Alltag, durch das Beschweigen des Vorgefallenen und auch, indem sie den angeschlagenen Männern nach wie vor eine demonstrative Bewunderung entgegenbrachten, die aber das lädierte Selbstwertgefühl nicht zu heilen vermochte.

Sie hatten also das Haus gekauft, nachdem der Krieg Adolf alle beruflichen Perspektiven genommen hatte. Er wollte nach der Novemberrevolution nicht wieder in dem Haus in Mülheim an der Ruhr leben, in dem er die ersten paar Ehejahre vor dem Krieg mit Else und den Töchtern gewohnt hatte. Es war ein Rückzug auch aus den gesellschaftlichen Kreisen, denen sie vor 1918 angehört hatten, denn vor allem Adolf trug nach seiner Entlassung aus dem Heer schwer an dem Gefühl der sozialen Deklassierung. In Detmold lebten sie relativ isoliert, fast ohne gleichwertigen sozialen Verkehr, und wenn Else damals nicht die Bekanntschaft ihrer Freundin Ella gemacht hätte, einer Nachbarin, die noch früher als sie selber Witwe wurde und ebenfalls mit zwei Kindern allein dastand, dann wäre sie nach Adolfs Tod sehr einsam gewesen.

Else, die mehr als Adolf an Gesellschaften und Geselligkeit hing, war dennoch bereitwillig mit ihm in die Wildnis gezogen, weil sie fühlte, dass er einen solchen Schritt als Neuanfang im Leben brauchte. Es war auch Elses Vermögen, mit dem sie das Haus erwarben, nachdem sie die Villa in Mülheim verkauft hatten. Seine schmale Pension hätte sie nicht einmal durch die Inflation getragen, während Else als Erbin einer Fabrikantenfamilie, zwar nur eines von acht erbenden Kindern, aber doch noch reichlich von den Eltern versehen, Wertpapiere und Firmenanteile besaß, die diese und auch die späteren wirtschaftlichen Krisenjahre überdauerten, natürlich nicht unbeschadet, sondern immer weiter im Wert schrumpfend, aber immerhin so, dass sie über die Majorswitwenrente hinaus fortlaufend kleine Erträge abwarfen. In den ersten Detmolder Jahren konnten sich Adolf und Else sogar noch Personal leisten, erst zwei und dann noch eine Weile ein Mädchen, das im Haus wohnte. Adolf hatte anfangs in seinem Refugium großen Elan entwickelt, ernsthaft die Grundlagen der Landwirtschaft studiert, sich in Fachliteratur über Geflügelzucht und Obstbau vertieft. Dann hatte er im Garten eine kleine Hühnerfarm aufgebaut und auf einem zusätzlich erworbenen Grundstück einen Obstgarten angelegt, mit Kartoffeln und Gemüse als Unterkultur. Je düsterer die wirtschaftliche Situation des Landes wurde, desto mehr versuchte er so etwas wie eine kleinbäuerliche Autarkie herzustellen.

Adolf, der gemeinsam mit Else sägt und später allein die Kloben spaltet. Wie sich die Bilder gleichen. Luscha sieht nicht nur die beiden am Sägebock, sondern auch sich selbst und ihre Schwester Ilse als Kinder, wie sie unter Anleitung des Vaters die Holzscheite im Keller stapeln, erst begeistert, im Laufe der Zeit zunehmend widerwillig. Sie waren damals zehn, zwölf Jahre, älter als ihre Kinder jetzt, die mit großem Eifer bei der Sache sind, obwohl sie eigentlich nur symbolisch mitwirken können.

Ziehen und stoßen, stoßen und ziehen, bis das Sägeblatt hakt. Da überfällt Luscha eine große Traurigkeit. Hat sie nicht lange davon geträumt, hier so mit Wälti zu werkeln? Doch es liegt auch eine düstere Drohung in der Wiederkehr des Gleichen. Walter kann nicht wie sie die Schatten der Vergangenheit spüren, die das Haus über sie stülpt. Seine Gespenster sind andere. Vater Adolf hat damals den Start in ein neues Leben nicht geschafft, trotz seiner tapferen Anstrengungen. Spätestens das

Inflationsjahr 1923 machte seinen Versuchen, mit Eiern und Obst Gewinn zu erwirtschaften, ein Ende, und er hatte die Bemühungen um die Selbstversorgung schon vorher nach und nach einstellen müssen, weil der erst spät erkannte und rasch fortschreitende Magenkrebs seine Kräfte aufzehrte.

Zum Glück ist Wälti noch jung und gesund!, denkt Luscha. Sie haben im August 1947 gemeinsam seinen 36. Geburtstag feiern können.

Adolf war 1924 gestorben, knapp 55 Jahre alt, am gleichen Tag wie Arnild, an einem 4. Juni, aber es ist nicht nur diese Synchronizität der Ereignisse, die Luscha im Sommer 1947 immer wieder an ihren Vater denken lässt. Walter hat den gleichen Ernst wie ihr Vater, den gleichen Hang zur Schwermut, ist wie dieser geprägt von einer protestantischen Ethik, die ihn mit strengsten Anforderungen an sich selbst unter Druck setzt. Und das allgemeine gesellschaftliche Elend jetzt übertrifft das damalige noch bei weitem.

In diesem Herbst, nachdem ein großer Teil der Ernte vertrocknet ist, droht ihnen abermals eine Hungersnot. Die Kartoffelernte, wichtigster Grundstock ihrer Ernährung, ist knapp ausgefallen. Sie werden mit den eigenen Kartoffeln nicht bis zum Frühjahr hinreichen. Überall in Deutschland ist der «Kartoffelkrieg» ausgebrochen: Die Bauern sollen ihre Ernte zur offiziellen Bewirtschaftung zentral abliefern; die meisten aber verheimlichen und verstecken den größten Teil, um ihn schwarz zu verkaufen, gegen Tafelsilber, Ölgemälde, Möbelstücke einzutauschen. Dabei geht es ihnen hier, auf dem Lande, noch so viel besser als den Menschen in den Großstädten. Wie damals nach dem ersten Krieg halten sie Hühner, wenn auch einstweilen nur drei, der Diebesgefahr wegen in der an das Elternschlafzimmer grenzenden Veranda, dazu ein Kaninchenpaar – die Ställe werden jeden Abend vorsorglich aus dem Garten in den Keller getragen.

Dies ist die schwere Zeit der Not! Dies ist die Not der schweren Zeit! Dies ist die schwere Not der Zeit! Dies ist die Zeit der schweren Not!, deklamiert Walter, die Kaninchenkisten schwenkend, Adalbert Chamisso, um die Kinder zum Lachen zu bringen. Gott sei dank scheint sein Humor zwischendurch immer noch auf.

Wie einst Adolf müht er sich in seinen freien Stunden um den verwilderten Garten. In relativ gepflegtem Zustand ist nur die Terrasse, die um das Haus herum, entlang der südlichen und der östlichen Fassade, verläuft. Auf der Ostseite ist sie gepflastert, dort, wo die Treppenstufen einmünden, die vom großen schmiedeeisernen Gartentor hochsteigen. Hier zweigt ein Weg ab zur unteren Haustür, während die Treppe zur oberen Haustür weiterklettert – früher einmal war der untere der Wirtschafts- und der obere der Besuchereingang. Auf der Südseite wuchsen ursprünglich an der Hauswand herrliche Stauden und einjährige Sommerblumen, zur Zeit gesellen sich nur Kohlköpfe zu den wenigen verbliebenen Rosen.

Von dieser Terrasse aus fällt ein stark abschüssiger Rasen, schwer zu mähen, da ziemlich uneben, mit einigen Metern Gefälle, unten von wuchtigen Sandsteinfindlingen begrenzt, zu einem tieferen Plateau, dem runden Platz unter der Buche. Die gewaltige, über hundert Jahre alte Rotbuche mit dem mächtigen Stamm und der ausladenden Krone beherrscht den Anblick des Hauses von der Straße her. Es ist ein großer Garten, der oben, hinter dem Haus, noch einmal ansteigt bis zu einem dritten, höchsten Plateau, dem Wäscheplatz. Von hier aus kann man durch ein Pförtchen geradewegs in den Wald wandern.

Der Garten war ursprünglich nur als Ziergarten angelegt, trotz der paar inzwischen knorrigen Apfelbäume, die seit Adolfs Tod kaum mehr fachgerecht beschnitten wurden, trotz der beiden Kirschbäume, die die Südterrasse vor dem Haus flankieren, trotz der Pflaumenbäume im oberen Teil des Gartens. Die vielen Bäume auf dem Grundstück werden immer älter und höher; Else fürchtet sich vor Stürmen, die sie gegen das Haus werfen könnten. In den letzten Wintern waren sie dankbar, einige eigene Stämme fällen zu können.

Walter bessert schadhafte Stellen im Lattenzaun am oberen Ende des Gartens aus. Er fasst die Rabatten in Hausnähe mit einem dekorativen Weidengeflecht ein. Nacheinander räumt er alle Keller auf: Holz- und Kohlenkeller, besonders den Werkzeugkeller, Kartoffelkeller, Obstkeller, Waschküche. Er organisiert einen alten Nagelstock aus den Beständen seines Chefs, des Lumpenhändlers, und repariert alle ihre Schuhe, mehr schlecht als recht. Nachdem er die Stelle beim Trödler angetreten hat, bleibt ihm zu Hause allerdings nicht mehr so viel Zeit wie zuvor.

Abends, nach der Arbeit, bringt er die Kinder ins Bett, während Luscha aufräumt. Er kontrolliert die Sauberkeit ihrer Hände und Ohren und überwacht das Zähneputzen. Einmal die Woche, am Samstagabend, heizt er im Badezimmer am Ende des langen Flurs den Wasserboiler mit Holz ein und verfrachtet alle drei Kinder gleichzeitig in die Badewanne, ein Quieken und Juchzen, sie werden von ihm geschrubbt; dann schneidet er allen nacheinander Finger- und Fußnägel und scheucht sie anschließend ins Bett: ganz schnell, damit ihr euch auf dem eisigen Flur nicht erkältet! Wenn sie alle huschhusch, brav und sauber im Bett liegen, die Kleider ordentlich auf dem Stuhl gefaltet, liest er ihnen noch vor oder albert ein bisschen herum: ein Lied singen, ein Gedicht aufsagen, die Inhalte mit etwas Clownerie veranschaulichen. Darin ist er groß. Schön schmalzig singt er von den Caprifischern, er warnt: Nehmt euch in Acht vor den blonden Frauen! und weist dabei verstohlen auf ihre Mutter: Sie haben so etwas Gewisses!, mit düsterster Stimme beklagt er die Not der schweren Zeit, die Zeit der schweren Not. Die Kinder schütteln sich vor Lachen, auch von ihm selber fällt die Traurigkeit vorübergehend ab, und Luscha hält im Räumen inne und schaut der Darbietung zu. Sie ist glücklich.

Mit Walters Heimkehr entstehen neue Rituale. Luscha registriert amüsiert, dass er die Kinder auf höflichere Umgangsformen trimmt. Sie sollen immer an Omis Türe klopfen, hören sie zu ihrer Verblüffung, warten und die Klinke erst dann herunterdrücken, wenn es von innen deutlich «Herein!» gerufen hat. Ganz neue Sitten! Abends, wenn die Kinder schlafen, sitzen sie jetzt meist zu zweit zusammen, reden ein bisschen oder lesen. Wir dürfen uns nicht so oft absentieren, sagt Luscha, Omi könnte es übel nehmen. Zwar hat sie auch früher abends nicht oft bei ihrer Mutter gesessen, sondern die ruhigen Stunden meist zum Briefeschreiben oder für die Arbeit an einem Manuskript genutzt. Damals allerdings wohnte noch Ilse im Haus, die vor dem Schlafengehen fast immer im Zimmer ihrer Mutter nähte, stopfte und strickte. Der Schwiegersohn im Haus verändert das Zusammenleben der Frauen; er sprengt ihren engen Zusammenhalt, im Guten wie im Bösen, mancher Konflikt zwischen Mutter und Tochter entschärft sich, aber ihr Umgang miteinander wird auch ein wenig bemühter, steifer, fremder.

Ab Januar bringt die Geburt des neuen Babys zusätzliche Arbeit. Stillen, Windeln wechseln, Babygeschrei tagsüber und in der Nacht, wenig Schlaf. Luscha muss sehen, wie sie den Tag mit drei Kindern, einem Baby und viel Hausarbeit allein bewältigt, denn Walter geht inzwischen regelmäßig zum Lumpenhändler. Aber sie ist froh, dass er zumindest abends da ist und sich dann verstärkt um die «großen» Kinder kümmert. Von der Schriftstellerei kann sie sich einstweilen verabschieden; der «Stürmische Frühling», den sie so gern noch vor ihrer Niederkunft abgeschlossen hätte, liegt schon seit seiner Rückkehr brach; sie legt ihn ad acta; sie wird ihn nicht mehr abschließen.

Luscha, Walter und die Kinder bewohnen drei Zimmer: Schlafzimmer, Kinderzimmer, «Schriebes» (Schreib- und Esszimmer). Zwischen ihrem Schlafzimmer und dem Schriebes liegt Elses Zimmer (ehemals Vater Adolfs «Herrenzimmer»); alle Räume haben separaten Eingang vom Flur her, sind aber auch durch ausladende hölzerne Schiebetüren verbunden, die, beiseite geschoben, aus den großen Räumen eine beeindruckende Zimmerflucht machen. Die Wände sind hellhörig. Luscha und Walter geben sich Mühe, ihre Stimmen zu senken, wenn sie abends, sobald die Kinder endlich schlafen, die Tageserlebnisse austauschen, sie diskutieren flüsternd über die nächsten Schritte in seiner Entnazifizierungsangelegenheit und das tagespolitische Geschehen.

Die Amerikaner sind inzwischen vom Morgenthau-Plan abgerückt, der vorsah, Deutschland in ein reines Agrarland umzuwandeln. Doch es ist ganz unmöglich, die vielen Millionen Menschen auf so engem Raum in einem völlig zerstörten Land allein durch die Landwirtschaft zu ernähren, und vor allem die Briten, die in ihrer Zone die größten wirtschaftlichen Schwierigkeiten haben, befürchten, die deutsche Bevölkerung auf Jahre hinaus miternähren zu müssen. Die Spannungen zwischen Stalin und den westlichen Alliierten werden immer gravierender, obwohl die Westmächte bis Ende 1946 eine Appeasement-Politik gegenüber der Sowjetunion betreiben. In den USA und Großbritannien mehren sich die Stimmen, die eine Unterstützung Deutschlands beim Wiederaufbau befürworten; man müsse Westeuropa wirtschaftlich stärken, um es weniger anfällig für den Kommunismus zu machen.

Im März 1947 bekommt der «Kalte Krieg» deutliche Konturen. Truman verkündet, die USA werde allen freien Völkern, die vom Kommunismus bedroht seien, Unterstützung zuteil werden lassen. Jede Nation müsse sich in Zukunft zwischen westlicher Demokratie (dem Prinzip der Freiheit) oder Kommunismus (dem Terrordiktat einer Minderheit) entscheiden. Mit der Truman-Doktrin beginnt die Zweiteilung der Welt in ein östliches und ein westliches Lager, die die nächsten vier Jahrzehnte politisch bestimmen wird. Im Sommer 1947 verkünden die Amerikaner den Marshall-Plan: Mit einem großen wirtschaftlichen Wiederaufbauprogramm soll dem nichtkommunistischen Teil Europas geholfen werden. Auch die westlichen Besatzungszonen Deutschlands will man daran teilhaben lassen; zur Vorbereitung dieser wirtschaftlichen Entwicklung haben sich die amerikanische und die englische Zone schon Anfang 1947 zur «Bizone» zusammengeschlossen, zum «Vereinigten Wirtschaftsgebiet». Auch Frankreich verzichtet ab dem Frühjahr 1947 auf seine Besatzungspolitik im Alleingang, die vor allem darauf ausgerichtet war, Deutschland als wirtschaftliche Konkurrenz für die Zukunft auszuschalten. Ein Zusammenschluss von siebzehn europäischen Staaten zur «Organisation für Europäische Wirtschaftliche Zusammenarbeit» (OEEC) ist geplant, zu denen auch die drei westlichen Besatzungszonen gehören sollen; sie alle sollen in den Genuss der Kredite des Marshall-Plans kommen. Voraussetzung dafür aber sind eine Währungsreform in Deutschland und die politische Selbstverwaltung. Die deutsche Währung ist ruiniert; die gewaltige Inflation der letzten Kriegsjahre wurde durch einen Lohn- und Preisstopp der nationalsozialistischen Wirtschaftspolitik bloß verschleiert. Jetzt steht einem nur winzigen Warenangebot eine Riesengeldmenge gegenüber. Die meisten wichtigen Geschäfte finden als Tauschgeschäfte auf dem Schwarzmarkt statt; Deutschland ist auf die Stufe des Naturalienhandels zurückgefallen. Im März 1948 haben die vier Mächte über eine Währungsreform verhandelt; weil Russland blockiert, beschließen die drei westlichen Alliierten eine separate Währungsreform für die Westzonen. Die Umstellung von der Reichsmark auf die D-Mark erfolgt am 20. Juni 1948.

Von heute auf morgen füllen sich nach der Währungsreform sogar in Detmold die Geschäfte mit den wunderbarsten Dingen, die die Mehrheit der Bevölkerung jahrelang nicht zu sehen bekommen hat; sie stehen staunend davor – allerdings sind die meisten Waren nicht bezahlbar. Jetzt müsste der Marshall-Plan bald greifen, hört man, jetzt sollte die größte wirtschaftliche Not bald ein Ende haben, lesen sie in den Zeitungen.

Doch erst einmal erleben sie gewaltige Preissteigerungen und ein jähes Ansteigen der Arbeitslosigkeit. Zwischen Juni und Dezember 1948 wachsen die Lebenshaltungskosten um 17 %; die Freigabe des Eierpreises lässt den Preis für ein einziges Ei zeitweilig auf eine Mark steigen – unerschwinglich für eine Familie mit dem Durchschnittseinkommen von 140,– DM.[16] Else verkauft den Obstgarten gegen regelmäßige Lieferung von Eiern und Milch an einen Bauern in der Nachbarschaft.

Bis zum Oktober 1948 gibt es dann einen Lohnstopp bei steigenden Lebensmittelpreisen, was sich dramatisch auf die Ernährungssituation auswirkt. Im Juni 1948 liegt die Zahl der Arbeitslosen, trotz des Millionenheeres der Flüchtlinge, Vertriebenen und Kriegsheimkehrer, bei nur etwa 400 000 – bis zum Juni 1949 verdoppelt er sich dann! Das hängt mit dem Konkurs vieler kleiner Unternehmen und mit der verschärften Konkurrenz in der Landwirtschaft zusammen. Im Laufe des Jahres 1949 verliert auch Walter seine Stelle beim Lumpenhändler P., als der sein Geschäft aufgeben muss. Vorübergehend bekommt er noch einmal Arbeit in einer Gärtnerei. Ab Mitte des Jahres 1950 ist er arbeitslos gemeldet; er versucht sich jetzt als freier Journalist.

Wahrscheinlich, sagen Luscha und Walter resigniert zueinander, wird ihre persönliche Situation sich erst dann verbessern, wenn er wieder einen richtigen Beruf ausüben kann. Hoffentlich tut sich bald etwas in Sachen Entnazifizierung!

Erst einmal führt die Einführung der D-Mark in Westberlin zur Berlin-Blockade. Die sowjetische Militärregierung in Ostdeutschland sperrt die Bahn- und Schifffahrtsverbindungen zwischen Westdeutschland und Berlin und riegelt alle Straßen ab. Westberlin, abgetrennt von den westlichen Besatzungszonen, ist allein nicht überlebensfähig. Doch die Amerikaner beginnen, die Stadt über eine «Luftbrücke» mit Lebensmitteln, allen anderen lebensnotwendigen Gütern, sogar mit Bauteilen für ein eigenes Elektrizitätswerk zu versorgen. Die Luftbrücke dauert ein ganzes Jahr an, erst im Mai 1949, mit der Gründung der Bundesrepublik Deutschland, geben die Sowjets die Blockade Berlins wieder auf.

Das sind Zeiten voll ängstlicher Spannung, mit angehaltenem Atem sitzen sie alle während der ersten Tage der Berlin-Blockade abends vor dem Volksempfänger in Elses Zimmer. Es wird doch nicht wieder Krieg geben?, fragt sie den Schwiegersohn verstört. Walter zuckt die Achseln, er halte es nicht für wahrscheinlich; die Sowjetunion habe doch zu viele Kräfte verbraucht bis 1945 und sich noch nicht erholt; aber ganz sicher sei gar nichts; er studiert mit gerunzelter Stirn die englischen Zeitungen, die er in Sachen Ostpolitik für die Amerikaner auswertet.

Doch dann hat man sich auch an die Luftbrücke gewöhnt, und Walter und Luscha flüstern abends wieder zu zweit im Schriebes, während Else nebenan Vicky Baums Romane liest.

Ganz so leise müssen wir nun auch nicht sein! Luscha findet Walters ausgesuchte Höflichkeit ihrer Mutter gegenüber einigermaßen übertrieben. Sie lässt uns hier wohnen, sagt Walter, sie hat dich und die Kinder und damit uns alle in den letzten Jahren mit durchgezogen, sie hält sich fantastisch angesichts all der Arbeit und Not – und sie ist dabei fast immer gut gelaunt. Natürlich, räumt Luscha ein, und natürlich ist ihre Mutter großartig – aber immerhin gehöre ihr, Luscha, doch offiziell, nach gesetzlichem Erbrecht, auch ein Viertel des Hauses! Ihr ein Viertel, Ilse ein Viertel, Else die Hälfte! Aber die nominellen Besitzverhältnisse zählen für Walter nicht, er wird in seiner Detmolder Zeit nie ganz das Gefühl verlieren, er müsse auf der Stuhlkante sitzen. Er fühlt sich hier nur als Gast. Er bleibt ein Fremder im Haus Waldesruh.

Zwar hat er jetzt die Nestwärme, die er in Köln so entbehrte, die Verwurzelung im Alltag, den kontinuierlichen Austausch mit Luscha, die Nähe zu seinen Kindern – aber auch alles andere, was dazugehört: viel Trubel und sehr viel zermürbende manuelle Arbeit. Das allein kann es doch wohl nicht für immer sein! Es muss doch für ihn irgendwann im Leben wieder andere als nur körperliche Arbeit geben!

Er war mit dem Vorsatz nach Detmold gekommen, sich nicht länger zu verstecken. Deswegen hat er 1947 sogleich begonnen, sich um seine Entnazifizierung zu bemühen.

19.

Ohne politische Überprüfung und Entlastung kann Walter im besetzten Deutschland keine anspruchsvolle Beschäftigung ausüben.

Nach den Vorstellungen der Siegermächte sollen all diejenigen von der Einflussnahme auf das öffentliche Leben ausgeschlossen werden, «die die nationalsozialistische Gewaltherrschaft aktiv unterstützt oder sich durch Verstöße gegen die Grundsätze der Gerechtigkeit und Menschlichkeit oder durch eigensüchtige Ausnützung der dadurch geschaffenen Zustände verantwortlich gemacht haben» – so der Wortlaut des «Gesetzes zur Befreiung von Nationalsozialismus und Militarismus» vom März 1946. Walter gehört eindeutig zu diesem Personenkreis; es ist nicht daran zu deuteln, dass er die NS-Herrschaft aktiv mitgetragen hat.

Die Siegermächte sind sich nach 1945 einig, dass die führenden Nazis bestraft werden müssen. Am Anfang steht der automatische Arrest von NSDAP-Funktionsträgern, SS- und Gestapo-Angehörigen, soweit man ihrer habhaft werden konnte. An dieser Internierungshaft hat Walter sich bei der Entlassung aus der Kriegsgefangenschaft vorbeigemogelt. Die etwa 200 000 internierten Personen der ersten Stunde sind im Einzelnen überprüft und vielen ist der Prozess gemacht worden; um die Jahreswende 1946/47 ist aber etwa die Hälfte von ihnen in den westlichen Besatzungszonen wieder auf freiem Fuß. Dem ersten Nürnberger Prozess, dem «Hauptkriegsverbrecher-Prozess», der im Herbst 1946 abgeschlossen ist, folgen bis Mitte 1949 die in amerikanischer Regie geführten Nürnberger Nachfolgeprozesse gegen die in die Naziverbrechen verwickelten Funktionseliten, u. a. der «Ärzte-Prozess», der «Juristen-Prozess», drei Prozesse gegen Unternehmer und Wirtschaftsmanager, der «OKW(Oberkommando der Wehrmacht)-Prozess» gegen vierzehn höchste Wehrmachtsoffiziere und der «Einsatzgruppen-Prozess» gegen vierundzwanzig Führer von Einsatzgruppen der Sipo und des SD wegen der Mordaktionen in den besetzten Gebieten.

Vor allem die amerikanische Besatzungspolitik ist zu Beginn geprägt von einem moralisch-pädagogischen Impetus, von der

Forderung nach Sühne, Umerziehung und Demokratisierung. Alle erwachsenen Deutschen müssen sich einer Gesinnungsprüfung durch einen ausführlichen Fragebogen unterziehen, so sollen die eigentlichen Nazis entlarvt und von den bloßen Mitläufern geschieden, außerdem die politisch Unbelasteten herausgefiltert werden. Im ersten Jahr nach Kriegsende sind auf diese Weise insgesamt etwa 150 000 Angehörige des öffentlichen Dienstes und ca. 70 000 Personen in Wirtschaft und Handel aus ihren Berufen entlassen worden.

Die Briten, die in ihrer Zone größte Probleme mit der Grundversorgung der Bevölkerung haben und deswegen nicht auf alle Fachkräfte verzichten können, gehen weniger strikt vor als die Amerikaner. Sowohl Köln als auch Detmold liegen in der britischen Besatzungszone. In jedem Regierungsbezirk und Kreis der britischen Zone wird mindestens ein deutscher Entnazifizierungsausschuss mit verschiedenen Unterausschüssen eingerichtet. Aufgabe der Unterausschüsse ist es, dafür zu sorgen, dass alle Personen, die in «einflussreichen Positionen» arbeiten, überprüft werden (als «einflussreich» gilt schon ein Vorarbeiter, dem fünf Arbeiter unterstellt sind). Dazu müssen sie den besagten Fragebogen der Militärregierung ausfüllen. Alle so überprüften Personen werden in eine von fünf Gruppen eingeteilt: I. Hauptschuldige, II. Belastete, III. Minderbelastetete, IV. Mitläufer, V. Personen, die aufgrund einer Überprüfung ihres Falles als unbelastet erklärt oder entlastet worden sind. Die vorgesehenen Sanktionen reichen von der Todes- oder Gefängnisstrafe und der Konfiszierung des Vermögens bei der Gruppe I bis zu Einschränkungen der politischen Betätigung, Anstellungs- und Bewegungsbeschränkungen sowie Sperrung des Vermögens bei den Gruppen II bis IV. Wer keine berufliche Tätigkeit ausübt und auch keine anstrebt, braucht den Fragebogen nicht auszufüllen.

Die Amerikaner sind die Ersten, die die Durchführung der Entnazifizierung an eigens dazu einberufene deutsche Schöffengerichte abgeben, an die so genannten «Spruchkammern»; die beiden anderen westlichen Besatzungszonen schließen sich dieser Regelung 1947 an. Die Spruchkammern verhandeln aus einigen Millionen überprüfter Fragebögen mehrere Hunderttausende von kritischen Einzelfällen. Dann kommt es zur Vorladung des Betroffenen und zur Zeugenvernehmung. Die Verteidigung muss die Annahme widerlegen, der Vorgeladene habe sich strafbarer Handlungen schuldig gemacht. Am Ende des Verfahrens steht wiederum die Einstufung in eine der fünf Gruppen und die Verhängung der Sühnemaßnahmen.

Walter hat sich erstmals im Frühsommer 1947 offiziell *«bei der zuständigen Dienststelle eines höheren britischen Stabes»* gemeldet, *«unter Vorlage ausführlicher Personal- und Tätigkeitsunterlagen»*, sobald er die Rückkehr zur Familie plante. *«Ich erhielt den Bescheid, dass nach sorgfältiger Überprüfung keine Bedenken gegen mich bestünden.»*

Gleich nach seiner Heimkehr im Spätsommer 1947 meldet er sich dann beim Spruchgericht Hiddesen bei Detmold, *«um eine Regelung meines politischen Status für Berufszwecke zu erreichen»*. Man teilt ihm mit, dass die Spruchkammern nur die aus der Internierungshaft vorgeführten Personen kategorisieren könnten, und verweist ihn an den zuständigen Entnazifizierungsausschuss in Detmold. Die Überprüfung dort zieht sich lange hin – in der Fachliteratur kann man nachlesen, dass sich die Entnazifizierungsausschüsse zunächst mit den «kleinen Fischen» beschäftigten und die Erledigung der komplizierteren Fälle aufschoben.[17]

Als im Herbst 1948 immer noch nichts geschehen ist, veranlasst Walter seine Überprüfung durch den britischen Nachrichtendienst. Der *Area Intelligence Officer* in Detmold bestätigt: *«This office knows no security objection to the above and he is not being sought as a war criminal»* («Es bestehen keine Sicherheitsbedenken gegen den Obengenannten, und er wird nicht als Kriegsverbrecher gesucht»).

Inzwischen hat Walter mit freiberuflicher journalistischer Arbeit begonnen. In den ersten Nachkriegsjahren durfte als Journalist nur arbeiten, wer eine spezielle Lizenz der westlichen Alliierten besaß, die nur politisch unbelasteten und auf ihre Gesinnung überprüften Personen ausgestellt wurde. Zwar endet die Lizenzpflicht im September 1949 – doch eine positive politische Kategorisierung ist immer noch wichtig, um publizieren zu können.

Zwölf Entlastungszeugnisse hat Walter in der Mappe mit den Entnazifizierungsunterlagen abgeheftet, die sich heute in meinem Besitz befindet. Einige dieser Erklärungen sind von Deutschen verfasst; die Mehrzahl stammt von Ukrainern.

Der Nachbar M., ein einfacher Mann, bescheinigt Walter in

ungelenker Handschrift, sich in Detmold nach dem Krieg nicht politisch betätigt zu haben, außerdem habe er hier zu NS-Zeiten seine Stellung nicht zum Nachteil anderer oder zum eigenen Vorteil ausgenutzt. Ein Ernst T., im ehemaligen Ostministerium tätig, gibt zu Protokoll, dass Walter in den Jahren 1944/45 für einen seiner Kollegen eingetreten sei, der mit der Gestapo aneinander geraten war und mit einem Fuß bereits im KZ stand.

Herr Schenk sei ein angenehmer Vorgesetzter gewesen, erklärt Hilde K., Walters Sekretärin auf der Lemberger Dienststelle, beliebt bei seinen Untergebenen wie auch bei den «*Fremdvölkischen*». Sie weist auf zwei gegensätzliche Lager in der deutschen Ostpolitik hin: auf der einen Seite die Vertreter einer straffen Besatzungspolitik, u. a. die Dienststellen des Höheren SS- und Polizeiführers und der Sipo; auf der anderen Seite die Verfechter einer loyalen Behandlung der Bevölkerung, u. a. der Gouverneur von Galizien, Dr. Wächter, und ganz besonders ihr Chef, Herr Schenk. Der Konflikt zwischen Herrn Schenk und dem KdS (Kommandeur der Sipo und des SD) Dr. Wittiska, habe sich so zugespitzt, «*... dass ich, als ich Anfang des Jahres 1944 vom Reich zurückkam, über die Spannungen zwischen den beiden entsetzt war. Herr Schenk war damals auf Anordnung des KdS nicht mehr zu den Besprechungen offizieller Art auf der Distriktebene zugelassen ... Er war sozusagen kaltgestellt worden.*» Die andernorts übliche Bestellung des SD-Leiters zum Vertreter des KdS habe in Lemberg eine Ausnahme erfahren.

Handelt es sich hier um ein Gefälligkeitsgutachten von der eigenen Sekretärin, die sich dem geschätzten Chef gegenüber loyal erweisen will?

Dann ist da noch das Zeugnis eines gewissen Dr. Heinzgeorg N., der zwischen 1942 und 1944 in der Zivilverwaltung Galiziens tätig war. Auch er lässt sich über die Konflikte zwischen Verwaltung, Sicherheitspolizei und «Arbeitseinsatzbehörde» aus. Herr Schenk habe die Ansicht vertreten, dass es im deutschen Interesse liege, die einheimische Bevölkerung fair zu behandeln. Er habe sich «*zäh und örtlich erfolgreich*» gegen die Gewaltpolitik bei der Rekrutierung der Zwangsarbeiter gewandt und sich immer wieder gegen Geiselfestnahmen und Vergeltungsmaßnahmen gewehrt. «*Hauptsächlich dem Einfluss Herrn Schenks ist es zuzuschreiben, dass bei der Räumung*

*Lembergs im Juli 1944 die zahlreichen politischen Gefangenen
der Sicherheitspolizei entgegen den gegebenen Befehlen nicht
erschossen, sondern in Freiheit gesetzt wurden. Schenk hat damit einigen hundert Menschen das Leben gerettet, und er hat
dem deutschen Namen zumindest eine unnötige Schande erspart.»* In den von ihm verfassten Lageberichten habe er wiederholt eine Besserstellung der Bevölkerung gefordert. Seine
Haltung habe ihm ein Vertrauen ukrainischer und polnischer
Kreise eingebracht *«wie es kaum ein anderer Deutscher in dieser Gegend besaß».*

Dieser Erklärung ist an vielen Stellen das Bemühen des Ver-
fassers anzumerken, die Arbeit der Zivilverwaltung in Galizien
generell in vorteilhaftem Licht erscheinen zu lassen. Heinzgeorg
N. stellt damit also nicht nur Walter Schenk, sondern auch der
Abteilung Innere und Allgemeine Staatsverwaltung, für die er
tätig war, und damit also sich selbst ein gutes Zeugnis aus.

Am gewichtigsten erscheint das Gutachten Dr. Ludwig Losackers, der von 1941 bis 1943 Amtschef bei der Distriktverwal-
tung Lemberg war. Losacker erwähnt gleich zu Beginn, in den
«Ausführungen zur Person», seinen Widerstand gegen Himmlers
Gewaltpolitik in Galizien. 1943 habe Himmler seine, Losackers,
sofortige Erschießung angeordnet; der Spruch sei dann in Ämter-
verlust und Einziehung zur Waffen-SS als gewöhnlicher Soldat
umgewandelt worden. Als Verwaltungschef in Lemberg habe er
Einblick in Walter Schenks Arbeit gehabt und sich auch mensch-
lich ein Bild von ihm machen können. *«Die Tätigkeit Schenks be-
schränkte sich auf die Erstellung von so genannten Lageberichten.»* Schenk habe sich in diesen Berichten, von denen er einige
gelesen habe, mit Entschiedenheit gegen die Untermenschentheorie ranghöchster nationalsozialistischer Politiker ausgesprochen.
Auch Losacker spricht von *«... ziemlich heftigen Konflikten»*
Schenks mit der Sicherheitspolizei. *«Die Ablehnung, die ihm seine Vorgesetzten entgegenbrachten, war damals abzulesen aus der
offensichtlichen Zurücksetzung, die Schenk in den Kreisen der
Sicherheitspolizei erfuhr. Er geriet dienstlich immer tiefer in eine
Isolierung und Vereinsamung ... In dieser Phase waren es außer
einigen deutschen humanitär eingestellten Intellektuellen aus
dem Lager der Civilverwaltung einige Vertreter des ukrainischen
und polnischen Geisteslebens, mit denen er einen Meinungsaus-
tausch unterhielt.»*

Losacker erscheint, seiner folgenreichen Auseinandersetzungen mit Himmler wegen, 1948 schon beinahe als moralisch rehabilitiert und somit auch als ein starker Zeuge für Walter. Tatsächlich ist das Engagement des späteren Leiters des Deutschen Industrieinstitutes (seit 1960) vor allem für die polnische Bevölkerung wohl unumstritten. Allerdings rücken neuere historische Arbeiten ihn in Zusammenhang mit der Judenverfolgung auch ins Zwielicht.[18]

Schon bald ist eine «Persilschein-Praxis» bei der Entnazifizierung kritisiert worden: Die Aussagen seien weitgehend wertlos, denn sie seien aus Gefälligkeit gegenüber früheren Kameraden gemacht worden. Entlastest du mich, dann entlaste ich dich. Wenn du in keine krummen Sachen verwickelt warst, war ich es auch nicht – solltest du doch Dreck am Stecken haben, so habe ich davon eben einfach nichts gewusst; bist du aber tatsächlich einigermaßen sauber geblieben, so wirkt meine günstige Aussage über dich positiv auf mich zurück. Walter hat während einer Zeugenvernehmung im Jahre 1965 ausdrücklich versichert: *«Die Texte dieser Erklärungen stammen nicht aus meiner Hand. Ich habe die Texte auch nicht vorgeschlagen. Ich habe übrigens weder Dr. L. noch Dr. N. ähnliche Erklärungen für ähnliche Zwecke abgegeben.»*

Vor diesem Hintergrund sind die Entlastungszeugnisse der Ukrainer, die für Walter sprechen, etwas anders zu werten, denn die ukrainischen Emigranten stehen nicht unter dem Druck, sich von den Siegermächten oder den deutschen Entnazifizierungsausschüssen politisch überprüfen lassen zu müssen.

«Als ich 1943 sowie einige meiner Kameraden von den deutschen Behörden für Kritik am damaligen Regime von der Gestapo in Lemberg verhaftet wurden, war es Herr Walter Schenk, welcher sich unter Gefahr seiner eigenen Person und seines Lebens für uns einsetzte und das uns sichere Todesurteil verhinderte», schreibt ein Ewgwn Pobihuszcij, zur Zeit im Camp für Displaced Persons in Raitersaich, beglaubigt vom dortigen katholischen Priester. Die Ehefrau Hela Pobihuszcia hat hinzugefügt: *«Als seine Frau möchte ich Ihnen für Ihr gutes Herz und Ihr großes Verständnis, welches Sie damals meinem Mann und seinen Kameraden durch Ihre Tat bewiesen haben, von ganzem Herzen danken und Ihnen sagen, dass Sie einer von den besten Deutschen waren und sind, denen man Dank sagen soll.»*

Dass er Walter seine Befreiung zu verdanken hat, bestätigt auch Georg Stefanyk, ein ukrainischer Jurist und Literaturkritiker, derzeit wohnhaft in Innisfree, Alberta, Kanada: *«Ich war durch Gestapo bei Kiew am 26. August 1941 als ukrainischer Nationalist verhaftet. Hat auch vier meiner Kameraden aus der Haft in dieser Zeit befreit …»*: einen ukrainischen Dichter, einen Professor der Tierarzneikunde, einen Professor der ukrainischen Sprache, einen Journalisten.

Paul Schandruk, General-Leutnant a. D. der ukrainischen Armee und «gewesener Gestapo-Häftling» sagt aus, dass Herr Schenk ihm *«in einer Reihe von Fällen, in denen ich Landsleuten Schutz zu geben versuchte gegen Verfolgungen und wo ich meine Leute in Sicherheit bringen musste»*, geholfen habe. Auch habe Herr Schenk vor ihm, dem ehemaligen Gestapo-Häftling, in mehreren Gesprächen über ukrainische Fragen die Politik der Deutschen im Osten offen kritisiert; dabei habe er *«Ausdrücke wie verbrecherisch»* gefunden.

Der ehemalige Direktor des Lembergischen Ukrainischen Literarisch-Künstlerischen Klubs, Vladimir Martynec, berichtet, dass Herr Walter Schenk das kulturelle Leben vor Behinderungen geschützt habe; allein im Jahre 1943 hätten ca. 250 Veranstaltungen seines Klubs stattfinden können, *«dazu ohne jede präventive Zensur und polizeiliche Kontrolle – also, meiner Ansicht nach, eine einzige Erscheinung im damaligen polizeilichen Hitlerischen ‹Neu-Europa›»*.

Der ehemalige Lemberger Rechtsanwalt Dr. Kost Pankiwskyj erklärt, dass er in seiner Eigenschaft als Vertreter des Ukrainischen Hilfskomitees häufig mit Herrn Walter Schenk zu tun hatte. In seinen Besprechungen mit der SD-Dienststelle sei es u. a. um den Arbeitseinsatz von Ukrainern im Reich, um die Reprivatisierung des von den Sowjets 1940/41 verstaatlichen Privateigentums, um das Bestreben der einheimischen Bevölkerung nach Selbstverwaltung und einem eigenen kulturellen Leben, um Förderung und Schutz des kirchlichen Lebens gegangen. *«In allen Angelegenheiten war er es, an den sich die Leute um Rat und Hilfe wandten.»* Man habe in der ukrainischen Öffentlichkeit gewusst, dass Herr Schenk ein entschiedener Gegner der Gewaltpolitik war. *«Man kann behaupten, dass das Verbleiben des H. Schenk auf seinem Posten in Lemberg von allen Kreisen der Bevölkerung erwünscht war … An der*

anderen Seite kann ich ausdrücklich bestätigen, das in der gan-
zen Zeit der deutschen Herrschaft in Galizien niemals der
Name des Hrn. Schenk im Zusammenhang mit den verbrecheri-
schen Handlungen gegenüber der Bevölkerung erwähnt wurde,
dass keine antisemitische Handlung oder Haltung beobachtet
wurde.»

Der griechisch-katholische Priester Dr. Michael Sopulak hatte in seiner Eigenschaft als Unterhändler des Metropoliten der
orthodoxen Kirche der Ukraine, Hochwürden Scheptyckyj,
häufig mit dem SD-Chef Walter Schenk zu tun. Meistens ging es
um die Bitte der Fürsprache bei der Gestapo, wenn Verhaftun-
gen erfolgt waren, manchmal auch um kirchliche Angelegenheiten. So habe Herr Schenk durchgesetzt, dass eine deutsche
Dienststelle, die Räumlichkeiten der Kirche benutzte, ohne dafür zahlen zu wollen, nun doch Miete entrichtete, sogar rück-
wirkend. Herr Schenk habe von seiner, Sopulaks, engen Verbindungen zur ukrainischen Widerstandsbewegung gewusst, habe
aber keinen Gebrauch von diesem Wissen gemacht – außer, um
ihn in mehreren Fällen zu warnen, wenn Widerstandskämpfer
verhaftet werden sollten. Er habe auch ihn selber geschützt, als
er wegen der Organisation einmal eines Lebensmittel- und ein
anderes Mal eines Medikamententransportes an die Partisanen
in Gefahr geriet, verhaftet zu werden. *«Auch die Einstellung des*
H. Schenk gegenüber der Kirche war durchaus freundlich …
H. Schenk hat auf die Bitte vom Hochw. Metropoliten Schepty-
ckyj in verschiedenen Angelegenheiten mit gutem Erfolg interve-
niert. … So wurde z. B. auf die Bitte von Hochw. Metropoliten
der armenische Generalvikar von Lemberg Kajetanowicz freige-
lassen, der wegen Ausstellung der Taufscheine für Juden nach ei-
nem Konzentrationslager geschickt werden sollte … bei der Ent-
lassung hat man ihm gesagt, er kommt nur deswegen frei, weil
der Metropolit sich über Herrn Schenk für ihn eingesetzt hat …
der Metropolit hat sich nachher geäußert, dass H. Schenk ein
anständiger und selten ehrlicher Mensch ist, was eigentlich bei
den im Osten eingesetzten SD-Leuten nicht oft vorkam.»

Ein Entlastungszeugnis in blumiger Sprache stammt von Dr.
Rostislav Jendyk, einem nach München geflohenen ukrainischen Schriftsteller. Auch er betont Schenks Engagement für die
verhafteten Angehörigen der Intelligenz, seine Schutzherrschaft
für ein einigermaßen freies kulturelles Leben, die Organisation

besonderer Lebensmittelzulagen an hungernde Literaten, die Duldung regimekritischer Äußerungen, die Lancierung von Warnungen an Leute des Widerstandes, die in Gefahr standen, verhaftet zu werden. Besonders hebt Rostislav Jendyk die Verhaftung des armenischen Erzbischofs Teodorowicz hervor, der eine jüdische Familie bei sich versteckt hatte – allerdings gegen hohe Bezahlung. *«Auf Nachsuchen des ukrainischen Metropoliten hat ihn Herr Schenk freibekommen.»* Herr Schenk habe, so der Metropolit, dem Erzbischof gesagt: *«Sie verdanken Ihre Freilassung dem Metropoliten. Aber ich muss Ihnen sagen, dass ich Ihre Tat verstanden hätte, wenn sie aus Nächstenliebe ausgeführt worden wäre. Sie aber, Erzbischof, ... haben die Anordnung des Geldes wegen gebrochen, und deswegen sind Sie mir ekelhaft.»* Herr Schenk habe in einer anderen sehr brenzligen Situation auch den Metropoliten selbst gedeckt, als nämlich einer von dessen heimlichen Briefen an den Papst in die Hände der Gestapo gefallen war, ein Brief, in dem der Metropolit die deutsche Politik als auf lange Sicht schlimmer für das Land anprangerte als die bolschewistische. *«Die Ukrainer befürchteten das Schlimmste ... Die Sache endete aber nur mit der Durchsuchung des Palastes. Den Metropoliten rettete nicht nur der Predikat-Vater des ukrainischen Volkes, sondern auch die kluge Politik von Herrn Schenk ...»*

So weit die ukrainischen Entlastungszeugnisse, die Walter beim Entnazifizierungsausschuss in Detmold einreicht. In der jüngeren Forschung zur Judenverfolgung in Galizien erscheint allerdings auch die Rolle der Ukrainer in einem neuen und zum Teil negativen Licht. Offenbar gab es in der ukrainischen Bevölkerung auch unabhängig vom nationalsozialistischen Einfluss starke antisemitische Strömungen, die sich zum Teil aus der historischen Entwicklung der vorangegangenen Jahrzehnte erklären. Zahlreiche Ukrainer haben sich 1941 an den Pogromen gegen die Juden beteiligt, und ukrainische Hilfspolizisten haben den Deutschen bei den Massenerschießungen und Deportationen zwischen 1941 und 1944 assistiert.[19] Man kann nun zunächst mit Grund vermuten, dass gerade Ukrainer, die in diese Verbrechen verwickelt waren, vor der Roten Armee nach Deutschland – und von dort später zum Teil in die USA, nach Kanada usw. – geflohen sind. Doch Walters ukrainische Fürsprecher sind überwiegend Intellektuelle, Künstler und Kirchenmänner, die vor ihrer Flucht in akademischen Berufen und nicht als Hilfspolizisten tätig waren. Sie hatten zum Teil mit den Deutschen sympathisiert, weil sie sich anfangs von ihnen Hilfe auf dem Weg zu einem eigenständigen Nationalstaat erhofften, manche von ihnen hatten allerdings auch im Widerstand gegen die Nazis gearbeitet. –

Es fällt auf, dass alle diese Zeugnisse ausschließlich von Walters Beziehungen zur einheimischen nichtjüdischen Bevölkerung Galiziens handeln. Es ist viel von der deutschen Ostpolitik die Rede, aber nie von der deutschen Judenpolitik im Osten. Liest man diese Stellungnahmen, so könnte es fast scheinen, als habe es die ethnische Gruppe der galizischen Juden niemals gegeben.

Am 16. Dezember 1949 erhält Walter vom Entnazifizierungsausschuss für den Regierungsbezirk Detmold ein erstes Entlastungszeugnis («*Clearance Certificate*»): Einstufung in die Gruppe V («Personen, die aufgrund einer Überprüfung ihres Falles entlastet worden sind»). Doch sein Aufatmen – ich stelle mir vor, dass er erleichtert war und sich mit neuem Elan seinen journalistischen Plänen zuwandte – war nur kurz: Schon zwei Monate später teilt ihm der «Sonderbeauftragte für die Entnazifizierung im Lande Nordrhein-Westfalen», ein Herr Saalwaechter, mit, er habe die «*Wiederaufnahme des Verfahrens zu Ungunsten des Betroffenen vor dem Entnazifizierungs-Hauptaussschuss in Detmold, Kammer II, angeordnet*». In der Begründung heißt es, der Betroffene gehöre «*zu dem Personenkreis, der … grundsaetzlich in Kategorie III*» einzustufen sei. Kategorie III: Das sind zwar nicht die ganz schlimmen Nazis, sondern nur die «Minderbelasteten». Walter Schenk habe politisch die Interessen der NSDAP und der SS vertreten, und zwar in leitender Stellung. «*Daran aendert auch nichts seine von den Entlastungszeugnissen bescheinigte charakterliche Haltung.*» Diese Leumundszeugnisse seien zudem nicht auf ihre Stichhaltigkeit überprüft worden. Es gebe keinerlei Hinweise auf einen aktiven Widerstand des Betroffenen. Auch sei überhaupt nicht klar, ob er sich bei seinen von einzelnen Entlastungszeugen erwähnten Hilfeleistungen überhaupt selber irgendeiner persönlichen Gefahr ausgesetzt habe.

Für das nun folgende Spruchkammerverfahren benötigt Walter einen Verteidiger. In einem Schreiben an den Rechtsanwalt B. aus Detmold, der diese Aufgabe übernimmt, weist Walter *«auf einige Missverständnisse»* im Brief des Sonderbeauftragten hin. Seine Ausführungen klingen unaufgeregt und sachlich.

Zunächst einmal stellt er klar, dass seine Entlastungszeugen durchaus glaubwürdig seien. *«Ich darf darauf hinweisen, dass der für mich zeugende ukrainische Geistliche Dr. Sopulak z. Zt. amtierender Bischof der griech.-kath. Kirche für Kanada ist. Er dürfte von dem Verdacht frei sein, vorsätzlich unwahre Angaben zugunsten meiner Person zu machen, zumal er schon aufgrund seiner kirchlichen Tätigkeit ein entschiedener Gegner des Nationalsozialmus war.»* Auch sei sein Widerstand gegen die deutsche Politik im Osten selbstverständlich mit persönlichen Gefahren verbunden gewesen, *«das ergibt sich schon aus dem in der SS gültig gewesenen Gesetz des unbedingten Gehorsams. Vor allem glaube ich darauf hinweisen zu dürfen, dass mein offenes Eintreten für Ukrainer und Polen, die durch Dienststellen des Reichsführers-SS zum Tode verurteilt waren, mich als SS-Führer immer gefährden mussten. Gleiches gilt m. E. für den Widerstand gegen Maßnahmen, die von Himmler auf politischem Gebiet angeordnet waren, bzw. für meine offene Unterstützung der ukrainischen Widerstandsbewegung … Ich erwähne aber auch der Wahrheit halber, dass ein hohes persönliches Risiko nicht in jedem Fall mit meiner Arbeit verknüpft war.»*

Er habe sich während seiner Dienstzeit im Osten immer bemüht, seinen Einfluss für eine vernünftige deutsche Politik geltend zu machen; dies sei ihm in Galizien auch teilweise gelungen. *«Ich darf darauf aufmerksam machen, dass es in diesem als dem einzigen deutsch-besetzten Gebiet Europas keine Geiselfestnahmen oder -erschießungen, keine Massenexekutionen der Bevölkerung und keine kommunistische Partisanentätigkeit gegeben hat (Zeugnis Dr. Jendyk). Die während des Krieges in Deutschland arbeitenden Einheimischen aus Galizien unterlagen, als Einzige aus dem Osten, nicht den Ost-Arbeiterbestimmungen, nicht der Kennzeichnungspflicht. Das kirchliche kulturelle und Schulleben der Bevölkerung erfuhr nicht nur keine Einengung, sondern entwickelte sich weit über seinen Vorkriegsstand hinaus (Zeugnis Dr. Jendyk, Dr. Martinec). Mit diesen Entwicklungen, die den Bestimmungen der deutschen Ostpolitik völlig zuwiderliefen, ist meine Tätigkeit, wie alle Zeugen bescheinigen, eng verbunden gewesen, initiativ und schützend*

... Möglichkeiten zu einem anders gearteten Widerstand waren mir gemäß meiner Stellung und meinen Funktionen nicht gegeben.»

Seine politische Einstellung habe ihm viele Schwierigkeiten mit Vorgesetzten und vor allem mit der Sicherheitspolizei eingetragen. *«Der Reichsführer-SS hat gegen mich mehrere Untersuchungsverfahren wegen meines Verhaltens durchführen lassen.»* Er habe nur in Einzelfällen intervenieren können, in denen sich Menschen um Hilfe an ihn gewandt hätten. *«Im Übrigen hatte ich als SD-Führer weder Exekutivaufgaben noch -befugnisse ... Meine Tätigkeit war eine Berichterstattung, mit der ich auf die politische Gestaltung des Landes Einfluss zu nehmen bemüht war. Mein Verbleiben auf meinem Platz lag im Interesse der einheimischen Vertreter, wie Dr. Pankiwskyj und Dr. Sopulak dies ausdrücklich vermerken. Auf ihr Drängen habe ich auch meine mehrfachen Absichten, meine Freistellung für den Wehrdienst zu fordern, wenn meine Schwierigkeiten mir übergroß schienen, zurückgezogen.»*

Auf dem Hintergrund unseres heutigen historischen Wissens sind seine Ausführungen über die relativ beruhigte politische Situation im besetzten Galizien zutreffend, was das Verhältnis zwischen deutscher Besatzungsmacht auf der einen und Ukrainern, Polen, Armeniern und anderen ethnischen Minderheiten auf der anderen Seite betrifft – sie muten allerdings merkwürdig an, wenn wir an die Massenmorde der «Endlösung» denken. «Keine Geiselfestnahmen oder -erschießungen, keine Massenexekutionen der Bevölkerung ...», vermeldet Walter, und das hebt sich makaber ab gegen die halbe Million in Galizien ermordeter Juden. – Wenn Walter von der «Bevölkerung Galiziens» spricht, meint er immer nur die nichtjüdische Bevölkerung.

Seine Sache kommt am 1. April 1950 vor der Detmolder Spruchkammer zur Verhandlung; sie verläuft für ihn günstig; mit Datum vom 15. April wird ihm abermals das Entlastungszeugnis mit der Einstufung in die Gruppe V ausgestellt.

Das Entnazifizierungsverfahren begleitete Walter und Luscha über fast drei Jahre hinweg. Er muss, während er beim Lumpenhändler, im Haus und im Garten arbeitete, zahlreiche Briefe geschrieben, viel Zeit und Mühe darauf verwandt haben, in dem gesellschaftlichen Durcheinander der Nachkriegszeit

Ukrainer aufzuspüren, die ihn in der Zeit vor 1945 gekannt hatten. Alles, was damit zusammenhing, wird in dieser Zeit immer wieder Gesprächsgegenstand zwischen Walter und Luscha gewesen sein. Natürlich werden sie auch die Presseberichterstattung über die Nachfolgeprozesse in Nürnberg verfolgt und darüber diskutiert haben. In welchem Sinne? «Siegerjustiz»? oder: «Mein Gott, was da jetzt alles ans Licht kommt!»? Die Vergangenheit wird ihnen in dieser Zeit jedenfalls ständig gegenwärtig gewesen sein.

Was hat er dabei empfunden? Fühlte er sich als ein Verfemter, Gehetzter? Oder kämpfte er mit einigermaßen gutem Gewissen um seine bürgerliche Rehabilitation, des «*guten Werks*» wegen, von dem er überzeugt war? Wie oft wohl hat er zwischendurch an Vorfälle und Erlebnisse gedacht, die sein eigener Tätigkeitsbericht wie auch die Berichte seiner Entlastungszeugen aussparten, an das «*Unschöne, an dem er wie an Fremdkörpern vorbeigesehen hatte, wenn er sie nicht ausräumen konnte*»?

Unter der bloßen Hand voll Fotos aus diesen Jahren gibt es zwei Gruppenaufnahmen vom August 1949, die Luscha als «*Hilfsarbeiter-Familie mit Anhang*» und «*Hilfsarbeiter-Familie ohne Anhang*» überschrieben hat. Sie sitzen auf der Südterrasse vor dem Haus, auf einer Holzbank, die an der Hauswand lehnt, an einem langen robusten Tisch. Hier werden sie im Sommer manche Mahlzeit eingenommen, aber auch viele Haushaltsarbeiten verrichtet haben. «*Hilfsarbeiter-Familie mit Anhang*»: Luschas Schwester Ilse ist mit dem kleinen Sohn Ralf zu Besuch, sie und Großmutter Else posieren neben Luscha, Walter und den vier Kindern. «*Hilfarbeiter-Familie ohne Anhang*»: Walter und seine drei Großen sitzen auf der Bank, Tordis und Silke drängen sich eng an ihn; Luscha, auf dem Stuhl daneben, hält Klein-Herrad auf dem Schoß. Es steigt eine diffuse Traurigkeit aus diesen Bildern auf. Natürlich sind sie alle überaus mager, aber daran liegt es nicht. Luscha wirkt nicht düster, im Gegenteil, sie schaut mädchenhaft aus, sie lächelt, ein wirklich vergnügtes und nicht nur ein tapferes Lächeln, wie es scheint. Die Kinder, im Sonntagsstaat, wie die Erwachsenen auch, blinzeln in die Sonne. Die beklemmende Traurigkeit geht von der Figur des Vaters aus, jedoch weniger von seinem ernsten, verschlossenen Gesicht, der gerunzelten Stirn (er liebt die pralle Sonne nicht) als von seiner Haltung. Auf einem der beiden Fotos sitzt er zusammengesunken, mit leicht gebeugtem Nacken – es ist, als habe ihn der Fotograf unversehens in einem Augenblick tiefer existenzieller Müdigkeit erwischt –, auf dem anderen strafft er sich dann wieder. Er lebt zu diesem Zeitpunkt zwei Jahre in Detmold; in diesem Monat findet sein 38. Geburtstag statt, doch er sieht wie ein alter Mann aus, mager, gebrochen, in einer viel zu weiten Anzugjacke. Vielleicht ist das Foto überhaupt an seinem Geburtstag aufgenommen worden.

Ein knappes Jahr später, im Frühjahr 1950, ist sein Entnazifizierungsverfahren abgeschlossen; mit der endgültigen Einstufung in die Gruppe V der «Entlasteten» kann er endlich einen Strich unter das Hilfsarbeiterleben ziehen und sich ganz auf seine journalistische Arbeit konzentrieren.

Im Übrigen wird Ende des Jahres 1950 die gesamte Entnazifizierung in der Bundesrepublik Deutschland offiziell eingestellt. Der Bundestag beschließt im Dezember, ab 1951 keine Einstufungen mehr in die Kategorien III bis V vorzunehmen; Personen, die sich im Sinne der Kategorien I und II schuldig gemacht haben, sollen natürlich weiter strafrechtlich verfolgt werden.

20.

München, im Januar 1951. Walter läuft durch die Straßen, gegen einen beißenden Wind, der ihm winzige scharfe Schneekörner ins Gesicht schlägt, auf der Suche nach einem möblierten Zimmer. Das erweist sich als Zeit raubend und nervtötend, denn die Stadt zeigt überall noch tiefe Spuren der Zerstörung, und obwohl fieberhaft gebaut wird, reicht das Wohnungsangebot noch lange nicht aus. Etwa die Hälfte des Wohnraums in den deutschen Großstädten war bei Kriegsende zerstört, dabei ist die Bevölkerung durch Flüchtlinge und Vertriebene noch gewachsen.

Für viele Zimmer ist eine Zuzugsgenehmigung des Wohnungsamtes erforderlich, eine umständliche und langwierige Antragsprozedur. Bei den «beschlagnahmefreien Zimmern» muss er allerdings mit 70,– bis 90,– DM Miete rechnen, «ohne Heizung und Bedienung» – viel zu teuer! Er wohnt in diesen Tagen bei Rostislaw Jendyk, dem ukrainischen Schriftsteller und

Literaturwissenschaftler, der ihm zweieinhalb Jahre zuvor ein Entlastungszeugnis für die Entnazifizierung ausstellte. «Rosti» ist ein guter Freund geworden. Nichtsdestoweniger leidet er unter dem chaotischen Leben in Jendyks Bude, das ihn am geordneten Arbeiten hindert. Nach einigen Tagen erfolgloser Zimmersuche entschließt er sich, eine Anzeige in der «Süddeutschen Zeitung» aufzugeben, obwohl sie 8,– DM kostet. «*Ich wurde blass*», schreibt er an Luscha.

Es ist kalt in München. Die festgetretene, überfrorene Schneedecke erschwert alle seine Gänge – nasse Füße, kalte Füße, Frostbeulen, seine dünnen abgelaufenen Schuhsohlen sind diesen Witterungsverhältnissen nicht gewachsen. Zweimal rutscht er aus und fällt, weil er durch die beschlagenen Brillengläser nichts sieht. Da wäre ein freundliches, geräumiges Zimmer in Nymphenburg, bei einer älteren Dame, doch zwei Tage später macht die Vermieterin einen Rückzieher; vermutlich hat sie einen Mieter gefunden, der mehr zu zahlen bereit ist. Walter darf nicht mehr Zeit verlieren und entschließt sich für die zweite Wahl, Adalbertstr. 80, bei Frau E., 55,– DM, Ofenheizung und Licht gehen noch extra; das Zimmer entspricht nicht ganz seinen Wünschen, liegt aber zentral, so dass er viele Besorgungen zu Fuß erledigen und Fahrgeld sparen kann. Er muss endlich eine Bleibe finden, um mit der Arbeit richtig loslegen zu können. Bislang gibt er jeden Tag Geld aus und kommt in Jendyks Bude nur sporadisch an die Schreibmaschine. Also zahlt er bei Frau E. gleich 50,– DM an, um die Sache verbindlich zu machen.

«Ein toter Abend», klagt er Luscha, ein Abend, den er nur durch einen Brief an sie retten kann. Nachdem das zukünftige Zimmer endlich gefunden sei, wollte er heute unbedingt arbeiten – da stellt sich heraus, er kann das gerade gekaufte Farbband nicht in die Schreibmaschine einspannen, vermutlich die falsche Größe. Morgen muss er mit der Maschine unter dem Arm noch einmal in das Geschäft laufen. Rostislaw sei wirklich ein lieber Kerl, aber er plane nun doch, die restlichen Tage des Monats, bis er das Zimmer in der Adalbertstraße bezieht, in eine Pension zu gehen, trotz der horrenden Kosten. Es gibt außer Rostis Schlafkammer nur dieses eine Zimmer, in dem er auf der Couch schläft, Wohn- und Arbeitszimmer in einem; WC und Bad im Treppenhaus teilen sie mit anderen Mietern. Walter lebt aus dem Koffer, den er tagsüber unter die Couch

schiebt, die Unordnung um ihn her deprimiert und lähmt ihn. Immer wieder treffen sie Absprachen, die Rostislaw nicht einhält, weil ihm Stunden- und Arbeitspläne nichts bedeuten. Am vergangenen Sonntag hat er ausgehen und Walter das Zimmer zur Arbeit überlassen wollen; stattdessen kommt schon morgens der erste und nachmittags weiterer Besuch. Wie soll er sich konzentrieren können, wenn die ganze ukrainische Gemeinschaft im Exil im Zimmer herumhockt, redend, rauchend, Tee trinkend?

Am letzten Samstag haben sie vereinbart, er könne ab mittags in Ruhe arbeiten, doch als Walter von einer Vormittagsbesprechung zurückkehrt, ist Rostislaw mal wieder *«unter die Räuber gefallen»*, wie er das nennt, wenn er irgendwo Bekannte trifft, die ihn erst zu einem und dann zum nächsten Gläschen verführen, bis er die Zeit vergisst. Walter läuft vor der verschlossenen Tür auf und ab und grämt sich um die vertane Zeit – es gibt offenbar nur einen Wohnungsschlüssel. Horodyskyjs, die ukrainischen Nachbarn, holen ihn aus dem zugigen Treppenhaus in ihre Zimmer, er kann doch beim Ofen auf Jendyk warten, doch die kinderreiche Familie hat gerade ihren Wasch- und Badetag, so dass Walter ständig zwischen den beiden Zimmern hin- und herwechseln muss, um den Ablauf nicht zu stören. Dabei kann er nicht einmal richtig lesen. Rosti kehrt, nur mäßig schuldbewusst und überwiegend vergnügt, erst gegen Abend nach Hause zurück. Er ist bemüht, Walter aufzuheitern, Bekannte haben ihm einen herrlichen Piroggen für sie beide mitgegeben, den sie nur auf der Kochplatte zu wärmen brauchen. Walter kann ihm nicht böse sein. Doch wieder ist ein Tag für die Arbeit verloren.

«Das Zigeunerleben in Jendyks Bude macht mich innerlich krank, deshalb steigt mein Heimweh nach euch rasend an.»

«Die Aussicht auf unser Baby drängt mich zu energischer Arbeit.»

Als Walter im Januar 1951 nach München aufbricht, um sich dort eine Existenz als Journalist aufzubauen, ist Luscha wieder schwanger; die fünfte Tochter Rikarda wird im Juli 1951 geboren. Diese letzte Trennung des Paares zieht sich weit länger hin als erhofft.

Er hat es mit dem freiberuflichen Journalismus schon von Detmold aus versucht, während er immer wieder zum Arbeitsamt lief, in der Hoffnung auf irgendetwas anderes als eine bloße Hilfsarbeiterstelle; er hat sich bemüht, Kontakte zu verschiedenen Zeitungen und Zeitschriften herzustellen, und ihnen Themen angeboten. Was sind seine Themen? Natürlich die politische Situation im Osten, während des Krieges und nach dem Krieg, die dort lebenden Nationalitäten und ethnischen Gruppierungen, ihre Beziehungen untereinander und die derzeitige Entwicklung der Verhältnisse unter der kommunistischen Herrschaft. Das sind Bereiche, die auch die deutsche Presse durchaus interessieren – allerdings mangelt es ihm in Detmold an aktuellen Informationen. Es ist ihm gelungen, brieflich an einigen seiner Beziehungen zu früheren ukrainischen Bekannten wieder anzuknüpfen; viele von ihnen leben in München, einem Sammelbecken für osteuropäische Emigranten verschiedener Nationalität.

Der Entscheidung zur erneuten Trennung sind vermutlich Spannungen im Haus Waldesruh vorangegangen. Seit Walter am Schreibtisch arbeitet, ist sein Einkommen unregelmäßig, und die spärlich fließenden Honorare bringen anfangs noch weniger ein als die Hilfsarbeiterstelle, was zu verstärkter finanzieller Abhängigkeit von der Schwiegermutter führt. Auch wird er bei der Arbeit am Schreibtisch störbarer geworden sein, häufiger gereizt durch Kinderlärm und wahrscheinlich weniger ansprechbar für nützliche Tätigkeiten in Haus und Garten, eine Belastung auch für die Beziehung zu Luscha und den Kindern. So kann es auf Dauer nicht weitergehen, werden sie gelegentlich beredet haben, du musst hier weg und dahin, wo du eine solidere Grundlage für deine Arbeit findest, mehr Aufträge, interessantere Quellen und bessere Archive, direkte Kontakte zur Presse, von dieser Basis aus vielleicht eine Festanstellung bei einer Zeitung oder wenigstens ein einigermaßen gesichertes Einkommen, damit wir uns irgendwann wieder alle zusammen eine eigene Wohnung leisten können.

In dieser schon hinreichend schwierigen Situation muss die Gewissheit, dass noch einmal ein Baby unterwegs ist, sie wie ein Donnerschlag getroffen haben. Ohne gesichertes Einkommen, entnazifiziert zwar, aber noch keinen festen Boden unter den Füßen, fünf Jahre nach dem Kriege immer noch nicht, ewige Hungerleider und dann ein Kind nach dem anderen.

Auch dieses Mal muss es vorsichtige Versuche gegeben haben, die Schwangerschaft abzubrechen, auch diesmal zögern sie es lange hinaus, Else das kommende Ereignis beizubringen. *«Setze die Kur nicht fort, wenn die Folgen so unangenehm sind»*, schreibt er ihr von seinem ersten Münchenbesuch im Dezember 1950, und: *«Die Situation bedrückt mich mehr, als ich wahrhaben möchte.»* Luscha ist in der zehnten Schwangerschaftswoche. Worin «die Kur» bestand, wissen wir nicht. Und drei Tage später, noch eindringlicher: *«Tue mir einen Gefallen, mache keine Experimente an dir selbst ... Versprich mir, nicht nervös zu werden, auch in meiner Abwesenheit nicht.»*

War die letzte Schwangerschaft Anlass für Walter gewesen, zu seiner Familie zurückzukehren und seine Existenz zu legalisieren, so treibt ihn diese wieder von zu Hause fort. Er muss jetzt einen großen Sprung nach vorn wagen, es muss ihm ganz schnell gelingen, eine tragende Lebensgrundlage aufzubauen.

Offenbar hat er vor seinem Aufbruch nach München einen konkreten Auftrag von der Gruppe erhalten, die Informationen für den amerikanischen Geheimdienst zusammenstellt und sich schon seit seiner Rückkehr nach Detmold für seine ukrainischen Kontakte interessiert. Er soll für sie die Aktivitäten und das Umfeld der ehemaligen ukrainischen Division recherchieren, man interessiert sich auch für den gegenwärtigen Verbleib ihrer einstigen aktiven Kämpfer – Dinge, die er nur über die Exilukrainer in München herausfinden kann, über die er von dort schriftlich berichten soll.

Aus den Briefen zwischen Walter und Luscha geht jedenfalls hervor, dass er im Dezember 1950 zur kurzen Vorsondierung und ab Januar 1951 dann ganz nach München geht, mit einer konkreten Aufgabe, aber unbestimmtem zeitlichen Horizont, einem einstweilen festen Monatshonorar von DM 300,– und zusätzlicher Erstattung der Reisekosten München-Detmold, um von Zeit zu Zeit dort seine Familie besuchen und auch direkt mündlich Bericht erstatten zu können. Mit seinen Auftraggebern bzw. ihrem Vertrauensmann in Detmold, einem gewissen Dr. G., ist abgesprochen, dass seine Nachforschungen und das Abfassen der Berichte in ihrer Angelegenheit nur etwa die Hälfte seiner Zeit einnehmen sollen; die verbleibende Zeit will er für eigene journalistische Arbeiten nutzen.

Bei stürmischem Wetter zieht er für zehn Tage in die Pension Josefine in der Nordendstraße, mit insgesamt knapp zwei Zentnern Gepäck, das er in drei Fußmärschen, durch Wind und Regen hin und her, von Jendyks Bude herüberschafft. Die Ruhe seines Pensionszimmers erscheint ihm wunderbar, doch der Druck, unter dem er steht, lässt nicht nach. Fünf Mark verschlingt das Zimmer jeden Tag; er muss arbeiten, arbeiten, arbeiten, um das wettzumachen. Hat sich Dr. G. in irgendeiner Weise über seine ersten Berichte geäußert?, will Walter von Luscha wissen. Ist er bzw. sind die Leute im Hintergrund mit den Informationen zufrieden, die er für sie zusammengestellt hat? Hat G. Andeutungen über weitere mögliche Aufträge gemacht, wenn diese Arbeit beendet ist? Er steht früh auf und beginnt gleich zu arbeiten, manchmal sitzt er zehn Stunden hintereinander an der Schreibmaschine, aber dann wiederum gibt es auch Tage, an denen er viel in der Stadt herumlaufen muss, um Besprechungen zu führen, Informationen zu bekommen, in Archiven und Bibliotheken zu stöbern, Redaktionen zu besuchen. Auch im Pensionszimmer gibt es ein Problem. Er darf dort spätabends nicht mehr tippen, der anderen Gäste wegen. Aber er genießt die Ordnung, den Luxus des fließenden Wasser, das er bei Jendyk vermisste – «*ich wasche mir unzählige Male am Tag die Hände*».

Anfangs sind durchaus einige Erfolge zu verzeichnen: Er schickt regelmäßig seine Berichte per Eilbrief an Luscha nach Detmold, wo Dr. G. sie persönlich abholt und Luscha das monatliche Honorar überreicht; der größte Teil geht als Haushaltsgeld an Else. Der «Rheinische Merkur» hat seinen Aufsatz über Polen gedruckt, allerdings «*so ungeschickt gekürzt*», dass er mit dem «*miserablen Gesamteindruck*» unzufrieden ist. Auch dieses Honorar soll direkt an Luscha gehen. Er hat das Belegexemplar seines Artikels im «Sudetendeutschen» erhalten und in einer Zeitung namens «Abendland» etwas unterbringen können. Die ukrainische Exilzeitschrift «Samostijnyk» hat ihm für die letzte Arbeit ein Honorar von 50,– DM gezahlt, das er für seinen eigenen Bedarf behalten will.

Das möblierte Zimmer in der Adalbertstraße, das er zum ersten Februar bezieht, erweist sich als wenig wohnlich. «*Das kolossale zweischläfrige Bett beherrscht den Raum, für alles andere ist wenig Platz.*» Seine Vermieterin ist eine ungebildete Frau, sehr neugierig, die sich allzu familiär gibt, eine Mischung, die Walter nur schwer erträgt. Wenigstens kann er jetzt bis spät in die Nacht hinein tippen, nur sind die Lichtverhältnisse im

Raum extrem ungünstig; er wird noch eine Tischlampe anschaffen müssen. Wieder eine unvorhergesehene Ausgabe.

Doch Luscha soll ihm jetzt bitte keine weiteren Päckchen mehr schicken, er hat doch alles, «*obwohl der Verbrauch maßlos ist und täglich alle meine Berechnungen übertrifft, so dass ich manchmal entsetzt bin*». Eigentlich wollte er schon im Januar Rücklagen für die Geburt machen, «*denn bald werden wir zu sieben sein. Weißt du, dass ich mich jetzt auf das Baby freue, so als ob es unser erstes wäre? Trotz aller Sorgen und Schwierigkeiten, die vor uns liegen.*»

Banale Missgeschicke erhalten übergroßes Gewicht in seinem gehetzten Leben. Erst ist Dr. Makaruschka, der über ein umfangreicheres Archiv verfügt, an einer tückischen Grippe erkrankt, so dass er die begonnene Arbeit über die ukrainische Division unterbrechen muss. Die «Bruderschaft der ehemaligen ukrainischen Divisionsangehörigen» bietet ihm nach langwierigen Besprechungen den Zugang zu einem weiteren Archiv an, das dann leider nur Fotos enthält, weit über tausend, nicht von Interesse für seine Detmolder Auftraggeber, aber vielleicht lässt sich auch daraus etwas machen, u. a. will er dem «Spiegel» eine Reportage anbieten. Die «*Anzugnot*» drückt ihn, er besitzt nichts Anständiges zum Anziehen und kann sich deshalb mit niemandem in besserer Umgebung treffen und nur Sonntagseinladungen von Leuten annehmen, die ähnlich knapp bei Kasse sind wie er, meistens ukrainische Bekannte. Auch seine Schuhe lösen sich zusehends auf. «*In die Stadt gehe ich nur, wenn ein Zweck es erfordert, … ohne Geld, ohne gute Kleidung fühlt man sich ausgeschlossen und versteckt seinen Stolz zu Hause.*»

Nun leben sie also wieder von Besuch zu Besuch, dazwischen stopft er so viel Arbeit wie möglich. Von Mitte bis Ende Februar ist er in Detmold; sie können Luschas Geburtstag gemeinsam verbringen. «*Wie gut waren die zwei Wochen zu Hause! Ich bin dir sehr dankbar für diese Tage, unser Zusammensein, die Kinder.*» Er erlebt die Zugfahrt am Rhein, die Landschaft in wechselnden Beleuchtungen, im Frühlingsschimmer sehr euphorisch, den Kopf voll neuer Arbeitspläne, doch dann ernüchtert ihn die Rückkehr in sein kaltes Zimmer mit dem «*kolossalen zweischläfrigen Bett*»; er dreht ihm den Rücken, sieht die Post durch, arbeitet die alten Zeitungen auf, ordnet seine Notizen, wirft sich gleich auf einen Aufsatz für den «Sudentendeutschen». Nach der Rückkehr sind die Abende eintönig, die Sonntage leer. Wie kommen sie zu Hause ohne ihn zurecht? Äußern sich die Kinder manchmal über den vaterlosen Zustand? *«Küsse sie ganz herzlich von mir, hier, in der Abwesenheit, bin ich ihnen viel näher als zu Hause, ich bin unglücklich darüber, dies schreiben zu müssen.»* Arbeiten, arbeiten – dabei muss er aber die Briketts strecken; er kann sich in dieser Heizperiode keine neuen mehr leisten.

Nach den ersten Wochen, in denen die Dinge zögernd, aber doch einigermaßen viel versprechend anliefen, erreicht ihn eine Hiobsbotschaft: Die Gruppe um Dr. G. ist wohl der Meinung, dass die ihnen gelieferten Informationen seine Bezüge nicht rechtfertigen; jedenfalls teilt man ihm mit, «die finanziellen Mittel für München seien erschöpft». Walter reist zu einer Krisenbesprechung nach Detmold. Man einigt sich auf ein reduziertes Angebot: Er soll weiter aus München berichten, statt zwei Wochen pro Monat kann man ihm aber künftig nur noch eine Woche dort finanzieren, statt DM 300,– nur noch DM 150,– regelmäßiges Einkommen. Wieder sitzen Walter und Luscha nachts in langen Beratungsgesprächen zusammen. Kann er sich auf dieser mageren Basis in München überhaupt halten? Er muss einfach versuchen, seine eigene journalistische Arbeit so auszubauen, dass die finanzielle Lücke gefüllt wird. Es ließ sich bisher gar nicht so schlecht an, drei Monate waren nur viel zu kurz. In Detmold jedenfalls wird er keine angemessene Arbeit finden, dort wartet nur wieder die Stempelstelle auf ihn, während sich in München wenigstens sein Bekanntenkreis erweitert und damit auch seine Chancen steigen, irgendwann eine feste Anstellung zu erhalten. Luscha gibt ihm Recht; sie bestärkt ihn in der Absicht, weiterhin in München sein Glück für sie alle zu versuchen.

«Herrad schrie jammervoll, als der Zug dich entführte», schreibt ihm Luscha. Sie ist im siebten Monat. *«Die Schlafstunden sind zur Zeit das Beste, was das Leben zu bieten hat.»*

Walter, wieder in München, treibt sich an zur nächsten Runde, er muss sich eben noch mehr anstrengen, noch mehr einschränken, noch härter arbeiten. Der «Rheinische Merkur» druckt regelmäßig Beiträge von ihm (Honorare von 45,– oder 50,– DM). Auch in der ukrainischen Zeitschrift «Samostijnyk» ist er in fast jeder Nummer vertreten; die zahlen allerdings noch schlechter. Es gelingt ihm, Kontakte zur «Münchner Allgemeinen» und zum «Neuen Abendland» zu knüpfen und dort mehrere Aufsätze unterzubringen. «Stepinac», ein Blatt der kroatischen Emigration in Westeuropa, lobt seine Arbeiten. Er schreibt regelmäßig für die «Ostprobleme» sowie Kurznachrichten für DPA und DIPA (viel Arbeit, kleine Honorare). Jemand stellt ihm die baldige Mitarbeit beim «Radio Freies Europa» in Aussicht. Die amerikanische Presseagentur ABN bietet ihm einen freiberuflichen Honorarposten an: Er soll regelmäßig die Korrespondenz bearbeiten und druckfertig machen; 60,– DM im Monat; das wird ihn zwei, drei Tage pro Woche kosten, nicht viel, dafür hoffentlich sicheres Geld. Luscha mahnt: Du verzettelst dich zu sehr, du hast jetzt schon zu viele Arbeitsgebiete, alles kleine Fische, viel zu zeitaufwendig! – Aber die großen Fische lassen auf sich warten.

Die meiste Zeit sitzt er zu Hause und schreibt. Er schreibt eine Folge von vier großen Aufsätzen über den ukrainischen Nationalismus, er schreibt über die 14. Division, über den tschechischen Nationalrat, über Kerenski und die Clementis-Affäre, über Grundlagen und Bedeutung des Nordatlantik-Pakts, über die Situation in Armenien, die Spannungen zwischen Serben und Kroaten und die finnischen Wahlen, über die aktuelle Entwicklung in China, «Mao greift die Kirche an», über den seelischen Zustand des neuen Sowjetmenschen, «Die Menschen bewegen sich wie Geister». Dr. G. in Detmold gibt eine neue Recherche in Auftrag: eine vollständige Darstellung aller Aktionen der ukrainischen Partisanen gegen die roten Partisanen zwischen 1942 und 1945, Erfolge, Misserfolge, Organisation, Durchführung, Spionage im Umfeld.

Walter hat sich zum politischen Fachjournalisten mit dem Spezialgebiet Osteuropa entwickelt. Dreimal in der Woche läuft er durch die Stadt, um bei ABN die Korrespondenz zu redigieren; hier verbringt er den Tag in einem großen Büroraum, in dem ununterbrochen vier Schreibmaschinen klappern und oft zehn und mehr Menschen gleichzeitig in allen Sprachen des Ostens reden, diktierend, korrigierend oder im Gespräch mit Ukrainern, Polen, Letten, Bulgaren, Slowaken, Kroaten, Aserbeidschanern.

Hin und wieder unternimmt er Versuche, sich auf feste Stellen zu bewerben, vergeblich: als Redakteur bei verschiedenen

Zeitungen, in der Presseabteilung verschiedener Institutionen, u. a. im Gesamtdeutschen Ministerium des CDU-Ministers Kaiser. Es ist ihm nicht klar, ob es seine ehemalige SD-Tätigkeit ist, die eine feste Anstellung verhindert.

Im Juni 1951 hat er in Köln, auf der Rückreise von Detmold nach München, eine folgenreiche Besprechung mit einem gewissen Dr. B., der im Auswärtigen Amt für die Ostpolitik zuständig ist. Das Auswärtige Amt befindet sich zu dieser Zeit noch in der Aufbauphase; die junge Bundesrepublik Deutschland darf erst von 1952 an eine eigenständige Außenpolitik betreiben; bis dahin haben sich die westlichen Alliierten Kontrolle vorbehalten, die durch ihre Hohen Kommissare ausgeübt wird. Dr. B. äußert sich anerkennend über Walters Jugoslawien-Aufsatz; überhaupt sei man im Auswärtigen Amt sehr angetan von seinen Ostinformationen und wünsche sich mehr davon, habe aber derzeit keine Mittel für eine reguläre Anstellung. Dr. B. will versuchen, Walters weiteren Aufenthalt in München, der auch im Interesse des Auswärtigen Amtes sei, durch eine regelmäßige finanzielle Vereinbarung zu sichern. Das gelingt in den nächsten Wochen. Walter schreibt nun zusätzlich regelmäßige Berichte für das Auswärtige Amt; erfreulicherweise ein neues regelmäßiges Einkommen von 300,– DM pro Monat.

Und doch reißen die Geldsorgen nie ab. Else sollte im Monat regelmäßig wenigstens 300,– DM Haushaltsgeld von ihnen erhalten; Luscha kommt mit 100,– DM für die sonst fälligen Ausgaben nicht aus, sie brauchte eigentlich mindestens das Doppelte, und Walter müsste ebenso viel haben, auch ohne in München große Sprünge zu machen, allein für Miete, Porto, Fahrtkosten und Lebensmittel. Einen Augenblick sieht es so aus, als könne es in diesem und vielleicht auch noch im nächsten Monat reichen – dann entstehen wieder ungeplante Extraausgaben, oder es reihen sich Missgeschicke und ausgewachsene Katastrophen aneinander: Die «Münchner Allgemeine» stellt von einem Tag auf den anderen ihr Erscheinen ein, und die ausstehenden Honorare für zwei unter großem Zeitaufwand geschriebene Aufsätze sind dahin. «Samostijnyk» ist ebenfalls in Geldnot und schiebt die Zahlungen vor sich her. ABN behauptet plötzlich, Walters Honorar verstehe sich nicht auf Monatsbasis, sondern pro Zeitschriftenausgabe, so dass er für eine Doppelnummer trotz doppelter Arbeit nur ein Honorar bekommt.

So winden sie sich durch die Wochen und die Monate, ein ständiges kurzes Auf und quälendes wieder Ab, viel häufiger Ebbe als Flut, und die Flut nie so reichlich, dass sie eine Weile anhielte. Großer Jubel, als Luscha eine Kurzgeschichte bei der «Neuen Illus» unterbringt – 100,– DM Honorar! Die Tatsache, dass sie endlich ein paar Anschaffungen für das Baby machen kann, tröstet sie sogar darüber hinweg, dass man ihre Geschichte bei der redaktionellen Bearbeitung vollkommen verkitscht hat.

Immer gibt es penible Finanzaufstellungen auf beiden Seiten: Die und die Summe ist noch zu erwarten, müsste spätestens nächste Woche an dich gehen, hältst du so lange durch? Die 40,– DM muss ich behalten, als Anzahlung auf die Miete, außerdem muss ich dringend zum Frisör und wenigstens einmal in der Woche in die Badeanstalt, ins Wannenbad; *«hier in der Wohnung besteht ja keine Gelegenheit zur Ganzkörperwäsche».* – Ich wage gar nicht, mir vorzustellen, von was du lebst in München. Der Schuster wartet jetzt schon seit zwei Monaten auf sein Geld, aber der Krankenkassenbeitrag ist das Wichtigste, den muss ich zuerst zahlen. Omi hat diesen Monat noch nichts bekommen, noch ist sie friedlich, *«lässt aber die Nase schon unter den Meeresspiegel hängen»,* das monatliche Schulgeld für Tordis steht an, vielleicht können wir eine Schulgeldbefreiung erreichen. *«Ich habe nur noch zehn Mark in der Pfote»,* die Kinder brauchen neue Hefte, Bleistifte und Tinte, *«ich raufe mir die Haare, aber davon kommt auch kein Geld. Obendrein hat dieser vermaledeite Monat einunddreißig Tage»* – und so weiter und so fort. Hat man dem Kraken einen Kopf abgeschlagen, will sagen: einen Gläubiger befriedigt, so recken sich gleich fünf neue Köpfe, bzw. notwendige Ausgaben schreien danach, getätigt zu werden. Es ist eine ewige Quälerei und ein Ende nicht abzusehen. Dabei arbeitet Walter in München so hart, dass er die Gangart kaum steigern, vermutlich nicht einmal lange durchhalten kann.

«Ich lebe im Bewusstsein des Reiters über den Bodensee, ich spüre die Dünne der Eisdecke jeden Tag.» Es gibt kaum Ablenkung in der Monotonie seiner Arbeitstage, die Wochenenden gleichen den Werktagen. *«Heute ein ganz trauriger Sonntag. Ich hatte auf eine Einladung zum Mittagessen zu Tschubatyjs gehofft, sie sagten aber kurzfristig ab, weil sie Freunde besuchen*

müssten, die auswandern wollen. So saß ich heute den ganzen Tag im Zimmer, das erst nachmittags aufgeräumt wurde, dazu draußen Regen – man sollte nicht in einer fremden Stadt allein an Regensonntagen in unordentlichen möblierten Zimmern sitzen, die Traurigkeit bricht durch alle Ritzen ein.»

Tschubatyj arbeitet im Münchener Großmarkt, und so entgeht ihm an diesem Wochenende eine gute Mahlzeit mit frischem Gemüse, aber auch Geselligkeit, die seine trübe Stimmung hätte vertreiben können. Walters Bekanntenkreis besteht überwiegend aus Osteuropäern im Exil, Intellektuellen, Künstlern, die sich ähnlich durchs Leben schlagen wie er; viele haben auch einfache manuelle Beschäftigungen angenommen. Es gibt Lebenskünstler und gescheiterte Existenzen unter ihnen; sie bilden Kolonien, besuchen einander, sie philosophieren und politisieren, sie tagträumen von der Rückkehr in eine Heimat, die vom Kommunismus befreit sein wird. Natürlich rivalisieren und intrigieren sie auch in ihren abgeschotteten Zirkeln; es gibt kleinliche Kämpfe neben herzlicher Großzügigkeit; sie veranstalten alkoholisierte Treffen, bei denen sie einander von der guten alten Zeit erzählen, von vergangener Größe prahlen, einander beschimpfen und umarmen, miteinander singen und weinen. Unter den Emigranten fühlt Walter sich weniger verloren; ihr Lebensgefühl, von Heimweh durchtränkt, gleicht dem seinen.

In den warmen Sommernächten sitzt er manchmal nachts lange am offenen Fenster, zu überdreht, um zu schlafen, zu müde, um noch irgendeinen Gedanken aufs Papier zu bringen, und schaut ins Dunkel hinaus. Er sehnt sich nach Luscha, nach Gemeinsamkeit und Gespräch – «*Starkes Verlangen nach dir, auch körperliches – ich darf dir das doch schreiben?*» Nur Arbeit, Arbeit, Arbeit, jeden Tag. Vielleicht würde es ihm gut tun, zur Erholung zwischendurch einmal schwimmen zu gehen, er hat aber kein Geld, sich eine Badehose zu kaufen. Also beginnt er stattdessen mit der Niederschrift des nächsten Aufsatzes.

«Ich machte in den letzten Tagen eine Art von Nervenkrise durch, anders weiß ich meinen Zustand nicht zu beschreiben: Äußerlich nicht erkennbar, es sei denn in einer erhöhten Reizbarkeit, schwamm ich in einem uferlosen Strom von quälenden Selbstvorwürfen, Selbstanklagen, Zweifeln an meiner Fähigkeit

zu allem, Mutlosigkeit etc., Ausschweifungen der Selbster-
kenntnis, die mich stetig neue Fehler und Schwächen in mir er-
kennen ließen – es waren ein paar grauenvolle Tage, in denen
ich auch nur wenig vernünftige Arbeit zustande brachte. Jetzt ist
das überwunden, und seit gestern Nachmittag bin ich wieder
fest bei der Arbeit.»

Luschas Niederkunft naht; er hatte gehofft, bis dahin in
München sicheren Boden unter den Füßen zu haben; er wollte
etwas angespart haben für die besonderen Ausgaben, die jetzt
auf sie zukommen; stattdessen weiß er sie in dieser Situation einigermaßen entblößt und ist selber vollkommen blank, mit der
Miete im Rückstand. *«Jeden Abend sitze ich vor unserer Haus-*
haltsrechnung, die wir gemeinsam machten, und grübele, wie
wir es schaffen können ... Und um die Schwierigkeiten zu meh-
ren, stehen gerade in solchen Augenblicken der Niedergeschla-
genheit die kommenden Sorgen, Ausgaben, Verpflichtungen
usw. plötzlich in ihrer ganzen Härte und Unausweichlichkeit
vor mir. Dann könnte man ganz verzweifeln. Aber wir werden
es nicht tun, wir beide nicht. Ohne dich hätte ich die Schwierig-
keiten der zurückliegenden sechs Jahre nicht so verhältnismäßig
ungebrochen überstanden, das gibt mir auch den Mut, den
kommenden entgegenzusehen. Nur verlangt es einen manchmal
doch zu wissen, wie viel Plackerei man hinter sich gebracht hat
und wie viel noch vor einem liegen mag.»

Jeden Augenblick kann jetzt in Detmold ihr neues Kind zur
Welt kommen; Luscha braucht seinen Zuspruch, und er hat
nicht einmal das Porto für den Brief, den er ihr zum Hochzeitstag
am 7. Juli schreibt. *«Unser Hochzeitstag, weißt-du-noch-Stim-*
mung ...», er läuft mit einem trockenen Brötchen im Magen zur
Arbeit, den Brief und den Text für ein Liebestelegramm an sie in
der Tasche. Unterwegs trifft er einen ukrainischen Bekannten,
der ihm zwei Mark leiht, so dass er Brief und Telegramm ab-
schicken und obendrein noch ein Glas Milch trinken kann. *«Im*
Augenblick geht es mir wie Villon: ‹Das lebt mit einem Buch
und nichts im Magen/In einer Hütte, dran die Ratten nagen›.»
Doch sie soll sich nur ja nicht um ihn und auch nicht um die Zukunft sorgen, sie soll jetzt in Ruhe und Zuversicht das Kind bekommen; in zwei Tagen müsste er wieder Geld haben und ihr
etwas schicken können. Irgendwie werden sie auch diese Durst-
strecke überwinden. *«Unsere augenblickliche Misere, mit allen*

ihren Belastungen, nimmst du so tapfer hin. Keine Frau macht dir das nach.» Er wird gleich nach der Geburt nach Detmold kommen, wie sie es abgesprochen haben, spätestens um sie und das Kind aus dem Krankenhaus abzuholen.

«Es ist schlimm genug, Luscha, dass wir in dieser Zeit auseinander gerissen sind … Aber im Herzen habe ich doch viel Freude, dass jetzt noch ein Kind kommt, zumal wenn ich sehe, wie gut und versprechend die älteren vier aufwachsen.» – Drei Tage später wird Rikarda geboren.

21.

In Detmold, im Juni 1951, kämpft sich Luscha durch die letzten Tage der Schwangerschaft. Es kann jetzt nicht mehr lange dauern. Aber sie kann auch nicht mehr lange durchhalten; es reicht ihr; sie will einfach nicht mehr.

Der Alltag, allein mit den Kindern, wird immer beschwerlicher. Ihre Mutter ist nach Neuwied gereist, zu einem längeren Sommerbesuch bei Ilse; sie hat versprochen, pünktlich zur Geburt wieder zurückzukehren. Auch Walter wird kommen, sobald das Baby da ist, aber sicher nicht länger als eine Woche bleiben. Das ist traurig, aber sie sieht es ein; er muss am Ball bleiben, um sich in München halten zu können. Zu vieles steht jetzt für sie alle auf dem Spiel; es wäre schlimm, wenn dieser Anlauf scheiterte. *«Die Hauptsache ist, dass deine Arbeit Erfolg hat und du weiterkommst, auch wenn das mal ein persönliches Opfer erfordert. Schließlich hast du jetzt eine Chance, auf die wir so lange verzweifelt gewartet haben – ohne sie wäre doch unser Zusammenleben immer bedrückter geworden.»* Freundlicherweise hat auch Walters Schwester Friedel ihre Hilfe angeboten. Sie kann sich aber nur für zwei, drei Wochen zu Hause freimachen, und diese kostbare Unterstützung will sich Luscha dann doch lieber für die Zeit aufsparen, wenn sie mit dem Baby aus dem Krankenhaus kommt. Zumal sie noch immer nicht weiß, woher sie Friedels Fahrgeld nehmen soll.

Dann ist wahrscheinlich noch etwa eine Woche Schulzeit zu überbrücken. Für die anschließenden sechs Wochen Sommerferien hat sie die vier anderen Kinder bei verschiedenen Verwandten untergebracht, weil sie dringend ein bisschen Schonzeit braucht. Das erforderte viel organisatorische Überlegung, mehrere Briefe, schriftliche Bitten. Die Kinder, auch die Großen, sind noch nie allein fort gewesen; sie freuen sich einerseits auf das Abenteuer, wären andererseits aber am liebsten zusammengeblieben. Doch wer lädt sich freiwillig vier Kinder zwischen drei und zehn Jahren für sechs Wochen auf? Nun hat Ilse einen Ferienplatz für Tordis angeboten; Gunild und Silke werden zu Großtante und -onkel nach Hagen gehen; dort gibt es Vettern und Kusinen gleich nebenan, sie werden sich nicht langweilen, und Friedel wird, wenn sie nach beendetem Einsatz von Detmold wieder abreist, die dreijährige Herrad mitnehmen – sicher das anstrengendste Geschäft.

Wenn es nur endlich so weit wäre! Der Gedanke an das Gebären selbst macht sie nicht mehr bang; das hat sie nun schon so oft und meistens recht locker hingekriegt, und wenn diese Arbeit erst vollbracht ist, dann folgt die wunderbarste Belohnung: einmal so richtig von morgens bis abends faul sein dürfen, nichts tun als schlafen, dösen, lesen, essen – himmlische Vorstellung! Der Krankenhausaufenthalt liegt vor ihr wie ein luxuriöser Hotelurlaub; die Zeit anschließend, nur mit dem Baby, ohne die anderen Kinder, erscheint ihr wie ein ausgedehnter Kuraufenthalt. Wäre es nur erst schon so weit!

Bis dahin heißt es: durchhalten. Besonders die Vormittage sind immer sehr verhetzt. Kaum sind die drei Großen aus dem Haus, auf dem Weg zur Schule, packt sie sich Herrad und fährt mit ihr in die Stadt, um einzukaufen. Heutzutage liefern die Lebensmittelgeschäfte nicht mehr ins Haus; die paar Läden im Dorf sind weit weg und viel zu teuer. Die Einkaufsprozedur ist täglich erforderlich, denn sie kann nur begrenzte Mengen schleppen, zumal ihr Bauch inzwischen gefährliche Dimensionen angenommen hat und sie nebenbei, mit den Taschen an der Hand, immer noch das lebhafte Kind zähmen muss, das keineswegs brav am Gängelband neben ihr herläuft, sondern plötzlich abrupt stehen bleibt, ein Mäuerchen erklimmen, einen Baumstamm umkreisen will, auf einen Hund losrennt, einen Passanten anspricht.

Zum Glück hat sie inzwischen einigermaßen zusammen, was sie fürs Baby braucht: Das Körbchen, mit rotkariertem Stoff ausgelegt, steht bereit, ein Geschenk von Familie G.; sie muss nur die zerbrochenen Achsen des Untergestells noch schweißen lassen. Ilse hat ihr eine passende Einlegematratze vermacht, sie selbst hat eine kleine Zinkwanne zum Baden gekauft, einen weißen Windeleimer mit Deckel, ein Emaille-Kochtöpfchen für Babymilch, einen Still-Büstenhalter, einen Gummischlauch-Gürtel, um in der Zeit nach der Entbindung schnell zu ihrer alten Figur zurückzufinden. Aus alten, beim Waschen geschrumpften Unterhosen von Walter hat sie schon eine ganze Reihe von Windeln genäht, da bekommt sie unerwartet noch einen kompletten Satz fast neuer von einer Frau aus der Nachbarschaft geschenkt.

Wenn die Lebensmitteleinkäufe getätigt und sie nach endlosen Ermahnungen endlich mit ihren Taschen in die Straßenbahn geklettert sind, kann Luscha erst einmal aufatmen; Herrad unterhält dann zwar sämtliche Mitreisenden mit ihren Erzählungen, sitzt aber wenigstens einigermaßen ruhig auf ihrem Platz. Zu Hause angekommen, steckt sie das protestierende Kind mit ein paar Bausteinen in den Gitterstall und macht sich in großer Eile daran, das Nötigste zu putzen, ein paar Kleinigkeiten zu waschen – nur die kleine Wäsche, große Wäsche ist alle zwei Wochen freitags, ein besonderer Horrortag –, die Kartoffeln zu schälen, das Mittagessen zu kochen, bis um zwei Uhr die drei Großen aus der Schule zurückkehren. Tordis hat im Frühjahr die Aufnahmeprüfung für das Gymnasium mit Bravour bestanden, sie geht als Einzige schon in der Stadt zur Schule; Gunild besucht die vierte und Silke die dritte Klasse der Dorfschule.

Wenn nur ihr Mittagsschlaf, dieses kostbare Inselstündchen mitten am Tag, nicht ausfällt! Die Großen brechen gleich nach dem Essen in die Badeanstalt zu ihrem Schwimmkurs auf – ob Sonne, ob Regen, bei jeder Temperatur, es sei denn, ein Gewitter dräute. Sie sollen noch in diesem Sommer ganz sicher im Wasser werden. Die Kosten für den Schwimmkurs – von den Kindern heiß ersehnt, im Frühsommer eigentlich schon gestrichen, weil unerschwinglich: 10,– DM pro Kind, aber dann hat der Bademeister sie netterweise alle drei auf einmal für nur 15,– DM genommen – hat Luscha zum großen Jubel aller von dem unerwarteten Honorar für ihre Kurzgeschichte in der «Neuen Illus» bestreiten können. Nun wandern sie also täglich die gute halbe Stunde zur Badeanstalt, und Luscha hat ihre zwei ruhigen Stunden zur Mittagsruhe, sofern ihr nicht Herrad einen Strich durch die Rechnung macht, die gleich nach dem Mittagessen ins Bett gepackt wird, aber oft zu früh wieder aufwacht, im Kinderzimmer rumort und unbeaufsichtigt dummes Zeug anstellt. Anschließend die Rückkehr der Schwimmerinnen, Kaffeetrinken, eine Tasse Nescafé, die Luscha wieder auf die Beine hilft, die Kinder bekommen Milch und Marmeladenbrote und machen sich an ihre Hausaufgaben. Das sollte sich eigentlich ruhig und konzentriert vollziehen – alle sind um den großen Tisch versammelt, Luscha überwacht den Vorgang stopfend, nähend, flickend; Herrad krakelt am Boden Buchstaben auf ein Stück Papier – und endet doch immer im Durcheinanderreden und -schreien: Was soll denn bitte falsch sein an «Schulrantzen»? Dreimal wie viel ist denn noch mal vierundfünfzig? Gib mir sofort mein Radiergummi wieder! Ich will das aber nicht noch mal abschreiben. Silke hat mich gepufft, absichtlich, und jetzt ist da ein Tintenklecks! Herrad hat meinen Bleistift abgebrochen! Kannst du mir endlich die Englischvokabeln abhören? Wenn du mich noch einmal trittst, hau ich dir eine runter!

«Turbulenzen zum Verrücktwerden …» «Die natürliche Lebhaftigkeit unserer Töchter steht meinem – natürlichen – Bedürfnis nach Ruhe u. Stille allzu sehr entgegen … Mittags fertig, total ausverkauft, Krakeel mit den Kindern, Donnerwetter, Nervenkrieg – endlich: Bett, in dem Gefühl, am Ende zu sein, und voll des Wunsches, dass du mal wieder dazwischen donnern u. die Bande zur Ordnung rufen könntest … Mein Gott, es geht wild zu, nichts weiter, viel Krach, gesunder Krach, aber ich bin dem allein zur Zeit nicht eben hold und nicht gewachsen.» Was Wunder: Dies ist ihre sechste Schwangerschaft, die beiden Abbrüche nicht mitgerechnet, sie ist dreiundvierzig Jahre alt, und die vergangenen sieben Jahre mit ihren schweren Lebensbedingungen sind nicht spurlos an ihr vorübergegangen.

Wenn die Schularbeiten fertig sind, gibt es Abendessen: Butterbrote mit Schmalz, Grießbrei oder Arme Ritter (in süße Milch eingelegte Brotscheiben, die in der Pfanne aufgebraten werden). Omis Abwesenheit hat ihr Gutes; Luscha lebt in dem Gefühl, allein sparsamer wirtschaften zu können. Zum Glück ist ihre Mutter im Frieden mit ihr und versöhnt mit dem kommenden Ereignis abgereist; es hatte zuvor schwere Wochen gegeben, in denen Else kaum ein Wort mit ihr sprach und sie nur dann und wann in heftigen Ausbrüchen aneinander gerieten. Natürlich war es auch denkbar ungünstig gewesen, dass sie ihr die Nachricht gerade an Ostern unterbreiten mussten, als es ganz danach aussah, als könne Walters ehrgeiziger Ausflug nach München jeden Augenblick beendet sein und er arbeitslos wieder in der Tür stehen. Elses Reaktion hatte ihr das Leben sehr schwer gemacht, obwohl «*sie beide inzwischen so froh darüber sind, dass sie sich ein sechstes Mal entschlossen haben, zum Leben Ja zu sagen*». Auch die Freude der Kinder auf das neue Baby ist riesig: «*Ha, schrie Silke*», als sie es ihnen erzählte, «*ich wollte, es käme gleich heute Abend!*»

Nach dem Abendbrot verschwinden die Kinder ins Bett, endlich, die Großen mehr oder minder bereitwillig, aus eigener Kraft – Habt ihr die Ranzen ordentlich gepackt? An das Turnzeug gedacht? Die Bleistifte gespitzt? Also bitte: Wer hat hier seine Sachen einfach auf den Boden geworfen? –, während sie Herrad noch beim Ausziehen helfen muss. Wenn das Baby da ist, wird sie das Kinderzimmer umräumen müssen; es wird ein wenig eng für fünf Schlafstellen, den großen Tisch, die Wickelkommode, und weder Betten noch Kommode sollten zu dicht beim Ofen stehen.

Endlich ist Ruhe eingekehrt! Doch dann schlägt die große Standuhr im Flur meist schon halb neun oder gar neun Uhr. Jetzt, im Sommer, hat sie das ruhige Schriebes zum Arbeiten für sich, das im Winter, unbeheizbar, zum Eispalast wird. Sie müsste die milde Jahreszeit viel besser ausnutzen. Wenn sie nur nicht immer so grauenvoll müde wäre! Vielleicht wird sie sich noch ein Tässchen Nescafé leisten, um sich für die Abendschicht in Schwung zu bringen. Eine ganze Reihe von Briefen sind zu schreiben, und sie muss Zeitungsausschnitte für Walter machen, er braucht alles, was Osteuropa und den Kommunismus betrifft, für sein persönliches Archiv. Die «Lippische Landeszeitung» hat man rasch durchgeblättert, aber «Die Welt» verlangt ein bisschen mehr Wachheit, erst recht so der «Christian Science Monitor», über dem ihr schon die Augen zufallen. Seit Wochen häufen sich die Blätter in der Ecke; lass die Zeitungen doch direkt an mich schicken, wenn es jetzt zu viel für dich wird, hat er ihr geschrieben, aber sie will diese Aufgabe gar nicht abgeben, ist es doch eine der wenigen Beschäftigungen, bei denen ihr Geist ein bisschen Nahrung findet oder sie zumindest ihr Englisch trainieren kann.

«Mother is sitting in the chair and darning socks» – so was kann inzwischen sogar schon Tordis formulieren. Und manchmal sieht es jetzt verdammt so aus, als wäre ihr Leben dabei, auf diese Rolle zu schrumpfen! Dabei hat sie eine Menge Ideen für Geschichten, aber sie ist so abgrundmüde, dass sie sich manches Mal sogar für die Briefe schämt, die sie an Walter schreibt, *«entschuldige den ärmlichen hausbackenen Wisch»*: nichts als banale Schilderungen des Tagesablaufs, entnervendes Stöhnen über Geldsorgen und der ewige Schrei nach mehr Schlaf!

Wenn sie noch einmal die Kurve kriegt, findet sie vor Mitternacht nicht ins Bett. Der Wecker schrillt um sechs Uhr. Ein-, zweimal ist es passiert in diesen Tagen, dass sie erst Tordis' Schreckensrufe um kurz nach sieben aus dem Schlaf gerissen haben: Mutti, Mutti, ich komme zu spät zur Schule! Dann die besinnungslose Hetze, im Bademantel in die Küche, das Kind muss wenigstens einen Schluck Milch bekommen, ist sowieso viel zu mager, ein trockenes Stück Brot in die Hand, die Schulbrote hat sie zum Glück schon am Abend zuvor geschmiert, ausnahmsweise Geld für die Straßenbahn – das reißt ein zusätzliches Loch in ihre letzten Bestände, die bis zur Niederkunft reichen müssen. Tordis rennt davon, Gunild und Silke kommen verschlafen in die Küche getapert, sie haben zum Glück erst zur zweiten Stunde Unterricht, und doch holt sie an solchen verflixten Tagen die Verspätung in ihrem eigenen Stundenplan kaum wieder auf.

Sie hat schon die ersten Vorwehen gespürt, da sticht sie noch einmal der Hafer: Sie will unbedingt diese Kurzgeschichte zu Papier bringen, die ihr vergangene Woche auf dem Weg in die Stadt einfiel, als sie sich samt Herrad und schwerem Bauch zu Fuß durch den Wald schleppte, um das Straßenbahngeld von Tordis wieder herauszuholen, eine kuriose Situation und eine durchaus komische Geschichte, die ihr da in den Sinn kam, könnte etwas für die «Neue Illus» werden. An einem guten Abend skizziert sie die Rohfassung, am nächsten und übernächsten misslingt erst der Schluss, dann sitzt er, endlich, drei Nachtschichten, denen drei scheußlich anstrengende Tage folgen, trotzdem ein Hochgefühl. Sie hat es geschafft, natürlich ist völlig ungewiss, ob die es nehmen werden, sie drucken dort fast nur Seichtes. Egal, was daraus wird, jetzt will sie die Sache im Briefkasten wissen; sie leiht die Schreibmaschine in der Nachbarschaft aus – *«immer im Druck, das Baby könne dazwischenkommen, wie all die Tage vorher beim Schreiben – ein ulkiger*

Zustand, noch nie erlebt –, aber wahrscheinlich nicht zum Besten der Produktion, das kann ich jetzt nicht beurteilen» – und sie bittet die Freundin Ronni, die gelernte Sekretärin, ihr an einem weiteren Abend die sechs Seiten zu tippen. Da sitzen die beiden Frauen am Schreibtisch, Seite an Seite mit ihren ausladenden Bäuchen, denn auch Ronni ist schwanger, im siebten Monat. *«Also: Ronni tippte, ich diktierte. Sie war aber gar nicht in Form – nachts vorher auch Voralarm, Erbrechen, Befürchtungen von Frühgeburt –, Manuskript sah deshalb nicht nach Chefsekretärin aus, sondern genauso, als hätte ich selbst getippt, vielleicht noch mieser.»* Bei all ihren Spannungen und Ängsten können sie auch witzeln und lachen bei der Arbeit. – Leider ist alle Mühe vergebens, die Geschichte wird nicht gedruckt.

Nach diesem letzten Kraftakt rutscht Luscha in ein hässliches Stimmungstief. Jedenfalls klingt der Brief, den sie Walter einen Tag vor der Entbindung schreibt, zutiefst deprimiert: *«Die Situation ist mal wieder gründlich verpfuscht: Geldmangel, der zum Himmel stinkt.»* Sie hat Schulden bei Omi, Dr. G. brachte statt 150,– nur 50 Mark; die ausstehende Honorarzahlung vom «Rheinischen Merkur» verzögert sich aus unerfindlichen Gründen, an ihrem Hochzeitstag ist sie alles andere als in Feierstimmung. Für Walters Telegramm mit Liebesworten muss sie 80 Pfennig Nachporto zahlen – da wäre ihr ein richtiger Brief, und der pünktlich, wirklich lieber gewesen. Omi, eben aus Neuwied zurück, schenkt ihr ein Babyhöschen und ein Wickensträußchen, eine liebevolle Geste, nicht einmal darüber kann sie sich freuen.

Weißt-du-noch-Stimmung, schöne Reminiszenzen zur Feier des Tages? Alles andere als das! *«Stattdessen muss ich hier noch Tag für Tag rumlaufen, waschen, bügeln, Teppich klopfen und auf dem Boden rumrutschen und wischen – ich habe es einfach gründlich satt in diesem Zustand – und nicht mal so viel Geld, dass ich mir wenigstens in der letzten Woche eine Putzhilfe leisten könnte.»*

Aber ist sie nicht selbst schuld? Warum musste sie auch anlässlich des Hochzeitstags für Walter teure Kinderporträts beim Fotografen machen lassen? Als sie noch etwas Geld in der Hand hatte, schien ihr das eine so wunderbare Idee, gelungene Fotos, und der Anblick seiner Töchter – *«schöne Mädchenköpfe»*, schreibt er ihr begeistert, «*und in jedem steckt viel drin*» – würde ihm so wohl tun, wenn er sich in München einsam fühlte. Aber genau das wären die paar Mark gewesen, mit denen sie eine Hilfe aus dem Dorf für diese letzte Woche, ein paar Stunden nur, hätte bezahlen können.

In dieser Nacht spürt sie erste ernst zu nehmende Wehen. Doch sie liegt im Bett, außerstande aufzustehen; sie denkt bei sich, die Wehen müssten noch um einiges eindrucksvoller daherkommen, bevor sie sich, so müde wie sie ist, zum Aufstehen nötigen ließe. Einstweilen will sie wenigstens ruhen und, wenn es auch nicht mehr klappt mit dem Schlafen, so wenigstens doch noch liegend Kräfte sammeln für die eigentliche Arbeit. Gegen Morgen verschwinden die Wehen wieder. «*Ich war unglaublich verdrossen über diese Enttäuschung*», schreibt sie Walter am Abend. Sie habe jetzt für nichts mehr Sinn, alles sei ihr egal, sie wolle nur noch in die Klinik. «*Deine Situation ist auch reizend – zum Heulen –, wir haben wenigstens was zu essen. Ich möchte nicht wissen, wie's bei dir damit bestellt ist. Wenn doch was käme – ist ja immer was gekommen.*» Sie zeichnet den Brief: «*Hoffend – deine Luscha*».

Was dann kommt, ist erst einmal das Baby. Schon einen halben Tag später ist es da, und Luscha geht es schlagartig wieder gut. Dreimal sagt sie das, in dem vierundzwanzig Stunden später im Krankenhaus hingekrakelten Brief: Ich bin so glücklich! «*Lieber Junge, mein guter Liebling, es war gar nicht schlimm, eine fabelhafte Geburt, das Kind kam ‹wie aus der Kanone geschossen›, mir selbst überraschend schnell. Eine ungemütliche halbe Stunde, mehr nicht ... Nur schade, dass du nun doch auf den Stammhalter verzichten musst, denn fürs Erste, denke ich, haben wir doch genug Strampels?... Ich wollte, du kämst jetzt schnell, habe großes Verlangen, dich zu sehen, zu sprechen.*» Und wieder: Ich bin so glücklich. Ich bin so glücklich.

Sie genießt die Zeit im Krankenhaus, die netten Bettnachbarinnen, das Umsorgtwerden, die herrlichen Lesestündchen, Walters Besuche. Dann holt er sie und das Baby aus dem Krankenhaus ab, noch einige turbulente Tage mit ihm und Else, mit Friedel und allen Kindern – dann sind sie sämtlich fort, und es beginnen ruhige Hochsommerwochen, allein mit ihrer Mutter und dem Neugeborenen.

Das Baby sollte noch bis zum Tag seiner Geburt Swetlana heißen, bis sie im letzten Moment erfuhren, dass auch Stalin seine Tochter so genannt habe, und sich daraufhin ganz schnell für Rikarda entschieden. Rikarda ist «*ein ganz Verfressenes*», Luschas Milch reicht von Anfang an nicht aus; sie muss mit der Flasche zufüttern. Die Tage sausen mit Siebenmeilenschritten dahin; sie hat so vieles zu tun geplant in diesen sechs Wochen, die Möbel im Kinderzimmer umstellen, Schränke und Regale aufräumen, etwa zwanzig Stück Wintergarderobe für die Kinder durchsehen und ausbessern. Nur ein Bruchteil davon geschieht. «*Bisher kam ich noch nicht zu dem, was ich in Abwesenheit der Kinder machen wollte: nichts, Beschaulichkeit, eine Geschichte schreiben, dir einen vernünftigen Brief …*» Noch immer ist Müdigkeit ihr vorherrschendes Lebensgefühl. Womöglich war sie noch viel erschöpfter, als sie vorher gedacht hatte; sie erholt sich doch schon ein wenig. Ihre Mutter ist umgänglich, sehr hilfreich und schäkert unerwartet viel mit dem Baby. «*Omi schwört, Rikarda sei das liebste aller unserer Kinder.*»

«*Das Wetter ist bezaubernd. Nachts, wenn der Mond auf dein leeres Bett scheint, komme ich mir sehr verlassen vor.*» Obwohl da das Baby ist, im Körbchen, sie beobachtet, wie sich seine Brust leise hebt und senkt im fahlen Licht, das kleine geballte Fäustchen an der Wange, das niedliche verdrückte Gesicht, eine Art entschlossener Ausdruck, noch im geheimnisvollen Rapport mit einer anderen Welt. Was Walter alles entgeht! Wenn er Rikarda an Weihnachten wiedersehen wird, wird sie schon fast ein halbes Jahr alt sein.

Mit dem Ende der Sommerferien, der Rückkehr der Kinder von den Verwandten, ist ihre Schonfrist vorüber. «*Die Kinder geben sich alle Mühe, mich bald wieder fertig zu machen – Lebhaftigkeit, Stimmaufwand, sich gegenseitig überschreien – furchtbar!, aber ich hoffe doch, dass es ihnen sobald nicht gelingen wird.*» Luscha kann das Baby kaum retten vor der Betulichkeit der Großen, den Liebesbezeugungen der Kleinen. Das Wannenbad gestaltet sich zu einer Art Theateraufführung, andächtig sitzen alle Kinder im Kreis um das schon reizend lächelnde Baby, die Großen dürfen abwechselnd assistieren.

Beginn der Holzarbeiten, in diesem Jahr ohne Walter. Sie schickt die Kinder zum Brennholzsammeln in den Wald, sie suchen kleinere Äste, größere Zweige; sie schickt die Kinder zum Fallobstaufheben in den Garten, dreimal die Woche gibt es jetzt wieder Himmel und Erde, Apfelmus mit Kartoffelpüree. Kühle Abende schon, im September, sie haben noch nicht geheizt, Omi geizt vorsorglich mit Holz und Kohle, *«aber ich mach mir's warm mit Pantoffeln, Pelzmantel, Decke. So viele Leute sitzen kälter.»* Wie lange ist Walters Sommerbesuch jetzt schon her? So lange, wie Rikarda alt ist.

An einem Oktobermorgen stattet er ihnen einen Überraschungsbesuch ab, ein Abstecher von Köln aus. Dr. B. vom Auswärtigen Amt hatte ihn dorthin zu einer Besprechung berufen. Er bleibt einen Tag und eine Nacht, erst größter Jubel bei den Kindern, umso schrecklicher das Wehgeschrei am nächsten Morgen, als er früh wieder aufbricht. *«Tordis und Gunild bestehen darauf, dass ich aus deinen Briefen vorlese, Herrad rügt fast täglich den vaterlosen Zustand, Silke träumt von einem Häuschen in München.»*

Immer wieder die gleichen Briefthemen: *«Wenn man anfängt zu rechnen, kann einem himmelangst werden, vor allem deshalb, weil die ganzen Berechnungen von dem unsicheren G.schen Unternehmen abhängen.»* *«Ich wollte, es ginge uns wie den heiligen Männern Indiens, die sich am Jamu-Fluss (wie die «Welt» berichtete) versammeln, um über den Weltfrieden zu beraten, ein kostspieliges Unterfangen, ich glaube 90 000 DM (oder eine Null mehr, ich behalte ja keine Zahlen), aber das berührt die heiligen Männer nicht, denn sie sind überzeugt, dass das Geld auf geistigen Schwingen zu ihnen kommt – möge es uns auch so ergehen!»*

Dann die ungeliebten Alltagsarbeiten: kleine Wäsche, große Wäsche, Mangeltag, Bügeln, zerrissene Kindersachen flicken, während sie Tordis die Vokabeln abhört, Silke ein Diktat gibt, Herrad zusammenstaucht, Gunild anweist, Rikarda das Fläschchen zu reichen. Wenn die Kinder abends endlich schlafen, *«eine Anstandsportion Socken stopfen in Omis Zimmer»* und anschließend mit einem Schmöker ins Bett. *«Aus Verzweiflung und Mangel an anderem»* liest sie Upton Sinclairs «Wallstreet». *«Keine angenehme Lektüre, aber sie entlässt einen mit einem gewissen Aufatmen der Erleichterung zu seinem eigenen Leben, dessen Nöte und Beklemmungen einem mit einem Male ganz reizvoll und gelungen erscheinen nach der trostlosen Leere dieser ‹verfaulten kapitalistischen Welt›.»*

Auch Walter klagt, dass er einen Großteil seiner Zeit in ermüdender Routine vertue. Viel zu selten komme er zu den anspruchsvolleren, den «*wesensbildenden*» Arbeiten, die ihn innerlich weiterbringen.

Doch damit ist er zur Zeit bei Luscha an der falschen Adresse. Er soll sich nur ja nicht über «*primitive Arbeiten*» beschweren! «*Oder willst du lieber hier sitzen und Holz hacken p. p.?*» Natürlich kommt man nicht zu «*Eigenem, Wesensbildenden*», weder er noch sie komme dazu, «*das sind ja denn auch verflixt dicke Töne, mit 40 muss sich ja inzwischen Wesen gebildet haben. – Was soll ich sonst sagen: Ich glaube jedenfalls nicht, dass Teppich- und Bettenklopfen und Bodenscheuern eine wesensbildende Beschäftigung ist. O Gott. Manchmal könnte ich mich bedauern, aber zum Glück hält es nicht vor … Wir sind jetzt 40, und im Augenblick sieht es so aus, als hätten wir nichts weiter zuwege gebracht, als 5 Kinder in die Welt zu setzen – das kann jeder Dummkopf auch (wenn auch vielleicht nicht so intelligente Kinder, aber wer weiß: Die Natur ist unberechenbar und liebt Sprünge). ‹Wesensbildend› ist ein Adjektiv für die Erziehung unserer Kinder – los, wir müssen ihnen was bieten, weiter, weiter, und bloß los hier von Omis Küchenschürze – es hilft nichts, wir müssen Geld machen, schnöden Mammon.*»

22.

Im Jahre 1952 konsolidiert sich Walters berufliche Situation ein wenig; zwar ist es finanziell immer noch ein Hängen und Würgen, ein Darben und Schrappen, hier wie dort, aber es kommt nicht mehr zu so extremen Einbrüchen wie noch im ersten München-Jahr. «*Mir kommt es immer noch wie ein Märchen vor, dass wir uns überhaupt auf diesem jetzt erreichten Standard unsere Unabhängigkeit erhalten.*» Er hat mehr Themen, als er bearbeiten kann, schreibt über die «Schlüsselfrage Dardanellen», den «Gefahrenherd Jugoslawien», die «Tschechischen Arbeiter zwischen Lockung und Zwang», den «Leidensweg der baltischen Völker», die «Vergessenen Abendländer: die litauische und ukrainische Kirche», eine «Kalmücken-Reportage». Man nimmt ihm seine Aufsätze ab; er hat weitaus mehr Pläne, als er realisieren kann, zeitweise legt er ein unglaubliches Arbeitstempo vor.

Dazwischen gibt es aber auch unproduktive Phasen. Krankheiten setzen ihn wiederholt schachmatt, wiederkehrende schmerzhafte Trigeminus-Entzündungen, Magen-Darm-Probleme, lähmende depressive Zustände. Wahrscheinlich sind sie die Reaktion auf sein extremes Arbeitspensum in den guten Zeiten, mit dem er Raubbau an seiner Gesundheit treibt. Er wirkt oft nervös, getrieben; nur dann, wenn kleinere berufliche Erfolge zu verzeichnen sind, die Fertigstellung einer Arbeit, ein Honorar in unerwarteter Höhe, anerkennende Äußerungen von berufener Seite, klingen seine Briefe für einmal ruhiger und zufriedener.

Von München bis nach Detmold fährt man vierzehn Stunden mit dem Zug. Seine Einsamkeitsgefühle kann er nur durch exzessives Arbeiten betäuben. Dazwischen lebt er im Wartestand. *«Ich warte, in des Wartens eigentlicher Bedeutung: zu dir zu kommen, auf eine Nachricht von irgendwoher, die etwas Wichtiges für uns bedeuten könnte, auf den nächsten Schmerzanfall etc. – ein schlimmer Zustand. Manchmal meine ich, ich könnte nicht mehr durchhalten, aber das ist Unsinn, man kann immer noch und immer wieder. Manchmal denke ich, wie lange du schon wartest, auf so vieles, und auch durchhältst. Sonst nichts Neues – nichts Gutes für uns jedenfalls. Das ist kein schöner Sonntagsbrief, deshalb will ich dir sagen, wie sehr ich dich liebe, schreibe du es mir auch noch mal.»*

Inzwischen ist er aus dem Zimmer mit dem *«kolossalen zweischläfrigen Bett»* in ein freundlicheres und obendrein preiswertes in der Veterinärstraße umgezogen, dicht beim Englischen Garten. Da sitzt er an sonnigen Sonntagen und beobachtet aus seinem Fenster im vierten Stock, wie ganze Scharen von Familien zum Spaziergang in den Park ziehen. Dann stürzt er sich in die Arbeit, oder er schreibt Ansichtskarten an seine Kinder und lange Briefe an Luscha.

Ihre Briefe sind anders geworden. Der Ton hat sich geändert, die Stimmung. Es gibt weniger poetische, farbige Schilderungen, weniger philosophische Nachdenklichkeit, stattdessen mehr nüchterne Berichterstattung im Telegrammstil, trockene Abschilderung von Tagesläufen und Arbeitsprogrammen, pragmatische Mitteilungen. Es herrscht nicht mehr die fast unerträgliche Anspannung, die den Briefwechsel zwischen 1945 und 1947 beherrschte. Alles ist alltäglicher geworden, auch die

Trennung; sie balancieren nicht mehr am Rande des Abgrunds, sie sind nur noch auf banale Weise arm. Man spürt, dass der Arbeitsalltag den größten Teil ihrer Energie frisst; vor allem Walters Sprache ist trockener geworden, seit er unter Hochdruck Zeitungsartikel produziert, aber auch in Luschas Briefen spürt man nicht selten eine knochentiefe Müdigkeit, die ihren Erzählstil blasser und kraftloser erscheinen lässt.

Aber sie brauchen diese Briefe, beide, sie führen noch immer ein intensives Gespräch, in etwa wöchentlichen Abständen. «*Plauderstunde, Luschamädchen. Ein Gewitter steht am Himmel.*» «*Endlich alle im Bett, jetzt ein bisschen mit dir reden.*» «*Ich schreibe dir lieber schnell einen Brief, wenn ich auch nicht weiß, wie ich über all die Traurigkeiten weghüpfen soll.*» «*Ich glaube, ich habe schreckliches Heimweh nach dir.*» «*Ich würde gern weiterschreiben, aber das kalte Zimmer zwingt ins Bett.*» «*Schlaf gut, Kleine, viele liebe Küsse.*» Manchmal sind es auch Selbstgespräche, an denen sie den anderen teilhaben lassen, die dazu dienen, sich über ihren jeweiligen Alltag zu heben. Bei Luscha geschieht das häufig amüsiert; ihr hilft die Distanz der erzählerischen Betrachtung, sich über ihre eigenen Defizite und auch über ihre Ambivalenzen klar zu werden. Für Walter bedeutet das Schreiben an sie teils Nabelschnur, Verwurzelung und Erdung, teils aber auch eine Art Berichterstattung an sein Überich: Hat er seinen eigenen Ansprüchen genügt? Ist es ihm gelungen, einen Schritt voranzukommen, ihre Lage zu verbessern?

Das Ende des Krieges, der Untergang des Nationalsozialismus, für ihn der Zusammenbruch nicht nur seiner äußeren Existenzgrundlage, liegt jetzt sieben, acht Jahre zurück. Steckt hinter Walters Rastlosigkeit auch der Wunsch nach dem Vergessen: härteste Anstrengung unter kümmerlichen Lebensbedingungen als Suche nach Selbsterlösung?

Wohl am stärksten zermürbt ihn, dass seine zahlreichen Bewerbungen um eine feste Stelle ohne Erfolg bleiben, zumal er registriert, dass viele seiner früheren NS-Kameraden inzwischen gute Posten im Erwerbsleben gefunden haben, nicht selten, weil sie ihre politische Vergangenheit einfach verschweigen oder herunterspielen. Das will er nicht; er erwähnt in seinen schriftlichen Bewerbungen sowohl seine SS-Zugehörigkeit als auch seine SD-Tätigkeit; seine berufliche Zukunft soll auf Ehrlichkeit aufgebaut sein.

Monatelang hofft er auf einen Redakteursposten beim Blatt der Bundesvereinigung der Arbeitgeberverbände; die Gespräche schleppen sich hin und verlaufen im Sande. Das noch im Aufbau befindliche Auswärtige Amt greift Ende 1952 endlich das Projekt auf, das ihn schon in seinen Anfängen 1947 nach Detmold lockte: Gerhard von M., mit dem Walter ständig in Verbindung blieb, will eine Art Pressebüro und Nachrichtendienst über die Entwicklung der kommunistisch beherrschten Ostblockländer aufbauen und wünscht sich Walter als festen Mitarbeiter. Gemeinsam entwickeln sie ein Konzept, das G. v. M. gegenüber dem Auswärtigen Amt erfolgreich vertritt; die Finanzierung erscheint gesichert; als Sitz des Büros werden Köln, Bonn oder Düsseldorf ins Auge gefasst. Doch dann erhält ein anderer aus der Detmolder Gruppe um Dr. G. die erste feste Stelle, und Dr. B. vom Auswärtigen Amt teilt ihm schriftlich mit, seine Anstellung sei noch nicht spruchreif; er bleibe aber weiter darum bemüht. Walter stürzt wieder in tiefe Depressionen: «*Werden in Bonn Bedenken wegen meiner politischen Vergangenheit erhoben?*»

Luscha rät ihm, bei zukünftigen Bewerbungen zu taktieren: «*Ich würde an deiner Stelle mit diesem Bekenntnisstil Schluss machen: bis 1939 ‹freier Mitarbeiter›, dann kannst du ja ‹Nachrichtendienst› oder ‹Verwaltung Galizien› oder so was (Unverfängliches dieser Art) an der Peripherie der Wahrheit sagen. Zunächst bist du ja zu keinen solchen vertraulichen Eröffnungen verpflichtet – bei einer eventuellen persönlichen Vorstellung kannst du dir dergleichen eher erlauben. Aber ich halte es für abgrundfalsch – nach den Erfahrungen –, noch weiterhin mit der Tür ins Haus zu fallen: Man kann nämlich mehr als diplomatisches Ungeschick, taktischen Missgriff, Weltfremdheit, Verkennung der öffentlichen Meinung hineinlegen: auch noch eine dummdreiste unentwegte Linientreue mag mancher aus einem so offenen Bekenntnis herauslesen. Mach Schluss mit dieser Sorte Bewerbungen.*»

Sein Bauch ist so eingefallen, dass seine Hosen schlottern und nicht mehr auf den Hüften halten. Um den Anblick der auf diese Weise peinlich hervorlugenden Unterhose zu verdecken, muss er auch bei heißestem Sommerwetter, während die Frauen in München halb nackt herumlaufen, in der dicken Anzugjacke ausgehen. «*Unter uns gesagt: Mein Anzug stinkt nach*

Schweiß», vertraut er ihr an. Deswegen könne er auch jetzt noch nicht zu einem weiteren Bewerbungsgespräch nach Köln reisen.

Luscha ist entsetzt. «*Das meinst du doch nicht wirklich? Dass dein Anzug ‹stinkt›?*» Doch, das tut er tatsächlich. Was Wunder! Da er ihn doch nie wechseln kann! Inzwischen hat er eine Möglichkeit gefunden, bei der Putzfrau seiner Zimmerwirtin waschen zu lassen, das kostet ihn zwar zwischen 7 und 8 DM im Monat, ist also um einiges teurer als die Postpakete mit Wäsche zwischen München und Detmold, hin und her, doch schneller und für sie beide bequemer, und außerdem hat er in Köln in einer Herrenschneiderei einen neuen Anzug bestellt, der zum Jahresende fertig sein soll – die Ratenzahlungen für dieses gute Stück werden ihn noch weit über die Mitte des nächsten Jahres in Anspruch nehmen.

Wie sollte es ihn nicht deprimieren, dass all seine Schufterei nur gerade dazu reicht, dass er sich in München so eben über Wasser halten kann – nichts mehr als das und ohne eine wirklich hellere Perspektive. Wenn er dann durch die Straßen der Stadt läuft, die gut gekleideten Menschen betrachtet und in die Auslagen der Geschäfte schaut, mit ihren «*vielen begehrenswerten Dingen*», wird ihm erst bewusst, dass es anderen Leuten inzwischen so viel besser geht. «*Der Anblick eines Autos wird mich wohl nie neidisch machen, auch nicht der eines Radioapparates – aber der Blick auf die Herbstneuerscheinungen in den Buchhandlungen bringt mir unsere eingeschränkte finanzielle Lage schmerzlich ins Bewusstsein.*»

Luscha tröstet ihn: «*Machen wir doch alledem eine lange Nase, wir können es, weil unser Glück ja schließlich nicht davon abhängt!*» Er solle seine ewigen Selbstvorwürfe und die Niedergedrücktheit endlich zum Teufel jagen. «*Wir haben uns schließlich den Luxus von fünf Kindern geleistet – hätten wir nur eins oder zwei, so wäre, bei deinem jetzigen Einkommen, unser Schiffchen arg flott, unsere Kleidung und unsere Nerven wären nicht abgenutzt, wir wären besser geeignet, die Stürme des freien Berufslebens zu überstehen, und brauchten nicht nach der Sicherheit eines festen Einkommens so begierig zu trachten ... Aber sollten wir uns wünschen, eins von den Fünfen nicht bekommen zu haben?*»

Sie hasst den Gedanken, dass er vor sich selbst und anderen

als Versager dasteht. Deswegen hat sie auch die zwanzig Mark, die Gunild und Silke von Tante Mariechen für Gummistiefel geschenkt bekamen, stattdessen für eine feine Lampe ausgegeben, die Omi zum Geburtstag haben soll, von ihnen beiden, und sie hofft, dass er nicht ungehalten sein wird über das teure Geschenk, da sie ja zur Zeit «mehr Schulden als Haare auf dem Kopf» hat. Aber sie will einfach nicht, dass «Geburtstagsgaffer» nach einem Blick auf den Gabentisch Walter für «eine lahme Ente» halten. «Du schuftest so viel und bist so tüchtig – als du noch arbeitslos warst, machte es mir nichts aus, für nichts angesehen zu werden, weil's dem Augenschein nach ja auch stimmte, aber jetzt verdrießt es mich, denn du hast ja Erfolge, allerhand, trotz allem, und ich will, dass man davon spricht und nicht all deinen Mühen zum Trotz immer nur denkt, es sei Omi, die uns allein durchzöge.»

Nun ist ihnen das Ganze ihres Lebens wieder in zwei ungleiche Teile zerfallen: Er hat die Großstadt, die intellektuelle Arbeit, den individuellen Freiraum – um den Preis der Einsamkeit, bei dürftigsten materiellen Bedingungen; sie hat das Lebendige, die Kinder, das Leben auf dem Lande – um den Preis, sich in der geisttötenden Fron der Hausarbeit zu verbrauchen.

Alles in allem kommt Luscha besser zurecht. Zwar hat sie in Detmold kaum anregende Gesprächspartner, aber dafür ist ihr Leben turbulent genug, und in den wenigen ruhigen Stunden, die sie stehlen kann, holt sie sich, was ihr fehlt, aus Büchern, durch das Schreiben. Ihr bleiben die Freuden der Natur, auf die sie viel stärker reagiert als er. Kaum scheint die Sonne, geht es ihr gut – auch wenn sie eben noch zutiefst deprimiert war und dafür auch einiger Anlass bestand. «Es geht mir recht gut, besonders bei Sonne. Möchte nur gern was schreiben, aber was ich vor Ostern zuwege brachte, ist abscheulich schlecht geworden.»

Lesen und Schreiben – das sind für sie die kleinen Fluchten aus langweiliger Alltagsarbeit. Obwohl ihre schriftstellerischen Erfolge äußerst spärlich gesät sind – 1951 die Geschichte in der «Neuen Illus», 1952 einige Erzählungen in der «Soldatenzeitung» –, macht sie sich Ende 1952 wieder an einen neuen Roman. Woher nimmt sie den Elan zu so vielen durchwachten Nächten, die mit grausam anstrengenden Tagen bezahlt werden? Wenn sie eine Geschichte, ein Manuskript zurückgeschickt bekommt, dann drückt das schon auf ihre Stimmung –

aber das Gefühl der Enttäuschung, der Kränkung vergeht, über kurz oder lang hat sie eine neue Idee und sitzt wieder am Schreibtisch; es ist eine Plage, ein Fluch, vielleicht auch eine Sucht, ein Zwang, egal, aber hat sie einmal angefangen, dann muss sie auch weitermachen, die Sache muss zu Ende gebracht werden und aus dem Haus. Vorher findet sie keine Ruhe. Tordis habe um ein Schulheft gebeten und nun auch mit einem Roman begonnen, schreibt sie Walter – «*da wird doch hoffentlich nicht das Erbübel durchschlagen?*»

Dabei ist sie keinesfalls unkritisch gegenüber sich selbst, sie spottet über die Qualität ihrer «*erzwungenen Coffein-Prosa*» und räsonniert, um wie viele Stunden sie ihre Familie betrügt, obwohl nicht einmal das Geld für die Milch der Kinder bei ihrer Schriftstellerei herausspringe! Dann wieder heißt es: «*Ich will mich nicht beklagen, aber manchmal glaube ich, dass man sich hier auf die stumpfsinnigste aller Arten verschleißt – während ich, hätte ich nur Zeit und den richtigen Kontakt, nicht nur Geschichten schreiben, sondern sie auch an den Mann bringen könnte... ich bin heimgesucht von großartigen Plänen.*» Stattdessen reiche es nur für «*ausgehöhlte Briefe*» an ihn. In solchen Äußerungen wird ihre ganze Ambivalenz sichtbar. Denn kaum hat sie ihre Lebensbedingungen beklagt, die der Schriftstellerei nicht eben zuträglich sind, nimmt sie sich schon wieder zurück: «*Ich bin keineswegs undankbar. Nichts Geschriebenes ist mit unseren Kindern vergleichbar.*»

Dabei findet sie sich als Mutter oft genug höchst unzulänglich, weil sie viel zu oft aus der Haut fährt, wenn sie müde und erledigt ist, also meistens, die Schufterei im Haushalt und das Bändigen der Fünferbande nutze sie einfach ab. «*Und eine abgenutzte Mutter imponiert gar nicht mehr und macht außerdem alles falsch; man müsste nur immer frisch und ausgeruht mit ihnen sein, dann kriegt man sie viel besser zu allem heran, stattdessen schlage ich manchmal am verkehrten Ende aus ... Dabei sind sie ja wonnige kleine Teufel, wie gern ginge ich anders mit ihnen um und richtig auf sie ein – ach, ich bin gar nicht zufrieden mit mir. Komme bald!*»

Trotz der immer wiederkehrenden finanziellen Misere, den Zeiten, in denen sie nichts als Kartoffeln zu essen scheinen, in allerhand mehr oder weniger fantasievollen Varianten, besitzt Luscha die Fähigkeit zur Freude, die sie auch auf die Kinder übertragen kann. Wenn ausnahmsweise mal Geld da ist, werden rauschhafte Feste gefeiert, und sie schwärmt ihm vor von der «wunderbaren Völlerei» – «für jedes von uns zwei Brötchen, ein halbes Ei, Leberwurst und frischer Camembert!»

Auch sie unterliegt starken Stimmungsschwankungen, aber ihre Abstürze in die Düsternis sind seltener als bei ihm, und sie halten vor allem niemals lange vor. Sie braucht nur wieder richtig ausgeschlafen zu sein, «dann sieht die Welt schon wieder bedeutend freundlicher aus». «Ansonsten musst du nicht denken, dass ich ein schweres Leben hätte, so einen Blödsinn darfst du dir gar nicht vorreden. Ich finde es herrlich, immer so verdammt im Druck zu sitzen, und wenn dann plötzlich was kommt» – es ist mal wieder von Geld die Rede – «auf und ab, bewegt und wechselvoll, das ist richtig, so muss es sein, das hält frisch, das heißt Leben.» Natürlich ist das nur wieder mal so forsch dahergeredet; sie findet es keineswegs wunderbar, «immer so verdammt im Druck zu sitzen», aber sie besitzt Suggestionskraft genug, sich, wo es nötig ist, einzureden, dass das, was sie ohnehin nicht ändern kann, gar nicht mal die schlechteste Art zu leben sei.

Sie bejaht die Trennung nicht, sie wünscht sich im Gegenteil endlich ein Ende herbei und setzt ihn von Zeit zu Zeit mächtig unter Druck, wenn er sich mit der Situation abzufinden scheint – «Setze Himmel und Hölle in Bewegung, dass wir wieder zusammenkommen!» Aber da sie nun einmal getrennt sind, holt sie das Beste für sich heraus und genießt die Freiheiten, die sie hat, insbesondere ihre langen Lese- und Arbeitsnächte.

Im Frühjahr 1953 ist Walters größter Wunsch nach langem Hin und Her nun doch in Erfüllung gegangen; er erhält zum 1. April eine feste Anstellung in Düsseldorf. Gerhard v. M.s «Büro für heimatlose Ausländer» ist eine Nachrichtenagentur, die für das Auswärtige Amt in Bonn politische, wirtschaftliche und kulturelle Informationen aus den Ostblockstaaten sammelt und aufbereitet. Luscha jubelt beim Gedanken an die 500,– DM, die er nun voraussichtlich jeden Monat wird überweisen können – aber er soll ihr bloß keine Rosinen in den Kopf setzen mit der Ankündigung eines märchenhaften Reichtums, das könnte sie leichtsinnig machen. Zu allem Überfluss hat auch «Väterchen» Stalin soeben das Zeitliche gesegnet – «geseg-

net ist wohl ein unpassender Ausdruck» –, und vielleicht entspannt sich dadurch auch die weltpolitische Lage, so wie sich
ihre ganz private Situation jetzt entspannt hat.

Hoffentlich wird er bald in der Lage sein, sich in Düsseldorf
nach einer Wohnung für sie alle umzuschauen. Es sollte also
nicht München sein, obwohl sie eigentlich *«immer ein Faible
für München gehabt»* habe, in den dreißiger Jahren und zuvor,
aber schon damals habe ihr *«ihr Leib-Astrologe Neumann»* gesagt, München sei *«ihrem Horoskop»* nicht gelegen. Nun denn,
München ade, sie hat nichts gegen Düsseldorf als Familien-
wohnsitz. *«Ich habe schließlich ein bisschen weiter stromaufwärts mein Glück aus dem Rhein gefischt, dich, mein Sohn, da
kann nun doch kein Zweifel sein, dass dieser Landstrich ‹meinem Horoskop gelegen ist›.»*

23.

Als Walter im Januar 1951 nach München ging, steckte die
Bundesrepublik Deutschland noch in den Kinderschuhen, ein
gewagtes Unternehmen mit ganz offenem Ausgang. Im Mai
1949 war das Grundgesetz verabschiedet worden, Mitte August 1949 hatten die Wahlen zum ersten Deutschen Bundestag
stattgefunden, bei der sechzehn, zum Teil sehr kleine Parteien
antraten. Die CDU/CSU erzielte mit 31 % nur einen geringen
Vorsprung vor der SPD (29 %), und die Liberalen (FDP, DVP,
BDV) lagen zusammen bei 12 %. Mitte September war der
73-jährige Adenauer mit der denkbar knappsten Mehrheit von
einer Stimme (seiner eigenen, wie er später gern sagte) zum Bundeskanzler gewählt worden. So begann die Ära Adenauer, die
bis zum Herbst 1963 dauerte. Sie bildet den zeitgeschichtlichen
Hintergrund für Walters zweite Berufslaufbahn und für den
größten Teil von Luschas und Walters Familienleben, für die
Zeit des Heranwachsens ihrer Kinder.

Er hat 1949 die CDU gewählt; Luscha bei dieser ersten Bun-
destagswahl vermutlich auch; beide trauten der SPD nach den
Erfahrungen der Weimarer Republik nicht zu, die großen Probleme der Nachkriegszeit zu bewältigen. Während sich Walter
zum CDU-Stammwähler entwickelt, weil er die Politik des *«alten Fuchses in Rhöndorf»* weitgehend billigt, gefällt sich Lu-

scha später, als die politischen Verhältnisse sich stabilisiert haben, darin, dann und wann auszuscheren und mal auf die FDP, mal auf kleine aussichtslose Außenseiter, später auch auf die SPD zu setzen. Im Übrigen zeigt sie weiterhin nur wenig Interesse an Politik und kokettiert auch gern mit dieser Einstellung. *«Die morgige Wahl macht mir Pein und Kopfzerbrechen. Nicht, weil ich mir einbilde, es käme auf meine Stimme so besonders an. Aber weil dieser Anlass mir wieder mal zu erkennen gibt, wie furchtbar richtungslos ich bin, guter Gott, ich habe überhaupt keine Parteilinie, ich bin eine Wetterfahne und schlage bei jeder Stimmung um. Wie unsympathisch, wie unzuverlässig! – Und wie beneide ich alle Staatsbürger, die wissen, was sie wollen!»*, schreibt sie ihm am Vorabend der nordrhein-westfälischen Landtagswahl im Juni 1954.

Walter überzeugt die Position Adenauers im «Kalten Krieg», wenn er auch dessen emphatische christliche Grundüberzeugung nicht teilt. «Die Gefahr für uns Deutsche und für ganz Europa, vom kommunistischen Heidentum verschlungen zu werden, ist keineswegs gebannt ... nur dann können wir Europa und unser heiß geliebtes Vaterland für das Christentum retten, wenn diejenigen Parteien, die sich den Schutz und die Wahrung des Christentums auf die Fahnen geschrieben haben, bei diesem Kampf um den Bundestag den Sieg davontragen», so Konrad Adenauer bei einer Wahlkampfrede im Sommer 1949 in Heidelberg.[20]

Der Antikommunismus, der das politische Klima der jungen Bundesrepublik prägt, ist auch in Walters Weltanschauung seit den Zeiten des Nationalsozialismus ein Kontinuum geblieben. Vermutlich wird er in dieser Einstellung durch den anhaltenden Terror des stalinistischen Regimes in der Sowjetunion und durch seinen intensiven Kontakt mit den zahlreichen Osteuropäern im Exil bestärkt, die noch immer Zugang zu Informationen aus ihrer Heimat haben und ihm fortlaufend über so viele unerfreuliche und bedrohliche Ereignisse in ihren Heimatländern berichten.

Walter ist auch beeindruckt vom taktischen politischen Geschick Adenauers, der eingewilligt hat, am Gängelband der Alliierten ein bettelarmes, zerstörtes und kläglich geschrumpftes Stück Deutschland zu regieren, und dem es innerhalb relativ kurzer Zeit gelingt, die weitgehende politische Souveränität der

Bundesrepublik auch nach außen hin wiederzuerlangen und die Weichen nicht nur für einen gewaltigen wirtschaftlichen Aufschwung, sondern auch für eine gleichberechtigte Akzeptanz durch die anderen westeuropäischen Staaten zu stellen. Im «Besatzungsstatut» hatten sich die Alliierten viele Rechte über die Bundesrepublik vorbehalten. Die im Mai 1949 eingesetzte Alliierte Hohe Kommission, der Amerikaner John McCloy, der Brite Brian Robertson und der Franzose André François-Ponçet, residieren anfangs als eine Art Schattenregierung auf dem Petersberg bei Bonn, und Adenauer wird bis zu dreimal in der Woche einbestellt, um zu berichten und Entscheidungen der Hohen Kommissare entgegenzunehmen. Sie haben in den Anfangsjahren der Bundesrepublik die Kontrolle über die Außenpolitik, den Außenhandel und die Devisenwirtschaft, sie setzen die Besatzungskosten fest – die übrigens allein im Jahr 1950 bei 4,5 Milliarden DM liegen, somit mehr als ein Drittel des gesamten Bundeshaushalts von 12,6 Milliarden DM betragen. Die Hohen Komissare kontrollieren nicht nur große Teile der wissenschaftlichen Forschung, sondern auch die wichtigsten Bereiche der Industrie, sie bestimmen über alles, was mit Reparationen, Dekartellisierung, Abrüstung und Entmilitarisierung zusammenhängt. Außerdem behalten sie sich das Recht vor, den Deutschen bei Fehlverhalten jederzeit die Selbstverwaltung wieder aus den Händen zu nehmen.

Als Walter im Frühjahr 1953 in Düsseldorf seine Referentenstelle im «Büro für heimatlose Ausländer» antritt, hat die Bundesrepublik Deutschland in ihrer Außenpolitik wieder volle Souveränität erlangt; das zeigte sich schon im Jahr zuvor beim Aufbau des Auswärtigen Amtes, dem anfangs Adenauer selbst als Außenminister vorsteht. Das Düsseldorfer Büro wird aus dem «Reptilienfonds» des Auswärtigen Amtes finanziert; es ist eine von vielen verdeckten nachrichtendienstlichen Stellen, die ihm zuarbeiten.

In der Aufmerksamkeit der meisten Menschen nimmt die Politik in diesen Jahren jedoch nur einen geringen Stellenwert ein; die wirtschaftliche Entwicklung ist für ihr Alltagsleben allemal bedeutungsvoller. In den ersten Jahren nach dem Krieg sind die meisten ganz und gar mit dem eigenen Überleben beschäftigt, mit der Beschaffung von Nahrungsmitteln, Heizmaterial und nötigster Kleidung. Erst zu Beginn der 50er Jahre wird allmählich der wirtschaftliche Aufschwung spürbar. Noch lebt man in einer Mangelgesellschaft, aber der Konsum beginnt, über die Grenzen des Notwendigen hinauszugehen. Bis 1950 gibt ein westdeutscher Durchschnittshaushalt noch drei Viertel seines Einkommens für Nahrung, Kleidung, Heizung und Wohnung aus – in den nächsten Jahren sinkt dieser Anteil ständig (über 60 % im Jahre 1970 auf ein knappes Viertel im Jahre 1988), wobei das qualitative Niveau der Grundversorgung stetig besser wird.[21]

Walter verdient in diesen ersten Jahren ca. 700 DM; sein Einkommen orientiert sich an dem der Angestellten des öffentlichen Dienstes, BAT II B. Für Luscha bedeuten die 500 DM Haushaltsgeld, die er ihr jetzt regelmäßig überweisen kann, einen Riesenfortschritt gegenüber den (unsicheren) 300 bis 400 DM, von denen sie zuvor mit den Kindern leben musste. Doch auch diese Summe reicht nur für die täglichen Lebensmittel, für Schulbedarf der Kinder (Schulgeld, Bücher, Schreibmaterial u. Ä.) und dringend notwendige neue Kleidung und Wäsche, die in den Jahren zuvor kaum erneuert werden konnte. *«Ich hatte schwere Sorgen um Kinderbettwäsche, die nur noch aus Lumpen bestand, die alte aus Lemberg. Habe mir gestern Nachmittag Frau Stint ins Haus bestellt, wir haben die alten Tücher in Viertel aufgeteilt, die Mittelstücke weggeworfen und die Randstücke aneinander gesetzt, auf diese Weise retteten wir drei, eins kaufte Omi aus Nessel neu dazu, und ein weiteres ließ sie aus einem beschädigten großen Betttuch neu erstehen in Kleinformat. So geht es denn wieder eine Weile»*, berichtet sie ihm im Frühjahr 1953.

In der Literatur über die Wirtschaftswunderzeit heißt es, dass sich in den 50er Jahren nacheinander drei große Konsumwellen über Westdeutschland ausbreiteten: zunächst die «Fresswelle», die nach einigen Jahren in die «Textilwelle» und dann in die «Einrichtungswelle» überging. Walter und Luscha hängen dem allgemeinen Trend deutlich hinterher: Neue Kleidungsstücke und besondere Ausgaben für die Schule bedeuten immer noch, dass in Detmold zum Monatsende hin einmal mehr die Kartoffeldiät auf dem Speiseplan steht, ganz zu schweigen von den Schulden, in die das neue Etagenbett für die beiden Ältesten sie stürzt – das einzige Möbelstück, das in den Jahren 1953/54 angeschafft wird. *«Ich will nicht stöhnen, aber die Matratzen sind*

noch nicht bezahlt, ... und die Haushaltsführung stellte sich im
Juni durch Ausfall der Kartoffeln so wahnsinnig teuer, dass ich
nicht nur mit Verlust an Körpergewicht, sondern leider auch
mit einem Defizit von 26,12 DM in den Juli einging, der mir mit
zwei Geburtstagen und Hochzeitstag schwer auf der Seele oder
besser auf dem Portemonnaie liegt, umso mehr als ich ganz
dringend ein paar Straßenschuhe brauche; meine Füße tun mir
so weh, dass ich zu Hause immer in den alten Münchener
Kreppsohlen-Modellen herumlaufe, die auseinander fallen.
Und meine Garderobe schreit auch nach Erneuerung! Das grü-
ne Kostüm ist kein Sommergewand, auch viel zu empfindlich,
da nicht waschbar, ich besitze nur zwei Sommerkleider, das eine
aus galizischem Leinen, stammt aus dem Jahre 1942 und gehör-
te ursprünglich Omi, ... das andere ist eine Vorwährungs-Ange-
legenheit von Alice ...»

«Im Bewusstsein der meisten Westdeutschen verklärte sich
das ‹Wirtschaftswunder› der zweiten deutschen Gründerzeit
zwischen 1950 und 1958 zum Sinn stiftenden Mythos».[22] Ein
beinahe noch größeres «Wunder», die vielleicht erstaunlichste
Leistung der westdeutschen Nachkriegsgesellschaft, besteht in
der einigermaßen spannungsfreien Integration der riesigen Zahl
von Flüchtlingen und Vertriebenen. Vor dem Zweiten Weltkrieg
hatten auf dem Gebiet der späteren Bundesrepublik ca. 43 Millionen Menschen gelebt; Anfang der 50er Jahre waren es 50
Millionen, 1961 bereits 56 Millionen.

Der Wirtschaftsaufschwung gewährleistet die einigermaßen
reibungslose Integration der Flüchtlinge durch die steigende
Nachfrage nach Arbeitskräften; umgekehrt tragen die Flüchtlinge durch ihre hohe Leistungsmotivation, den brennenden
Wunsch, sich eine neue Lebensgrundlage zu schaffen, einen
nicht unerheblichen Teil zum Gelingen des «Wirtschaftswun-
ders» bei. Bereits 1958 ist die Vollbeschäftigung erreicht.

Das «Soforthilfegesetz» von 1949 und das «Lastenausgleichsgesetz» von 1952 erleichtern den Flüchtlingen den materiellen Neuanfang. Das «Soforthilfegesetz» sieht Beihilfe verschiedener Art für diejenigen vor, die mehr als die Hälfte ihres
Hausrats durch Flucht, Vertreibung oder Kriegszerstörungen
verloren haben. Auf «Lastenausgleich» haben alle die Anspruch, die als Deutsche ihren Wohnsitz «in den z. Zt. unter
fremder Verwaltung stehenden deutschen Ostgebieten oder in

den Gebieten außerhalb der Grenzen des deutschen Reiches vom 31. Dezember 1937 hatten und diesen im Zusammenhang mit den Ereignissen des Zweiten Weltkriegs, insbesondere durch Flucht und Ausweisung, verloren haben». Betroffen sind ca. 14 Millionen Menschen, und das Gesamtvolumen des durch den Lastenausgleich umverteilten Vermögens beträgt in den folgenden Jahren und Jahrzehnten insgesamt 150 Milliarden Mark.[23]

Offiziell gelten auch Luscha und Walter als Flüchtlinge aus dem Osten. Luscha drängt Walter Anfang 1953 in einem Brief nach München, es doch wenigstens einmal mit einem Antrag auf «Lastenausgleich» zu versuchen: «*Wir hätten längst etwas mehr Erleichterung haben können, und sei's nur durch einen Staubsauger ... Du sitzt weit vom Schuss und wirst nicht täglich belästigt durch die Entdeckung des Verschleißes aller Dinge außer Kleidung: der Bettwäsche, des Porzellans, der Kochtöpfe – seit acht Jahren benutzen und vernichten wir Omis, kein Wunder, dass sie möchte, dass wir endlich mal zu Eigenem kommen.*» Sie gehören doch zum Personenkreis, den das Lastenausgleichsgesetz benennt, sie haben doch fast alle Einrichtungsgegenstände und den größten Teil ihres Hausrats in Lemberg zurückgelassen. Doch Walter hat Skrupel, er halte die Sache für aussichtslos, man werde in diesem Zusammenhang nur wieder bohrende Fragen über seine politische Vergangenheit stellen.

In den 50er Jahren beträgt das durchschnittliche wirtschaftliche Wachstum 8,6 %, in den 60er Jahren noch 4,9 %, in den 70er Jahren geht es dann auf 2,7 % herunter.[24] «Nur ein Jahrzehnt nach der bedingungslosen Kapitulation war die Bundesrepublik zu einer führenden Industrienation aufgestiegen, deren Markenzeichen ‹Made in Germany› wieder einen guten Ruf besaß».[25]

In den frühen 50er Jahren rückt die Auseinandersetzung mit der nationalsozialistischen Vergangenheit für die Mehrheit der westdeutschen Bevölkerung in den Hintergrund. Hatte man die Nürnberger Prozesse 1946 noch mit größter Aufmerksamkeit und auch mit überwiegender Zustimmung für scharfe Sanktionen gegen die Nazi-Kriegsverbrecher verfolgt, so ändert sich die öffentliche Stimmung in den Folgejahren. Anfang der 50er Jahre wird die Kritik am Nationalsozialismus zunehmend durch eine Kritik am Kommunismus überlagert.

Die schnelle Eskalierung des Kalten Krieges bestätigt die Mehrheit der Deutschen in dem Gefühl, zumindest in Sachen Antikommunismus immer schon auf der richtigen Seite gestanden zu haben. Verbunden damit ist die verbreitete öffentliche Auffassung, dass nun ein Schlussstrich unter die Vergangenheit gezogen werden soll.

In den zwölf großen Kriegsverbrecherprozessen zwischen 1946 und 1949 in den westlichen Zonen waren insgesamt 5 025 Personen verurteilt worden; von den 806 ausgesprochenen Todesurteilen wurden 486 vollstreckt. Daran waren deutsche Gerichte nicht beteiligt, denn die Bundesrepublik erhielt erst 1955 die volle Gerichtshoheit wieder. Ende der 40er, Anfang der 50er Jahre mehren sich Kampagnen für die in den alliierten Gefängnissen einsitzenden Kriegsverbrecher, bei denen sich auch die beiden Kirchen intensiv engagieren. Im Januar 1951 spricht der amerikanische Hohe Kommissar eine Amnestie für alle in den Nürnberger Prozessen Verurteilten aus, die Strafen unter 15 Jahren erhalten haben. Von 142 Verurteilten kommen 77 frei; die Letzten werden 1958 aus der Haft entlassen. Im Juni 1951 wandelt McCloy sieben der letzten von den Alliierten verhängten Todesurteile in Haftstrafen um; weitere sieben Todesurteile werden zu diesem Zeitpunkt noch vollstreckt.

Walter wird alle diese Entwicklungen in der Presse aufmerksam verfolgt und sich seine Gedanken dazu gemacht haben. Vielleicht haben sie über diese Dinge bei seinen Besuchen in Detmold gesprochen. In den Briefen aber kommen weder die Naziprozesse noch die Amnestien zur Sprache. Da geht es fast ausschließlich um die Gegenwart – und um eine Zukunft, die endlich beginnen soll.

«Wer immer das Wort ‹Vergangenheitsbewältigung› erfunden hat, es kam in Umlauf, als das erste Nachkriegsjahrzehnt zu Ende ging, die Zerstörungen des Krieges weitgehend beseitigt und die Folgen des nationalsozialistischen Unrechtsregimes bewältigt erschienen ... Die schweigende Mehrheit forderte nach den Nürnberger Prozessen, nach beendeter Entnazifizierung, Begnadigung der ‹Kriegsverbrecher› und Wiedergutmachung den definitiven Schlussstrich – so wie es im Allgemeinen früher oder später noch stets nach einschneidenden politischen Systemwechseln geschieht.»[26]

Die Deutschen wollen den Nationalsozialismus nicht zurück,

aber sie können sich auch nicht abrupt von all dem verabschieden, was sie geprägt hat. Das ist auch nicht weiter verwunderlich, bedenkt man die starke Durchdringung aller Bereiche des gesellschaftlichen Lebens mit der nationalsozialistischen Ideologie. Noch immer unterscheiden die meisten Menschen in Westdeutschland zwischen den «guten Ideen» des Nationalsozialismus und ihrer «schlechten Umsetzung» beziehungsweise den Verbrechen, die im Zeichen des Nationalsozialismus geschehen sind; sie trennen zwischen den guten und für Deutschland glücklichen Vorkriegsjahren und der Katastrophe der Kriegsjahre – «gut», das waren das Winterhilfswerk und der Bau der Autobahnen, die Betonung der Volksgemeinschaft und die Abschaffung der Arbeitslosigkeit, die Herstellung öffentlicher Ordnung und das Durchgreifen gegenüber kriminellen Elementen. «Schlecht» – das war in erster Linie der Krieg und das Leid, das er brachte, außerdem die Ausgrenzung und Verfolgung der Regimegegner und der Juden sowie anderer als nicht dazugehörig angesehener Minderheiten.

In einer Umfrage der Amerikaner von 1946 bekräftigen 47 % der Befragten die Aussage: «Der Nationalsozialismus war eine gute Idee, aber schlecht ausgeführt», und 1948 sind es sogar 57 %! Ein gutes Drittel der Westdeutschen ist noch im Jahre 1951 der Überzeugung, dass der Nationalsozialismus dem Lande «mehr Gutes als Schlechtes» gebracht habe; im Januar 1953 sind es sogar 44 %.[27] Hätte man bei jener Umfrage im Jahre 1951 auch Walter und Luscha gefragt, dann hätten sie wohl zu jenen gehört, die der Idee des Nationalsozialismus noch gute Seiten bescheinigten; allerdings hätten sie damals bestimmt nicht mehr den Satz unterschrieben, der «Nationalsozialismus habe dem Land mehr Gutes als Schlechtes gebracht».

Im Mai 1951 verabschiedet der Bundestag das «Gesetz zur Regelung der Rechtsverhältnisse der unter Art. 131 des Grundgesetzes stehenden Personen». Aufgrund dieses Gesetzes erhalten ca. 400 000 Personen, die bis zum Mai 1945 im öffentlichen Dienst gestanden und durch Wehrpflicht, Vertreibung oder Entnazifizierung ihre Stelle verloren haben, einen Rechtsanspruch auf Wiedereinstellung oder Versorgung durch den Staat. Betroffen sind in erster Linie ca. 150 000 ehemalige Berufssoldaten, ca. 85 000 Beamte, die Flüchtlinge oder Vertriebene sind – aber auch die ca. 200 000 aufgrund der Entnazifizierungsverfahren «verdrängten» Beamten. Ausgeschlossen von den Rechten der «131er» werden nur Belastete, die in die Kategorien I und II («Hauptschuldige» und «Belastete») eingestuft worden waren, sowie Angehörige der Gestapo und der Waffen-SS.[28] Die Rückkehr vieler «131er» in ihre Berufe wird in der Öffentlichkeit sehr kontrovers diskutiert. Auch sie ist ein Beleg dafür, dass der ursprünglich von den Siegermächten und vor allem von den Amerikanern angestrebte «Austausch der Eliten» in Deutschland nach 1945 nicht wirklich gelungen ist.

In der freien Wirtschaft und in den Kirchen hat kaum ein Austausch der Personen in führenden Funktionen stattgefunden, jedenfalls weitaus weniger als in der staatlichen Bürokratie, und auch hier ist die Kontinuität erheblich. Im August 1950 haben nahezu die Hälfte der Abteilungsleiter in den Bonner Ministerien eine Vergangenheit als Reichsbeamte der NS-Zeit; 1953 sind 60 % der neu ernannten Abteilungsleiter ehemalige Parteigenossen. Übrigens erweist sich die personale Kontinuität zum «Dritten Reich» im Auswärtigen Amt als besonders groß: «Von 84 Referatsleitern des Auswärtigen Amtes hatten 64 dem Auswärtigen Dienst bereits vor 1945 angehört, und etwa zwei Drittel der hohen Beamten, vom Referatsleiter aufwärts, waren früher ‹Parteigenossen› gewesen.»[29]

Es ist bemerkenswert, dass man trotz dieser hohen Zahl von ehemaligen Nazis im Auswärtigen Amt offenbar eine Weile gezögert hat, bevor man sich entschließen konnte, Walter mit seiner SD-Vergangenheit die Anstellung im «Büro für heimatlose Ausländer» zu ermöglichen – obwohl dieses Projekt gar nicht direkt in die ministeriale Bürokratie eingegliedert war.

Die höheren Nazi-Funktionsträger, sofern sie nicht in die Illegalität abgetaucht sind, hatten meist zwei bis drei Jahre Internierungshaft oder Gefängnis abgesessen. In der Politik der Bundesrepulik haben sie nur in Ausnahmefällen (wie etwa Adenauers Kanzleramtschef Globke oder der Ministerpräsident Filbinger) noch eine wichtigere Rolle gspielt. Nicht wenigen ist es allerdings in den Folgejahren gelungen, sich beachtliche Karrieren im nichtpolitischen Bereich aufzubauen.

Anfang der 50er Jahre gibt es einige politische Skandale um ehemalige namhafte Nazis, die in der Politik wieder Fuß zu fassen versuchten. 1953 werden in Düsseldorf, Hamburg und Solingen auf Anordnung des britischen Hochkommissars Sir Ivone Kirkpatrick sieben vormals ranghohe NSDAP-Funktionäre unter dem Verdacht verhaftet, zur Wiederergreifung der Macht in Westdeutschland konspiriert zu haben, u. a. Dr. Werner Naumann, ehemaliger Staatssekretär in Goebbels Propagandaministerium, Karl Kaufmann, ehemals Gauleiter und Reichsstatthalter von Hamburg, und Dr. Gustav Scheel, vormals Reichsstudentenführer. Der rechtsnationale Verleger Friedrich Middelhauve hat wissentlich einige zur Naumann-Gruppe gehörende ehemalige NSDAP- und SS-Funktionäre in der Zentrale des FDP-Landesverbandes Nordrhein-Westfalen beschäftigt, u. a. die früheren SD-Angehörigen Dr. Werner Best und Prof. Alfred Six (beide waren zeitweilig Vorgesetzte von Walter). Die Naumann-Gruppe wird im Sommer 1953 wieder aus der Untersuchungshaft entlassen, ohne dass es zur Eröffnung eines Hauptverfahrens kommt. Aber die Verhaftungsaktion und die politische Auseinandersetzung, die sie auslöst, zeigen immerhin, dass in der Öffentlichkeit der 50er Jahre nicht durchgängig ein Klima des Tabuisierens und Verdrängens herrscht, wie es die 68er-Generation dieser Zeit im Nachhinein gern unterstellte. «Tatsächlich erweist sich das Jahrzehnt bei näherem Hinsehen als bemerkenswert konfliktbetont, gerade auch was die Auseinandersetzung mit der NS-Erblast angeht. Der Konsens des diskreten Beschweigens erweist sich jedenfalls immer wieder als brüchig.»[30]

Bei der Verhaftung der Naumann-Gruppe ist Walter noch nicht in Düsseldorf, und die Angelegenheit findet keinen Niederschlag in den Briefen. Es gibt aber Spuren der Affäre John in ihrer Korrespondenz. Otto John war der damalige Leiter des Bundesverfassungsgerichts, der sich im Juli 1954 in die DDR absetzte, unter ungeklärten Umständen; es war nicht ganz eindeutig, ob er entführt oder freiwillig zur anderen Seite übergelaufen war. Von der DDR aus erklärte er jedenfalls in Pressekonferenzen, er habe die Bundesrepublik verlassen, weil ihre Politik maßgeblich von alten Nazis bestimmt werde.

Wegen des «Vorfalls mit Dr. J.», schreibt Walter Luscha am 23. Juli 1954, wisse er noch nicht, ob er wie verabredet in den Sommerferien nach Detmold kommen könne. Er klingt beunruhigt. Viel mehr als das, was sie selber wohl den Zeitungen entnommen habe, wisse er zwar auch nicht. Aber die politischen Folgen und Auswirkungen dieses Vorfalls seien noch nicht zu überschauen. «*Jedenfalls steht das Büro auf dem Spiel, obschon es keine erkennbaren Anzeichen davon gibt – vielleicht auch meine materielle (und physische?) Existenz; ich arbeite so hart wie zuvor, aber die Nervenbelastung ist größer als je in diesen Tagen.*»

Fürchtet er, er könne seine Stelle verlieren, wenn in diesem Zusammenhang erneut die öffentliche Kritik an der Zahl ehemaliger Nazis im Verfassungsschutz und beim Auswärtigen Amt laut wird? Doch was bedeutet der vage Hinweis auf die Bedrohung seiner physischen Existenz? Haben sie Mordanschläge zu befürchten, wenn John Informationen über einzelne Kalte Krieger an die Stasi weitergibt? Attentate auf Ostblockemigranten und namhafte Antikommunisten sind in den 50er Jahren in Westdeutschland durchaus vorgekommen.

Doch die Situation des «Büros für heimatlose Ausländer», das bald in «Forschungsbüro Osteuropa» umbenannt wird, scheint sich rasch wieder beruhigt zu haben. Im Juli 1954, an ihrem vierzehnten Hochzeitstag, wird er zu einem Termin ins Bonner Wohnungsbauministerium einbestellt. Vermutlich geht es um ihre Wohnungssuche in Düsseldorf. Am gleichen Tag vor neun Jahren habe man ihn in der Kriegsgefangenschaft zur «Spezialvernehmung» nach Pilsen transportiert, schreibt er Luscha. Jetzt ist er seit mehr als einem Jahr fest angestellt, Referent für Osteuropafragen. Diese beiden sehr verschiedenen Unterredungen zum gleichen Datum *«symbolisieren für mich unseren (wackeligen) Aufstieg»*.

Ihm will es scheinen, als habe er endlich wieder Boden unter den Füßen, als sei die für sie beide schwerste Zeit ihres Lebens nun endgültig vorüber.

24.

Mit ein paar unförmigen Postpaketen und zwei Koffern, die er auf der Zugreise selber schleppen kann, ist Walter im März 1953 von München nach Düsseldorf gezogen. Für den Anfang wohnt er bei seiner jüngsten Schwester Erika in Monheim, auf halber Strecke zwischen Köln und Düsseldorf. Erika war nur kurz verheiratet, ihr Mann gilt als vermisst; er ist vermutlich in Russland gefallen. Sie hat schon bald nach dem Kriegsende einen Sekretärinnenposten bei der Deutschen Shell gefunden, die ihren Mitarbeitern – beneidenswert in diesen Zeiten – kleine Betriebswohnungen zur Verfügung stellt. Walter bezieht wieder einmal die Wohnzimmercouch, seine Bücherkartons bleiben unausgepackt im Keller, und er muss täglich morgens und abends eine Dreiviertelstunde mit dem Bummelzug zur Arbeit fahren.

Im Juni mietet er ein Zimmer in Düsseldorf, «*ein möblierter Herr in den besten Jahren*», in der Altstadt nah beim Markt, nah am Rhein, und manchmal läuft er, statt die Straßenbahn zu nehmen, die halbe Stunde von der Berger Allee zu Fuß am Fluss entlang bis zum Büro in der Cäcilienallee. Wieder das Betrachten des Stromes, von dem so viel Ruhe ausgeht, wieder die Lastkähne, die das ölige Wasser teilen und symmetrische Wellenbewegungen auslösen, das weiße Plätschern der Gischt an den grauen Ufermauern. Das Damals hat jetzt ein Doppelgesicht: ein romantisches, Studentenzeit mit Luscha, und ein düsteres: schwarze Trostlosigkeit der Hilfsarbeiterjahre. Doch in seinem neuen Leben bleibt Walter nur selten Zeit zum Träumen.

Sein Tagesrhythmus wird regelmäßiger, das tut ihm spürbar gut, feste Zeiten, der immer gleiche Weg zum Arbeitsplatz, endlich hat er wieder ein eigenes Bürozimmer wie vor fast zehn Jahren auf der Lemberger Dienststelle zuletzt. Er blüht auf bei den intensiven Arbeitsgesprächen mit Professor Gerhard v. M., dem Leiter des Projektes, mit dem Kollegen St. war er zuvor schon in Detmold freundschaftlich verbunden. Außer ihnen, den drei fest angestellten deutschen Mitarbeitern, gibt es eine große Zahl von freiberuflich für das Büro arbeitenden Osteuropäern im Exil und natürlich die Sekretärin, Fräulein S., die die herzliche, aber doch bei aller Freundlichkeit etwas distanzierte Atmosphäre schafft, die Walter so schätzt.

Die Arbeit beherrscht sein Leben, sonntags wie werktags. Nicht selten verbringt er lange Abende im Gespräch mit Besuchern; der Kontakt zu den Emigranten, von deren Informationen sie leben, ist ja Teil seines Berufes. In diesem Zusammenhang muss er auch weiterhin regelmäßig die Münchener Beziehungen pflegen und dazu mindestens einmal im Monat dorthin reisen. Gewöhnlich arbeitet er auch abends, im Büro oder zu Hause; er setzt seine journalistischen Nebentätigkeiten fort, um ein paar Extraeinnahmen zu haben. Noch immer ist die Finanzdecke gespannt, doch er kann sich die Freude nicht verwehren, ihnen jetzt hin und wieder außer der Reihe kleine Geschenke zu machen. Wenn er nach Detmold reist, bringt er für die Kinder Süßigkeiten und für Luscha ein Taschenbuch mit, manchmal sogar zwei: Dann überreicht er ihr eines bei seiner Ankunft, und das andere versteckt er vor seiner Abreise in ihrem Bett, als kleinen Trost.

Von Düsseldorf aus dauert die Reise nach Detmold nicht mehr vierzehn, sondern nur noch fünf Stunden, aber das bringt zunächst nur wenig spürbare Fortschritte für ihr Familienleben. Zwar besucht er sie jetzt häufiger, alle drei bis vier Wochen, doch er bleibt dann jeweils nur zum Wochenende, zwei bescheidene Tage. An ihrem Alltag hat er auf diese Weise kaum teil. Natürlich kann er in diesem ersten Jahr seiner festen Anstellung noch keine regulären Sommerferien machen. Nach so langer Zeit des Lebens von der Hand in den Mund ist er erpicht darauf, seine Kenntnisse und seine Leistungsfähigkeit unter Beweis zu stellen. Anfangs plant er, nebenher noch Russisch zu lernen, weil es ihn wurmt, dass er nur die englische und französische Presse selber auswerten kann. Aber der Plan versickert in Zeitnot.

In den Briefen ist nun häufiger von gesundheitlichen Problemen die Rede. Walter ist 42 Jahre alt, jetzt zeichnen sich die negativen Folgen der mageren Jahre ab, in denen er Raubbau an seinen Reserven betrieb. Diffuse Beschwerden plagen ihn, Nervosität, Schlaflosigkeit, eine hohe Anfälligkeit für Erkältungskrankheiten, die er nicht ordentlich auskuriert. Er hat öfter Magenschmerzen, vielleicht stimmt auch etwas mit der Galle nicht, jedenfalls bekommen ihm viele Speisen nicht. Trotz solcher gesundheitlichen Beeinträchtigungen lässt er keinen Arbeitstag im Büro ausfallen, und es dauert lange, bis er sich, von Luscha brieflich traktiert, endlich aufrafft, einen Arzt aufzusuchen. Von einer chronisch gewordenen Magenschleimhautentzündung ist dort die Rede; er soll seinen Lebensstil ändern, nicht so viel arbeiten, Diät halten.

Doch wie kann ein solitärer Herr im möblierten Zimmer für sich allein Diätnahrung kochen?, fragt Luscha besorgt. Walter besitzt zwar inzwischen einen kleinen Elektrokocher, eine Platte, auf der er sich im Zimmer gelegentlich Mahlzeiten zubereitet. Regelmäßig essen zu gehen, wäre viel zu teuer, und wenn er mit einem Besucher abends einmal nicht bei einer Tasse Tee im Büro, sondern in einer Gaststätte sitzt, läuft es meistens auf Bier und einen Schnaps hinaus, und natürlich bleibt es über mehrere Stunden nicht bei dem einen Glas Bier. Bestellt er gelegentlich doch zu essen, sind es die ungesunden Imbisse am billigen Ende der Speisekarte: Schmalzbrot, Knackwurst, Strammer Max, Russisches Ei.

«Keine russischen Eier, du Ahnungsloser!», mahnt Luscha, *«Mayonnaise ist das Schlimmste, was man seinem Magen zumuten kann, außer der Pfanne, höchstens Rühreier, kein gebratenes Fleisch oder Fett, Butter ist erlaubt, auch Schinken, nicht fette Wurst, lieber Käse, viel Gemüse, Vorsicht vor Kohlarten und Hülsenfrüchten, Reis ist gut, iss Fisch (nicht gebraten), iss täglich frisches Obst, möglichst schon zum Frühstück! ... Du musst alle Exzesse meiden, auch das Zuviel an Arbeit ... Mache dir jetzt mal einen vernünftigen Lebensplan zurecht: Jeder Tag muss seinen Spaziergang haben, seine regelmäßigen Mahlzeiten, seine schöpferischen Pausen, seine strikt eingehaltene Nachtruhe. Du musst unter allen Umständen früh zu Bett und wieder schlafen lernen! ... Meide eine Weile Alkohol und Cafe, trinke Tee, am besten Mate ... Ich mache mir wirklich Vorwürfe, dass ich deinen leichtsinnigen Passionen gegenüber (Alkohol, fettriefende Bratkartoffeln) immer zu nachsichtig war.»* Wenn sie endlich wieder als Familie zusammenleben, wird sie schon dafür sorgen, dass er gesünder isst. Dann werde es morgens Haferschleim heißen, und mit den Bratkartoffeln zum Frühstück sei auch Schluss, außer vielleicht mal ausnahmsweise am Sonntag!

Aber Walters Wohnungssuche in Düsseldorf schleppt sich lange ergebnislos dahin. Trotz der fieberhaften Bautätigkeit Anfang der 50er Jahre ist der Wohnraum anhaltend knapp. Noch teilen sich in Deutschland im Durchschnitt drei Haushalte zwei Wohnungen – und nur die Hälfte der Wohnungen verfügt über eine eigene Kochstelle. In den großen Städten ist die Lage besonders schlecht. Es gibt so gut wie keinen freien Wohnungsmarkt, die Vergabe von Wohnungen erfolgt über das städtische Wohnungsamt.

Seine Anzeige in der «Rheinischen Post» zu Beginn des Jahres 1954 bleibt ohne Ergebnis. Er versucht, von den Briten beschlagnahmte Wohnungen aufzuspüren, die im Laufe des Jahres frei werden sollen – aussichtslos. Längst hat er auch einen entsprechenden Antrag beim Wohnungsamt eingereicht, der von Gerhard v. M. unterstützt wird, und im Mai 1954 kann er Luscha nach mehreren Behördengesprächen immerhin mitteilen, dass ihre Angelegenheit jetzt «die erste Dringlichkeitsstufe» habe. Das Hauptproblem bestehe darin, ein geeignetes Objekt zu finden, das frei werde. Denn der soziale Wohnungsbau biete nur Drei- oder Vierzimmerwohnungen bis 65 qm an, Bad und Klo inklusive, «und in solche Gefängnisse können wir mit fünf lebhaften Kindern nicht einziehen».

Die Wohnungsangelegenheit steckt also fest auf totem Gleis, und sie warten wieder. Das Warten als Normalzustand. Zu Beginn seiner Übersiedlung nach Düsseldorf haben sie in ihren Briefen über die Familienzusammenführung geredet, als stehe sie unmittelbar bevor, eine zugleich freudige und ängstliche Spannung flackerte auf, die dann nach und nach wieder im Alltagsgeschäft hüben und drüben erlosch. «Es ist nur der alte Jammer, dass unser Familienleben auf weite Strecken hin völlig verpfuscht ist», bemerkt Luscha, «aber danach fragt kein Aas, und wir müssen schon froh sein, dass du nach sieben Jahren Dürre jetzt auf einen grünen Zweig gekommen bist.» Die Trennung ist längst keine Ausnahmesituation mehr, sondern beherrschende Wirklichkeit, während das andere, das Zusammenleben, Traumland geworden ist, vom verblassenden Eswareinmal zum nebulösen, immer unwirklicher werdenden Irgendwannwieder.

Was wirklich ist, sind die Kinder, die älter werden – ohne ihren Vater. Die kleine Rikarda, in Walters erstem Münchenjahr geboren, ist inzwischen schon zwei Jahre und läuft wacker auf beiden Beinen herum. «Rikarda macht fleißig die Hosen voll und täglich Sprechfortschritte.» Als ein Auto auf der Straße hält, seltenes Ereignis, läuft sie erwartungsvoll zum Fenster: «‹Pappi kommt!›» Nach einer Weile, enttäuscht: «‹Is nis Pappi›», erzählt Luscha. Wenig später, im Herbst 53, Rikarda ist zwei Jahre und drei Monate alt, kann sie ihm hocherfreut vermelden, dass «die Zeit des Kupka-Windel-Waschens» nun wohl endgültig vorüber sei.

Als Walter nach München ging, war Tordis zehn und Herrad gerade einmal drei Jahre alt; jetzt beginnt Tordis in der Untertertia mit dem Lateinischen, und Herrad besucht die erste Klasse der Dorfschule in Heiligenkirchen. Silke besteht 1953 die Aufnahmeprüfung für das Gymnasium und wird zur Belohnung mit allen Geschwistern von der Mutter zu Kakao und Kuchen eingeladen. Es ist der erste Cafébesuch ihres Lebens; sie bestaunt und bewundert lautstark jedes Detail, die Plüschsessel, die Kaffeelöffelchen, die gestickten Deckchen auf dem Tisch, den Lampenschirm mit den Troddeln. Tordis und Gunild geben sich welterfahrener, zurückhaltend, wohlerzogen und höflich, Herrad kokettiert mit den anwesenden älteren Herren, und sogar Rikarda benimmt sich so manierlich, dass Luscha recht stolz ist auf «*ihre Brut*».

Im Jahre 1951 hat der damals noch in Detmold lebende spätere Kollege St. die vier Kinder für den abwesenden Vater so charakterisiert:

«*Prima ist intelligent, hübsch, entschlossen und zielklar im Wesen. Sekunda hat etwas von einem Käthchen von Heilbronn. Viel Charme übrigens. Gefühlsreaktionen fast erschreckend stark. Tertia ist zutraulich und nett. Hat Einfälle und einen drolligen Charme. Charakterlich mir noch nicht klar. Die Quarta ist überraschend aufgeweckt und energisch. Auch freundlich im Wesen. – Meine Glückwünsche also. Die vier werden es gut schaffen.*»

Auch Luscha beobachtet ihre Sprösslinge genau, aber sie registriert keineswegs nur die Schokoladenseite: «*Die Großen hatten Streit: Tordis-Silke gegen Guni. Guni explodierte, zur Rede gestellt auch mir gegenüber: Ich gäbe immer den anderen Recht, weil ich sie nicht leiden könnte. Sie war furchtbar aufgeregt, und Ströme von Tränen flossen. Nachdem wir uns ganz ruhig unterhalten haben, ist alles wieder gut. Aber ihr Jähzorn ist schlimm, hinterher sieht sie es ja selbst immer ein und ist unglücklich darüber. Und Tordis kann ein richtiges kleines Biest sein und Spaß daran haben, sie zu reizen. Während Silke die Verträglichste von allen ist – rührend mit Riki, aber Herrad hat nichts zu lachen bei ihr, die wird rau gezwiebelt von ihr, und sie sucht und findet Beistand bei Guni, die sich ihrer stets annimmt, auch beim Schwimmen.*»

«*In dieser Generation stecken die Herde zu manchen Schwächen, Zuständen und unerwarteten Vorkommnissen*», schreibt Walter nachdenklich, als sie sich über Tordis' Unterernährung und den Zickzackkurs ihrer Schulnoten Sorgen machen, «*sie* sind von einer Generation nervöser Eltern gezeugt und geboren, die die Aufgabe hatte, sich rasch und früh zu verbrauchen.» Fürchtet er, dass auch seine Kinder noch mit an der Last seines eigenen Lebens tragen werden?

Tordis ist nach übereinstimmender Meinung ihrer Lehrerinnen intelligent, aber sprunghaft in ihren Leistungen, manchmal unkonzentriert, schnell erschöpft, anfällig für Krankheiten. Nach einer vierwöchigen Kur im Kinderheim stabilisieren sich ihre Gesundheit und ihr Schulerfolg. Luscha entwickelt den Ehrgeiz, mit ihrer ältesten Tochter von Anfang an zusammen Latein zu lernen, was ihr in ihrer Schulzeit nicht vergönnt war (noch einmal, mit jetzt 45 Jahren, wird sie überwältigt von ihrem alten Wunsch, «*das Abitur nachzuholen*»), und Tordis trumpft vergnügt auf, wenn sie ihre Mutter bei einem falschen Kasus erwischen kann. Gunild, inzwischen in der Quarta, ist trotz ihres Hitzkopfs ehrgeizig, zielstrebig und gleichmäßiger in ihren Leistungen; wegen ihrer guten Noten erhält sie regelmäßig eine Ausbildungsbeihilfe, die auch Tordis häufig, allerdings nicht immer bekommt – ein willkommener Zuschuss zur Familienkasse. Während fantasievolle, lebendige Aufsätze Tordis' Stärke sind, tritt bei Gunild immer deutlicher eine mathematische Begabung hervor. «*Dieses ulkige Kind findet sich überraschenderweise im Trockenen am besten zurecht, ob es nun Grammatik, Mathematik oder technische Spielereien sind – sehr witzig … Tordis' Klasse hat mit der Klammerrechnung begonnen, und sie flattert bei den Hausaufgaben wie ein aufgeregtes Huhn zwischen den Klammern rum – Gunild sitzt still dabei und sagt dann plötzlich: ‹Das ist doch so und so› – und hat es tatsächlich nicht nur erraten, sondern kann es systematisch und grundsätzlich entwickeln.*» – Silkes Start im Gymnasium verläuft zufrieden stellend; sie arbeitet gut und lässt sich durch gar nichts aus der Ruhe bringen – ist das nun eine Stärke oder eine Schwäche, diese «*seelenruhige pomadige Art*»?

Ein Gymnasialbesuch ist in dieser Zeit noch etwas Besonderes (1950 besuchten nur 6,4 % aller Kinder die «Höhere Schule»; 1970 waren es schon 37 %). Luscha berichtet Walter fortlaufend über die Fortschritte der Kinder, und er murrt in seinen Briefen schon über nur mittelmäßige Leistungen. Im Schulalltag achtet Luscha streng darauf, dass regelmäßig gearbeitet wird, in den Ferien allerdings lässt sie die Zügel locker; da sollen die

Kinder viel draußen sein, in der freien Natur, im Garten spielen, im Sommer schwimmen gehen, im Winter Schlitten und Ski fahren. Jetzt haben sie noch die geeignete Umgebung für Spiel und Sport – wer weiß, wie das demnächst in Düsseldorf sein wird!

Wer weiß, wie es wird – manchmal, bei aller ungeduldigen Erwartung der Familien-Wiedervereinigung, klingen auch solche skeptischen Töne bei ihr an. Sollen sie jetzt noch ausnutzen, was sie haben, Natur, «*Naturischkeit*» – der von den Kindern geprägte, hochbesetzte Familienbegriff für ein naturnahes, einfaches, gesundes Leben, das vor allem Luschas Ideal ist. Hier haben sie das geräumige Haus, den großen Garten, hier hat jedes Kind sein eigenes Beet, das es selbst bepflanzen darf und eigenverantwortlich pflegen soll, hier sind sie bei jedem Wetter draußen an der frischen Luft. Alle Kinder sind sportlich, und sie kultivieren das «Abgehärtetsein» bis ins Komische. Draußen liegt Schnee, bei Minusgraden, die Wasserrohre sind wieder einmal gefroren, an den Fensterscheiben glitzern die Eisblumen, doch «*überflüssig zu sagen, dass Guni erklärt, es sei eigentlich ‹ganz warm› draußen, und in kurzen Hosen zur Schule gehen will*».

In den Ferien legt Luscha ihr Romanmanuskript beiseite, um mit den Kindern besondere Dinge zu unternehmen, je nach Jahreszeit: größere Gartenaktionen, Säen und Pflanzen, Wandern und Schwimmen, Basteln und Backen. Immer ist dann das Fehlen des Vaters schmerzhaft in ihrem Hinterkopf.

Herrliche Hundstage! «*Gestern Morgen sind wir also mit verschiedenen Rucksäcken, der alten verbeulten Pfanne mit Henkelöhrchen, mit rohen Kartoffeln und vorgebackenen Reibeplätzchen, Butterbroten, Thermosflasche mit Tee, Tomaten und vier ganzen Eiern losgezogen – Riki blieb zu Hause. Es ging Richtung Schling, Hangstein, von dort oben in den Wald und über Johannaberg zu den Berlebecker Quellen. Dort in der Nähe ganz hoch im Walde fanden wir eine gute Lagerstätte, wo wir den ganzen Tag verblieben. Neben uns fiel nach einer Seite der Hang steil herab, eine Sandhalde von etwa 25 m schräger Ebene, die den Kindern stundenlangen Zeitvertrieb bereitete: als Rutschbahn, Sprungschanze, Sandspielplatz pp. Das Abkochen klappte großartig; wir sammelten Steine und hingen die Pfanne ins Feuer, und unsere Reibekuchen schmeckten herrlich, auch etwas nach Rauch und Wald ... Das Wetter war pracht-*

voll, im Wald kühl und heiß auf der Landstraße, die Quellen so nahe, dass wir uns dort Wasser besorgen und zum Schluss waschen konnten; die Kinder waren in Turnhosen rumgelaufen und von oben bis unten schwarz ... Als wir um 18 Uhr an der Badeanstalt vorbeikamen, sind wir noch alle schnell ins Wasser gesprungen. Um 19 Uhr kamen wir nach Hause, Rikarda hatte viel zu erzählen, war schon im Bett, wurde noch mal rumgereicht, gehätschelt und mit einer Rolle Drops bedacht, die wir in Berlebeck gekauft hatten ...»

Nur er, der Vater, fehlte. «Halte es mit deinem Urlaub nach Ermessen, aber schiebe ihn nicht zu lange auf – es wird ja immer Arbeit und außerordentlich Dringliches im Wege sein, niemals glatte Bahn für Urlaub und Ferien, da musst du energisch einmal einen Schnitt machen, denn sonst klebst du im Büro noch an! Die Kinder sollen und müssen auch mal was von ihrem Vater haben!»

Sie besucht ihn zu seinem Geburtstag, im August 1953, für ein verlängertes Wochenende, das pulvert sie beide mächtig auf: wieder einmal lange ungestörte Gespräche und ausgedehnte Zweierspaziergänge am Rhein, ein, zwei Abende in einer Kneipe, Teetrinken auf seiner Bude. «Ich bin froh, dass ich jetzt weiß, wo meine Gedanken dich suchen können, wo du schläfst, arbeitest, an welchem Tisch du frühstückst, in welchem Sessel du deine Zigarette rauchst und wohin dein Blick geht, wenn du hinaussiehst.» Eigentlich versöhnt erst diese Reise sie mit der Aussicht auf eine Familienzukunft in Düsseldorf; sie sehe die Stadt nun, da er ihr so vieles gezeigt habe, «mit hellen Augen, durch das Medium der Liebe».

Düsseldorf. Wäre es nur erst so weit.

«Manchmal ist es zum Wahnsinnigwerden mit der ewigen Trennung. Dass man sich daran gewöhnt, im Laufe der Jahre, ist noch das Schlimmste. Aber was bleibt einem denn anderes übrig? Man schreibt Romane, und ich bin wieder ein paar Nachtstücke weitergekommen.» Den Roman «Unreife Früchte», an dem sie seit einem Jahr arbeitet, will sie auf jeden Fall noch unter Dach und Fach bekommen, «bevor wir wieder heiraten». Sie hofft zuversichtlich, dass es diesmal ein Erfolg wird und er auf diese Weise «hoffentlich keine ganz arme Frau bekommt». Jedenfalls hat sie in diesen Herbsttagen «wie ein Vieh gearbeitet, allerdings hoffe ich nicht kuhwarm, sondern mit et-

was Geist und – ach was, mein Junge, rundheraus: Ich bin nur einmal diese Woche um halb zehn zu Bett gegangen, sonst jede Nacht zwischen zwei und drei. Weil's früher nicht abriss und gut voranging und die Zeit außerdem drängt; ich hoffe, bis Mittwoch das vorletzte Kapitel in Kladde fertig zu haben, dann zwei Nächte ausschlafen.» Um frisch und ausgeschlafen zu sein für seinen nächsten Besuch. Denn «*wir freuen uns bändig und unbändig auf dich».*

Trotz der Vorfreude scheint es jetzt manchmal auch Spannungen zwischen ihnen zu geben, wenn er zu Besuch kommt. Weil sie zu viel Nachtschichten gemacht hat, ausgelaugt und erschöpft ist? Weil er überarbeitet und nervös ist? Weil die Hoffnungen auf einen baldigen Umzug wieder versiegt sind? Weil er die lebhaften Kinder nicht mehr gewohnt ist, die sich bei jedem Besuch so erwartungsvoll auf ihn stürzen? Oder auch, weil sie beide, Luscha und Walter, jetzt immer einfach zu viel von der kurzen Zeit erhoffen, die sie miteinander verbringen, und schon kleine Missstimmungen als große Bedrohung empfinden?

Einerseits stilisiert Luscha Walter zum starken Vater hoch, der mal wieder «*ein Machtwort sprechen», «dazwischendonnern»* und «*durchgreifen»* soll. Andererseits kritisiert sie eine in ihren Augen unnötige Strenge den Kindern gegenüber und will sich selber ganz bestimmt nicht von ihm dirigieren und bevormunden lassen. «*Wenn ich auch himmelhoch froh bin, wenn du kommst und hier mal gebieterisch dazwischenfährst, so mag ich diese Art mir gegenüber doch gar nicht, und ich habe dann manchmal Angst, ob ich überhaupt zu dieser ungeheuren Anpassungsleistung (die von uns beiden gefordert sein wird) noch imstande bin.»*

Da zeichnen sich zukünftige Konflikte ab, und sie beide wissen darum. Haben sie sich einander nicht vielleicht doch entfremdet in der langen Zeit der Trennung? Haben sie einander vielleicht zu sehr idealisiert in der Zeit, da ihre Beziehung vorwiegend in Briefen geführt wurde, haben sie überhöhte Bilder voneinander, die der Wirklichkeit, wenn sie länger zusammen sind, nicht standhalten werden? Im Frühling des Jahres 1953, als Walter die feste Stelle in Düsseldorf antrat, zog spürbar ein Aufwind durch ihre Briefe; zum Jahresende hin, nachdem nun doch alles auf unbestimmte Zeit beim Alten zu bleiben scheint, schleicht sich hier und da auch Missstimmung in ihre Begegnungen.

«Es ist schrecklich, wenn du weg bist, obwohl es, wenn du hier bist, nie so ist, wie es sein könnte ...» Die kurze Spanne ihres Zusammenseins, enttäuschende Schulnoten der Kinder, ihr schlechtes Betragen, Luscha selbst übernächtigt, mit *«Löchern in den Backen»* und *«unliebenswürdig».* *«Hauptsache, dass du dich nicht fremd gefühlt und uns lieb hast.»*

Sie sehnen sich beide danach, wieder zusammenzuleben, aber sie fürchten sich inzwischen auch ein bisschen davor, jetzt, wo die Möglichkeit näher rückt. *«Du brauchst dich durchaus nicht in der Rolle des Dornröschen-Prinzen zu sehen, der mich aus stickiger Atmosphäre erlösen soll. Wie hast du dir die Erlösung vorgestellt? Im Rahmen des sozialen Wohnungsbaus, oder: drei Zimmer, kein Garten, keine Bäume – ich fürchte, ich werde von den heftigen Trieben, die mein individualistisches Selbst in dieser freiheitlichen Umgebung geschossen hat, ziemlich stark zurückschneiden müssen, bevor ich wieder mit einem Drei-Zimmer-Gewaltigen eine vernünftige Ehe führen kann!»* Das sind neue Töne, die es zu Ende der letzten Trennungsphase, im Jahre 1947, nicht gab.

«Vielleicht sind wir beide in der Einsamkeit zu ‹mächtig› geworden, ich jedenfalls bin nun natürlicherweise gewohnt, dass sich alles nach meinen Wünschen richtet (oder zumindest richten sollte), ich geh schlafen, wann ich will und so lange ich will (jedenfalls in den Ferien), und kann alles nach meiner Mütze machen – ich kann nicht sagen, dass ich darauf besonders erpicht war, aber es ergab sich eben so, und ich habe mich daran gewöhnt.»

Auch in den Weihnachtsferien 1953 hat es Spannungen gegeben. Weihnachten ist seit dem Ende des Krieges für sie alle ein so hochbesetztes Fest. Luscha hat ihren Roman «Unreife Früchte» wie erhofft Ende November abgeschlossen und sich dann in eine gewaltige Weihnachtsbäckerei gestürzt – *«Lebkuchen, Schachbrettkeks, Heidesand, Ingwermoppen, Kolatschen, Anisplätzchen, Haselnussmakronen – ich habe fünf große Bonbondosen voll und drei kleine Cafe-Dosen.»* Die Ausgaben für Butter, Mehl, Eier und Gewürze müssen durch eine billige, extrem einfache Alltagsküche herausgeholt werden. Eisern wacht sie darüber, dass vom Weihnachtsgebäck nicht genascht wird, nur die Teigschüssel dürfen die Kinder auslecken, damit die Plätzchen an Weihnachten etwas Besonderes bleiben.

Zum ersten Mal feiern sie in diesem Jahr in Detmold in zwei getrennten Parteien Weihnachten: Ilse lebt ja seit dem Frühjahr wieder mit ihren beiden jüngeren Kindern Ralf – im Alter wie Herrad – und Gudrun – ein Jahr jünger als Rikarda – im Haus; sie wollte nicht allein in Neuwied bleiben, nachdem Erich einen Ingenieursposten in Belgisch-Kongo angetreten hatte. Eigentlich war geplant, dass sie ihm mit den Kindern dorthin folgen sollte, sobald seine Probezeit vorüber sei – aber die Firma hat Erich übel mitgespielt und ihn unter einem fadenscheinigen Vorwand kurz vor Ende der Probezeit entlassen, sobald das neue Werk, das er für sie dort aufgebaut hatte, mehr oder weniger von selber lief; man wollte wohl die Überfahrt für seine Familie sparen, die ihm versprochen worden war. Im späten Frühjahr hat also auch Erich wieder arbeitslos vor der Tür von Haus Waldesruh gestanden, und seitdem leben Ilse, Erich und die beiden Kinder in den beiden ehemaligen Dienstbotenkammern im Kellergeschoss und warten darauf, dass Familie R. mit ihren drei Kindern und der Oma endlich aus der zweiten Etage auszieht. R.s ihrerseits stehen ebenfalls in der ersten Dringlichkeitsstufe für eine Sozialwohnung in Bielefeld; die Fertigstellung des Baus verzögert sich um Wochen.

Zu Weihnachten sind auch Ilses Töchter aus erster Ehe im Haus. Mit vierzehn Personen sei es zu eng in einem Weihnachtszimmer, hat man gemeinsam entschieden. Vielleicht fürchtet die «andere Partei» auch den Trubel mit zu vielen Kindern; jedenfalls feiert Else mit der Familie der älteren Tochter in ihrem Zimmer, während Hertha und Walter nebenan im Schriebes ein eigenes Weihnachtsfest für sich und die Kinder ausrichten. Das bedeutet viele zusätzliche Ausgaben, nicht nur für das Festessen – sie hat für sich und die Kinder ein Huhn bestellt und für Walter ein Händchen voll Kalbsfrikassee, Diätnahrung –, sondern auch für einen eigenen Weihnachtsbaum, einen Baumständer, Baumschmuck – aber das sind ja Anschaffungen, die ohnehin spätestens beim ersten Düsseldorfer Weihnachtsfest auf sie zukommen werden, und ihren Briefen ist anzumerken, dass Luscha sich gewaltig freut auf dieses Feiern allein mit ihm und den Kindern.

Doch Walter ist wohl den Trubel, so viele Menschen auf einmal im Haus und das fast zwei Wochen lang, nicht mehr gewohnt. Immerhin teilen beide Parteien die zwar geräumige Küche, in der täglich für vierzehn Personen gekocht werden muss, und im Winter können die Kinder auch nicht beliebig lange draußen spielen. Jedenfalls beklagt sich Walter, dass es niemals genug Gelegenheit gebe, einmal ungestört mit ihr allein zu sein.

«*Mein lieber Junge*», schreibt sie darauf, «*es ist sehr schön, dass wir so fest zusammengewachsen sind, und wir wollen sehen, dass es immer so bleibt.... Aber Kinder sind auch Egoisten; sie wollen dabei nicht zurückstehen oder auch nur in den Hintergrund gedrängt werden, und da sie gewohnt sind, dass ich jetzt immer ungeteilt für sie da bin, wird es vielleicht in der ersten Zeit unseres Zusammenlebens etwas schwierig für sie sein, hin und wieder zurücktreten zu müssen. Aber ich denke, dass wir auch da durch gute Aussprachen Konflikte vermeiden.*»

Trotz der atmosphärischen Störungen, die es zwischen ihnen gegeben hat, «*seufzen die Kinder dir hinterher*». Er soll wieder mit ihnen auf allen Vieren krabbeln, rumalbern und noch mehr von Tünnes und Schäl erzählen, er soll überhaupt da sein. «*Weil ohne Pappi das Leben so langweilig ist*», habe Gunild gesagt. Warum er überhaupt immer nach Düsseldorf müsse und nicht in Detmold arbeiten könne, zum Beispiel als Lehrling bei Thams?, habe Herrad gefragt; Thams ist das Feinkostgeschäft, das sie zu Weihnachten beliefert hat, in ihren Augen ein hochattraktiver Posten. Und Klein-Rikarda habe zornig gefordert: «*Pappi könnte wohl auch mal vier Tage hier bleiben!*» Vier Tage scheinen ihr die größte nur denkbare Zeitspanne. «*Herrad äußerte sich auf der Bahnhofstreppe folgendermaßen: ‹Husch, husch, ist er wieder weg!›, und daraus sprach echter Kummer. Tordis drückte sich etwas gewählter aus: ‹Man denkt, man hätte es nur geträumt.›*»

Luscha liest den Kindern Wilhelm Busch vor: Eins, zwei, drei, im Sauseschritt/läuft die Zeit, wir laufen mit. Abend für Abend schmiert sie neunzehn Brote für das erste häusliche und das zweite Schulfrühstück ihrer Kinder. Nach dem endlich erfolgten Auszug der Familie R. richten sich Ilse, Erich und ihre Kinder im zweiten Stock ein, wo sie mehr Platz haben. Erich leidet unter der Arbeitslosigkeit und bläst häufig Trübsal; man kann ihm wieder nur einen Ingenieursposten in Übersee in

Aussicht stellen. Trotz seiner schlechten Erfahrungen in Belgischkongo ist er bereit, nach Brasilien auszuwandern; Ilse fürchtet sich davor. Zunehmend gibt es Spannungen zwischen den Schwestern; Luscha hat das Gefühl, dass ihre Mutter ungerechterweise immer Ilses Partei ergreift. Wenn sich doch endlich, endlich in der Düsseldorfer Wohnungsangelegenheit etwas täte!

Im März 1954 bekommt sie ihr Romanmanuskript vom Rowohlt-Verlag zurück, «*sehr geehrte gnädige Frau*», mit einem freundlichen, persönlich gehaltenen Brief von Wolfgang Weyrauch. «*Bitte entschuldigen Sie, dass die Prüfung Ihres Manuskriptes ‹Unreife Früchte› so lange dauerte ... Umso mehr ... da mir ja Ihr Roman ‹Draußen ist Wind› in bester Erinnerung ist. ... Zu meinem Bedauern muss ich Ihnen heute nun sagen, dass die sehr sorgfältige Prüfung Ihres Buches, das von mehreren Herren hier gelesen wurde, doch zu einem abschlägigen Bescheid führte ...*» Selbstverständlich kein Werturteil, Programmgründe, «*bitte seien Sie uns nicht gram*». Erst scheint Luscha die Ablehnung gleichmütig hinzunehmen, in den folgenden Wochen holt sie dann doch die Düsternis ein. Sie hat nicht mehr den Mut, es anderswo zu versuchen, nachdem auch Walter sich vorsichtig kritisch über das Manuskript geäußert hat. Strukturschwächen, hat er konstatiert, manche Szenen und Personenschilderungen gelungen, sie könne kraftvoll erzählen, stellenweise auch herrlich humorvoll, aber die Handlung sei nicht immer schlüssig, der gesellschaftlich-politische Hintergrund, von dem die Geschichte doch lebe, bleibe nebulös.

Wenn Walter am Wochenende zu Besuch ist, schläft er an ihrer Seite besser als allein in Düsseldorf, während es sich bei Luscha andersherum verhält: Sie liegt lange neben ihm wach, tausend Dinge gehen ihr durch den Kopf, die sie gern noch mit ihm bereden würde. Schwer auszuhalten, dass nie genügend Zeit zu sein scheint, die Spannungen zu klären, die sich bevorzugt zum Ende seiner Besuche hin andeuten. Sie wollen doch liebevoll auseinander gehen.

Ängste, auf beiden Seiten, die einander einzugestehen ihnen um so schwerer fallen muss, als sie doch seit Jahren nur auf die gemeinsame familiäre Zukunft zuleben. Doch man kann noch immer den Frühling in ihren Briefen spüren, das Erwachen neuer Hoffnung, wenn wieder ein Winter durchlebt ist, verliebte Töne – sollst sehen, jetzt bald, dieses Jahr noch, wird die Wende für uns kommen!

Im Frühjahr 1954 schlendert Walter an einem selten müßigen Sonntagvormittag am Rhein entlang; die Passagierdampfer ziehen friedlich ihres Wegs; die Bäume an der Uferpromenade zeigen so frische hellgrüne Blätter, Maienluft. *«Ich hadere mit mir und allem, was ich in den zurückliegenden Jahren tat, seit 1945, um wieder einmal zu prüfen, welche Fehler ich beging, dass wir immer noch getrennt sind.»* In den Messehallen am Rhein findet die DRUPA statt, gut gekleidete Menschen strömen den Eingängen zu und von ihnen fort, beneidenswerte Normalität. Das trabt jetzt gemächlich nach Hause, zum Sonntagsbraten im Familienkreis, zu Kaffee und Kuchen, Gedichtfetzen ziehen Walter durch den Kopf, das macht noch melancholischer: *«und einsam unter dem Himmel, wie immer, bin ich».*

Derweil träumt Luscha in Detmold gleichfalls von ihm; über die weiße Blütenpracht der Obstbäume hinweg stellt sie sich vor, wie er plötzlich unversehens, unangemeldet zu einem Überraschungsbesuch auftaucht. *«Noch abends, beim Rundgang mit den Großen durch den Garten, konnte ich vor blödsinnigen Hoffnungen nicht lassen und spähte durch den Apfelblütensegen der Waldstraße, ob du nicht doch kämest.»*

«Komm bald wieder, es ist so schön auf der Welt, wenn du da bist.»

«Es ist doch Lindenblütenzeit, für mich die allerschönste Zeit des Jahres. Weißt du noch, wie die Linden am Rhein zwischen alter Uni und Marienburg riechen?»

Dann, im August 1954, endlich Sommerferien; zum ersten Mal seit seinem Arbeitsantritt in Düsseldorf, vor nun schon eineinhalb Jahren, können sie wieder einmal längere Zeit miteinander verbringen. *«Samstag komme ich angeritten, auf einer Woge von Freude.»* Walter bringt den Kindern als Überraschung eine Schildkröte mit, die sie ihres greisen und weisen Gebarens wegen auf den Namen Homer taufen, und baut im Garten mit ihnen ein großes Gehege. Die Ferien scheinen rundum schön gewesen zu sein.

Von Problemen ist jedenfalls in den nachfolgenden Briefen keine Rede mehr. Ohnehin macht die große Neuigkeit, die er Luscha sofort nach seiner Rückkehr mitteilt, alles andere vollkommen unwichtig: Die Liegenschaftsverwaltung hat ihnen ein Wohnungsangebot gemacht, das passend scheint.

25.

«Es handelt sich um ein Haus in Grafenberg, erste Etage: vier Zimmer, Diele, Balkon, Bad … Ein Raum hat acht Meter Länge, der zweite sechs, die beiden anderen sind kleiner. Die Küche ist sehr klein, ebenso das Bad. Gartenbenutzung ist unklar. Die Umgebung ist weitgehend unbebaut, Felder, der Grafenberger Wald sehr nahe. Straßenbahn hält eine Minute vom Haus entfernt. Volksschule gleich in der Nähe, Lyceum drei Straßenbahnhaltestellen entfernt. Die Wohnung hat zwar Zentralheizung, aber sie ist unbrauchbar. Öfen würde Familie K. (vier Kinder) sehr wahrscheinlich zurücklassen. Die Familie K. bekommt von der Liegenschaft eine Neubauwohnung und kann über diese im Tausch verfügen. Aber die Verwaltung der Erbengemeinschaft muss erst noch zustimmen.» Wenn alles klappt und er eine Zuweisung für die Wohnung erhält, wird Walter ihr sofort ein Telegramm schicken; sie müsse sich dann möglichst gleich ein, zwei Tage freimachen und herkommen, um sich die Sache anzuschauen.

«Geliebter alter Bursche, ich bin ganz verrückt vor Freude, ich kann es dir kaum sagen, natürlich konnte ich es nicht bei mir behalten, das Herz lief mir über ob der schönen Aussichten, ich weihte die Kinder ein, Omi, Ilse – und sollte es, scheusslicherweise, nichts werden, so haben wir doch wenigstens einen glücklichen Sonntag gehabt mit einem Vorgeschmack von Zusammenleben und großen Veränderungen. Das gibt einen dollen Auftrieb, immerhin stark genug, über einen Fehlschlag hinwegzurutschen, denn wenn erst einmal eine Lösung beinahe möglich war, dann hofft es sich leicht auch auf andere Möglichkeiten. Also sei nicht böse, dass ich geschwatzt habe, ich bin so närrisch glücklich …»

Schon zwei Tage später folgt das Telegramm. Walter hat inzwischen die Einwilligungserklärung des Hausverwalters und der Liegenschaft eingeholt; die Unterlagen müssen nur noch vom Wohnungsamt abgesegnet werden, doch dürfte, meint er, jetzt eigentlich nichts mehr dazwischenkommen. Er bittet Luscha um eine Liste aller Möbel, die sie besitzen, damit sie bei ihrem Düsseldorf-Besuch schon ein bisschen gemeinsam planen können; sie soll sich auch alle Fragen notieren, die sie an Frau K. haben könnte, etwa nach einer Wäscherei, nach Einkaufsmöglichkeiten, Schulen und Kindergärten.

«Ich weiß nicht, was ich vor Freude mache, wenns's klappen sollte. Und Grafenberg sei schön, sagt Omi. ... Vier Zimmer, zwei davon sehr groß, was will man mehr? Zu schön, um wahr zu sein – wenn man es durchdenkt, kriegt man schreckliches Heimweh nach dir, besonders ich, jetzt, am abendlichen (Schlafzimmer-)Fenster ... jetzt stehen so sentimentale süße rosa Wölkchen am graudunstigen Himmel, und so eine leise angeräucherte Herbstluft zieht einem das Herz zusammen ...»

Euphorisch reist sie sogleich nach Düsseldorf, zum Wochenende, Samstag bis Montag, und kehrt ebenso hochgestimmt nach Detmold zurück – *«Es waren herrliche Tage und Nächte. Vielen Dank für alles.»* Die Wohnung hat zwar durchaus Mängel, aber es überwiegt bei beiden das Gefühl, dass sie *«ein Schnäppchen gemacht»* und *«großen Dusel haben».* *«Mit der Öfen-Geschichte ist es nicht gerade ideal, aber Feld- und Waldnähe wiegt das 1000-mal auf ... Ich bin bequem und frohgemut gereist, und alles schien mir leuchtend und wunderbar.»* Sie ist gerührt über ihre Kinder, die, obwohl sie vor Spannung auf ihren Bericht fast zerplatzen, dennoch größte Disziplin beweisen: Gunild und Silke holen sie am Bahnhof ab und erklären tapfer, sie müsse aber mit dem Erzählen noch warten, wegen Tordis, die das Los dazu bestimmt hat, zu Hause auf die Kleinen aufzupassen und das Abendessen vorzubereiten.

Danach laufen auf beiden Seiten, in Düsseldorf und in Detmold, die Umzugsvorbereitungen auf Hochtouren. Noch einmal gewinnt das Familienschiff an stürmischer Fahrt; alle Ängste und Bedenken bezüglich des Zusammenlebens sind weggefegt, es herrschen nur noch fiebrige Vorfreude, kindische Erwartung, und vor allem bei Luscha werden gewaltige Kräfteschübe freigesetzt. Familie K. wartet noch auf die Fertigstellung ihrer Neubauwohnung; kann also sein, der Umzug findet in vier oder erst in acht Wochen statt, dann muss er aber womöglich sehr schnell über die Bühne gehen; kann auch sein, dass sie noch länger werden warten müssen. Doch was macht das schon, *«wir haben ja warten gelernt».*

Luscha hat gleich am Tag nach ihrer Rückkehr mit den Umzugsvorbereitungen begonnen, die Kinder sind mit größtem Eifer dabei, räumen, ausmisten, Möbelstücke inspizieren, ausbessern, sie nimmt sich systematisch ein Zimmer nach dem anderen und jedes Teil einzeln gründlich vor, Schränke und Kommoden werden ausgeleert, altes wertloses Zeug wird aussortiert. Nachts sitzt sie am Schreibtisch und schiebt kleine, aus Papier maßstabgerecht ausgeschnittene Möbel in Zimmern aus Millimeterpapier hin und her.

«Das Glück verleiht mir Schwung und Kraft – sofern es uns weiter treu bleibt.» Noch steht die offizielle Bestätigung vom Wohnungsamt aus.

Walter bemüht sich in Düsseldorf um einen Möbelkredit; sie werden so vieles neu brauchen, einen Elektroherd, Teppiche, Gardinen, Lampen, Bettzeug.

Luscha organisiert die Aufbesserung alter Möbelstücke: Der solide viereckige Eichentisch Tessa wird noch Generationen überdauern; nur seine zerkratzte und zerfurchte Oberfläche zeigt, wie lange er schon gedient hat; sie bestellt eine Resopalplatte, die neu aufgelegt werden soll. Omi spendiert sechs der zwölf Stühle aus dem Herrenzimmer dazu – fertig ist der Essplatz für die neue Diele, eines der Kinder wird auf einem Hocker sitzen. Nachts, als sie vor Aufregung wachliegt, entwickelt Luscha eine geniale Idee, wie auf knappem Raum zwei Arbeitsplätze im Kinderzimmer der beiden Kleinen Platz finden können: Die alte Wickelkommode (sehr nützlich für die Kinderwäsche) soll rechts und links mit Schreibtischplatten versehen werden, die mittels Scharnieren hoch- und wieder heruntergeklappt werden können. Dazu kann man zwei der Einlegeplatten vom großen ausziehbaren Esstisch verwenden, der in Zukunft im Wohnzimmer Walters Schreibtisch werden soll.

Reparatur- und Ausbesserungsarbeiten übernimmt in seiner Freizeit Richard M., der Mann von Elses Putzhilfe aus dem Dorf, gelernter Schreiner, zur Zeit in einer Fabrik beschäftigt. *«Gestern machten wir nachmittags einen ulkigen Pilgerzug zu M.s: mit dem großen Spiegelrahmen vom Waschtisch (der zweite muss morgen hin), zwei Stühlen (Kinderzimmer, kaputt), zwei Brettern für die Klapptische an der Kommode.»* Jedes Kind trägt ein Teil, eine knappe halbe Stunde die staubige Landstraße entlang, auch die beiden Kleinen laufen mit, *«wir hatten viel Spaß und andere Leute auch an uns».*

Luscha hat Mühe, die Kinder an ihre Schularbeiten zu bekommen; sie wollen am liebsten immerfort mitmischen, räumen, sortieren, anstreichen. Als Mitte September endlich die Einweisung vom Wohnungsamt kommt, haben sie schon die Kisten mit den Gläsern gepackt; dabei soll es bis zum Umzug noch sechs Wochen dauern. Aus Düsseldorf berichtet Walter, dass sich die Fertigstellung von Familie K.s Neubau verzögern werde, wenn sie Glück haben, gehen die Ende Oktober, so dass sie selbst Anfang November einziehen könnten. Er hat Kostenvoranschläge von Speditionsfirmen eingeholt. Die Kundenkreditbank werde ihnen ein Darlehen in Höhe von 1000,– bis 1200,– DM einräumen, das sie in vierzehn bis achtzehn Monaten zurückzahlen müssten.

Ihre Briefe, die nun häufiger, alle zwei bis drei Tage, hin- und hergehen, sind jetzt voll von technischen Einzelheiten und pragmatischen Alltagsdetails. Richard M., berichtet Luscha, sei bereit, sich seine Schreinerarbeiten in Raten bezahlen zu lassen, etwa 40,– DM im Monat. Das müsste doch zu schaffen sein? Sie entwickelt gewaltige Energien, neben dem täglichen Einkaufen, Kochen, Waschen, Bügeln und Nähen versucht sie, an jedem Tag eine kleine Portion Umzugsvorbereitungen unterzubringen, aufräumen, zurüsten, packen, reparieren. *«Wir haben den ganzen Tag gesungen, gepfiffen und angestrichen.»* All die alten Möbel sollen sich doch von der besten Seite zeigen in der neuen Wohnung. Tordis und Gunild streichen mit; Silke reinigt die Schubladen der Schränke und Kommoden; nur die beiden Kleinen laufen ihnen unentwegt aufgeregt vor den Füßen herum.

Walter mahnt sie dringend, sich nicht zu übernehmen. Er könne doch auch einen Teil der Küchenmöbel streichen, wenn sie erst in Düsseldorf seien. *«Ich brauche dich gesund und ausgeruht, da hier ein solcher Rattenschwanz von Besorgungen auf uns wartet und ich mich nur für sehr wenige Tage anlässlich des Umzugs freimachen kann.»* Für die Übernahme der beiden Öfen sollen sie der Familie K. 300,– DM zahlen. Walter hat sein Zimmer in der Berger Allee 11 gekündigt. Der kleine Stadtumzug wird einen Tag nach dem großen Umzug stattfinden.

Unglücklicherweise hat Luschas Schwester Ilse genau in diesen turbulenten Tagen einen ernsthaften Herzanfall; sie müsse liegen, womöglich wochenlang, hat der Arzt gesagt. Else macht sich große Sorgen um ihre ältere Tochter. Erich ist bereits nach Brasilien aufgebrochen, und so muss sie sich um Ilses Kinder und Ilses Haushalt kümmern. Da bleibt keine Zeit mehr, Luscha bei ihren Vorbereitungen unter die Arme zu greifen oder zusätzlich auf deren beiden Jüngste ein Auge zu haben. Die werden also von Luscha zu jedem notwendigen Gang mitgeschleppt. *«Herrad und Riki sangen heute auf dem Rückweg von der Stadt die ganze Zeit: ‹Wir ziehen um, wir ziehen um, nach Düsseldorf!›, so dass die Leute sich lachend nach uns umdrehten.»*

In Düsseldorf meldet Walter seine Töchter im Grafenberger Turnverein und in ihren zukünftigen Schulen an. Keine Probleme mit Herrads Aufnahme in der Volksschule, während es im Gymnasium wegen der überfüllten Klassen schwierig werden könnte. Im persönlichen Gespräch mit der Direktorin kann er für Tordis und Silke verbindliche Zusagen erreichen, doch Gunild will sie nach wie vor ablehnen, da in der entsprechenden Klasse bereits 53 Schülerinnen seien; die Klassenlehrerin habe sich strikt geweigert, noch ein einziges weiteres Kind aufzunehmen. Walter legt sich mächtig ins Zeug, er stellt ihr vor, wie unglücklich es für eine Familie sei, wenn drei Geschwister auf zwei Schulen verteilt werden müssten, führt ins Feld, dass Gunild intelligent, fleißig, ehrgeizig sei und auch in einer so großen Klasse gewiss in ihren Leistungen nicht abfallen werde; auch seien doch wohl ohnehin in wenigen Monaten, zu Ostern, gewiss schon Veränderungen zu erwarten, da viele Kinder doch erfahrungsgemäß den Übergang in die Tertia nicht schafften. Sein letzter Trumpf ist ein Porträtfoto seiner drei ältesten Töchter, das er sorgfältig ausgesucht hat. *«Diese Karte stach!»*, berichtet er Luscha stolz. Die Direktorin lässt sich erweichen, und es gelingt ihr, der widerstrebenden Klassenlehrerin ihre Einwilligung abzuringen.

Der Oktober geht dem Ende zu; sie haben den Umzugstermin auf die erste Novemberwoche festgesetzt; die letzten Vorbereitungen überschlagen sich. Dennoch verliert Luscha nicht die gute Laune. *«Lass es dir recht gut gehen, und freu dich so, wie wir uns freuen, es scheint unfassbar, dass es nur noch drei Wochen dauern soll, bis wir wieder ganz zusammen sind. So unwahrscheinlich schön.»*

Walter schreibt zurück: *«Obwohl ich weiß, dass die ‹Wieder-*

vereinigung› für mich eine große Umstellung bedeuten wird, be-
schäftigt mich unser bevorstehendes Zusammenleben fast bei
Tag und Nacht: Ich plane schon Ausflüge, Spaziergänge, Be-
sichtigungen etc., um unseren Kindern den Übergang in die
städtische Umgebung zu erleichtern. In drei Wochen werden
wir endgültig zusammen sein. Luscha, ich zähle die Tage, nach-
dem wir seit März 1944 nicht mehr in einer eigenen Wohnung
zusammengelebt haben. Welche gemeinsamen Freuden und Er-
lebnisse stehen uns bevor! Alle finanziellen – und existenziellen
– Sorgen treten dahinter zurück. Wir werden wieder wir ganz
allein sein. Ich verspreche dir – und den Kindern – alle Liebe,
Rücksichtnahme und Mitwirkung, derer ich mich fähig glaube.
Hast du mich lieb? Dann werden wir ein schönes Zuhause für
uns alle Sieben haben!» Eine so feierliche Erklärung! Was sind
die existenziellen Sorgen, die ihn neben den großen finanziellen
Sorgen quälen? Er hat wohl immer noch Angst, er könne aufgrund seiner Nazi-Vergangenheit seinen Arbeitsplatz verlieren.
Walters Vergangenheit ist noch immer nicht vergangen – geschweige denn «bewältigt».

In der Detmolder Küche herrscht *«großes Durcheinander,*
Chaos und Kampfgetümmel», als Luscha ihre spärlichen Besitz-
tümer aus Elses gewaltiger Anrichte räumt. Sie bekommt von
Ilse einen großen Topf für den elektrischen Herd geschenkt,
«Fassungsvermögen für sieben Personen-Gemüse, sehr gut»,
von Omi auch einiges an Haushaltsgerät, unter anderem einen
alten Bohnerbesen, außerdem etwas gebrauchtes Küchensilber
sowie eine ganz neue Schöpfkelle, und sie freut sich über jedes
Teil. Während sie mit den Kindern stundenlang verrostete alte
Backformen blank scheuert, kommt Richard M., um letzte
Hand an zwei Kinder-Bettgestelle zu legen, deren Füße teils
vom Holzwurm, teils von der Feuchtigkeit zerfressen sind. Da
hilft nur: absägen, neu anstückeln. *«Die drei Großen halfen,*
Silke verletzte sich am Bein, ein dicker Holzspan fuhr ins
Fleisch, M. operierte vergeblich mit dem Meißel!!, ich holte Sil-
ke rauf, Omi drückte, und ich zog den Pfahl aus der Wunde. Sil-
ke war sehr tapfer …» Während unten getischlert wird, packt
Luscha im ersten Stock Leinen-, Bett- und Tischwäsche, auch
hier hat ihr Omi großzügig einiges überlassen. Die dreijährige
Rikarda hilft auf ihre Weise, *«sie packte mir immer alten Kram*
dazwischen. Plötzlich hing sie sich von hinten an den Kofferde-

ckel und machte Klimmzug, der Deckel knallte zurück, mir aufs Handgelenk und schlug mir das Rädchen von der Uhr, Kronenwelle, kaputt. Uhr heute zur Reparatur, Riki gestern Fell voll, hatte Wut. Abends sanken wir alle totmüde ins Bett.»

Turbulenzen, «wilder Betrieb ohne Mittagsruhe», Tag für Tag, unermüdlich, auf den Endspurt zu. Eine Woche bevor der Möbelwagen kommt: «Heute hatte ich Wäsche, ziemlich viel, gerade aufgehängt, als Regen einsetzte. Vorher und zwischendurch mit Frau M. die dicken Matratzen und Bettkissen und Couch vom Schriebes rausgebracht und geklopft. Dein Bett schon abgebaut, damit wir im Schlafzimmer Platz zum Packen und Aufstellen von Koffern etc. bekommen. Dann die Kartoffelkiste gesäubert und nach draußen geschafft, um sie vom Regen noch begießen zu lassen. Nachmittags mit den Kindern in der Veranda aufgeräumt, Koffer und Kisten vom Boden geholt, die die Kinder säuberten. Dann die Gläserkiste und das neue Essgeschirr für sechs Personen (fabrikneu) ausgepackt und alles gespült, weil die Mäuse und Silberfische in der Holzwolle genistet hatten und wir das nicht in die neue Wohnung schleppen wollten. Alles Verpackungsmaterial verbrannt ... Anschließend Abendessen vorbereitet und dann mit den Großen zu M.s, wo wir den Nachttisch-Schrank abschleppten im Schweiße unseres Angesichts. Der Regen hatte aufgehört. Morgen holen wir die Stühle ab, die schon fertig dastanden und tadellos aussehen ...»
Natürlich alles zu Fuß, ein Auto, das ihnen die schweren Transporte erleichtert hätte, besitzt in ihrer Umgebung niemand.

Am 5. November 1954 steht morgens früh der Möbelwagen auf der Straße, unter der Buche. In zwei Stunden haben die Packer alles eingeladen; Walter wird sie in Düsseldorf in der neuen Wohnung empfangen. Luscha macht mit den Kindern einen letzten Rundgang durch den Garten, es ist ein klarer, kalter, sonniger Tag, einige späte Löwenmäulchen und vereinzelte Astern blühen noch. Im März 1944 eigentlich nur vorläufig hier untergekrochen, verlässt sie nach nun zehneinhalb Jahren endgültig ihr Elternhaus. Die beiden Kleinen sollen unter Silkes Obhut noch zwei Tage bei Omi in Detmold bleiben, sie wären bei den Anfangsarbeiten nur im Weg. Es gibt noch einen Abschiedskaffee in Omis Zimmer, bevor Luscha mit Tordis und Gunild zum Bahnhof aufbricht, mit großem Gefolge, von Silke und den beiden Kleinen, von Ilse, Ralf und Gudrun bis zur Straßenbahnhaltestelle begleitet; Omi bringt sie sogar noch bis an den Zug. Alle schluchzen beim Lebewohl, auch Luscha kommen die Tränen; es war eine so lange Epoche, es ist ein solch tief greifender Umbruch jetzt.

Aber es war hohe Zeit.

Dritter Teil

26.

Noch heute kann ich ihre freudige Erwartungshaltung spüren, die anhaltende Euphorie, die dem Einzug in die gemeinsame Familienwohnung vorausging. Das intensive Lebensgefühl dieser Wochen teilt sich mir aus den Briefen auch jetzt noch so stark mit, dass ich vermute, die Lektüre ruft eigene frühe Erfahrungen wach: Ich habe das selber miterlebt, auch ich schwamm mit in diesem Glücksgefühl der ganzen Familie, denn ich war immerhin sechs Jahre alt; es fehlten noch zwei Monate bis zu meinem siebten Geburtstag. Mit dem Umzug nach Düsseldorf beginnt die Geschichte meiner bewussten Erinnerungen.

Als die drei Jüngsten zwei Tage nach den anderen in der neuen Wohnung eintreffen, ist dort schon viel geschehen, und dennoch wirkt alles frostig und unwirtlich. Nur in der Diele verbreitet der große Ofen eine wohlige Wärme, da haben sie die Sitzecke schon eingerichtet, Tessa-der-Esstisch und die sechs Eichenstühle aus Omis Herrenzimmer. Tordis und Gunild, die sich anfangs enttäuscht von der Wohnung zeigen, weil sie sich die Dinge viel großartiger vorgestellt haben, sind eine wirkliche Hilfe. Zunächst erscheint alles ein bisschen schäbig, obwohl sie sich doch wochenlang bemüht haben, ihre alten Möbel zu verschönern. Die Wohnung ist ja vorher nicht eigens renoviert worden: Sie sieht genau so aus, wie man es erwarten kann, wenn dort eine Familie mit vier Kindern jahrelang gehaust hat, es steht auch noch einiges Gerümpel von denen herum, das erst Wochen später abgeholt wird. Noch keine Teppiche auf den abgenutzten Bodendielen – dazu wird es erst im kommenden Sommer reichen –, keine Vorhänge an den Fenstern, nur die nackten Glühbirnen an den Decken. Immerhin sind die Kinderbetten schon aufgebaut, im Wohnzimmer haben sie einen Teil der Bücher bereits in die Regale geräumt, dort stapeln sich die Kartons mit Zeitschriften und Papieren aus Walters möbliertem Zimmer, die einstweilen als Ablage fungieren. Noch ist kein Herd vorhanden; sie bereiten ihre

Erbsmehlsuppe mit kleinen Würstchenstücken auf Walters Junggesellenkocher in der Diele zu. *«Die Suppe war sehr dünn und außerdem übergekocht und auf den Boden geflossen»*, berichtet Luscha in der Familienchronik.

Am Sonntag, ihrem dritten Tag in der neuen Wohnung, kriecht von draußen ungemütliches Novemberwetter durch die zugigen Fenster, kalt und hässlich; sie packen tapfer weiter aus. *«Mittags irgendetwas auf dem Kocher fabriziert, am Nachmittag Spaziergang im Regen über Graf-Recke-Straße, Brehmplatz zur Goethe-Schule. Kinder hüpften durch die Pfützen, und Vater war sehr gereizt über ihr Benehmen.»* Am nächsten Morgen früh pilgern sie noch einmal den gleichen Weg im Regen zur Schule; kein Pfützenhüpfen diesmal: Walter, Luscha und die Kleinen liefern die drei großen Töchter pünktlich zum Unterrichtsbeginn bei der Direktorin ab, die kritisch die keineswegs erstklassigen Abgangszeugnisse mustert und sie in die jeweiligen Klassen bringt. Anschließend hasten die Eltern mit den beiden Kleinen durch die Stadt, um einen Teil der dringenden Besorgungen zu erledigen: an oberster Stelle die Unterschriftsleistung für den Kundenkredit, Vorhänge- und Lampenkauf, dann eilends wieder nach Hause, um dort die Schulkinder zu empfangen, die sich von der neuen Schule nicht besonders angetan zeigen, sondern sie ziemlich *«doof»* finden. Am nächsten Tag muss Walter wieder ins Büro, während Luscha den neuen Herd in Empfang nimmt, der gleich angeschlossen wird, auch andere gekaufte Gegenstände werden angeliefert; sie säumt in stundenlanger Arbeit sämtliche Fenstervorhänge mit der Hand; nachdem sie aufgehängt sind, erscheint die Wohnung gleich gemütlicher. Das kalte regnerische Novemberwetter dauert an; ihr Familienleben zentriert sich in der Diele, um den großen Bullerofen. Der Alltag hat begonnen.

Die Trennung ist beendet, jetzt soll das gute, das gemeinsame Leben anfangen. Ein Familienleben in Düsseldorf, mit einem Vater in respektabler beruflicher Stellung, einigermaßen gesichert: Das ist das Gelobte Land gewesen, von dem sie immer geträumt haben, das Hoffnungsbild, das sie über große Durststrecken in Gang hielt. Nun muss es ihnen doch eigentlich wie im Märchen gehen: «Und von nun an lebten sie glücklich bis an ihr Ende.»

Luscha ist 46 und Walter 43 Jahre, als ihre Lebensfäden

wieder in einem gemeinsamen Strang zusammenlaufen. Seit 24 Jahren kennen sie einander, seit 14 Jahren sind sie verheiratet, doch zusammengelebt haben sie in dieser großen Zeitspanne nur dreieinhalb Jahre im Osten und noch einmal so lange in Detmold. Sie werden von nun an, nur selten wenige Tage getrennt, bis zu seinem Tod zusammenbleiben. Das heißt natürlich auch: Von nun an gibt es keine Briefe mehr, und ich bin für die Chronik ihrer weiteren Lebensgeschichte weitgehend auf meine eigenen Erinnerungen angewiesen, ergänzt und korrigiert durch die meiner Schwestern. Notwendig schleicht sich der Blick des Kindes auf die Eltern stärker in die Erzählperspektive.

Zwar schreibt Luscha zwischen 1954 und 1958 noch sporadisch an einer «Familienchronik». Nach den Weihnachtsferien hatte sie eine mächtige schwarze DIN-A4-Kladde gekauft, linierte Seiten, in dickem Karton gebunden, und notiert darin eingangs den von allen Familienmitgliedern gebilligten Vorsatz, wochenweise reihum die wichtigsten Ereignisse festzuhalten. Vielleicht hängt diese Initiative mit der Sorge zusammen, Walter könne sich der Restfamilie entfremden oder umgekehrt: Diese könne sich von ihm fortentwickeln. Anfangs gibt es tatsächlich wöchentliche Eintragungen, auch von den Kindern, doch bald schreibt nur noch Luscha selbst, meist in Monatsabständen, später in noch größeren Zeitblöcken. Es sind weitgehend Fakten, die sie festhält, im Berichtsstil, manchmal telegrammartig – nur noch selten lebendige Szenen und Situationsbeschreibungen. Wir lesen von Schulnoten und -nöten, von Feiertags- und Ferienunternehmungen, von extremen Witterungen, anhaltendem Geldmangel und Krankheiten, kleineren und größeren häuslichen Pannen, aber wir erfahren nur wenig über Stimmungen und Gefühle. Manchmal notiert sie allgemeinere Beobachtungen über das Wesen der Kinder, nur selten wird ihre eigene Befindlichkeit sichtbar, deutlicher schon Walters häufige Nervosität, sein chronisches Überarbeitetsein. Das, was am meisten interessiert: wie sie miteinander leben, was ihnen Schwierigkeiten macht und was sie aneinander haben, kann man nur zwischen den Zeilen lesen.

Die ersten Monate sind nicht einfach, aber das haben sie ja geahnt, zumindest die Eltern; trotzdem muss es sie geschmerzt haben, wie schwierig es ist. Die Kinder machen aus ihrer Enttäuschung kein Hehl. Den drei Großen fällt die Umstellung erheblich schwerer als den beiden Kleinen.

Zunächst hagelt es in der Schule Fünfen, andere Bücher, ein anderes Lehrsystem, alle finden sich nur schwer zurecht. Die Familienfinanzen sind auf längere Sicht *«völlig zerrüttet»*, wie Luscha es vornehm in der Familienchronik ausdrückt, was Wunder: die Reise- und Umzugskosten, die Neuanschaffungen, die Handwerkerrechnungen. Der Einrichtungskredit der Kundenkreditbank, an dessen Rückzahlung sie eineinhalb Jahre schwer tragen, deckt die Extraausgaben keineswegs vollständig, und auch die bewährte Kartoffeldiät kann sie nicht ganz herausreißen – zumal man die Kartoffeln hier auch nicht mehr billig beim Bauern beziehen kann. Schon bald offenbart die Wohnung kleine und größere bauliche Mängel, von denen sie bei der ersten Besichtigung nur wenig bemerkt haben, die sie kaum selber beheben können: Türen und Fenster schließen nicht richtig, Elektroanlagen sind defekt und müssen teilweise erneuert werden, die Decke zum über ihnen liegenden zweiten Stockwerk ist morsch, der Putz bröckelt, durch Außenmauern an der Wetterseite dringt die Feuchtigkeit ein. Das alte Heißwassergerät im Badezimmer tut es nicht mehr, ein neues muss her.

Aus Ersparnisgründen heizen sie meist nur die Diele, die zwar sehr gemütlich ist – aber abends, wenn Walter nach Hause kommt und nach dem Essen noch arbeiten muss, wird es eng, und Luscha hat Mühe, die Kinder zur Ruhe zu bringen.

Die Wohnung, ca. 100 qm, hat vier Zimmer. Die beiden Kinderzimmer, direkt von der Diele aus zugänglich – das etwas größere für die drei Großen, das etwas kleinere für die beiden Kleinen –, haben keine eigene Heizvorrichtung, doch wenn die Tage nicht zu kalt sind, wärmt der große Ofen in der Diele sie bei offen stehenden Türen einigermaßen mit. Immerhin sind es zwei Kinderzimmer, in Detmold schliefen, spielten und arbeiteten sie zu fünft in einem Raum. Auch das große Wohnzimmer, ihr neues *«Schriebes»*, betritt man von der Diele aus. Sie haben es mit Bücherregalen als Raumteiler in drei Bereiche gegliedert: vornean die Essecke, die nur sommers und sonntags genutzt wird, in der Mitte eine Sitzecke für die Eltern, mit Couch und zwei Sesseln um einen niedrigen Tisch, und hinten am Fenster eine Arbeitsnische, wo über Eck Luschas und Walters Schreibtische stehen. In den Wintermonaten heißt das Schriebes auch *«Eispa-*

last», weil der kleinere Ofen, der dort steht, das große Zimmer nur ungenügend erwärmt; er zieht schlecht, ist schwer anzuheizen und wird nur feiertags befeuert. Von der Diele aus läuft ein kurzer Flur zur kleinen Küche im hinteren Teil der Wohnung, von ihm gehen rechts und links das ebenfalls nicht sehr geräumige Elternschlafzimmer und der schmale Schlauch eines engen Badezimmers mit Toilette ab. Entlang der Fensterfront von Küche und Elternschlafzimmer zieht sich ein langer, aber nicht sehr breiter Balkon, nur selten sonnig, Himmelsrichtung Ost, von vielen großen alten Bäumen beschattet, die in den angrenzenden Gärten wachsen. Der kleine Schattengarten ihres Hauses gehört zur Parterrewohnung; sie haben kein Nutzungsrecht, obwohl sich die beiden Kleinen bald mit der älteren Dame von unten anfreunden und sie häufiger dort besuchen. Luschas gärtnerisches Betätigungsfeld aber schrumpft auf ein paar Topfblumen am Wohnzimmerfenster und ihre Geranien in den Balkonkästen, die des Sonnenmangels wegen meist nicht so recht gedeihen wollen.

Es ist immer schwierig, wenn die Vorfreude so riesig war und die Erwartung so hungrig und man endlich am Ziel ist. Muss die gelebte Gegenwart nicht, egal, wie sie aussieht, ernüchtern, wenn man ein Jahrzehnt lang von Zukunftshoffnungen gelebt hat? Längst war ja die Vision des Zusammenlebens für sie zu einer Chiffre geworden, die sich verselbstständigt hatte, eine Beschwörungsformel für all das, was ihrem Detmolder und seinem Düsseldorfer Leben fehlte. Aber nun sind sie gemeinsam in Düsseldorf und vermissen so vieles andere, das sie vorher gehabt haben, ohne dass das Neugewonnene ganz den Erwartungen entspräche und sie gleich voll für Verlorenes zu entschädigen vermöchte.

Den drei älteren Töchtern fällt die Eingewöhnung in die Schule auch wegen des anstrengenden Schichtunterrichts schwer: Sie haben abwechselnd Vormittags- und Nachmittagsunterricht, eine Woche von acht bis eins, die nächste von eins bis sechs; viele Schulgebäude sind noch zerstört, und bis Ende der 5oer Jahre teilen sich jeweils zwei Schulen ein Gebäude. Die Kinder müssen regelmäßige Pflichten im Haushalt übernehmen, ihre Zimmer in Ordnung halten, Öfen anheizen, Einkaufsgänge machen, spülen und abtrocknen, Kartoffeln schälen, auch Teile des Wohnungsputzes erledigen, denn an eine

Putzhilfe ist einstweilen nicht zu denken. Luscha und Walter stürzen sich wegen der Finanzmisere wieder in jetzt gemeinsame Nebentätigkeiten an der Schreibmaschine. Walter verfasst abends und am Wochenende extra honorierte größere Sonderberichte für das Auswärtige Amt; er diktiert, Luscha assistiert, indem sie wie früher Zeitschriften auswertet, Pressespiegel zusammenstellt, wichtige Quellen aus dem Englischen und Französischen übersetzt, nach Diktat tippt. Dadurch kommt die Überwachung der Schularbeiten zu kurz. Aber die Lücken der Gymnasiastinnen sind ohnehin zu groß, als dass die Kinder es ganz ohne – wiederum kostspielige – Nachhilfestunden schaffen könnten; also erhält Tordis einige Monate Zusatzunterricht in Latein und Französisch, Gunild in Französisch und Silke in Englisch und Deutsch. «*Alle hielten sich wacker ran, besonders Guni und Herrad, Silke fand's nicht der Mühe wert und ließ die Dinge treiben, Tordis litt sehr an Heimweh und kränkelte herum. Aber an Weihnachten war es wunderschön. Die größten Vier bekamen Rollschuh und Anoraks. Nun hatten sie die Möglichkeit, sich auf der Straße zu tummeln und den Verlust des Gartens etwas zu vergessen.*»

Denn unablässig jammern die Kinder vor allem in diesem ersten Jahr ihrer Omi in Detmold, dem Detmolder Garten, der Detmolder Schule, ihrem Detmolder Leben hinterher. Walter muss dieses penetrante Heimweh seiner Töchter nach Detmold auf die Nerven gegangen sein, zumal Luscha dem nicht entschieden genug entgegentritt, wohl weil sie es insgeheim partiell teilt. Wenn die Kinder vor anderen Leuten von Detmold schwärmen – es wird zwar im Laufe der Zeit seltener werden, aber nie ganz aufhören –, von dem wunderbaren alten Haus ihrer Großmutter, von dem riesigen verwilderten Garten, der aus der Entfernung immer größer und romantischer wird, dann ist das natürlich eine verklärte Erinnerung an Kindheit überhaupt, an unbeschwerte Zeiten, als die Anforderungen der Schule geringer waren und sie noch nicht von den Nöten der Pubertät bedrängt wurden. Denn mit Düsseldorf hat für die drei Großen so etwas wie der Ernst des Lebens begonnen. Sie sind jetzt dreizehneinhalb, zwölfeinhalb, elfeinhalb Jahre alt, und sie weigern sich beharrlich, erwachsen im Sinne von mädchenhaft zu werden, weil sie das affig finden, sie wollen weiter «*naturisch*» sein, aber die neue Umgebung will nicht recht dazu passen. Was bleibt einem anderes übrig, als zu verachten, wobei man ohnehin nicht mithalten kann? Die Klassenkameradinnen trumpfen mit besserer Garderobe und sonstiger Ausstattung auf. Die Goethe-Schule hat einen guten Ruf, ein hohes Anspruchsniveau, sie wird von vielen Töchtern gut situierter Eltern besucht, und neben dem größeren Leistungsdruck gibt es hier auch mehr anscheinend wieder selbstverständlichen Wohlstand als in Detmold. Es dauert ein gutes halbes Jahr, bis sie sich einigermaßen zurechtfinden, Gunild eher als Tordis und die beiden eher als Silke, die so weit zurückfällt, dass sie am Ende des Schuljahres nicht versetzt werden kann; sie darf aber die Sexta wiederholen. Die Einstiegsprobleme für Herrad, nach erst einem halben Jahr Volksschule, sind weit geringer. Auch finden alle während des nächsten Frühjahrs und Sommers in ihren Klassen Freundinnen, und das macht ihnen allmählich die neue Umgebung heimischer.

Wahrscheinlich ist die Detmold-Schwärmerei auch Ausdruck einer besonderen Befindlichkeit dieser Familie, die sie von Anfang an charakterisiert hat und sie dauerhaft prägt. Immer sind sie anders als die anderen gewesen, weniger Geld, aber dafür etwas Besonderes, nie «normal», immer Abweichler, ohne genau zu wissen, woher ihr Anderssein rührt. Die Kinder werden erst spät in ihrem Leben begreifen, dass die Notwendigkeit, etwas Besonderes zu sein und Besonderes zu leisten, aus dem großen Erwartungsdruck ihrer Eltern rührt, der Lebenserfolg der Kinder möge die dunkle Wolke vertreiben, die auf den Anfängen ihres Familienlebens liegt.

Jahrelang haben sie mit dem Gefühl gelebt, dass ihre Gegenwart unvollkommen und nur durch die Verheißung besserer Zeiten zu ertragen ist; sie haben nicht nur *mit*, sondern geradezu *von* der Sehnsucht nach dem, was fehlte, gelebt. Vielleicht gewöhnt man sich so sehr an dieses Lebensgefühl, dass man nun nie mehr ohne einen schmerzenden Stachel sein kann. War die Sehnsucht früher nach vorne gerichtet auf das gelobte Land, das da hieß: Vater, Familienleben in München oder Düsseldorf, so ist sie jetzt rückwärts gerichtet auf das verlorene Paradies: Detmold, naturnahes Leben, Kindheit.

Es ist schwer für Walter, weil er ihre Enttäuschung spürt.

Es ist schwer für Luscha, weil sie das Mäkeln der Kinder zu übertünchen sucht, obwohl doch die Kinder stellvertretend für sie manches mit zum Ausdruck bringen, was auch ihr an der neuen Lebenssituation missfällt, worüber sie aber bei Walter nicht klagen mag, weil sie ihm nicht weh tun will.

Zum Ersten: Luscha ist kein Großstadtmensch. Anders als Walter, der in einer Großstadt geboren wurde und aufwuchs, hat sie den größten Teil ihres Lebens in Kleinstädten, in veritablen Kaffs oder auf dem platten Lande verbracht: Detmold, Friedrichstadt an der Eider, Brixen und das habsburgisch geprägte freundliche Städtchen Lemberg, dann all die Gärtnereien und Gutshöfe in prächtigen Landschaften, Schleswig-Holstein und Bayern, Franken und Thüringen, Südtirol. Das Jahr in Köln und die paar Berliner Jahre blieben für sie die Ausnahme.

Grafenberg ist ein angenehmer Vorort von Düsseldorf, mit viel Grün, alten Häusern, dazwischen hier und da noch Lücken von Bombeneinschlägen, die inzwischen zu romantisch wirkenden unkrautüberwucherten Trümmergrundstücken geworden sind, reizvolle, wenngleich verbotene Abenteuerspielplätze für die Jüngsten. Es gibt reichlich Bäume in den Straßen und den zahlreichen Vor- und kleinen Hintergärten; in knapp zehn Minuten hat man den Grafenberger Wald erreicht, und zum Ostpark ist es nicht weiter. Hinter der Straßenbahnlinie dehnen sich noch weite offene Felder, die erst in den sechziger Jahren bebaut werden. Sie haben es wirklich gut getroffen, in einer Großstadt, das weiß auch Luscha. Aber sie braucht Bäume und Blumen nicht nur zum Anschauen, sondern eben auch zum Anfassen.

Walter dagegen kann ganz gut auf Natur verzichten. Denn ihn erinnern gärtnerische und handwerkliche Tätigkeiten an das, was er glücklicherweise für immer hinter sich gelassen hat. Für ihn heißt manuelle Arbeit «schlechte Zeiten meines Lebens», Schreibtischarbeit dagegen «gute Zeiten».

Luscha hat auch Schwierigkeiten, sich an die Enge der Räumlichkeiten zu gewöhnen. Zwar stehen ihnen hier kaum weniger, eher mehr Quadratmeter Wohnraum als in Detmold zur Verfügung, wo sie die Küche mit «*der anderen Partei*» teilten, wo eines ihrer drei Zimmer im Winter ebenfalls nicht zu benutzen und das zweite ein reines Schlafzimmer war – aber dennoch verlief sich alles ganz anders über zwei Etagen; es war ein großzügigeres Lebensgefühl im alten Haus, in den hohen Zimmern, den langen Fluren, dem geräumigen Treppenhaus, ganz zu schweigen von dem großen Garten drum herum, in den man die Kinder nicht mal hinauszuscheuchen brauchte, weil sie selber so gern im Freien waren.

Die neue Umgebung unterwirft Luscha auch in anderer Hinsicht recht unbequemen Anpassungszwängen, die sie in Heiligenkirchen bei Detmold nicht kannte: Sie muss sich ordentlich anziehen, sobald sie das Haus verlässt; die Vororthausfrauen der 50er Jahre sind spießig und werfen scheele Blicke. Unmöglich, in Hosen auf die Straße zu gehen, in denen Luscha in ihren eigenen vier Wänden am liebsten herumläuft, vor jedem Einkaufsgang muss sie sich umziehen, Rock und Mantel – grässlich. Dabei ist ihre Garderobe immer noch dürftig, sie hat nicht viel Auswahl.

Wenn Walter wiederholt heftig die «Heiligenkirchener Manieren» seiner Töchter tadelt, dann fühlt sich indirekt auch Luscha gemaßregelt. «Heiligenkirchener Manieren» – Walters Kritik bedeutet, dass sie, Luscha, ihre Töchter hat verwildern lassen, und sie spürt, dass er es ein winziges bisschen ihr zum Vorwurf macht, wenn die Großen sich schwer tun mit der Eingewöhnung, wenn sie in der Schule nicht gleich so reüssieren, wie er sich das vorgestellt hat. Sie hat es damals in ihren Briefen durchaus klar gesehen: Sie und die Kinder sind in den Jahren ohne ihn eine enge Einheit geworden, und oft genug muss sie zwischen ihm und den Kindern vermitteln, hin und her übersetzen, um größere Spannungen zu vermeiden.

Luscha stellt das exzessive nächtliche Lesen und Schreiben ein, es wird dem geregelten Familienleben geopfert. Sie schreibt längere Zeit fast gar nichts Eigenes mehr. Will sie nicht mehr? Kann sie nicht mehr? Fehlt ihr der Antrieb, weil sie keine Hoffnung mehr hat, etwas zu veröffentlichen? Gewiss, sie hat reichlich zu tun, als Mutter von fünf Kindern, aber das kann nicht die ganze Erklärung sein, denn vermutlich sind die Jahre zuvor in Detmold in dieser Hinsicht fordernder gewesen. Immerhin sind die Kinder jetzt aus dem Gröbsten heraus; selbst die beiden Kleinen müssen nicht mehr andauernd betreut werden. Sie treiben sich nachmittags stundenlang allein vergnügt auf der Straße herum, wo es größere Kinderhorden und immer Spielgefährten gibt. Rikarda geht ab Anfang des Jahres 1957 in einen Kindergarten; Ostern 1958 wird sie eingeschult. Luscha hat jetzt die Vormittage für sich.

Trotzdem fehlt ihr die Zeit, der Raum, die Energie für die eigene Arbeit, und es vergehen einige Jahre, bis sie wieder beginnt. Natürlich hat das Schreiben in den Detmolder Jahren auch kompensatorische Funktion gehabt, und vielleicht ist ein Teil dessen, was früher in ihr unruhig war und sie zum Schreiben drängte, einstweilen im Alltag befriedet. Vielleicht aber verbraucht sie all ihre Kräfte in der Anpassung an die neue Situation und für die gemeinsame Broterwerbsarbeit mit Walter.

Auch für ihn sind die ersten Monate schwierig. Er ist Familienleben schon zu lange nur als Ausnahmezustand gewöhnt, an Feier- und Urlaubstagen, an denen sich die Kinder darüber hinaus noch besonders mühten, sich anständig zu benehmen. Sein Junggesellenalltag bestand aus großen Zeitblöcken, in denen er sich ganz auf seine Arbeit konzentrieren konnte, unterbrochen nur von intensiven Gesprächen mit Erwachsenen, die sich weitgehend an die seinen Kindern nur schwer zu vermittelnde Regel hielten, abwechselnd zu reden und einander zuzuhören. Er arbeitet hart, er fühlt sich so oft schon verbraucht, und wenn er jetzt abends müde nach Hause kommt, dann springen sie ihn alle gleichzeitig erwartungsvoll an, vor allem die beiden Kleinen; alles tummelt sich in der Diele, alles redet und lacht und erzählt und schreit durcheinander. Und er sehnt sich nach einer ruhigen Ecke, will im Sessel sitzen und Luscha für sich haben, will durchatmen können – denn nach dem Abendessen muss er oft genug noch an den häuslichen Schreibtisch, an die Nebentätigkeit. Das ist der Schulden wegen unumgänglich, die Anschaffungen für die Wohnung wollen bezahlt sein, die Extraausgaben zu Weihnachten stehen bevor, jedes Kind soll doch wenigstens ein größeres Geschenk haben, in den Sommerferien sollen sie nach Detmold fahren können, und er hat sich geschworen, dass eine Putzhilfe hermuss, denn Luscha darf sich nicht ganz in der Hausarbeit verbrauchen, sie soll nach und nach wieder mehr Zeit für ihre eigene Arbeit finden.

Er muss sich selber immer wieder darin erinnern, wie sehr er sich dieses Familienleben gewünscht hat und wie glücklich er in der Tiefe darüber ist. Manchmal fühlt er das Glück auch unmittelbar, zum Beispiel sonntags, wenn er mit Luscha und den Töchtern, aufgereiht wie die Orgelpfeifen, spazieren geht und ihnen die Leute hinterhersehen; wenn der Straßenbahnschaffner ihn fragt: Sind das alles Ihre? und er bescheiden antwortet:

«*Nun, die fünf Jungen haben wir heute zu Hause gelassen, die sind nächsten Sonntag an der Reihe*» – nur um seine Kinder zum Lachen zu bringen.

Sie sind angelangt. Noch immer regiert der Verzicht, und die Alltagskämpfe hören nicht auf, weder die Arbeit noch die finanziellen Sorgen. Doch der größte Druck lastet auf ihnen beiden, weil sie sich so schrecklich darauf angewiesen fühlen, glücklich zu sein. Es muss doch einfach schön sein. Sonst wären ja all die Leiden und Nöte der vorangegangenen Jahre umsonst gewesen. Das Leben jetzt muss nachträglich all die Schmerzen von zuvor heilen, die Unruhe fortnehmen, die Einsamkeit, die Traurigkeiten vergessen machen.

Manchmal ist wirklich alles so, wie es sein soll. An den Abenden, wenn der Tag zuvor befriedigend verlaufen ist, nach dem Abendessen, wenn sie beide einmal nicht mehr an die Schreibmaschine müssen, wenn die Kleinen im Bett sind und die Großen sich ruhig in ihrem Zimmer beschäftigen. Dann sitzen Luscha und Walter einander in Couch und Sessel gegenüber und reden; sie bereden Tagesereignisse und die anderen Dinge des Lebens, und nach einer Weile, wenn es fürs Erste genug ist, lächeln sie sich zu und nehmen ihre Bücher vor und lesen für den Rest des Abends, jedes für sich, aber beide zusammen, und unterbrechen einander nur gelegentlich für ein kleines Kichern, eine hingeworfene Bemerkung: Das ist einfach großartig formuliert! Muss ich dir unbedingt vorlesen! Darf ich?

Das war es, nach dem sie sich in den vergangenen Jahren am meisten gesehnt haben: solche alltäglichen Abende gemeinsam in der Couchecke im Wohnzimmer.

27.

In der zweiten Hälfte der 50er Jahre beruhigen sich ihre Lebensverhältnisse; fast tritt so etwas wie Normalität ein im Familienalltag. Zwar bleibt die materielle Lage angespannt und wird sich auch nie mehr wirklich über einen längeren Zeitraum entspannen – es müssen nun mal sieben Personen von nur einem Einkommen ernährt werden. Walters Monatsverdienst, anfangs bei 700,– DM, steigt nur langsam, zunächst auf 800,– DM, erst zu Beginn der 60er Jahre klettert es über die

Tausendergrenze. So etwas wie Kindergeld gibt es noch nicht; bis in die späten 5oer Jahre muss sogar für die Gymnasiastinnen ein Schulgeld gezahlt werden.

So sind Walter und Luscha in ihrer Freizeit häufig mit zusätzlicher Arbeit befasst, gelegentlich Buchbesprechungen, öfter aufwändigen Sonderforschungsarbeiten für das Auswärtige Amt, der «Repatriierungsbericht», der «Texelbericht», für die Kinder nur exotisch klingende Etiketten, die «Eltern an der Schreibmaschine, möglichst nicht stören» bedeuten.

Die Töchter wachsen jedenfalls sehr viel schneller als Walters Einkommen, und mit ihnen wachsen die Bedürfnisse: Immer wieder sind neue Kleidungsstücke erforderlich, für die Großen jedenfalls, während die Kleinen vieles von ihnen übernehmen und auftragen können, immer wieder neue Schulutensilien, teure Ausflüge und Klassenfahrten. Um sie herum treibt das Wirtschaftswunder die Konsumgewohnheiten und den materiellen Lebensstandard so schnell in die Höhe, dass der Abstand zu vergleichbaren anderen Familien sich eher vergrößert als verringert. Aber müssen sie denn, wollen sie überhaupt mithalten? Sind nicht andere Dinge im Leben viel wichtiger, sollten sie nicht das Wesentliche dagegensetzen, ein intensives Familienleben zum Beispiel und den Wert der Kultur, der Bildung, des Geistes?

Geist: das heißt vor allem Bücher. Die Kinder bekommen zu Weihnachten und an ihren Geburtstagen vor allem Bücher geschenkt, neben notwendigen Kleidungsstücken, wie Socken, Unterwäsche, hier eine warme Jacke, da ein neuer Rock oder ein dringend benötigter Pullover, aber im Mittelpunkt immer Stapel von Büchern, die von den Eltern sorgfältig ausgesucht und weitgehend antiquarisch erworben werden, anfangs klassische Reise- und Abenteuerliteratur: Walter Scott, Dumas, Melville, Joseph Conrad, Stevenson, Edgar Allan Poe, später vor allem englische, französische, russische, auch skandinavische Literatur des 19. und beginnenden 20. Jahrhunderts. Die Bücher werden von den Kindern als Erstes lautstark gezählt, noch bevor sie sich über eines hermachen, bäuchlings im Weihnachtszimmer am Boden liegend: *Ich habe fünf!* *Ich vier!* *Ich hab sogar sechs!* *Dafür sind deine dünner und zwei von meinen ganz dick!*

Walter und Luscha, in Sessel und Sofa in ihre eigenen Weihnachtsbücher vertieft, mischen sich dann wohl ein: «*Schluss mit solchen Äußerlichkeiten, Kinder; wir haben uns schon etwas dabei gedacht, wer von euch welches Buch bekommt.*» Aber sie können doch nicht umhin, über diesen Wettbewerb zu schmunzeln, obwohl er sich nur wenig von dem ebenfalls beliebten Sport: Wer kann beim Mittagessen die meisten Kartoffeln vertilgen? unterscheidet.

Weihnachten ist der Höhepunkt des Familienjahres. Das gemeinsame Kaffeetrinken an den Adventssonntagen, beispielsweise, um den von Luscha selbst gebundenen Adventskranz, und mindestens eine Stunde werden dann Weihnachtslieder gesungen, obwohl weder Luscha noch Walter sonderlich musikalisch sind, mit ihren tiefen verräucherten Stimmen – Walter brummt seinen Part im Hintergrund. Nur zwei der Töchter, Silke und Rikarda, lernen im Laufe der Zeit, etwas Flöte zu spielen; vor allem Tordis und Silke haben durchaus Singstimmen, die sich entwickeln ließen, aber solche Begabung wird in dieser Familie nur wenig gefördert, anders als das Lesen und Schreiben, das Zeichnen und Malen. Dennoch sind alle ganz versessen darauf, in der Adventszeit und an Weihnachten zu singen, Kinder wie Eltern, wohl der Atmosphäre wegen, um brennende Kerzen versammelt zu sein, wenn die Gerüche von Weihnachtsplätzchen und kokelnden Tannennadeln, verbotenerweise über den Flammen gezündelt, sich vermischen, die versonnene Stimmung beim Singen, wenn man sich der Kälte und Dunkelheit draußen bewusst wird und der Wärme des bullernden Ofens drinnen, die Geborgenheit in einem starken Wir-Gefühl.

Während des ganzen Dezembers üben die Kinder beim Spülen und Abtrocknen die alten Weihnachtslieder wieder ein. Luscha hält sie zum Basteln von kleinen Geschenken an; sie malen Bilder und schneiden aus dunklem Fotokarton und farbigem Transparentpapier bunte Fensterbilder und faltbare Lampions mit Weihnachtsmotiven aus; sie sticken Deckchen und häkeln Topflappen und flechten Körbe aus Peddigrohr, sie sägen mit der Laubsäge Mobile-Figuren aus Sperrholz, bemalen Kästchen, kleben dekorative Bucheinbände aus glänzend gold und dunkelbraun gebügelten Strohhalmen, je nach Alter und Vermögen, nicht nur für die Verwandten, zuvorderst Großmutter und Tante in Detmold, sondern auch für einige der heimatvertriebenen Ausländer aus dem Umfeld des Büros, Walters Freunde und Kollegen. Diese Kindergeschenke werden Luschas Päckchen mit selbst gebackenen Weihnachtsplätzchen beigelegt, ihre ansehnlichsten Exemplare, die weniger dekorativen, meist in der Mehrzahl, werden im Familienkreis verspeist.

Heiligabend ist der schönste Tag. Morgens noch fiebrige Hektik, alle Kinder sind zu verschiedenen Haushaltsarbeiten eingeteilt, wehe, wer es jetzt wagte, sich nur um eigene Belange zu kümmern! Geputzt worden ist meist schon am Vortag, aber noch gibt es reichlich zu tun mit den letzten Einkäufen, den abschließenden Vorbereitungen für die Festmahlzeiten. Luscha dirigiert in der Küche, Walter heizt den Ofen im «Eispalast», der zum Weihnachtszimmer wird, er schmückt hinter verschlossenen Türen den Baum und richtet die Gabentische, und die Kinder lieben die Geschäftigkeit und heizen sie gern ein weiteres bisschen an, um alles noch aufregender zu machen. Den Eltern reicht es auch ohne Steigerung. Heiligabend ist ein geheimnisvoller Tag, wegen seiner Zwitternatur, weil er als Alltag anfängt und mittendrin über eine geheimnisvolle Schwelle gleitet, die aber nicht durch das Mittagessen markiert wird, traditionell eine einfache, meistens dünne Suppe ohne Fleisch, Kartoffelsuppe, Graupensuppe, sondern irgendwo unsichtbar am frühen Nachmittag liegt, während der Ruhepause, die dem Mittagsschlaf oder zumindest einem kurzen Rückzug der Eltern vorbehalten ist, in der die Kinder, leise und hastig, noch letzte Hand an irgendein Weihnachtsgeschenk legen. Wenn dann gegen fünf Uhr der alte Gong aus Detmold zum Kaffeetrinken schlägt, wenn sie alle frisch gewaschen und festlich gekleidet erscheinen, dann hat sich, was zuvor Alltag war, in den feierlichsten Tag des ganzen Jahres transformiert.

Bei Kaffee und Gebäck lesen dann Walter und Luscha gemeinsam, abwechselnd den Kindern eine Weihnachtsgeschichte vor. Früher in Detmold waren es Weihnachtsmärchen, später Erzählungen von Timmermanns, Stijn Streuvels, Storm und anderen, aber in den Düsseldorfer Jahren bürgert sich Knut Hamsuns «Weihnachten in der Berghütte» ein. Diese Geschichte gefällt ihnen dermaßen, dass sie fortan nur noch sie hören wollen, ihrer atmosphärischen Intensität und archaischen Einfalt wegen, die sich durch das Vorlesen der Eltern mit noch mehr Tiefsinn und hintergründigem Humor füllt. Beide sind sie wunderbare Vorleser, und wenn Luscha beginnt, mit ihrer tiefen Stimme die einsame Berghütte heraufzubeschwören: «*Es war sehr viel Schnee zu Weihnachten gekommen, das kleine Haus droben in den Bergen steckte nicht mit viel mehr heraus als mit dem Dach und den obersten beiden Balken*», dann fällt sogleich auch um sie herum der Schnee und wächst lautlos meterhoch um die Vautierstraße Nr. 69 und trennt sie nachdrücklich vom Rest der Welt, und wenn Luscha dann auf halber Strecke Walter das Buch herüberreicht: «*Jetzt du?*», und er umständlich die Zigarette ausdrückt, noch einen bedächtigen Schluck aus der Teetasse nimmt und seinerseits zu lesen anfängt, dann hat er sich selber in den armen Bergbauern Tor verwandelt, wie er seinem fünfzehnjährigen Sohn Rinaldus feierlich die Halsbinde umlegt, ein Geschenk von Bruder Timian aus Amerika, das einzig nennenswerte Weihnachtsgeschenk, das in diesem Jahr in der Berghütte überreicht wird, denn das Kerzenstümpchen zum An- und Ausmachen, das die kleine Tomelena bekommt, ist ja kaum erwähnenswert. «*Aber du musst vorsichtig sein, damit du noch etwas Feines um den Hals hast, wenn du vor dem Pfarrer stehst. Da, verbrauch sie in Gesundheit!*» Die Kinder können den Text längst über große Strecken auswendig und warten hingerissen auf die Wiederkehr der eigenwilligen, inzwischen vertrauten Formulierungen. – Doch keines von ihnen würde auf die Idee kommen, «Weihnachten in der Berghütte» an einem gewöhnlichen Tag mitten im Jahr zu lesen und so die Sache für sich vielleicht zu entzaubern.

Immer wird «Am Weihnachtsbaume» gesungen, auf der Schwelle zum Weihnachtszimmer, wenn Walter die Kerzen angezündet hat und endlich die Tür zum «*Schriebes*» öffnet. Und natürlich sagen dann erst die beiden Kleinen Gedichte auf, unter dem Weihnachtsbaum, der immer groß ist und bis zur Decke reichen muss, und die drei Großen haben einen Chor eingeübt, und erst wenn all diese Darbietungen stattgefunden haben wie immer, führen die Eltern die Kinder zu ihren Gabentischen, die Kleinen zuerst, danach die Großen, in der umgekehrten Reihenfolge ihres Alters, und erst wenn sie den Kindern eine Weile beim Auspacken zugeschaut haben, überreichen und erläutern Luscha und Walter einander ihre Geschenke.

Für Luscha: ein neuer Wintermantel und ein Stapel Bücher, für Walter: eine neue Hose und ein Stapel Bücher: Huxley, Hemingway, Steinbeck, Monnier, Mauriac, Maurois, Giono, Malaparte – manche alte Bekannte aus den 20er Jahren sind unter den Autoren, ihre Bücher überwiegend antiquarisch gekauft, und mit Rowohlt- und Fischer-Taschenbuchbänden holen sie nach, was sie an amerikanischer, französischer, italienischer Literatur der dreißiger und vierziger Jahre verpasst haben. Deutsche Gegenwartsliteratur lesen sie kaum, das ändert sich auch in den Sechzigern, als eine deutlich andere Literatur entsteht, nur wenig.

Der erste Weihnachtstag ist für die Kinder nicht mehr so aufregend, weil eindeutiger und ruhiger, aber angenehmer für die Eltern, die länger hinter verschlossener Schlafzimmertüre im Bett bleiben und in Ruhe gelassen werden wollen. Doch die Kinder dürfen, so früh wie sie wollen, im Weihnachtszimmer spielen und lesen, und mittags gibt es in den ersten Jahren ein Huhn und später eine gebratene Gans und noch später eine Pute, mit Rotkohl und Knödeln, und jedes Jahr isst mindestens eines der Kinder so viel, dass ihm anschließend speiübel wird mit allen bekannten Folgen, was jedoch die Übrigen mit nur mäßigem Mitgefühl quittieren, denn es ist gar nicht so ungünstig, wenn am zweiten Weihnachtstag die eine oder andere beim Mittagessen ausfällt, das nur mehr aus den Resten vom Essen des ersten Feiertags besteht. Dazwischen naschen alle von ihren bunten Papptellern mit dem Weihnachtsgebäck und den Süßigkeiten, die sie neben sich stehen haben, gleich bei den eindrucksvoll getürmten Bücherstapeln, wenn sie bäuchlings am Boden liegen und lesen oder in einer Ecke mit dem neuen Baukasten experimentieren oder zu zweit und dritt ein neues Karten-Quartett ausprobieren. Es gibt sonst kaum Gelegenheit, bei Süßigkeiten zuzulangen, bis einem schlecht wird, und die gewöhnlich strengen Eltern belassen es an diesen Tagen auch bei einem abwesenden «*Musst du denn gleich alles auf einmal aufessen?*», nur eine blasse Gewohnheitsmahnung ohne Nachdruck.

Zwischen Mahlzeiten und exzessiven Lesestunden stehlen sich Walter und Luscha gelegentlich allein fort zu einem Spaziergang, die Kinder sind ohnehin nicht besonders daran interessiert und verlassen in dieser Zeit das Weihnachtszimmer nur gezwungenermaßen. Es gibt auch Spiele mit den Eltern, Mensch-ärgere-dich-nicht, Halma, und natürlich wird zwischendurch wieder gesungen, an jedem Weihnachtstag spätnachmittags oder abends, und Luscha hat beinahe noch mehr Spaß als die Kinder, wenn Walters Stimme brummt *«Süßer die Kassen nie klingeln ...»* und wenn seine Engel statt *«von Frieden und Freud»* *«von Sigismund Freud»* singen. Oder er sagt, mit komischer Verzweiflung: Doch nicht schon wieder das *«Frisörslied»* – und meint damit den *«holden Knaben im lockigen Haar»*. Wenn Walter in dieser Weise herumalbert, dann geht es ihm gut, und Weihnachten ist für alle besonders schön. Manchmal nimmt er an den Tagen bis Neujahr arbeitsfrei, und dann gibt es nicht nur einen ersten und zweiten, sondern auch einen dritten, vierten, fünften und sechsten Weihnachtstag, die Kindern bestehen darauf, die Tage bis Silvester so zu nennen, mit langsam abnehmender Feierlichkeit und langsam zunehmender Alltäglichkeit, bis der Jahreswechsel vorüber ist.

Und dann wieder Alltag: Schule, Haushalt, Büro – Schularbeit, Hausarbeit, Büroarbeit. Walter verlässt sechsmal in der Woche morgens früh mit den Töchtern das Haus und fährt mit der Straßenbahn ins Büro. Wenn er abends gegen sieben nach Hause zurückkehrt, sieht er oft schon aus dem Straßenbahnfenster seine beiden Kleinen, Herrad und Rikarda, an der Haltestelle auf dem Absperrgatter sitzen, mit den Beinen baumelnd, sie winken ihm zu, und es gibt ihm ein gutes Gefühl, sie rechts und links bei der Hand zu nehmen und mit ihnen zusammen die paar Schritte nach Hause zu gehen, obwohl sie ununterbrochen auf ihn einreden und er eigentlich eine Viertelstunde Ruhe brauchte, um dem Getümmel des Familienlebens gewachsen zu sein.

Silke öffnet ihnen vielleicht die Tür, Tordis deckt den Abendbrottisch, Gunild füllt die Öfen mit Kohle auf, Luscha steht noch in der Küche – Bratkartoffeln zum Brot, wunderbar! –, Küsse, Umarmungen, reihum, nicht nur von Luscha – in dieser Familie wird viel geschmust. Beim Abendessen erzählen vor allem die Kinder von ihrem Tag; sie übernehmen anschließend das Abräumen, Spülen und Abtrocknen, das Aufräumen der Küche, während die Eltern sich zurückziehen, zu ihrem Abendritual, dem ruhigen Beieinander, im Gespräch oder lesend, nach dem Abendessen, vor dem Zubettgehen.

Sie gehen so gut wie nie zu zweit aus. Kein Geld für Kino oder gar Theater, Konzerte reizen sie ohnehin nicht; selten einmal sind sie eingeladen. Ihre Unternehmungen, außer den gelegentlichen kleinen Spaziergängen zu zweit, sind Familienaktionen, am Sonntag – und die dürfen in der Regel, besondere Feierlichkeiten wie etwa eine Rheindampferfahrt an Pfingsten ausgenommen, keine Eintrittsgebühren oder ähnliche Extraausgaben mit sich bringen.

Samstagnachmittags – vormittags ist er noch im Büro – übernimmt Walter regelmäßig die Einkäufe in der Stadt. Er zieht los, begleitet von zwei oder mehr Töchtern, und besorgt vor allem frisches Obst und Gemüse auf dem Markt in der Altstadt, seinem alten Jagdgebiet; er schäkert mit den Marktfrauen, und wenn alle Taschen gefüllt sind, dann spendiert er den schon heimlich lauernden Kindern je ein halbes Matjesbrötchen.

Samstagabends legt Walter manchmal «*Häufchen*» für die Kinder aus: Bonbons aus vier oder fünf verschiedenen Tüten, die er zuvor in der Stadt besorgt hat, und von jeder Sorte gibt es für jedes Kind eins, dekorativ auf den vier Ecken und in der Mitte eines Platzdeckchens angeordnet, ein rotes Himbeerbonbon, ein braunes Malzbonbon, ein grünes Eukalyptus-Bonbon, ein schwarzes Lakritzbonbon, ein gelbes Zitronenbonbon und so weiter, selten mehr als sechs oder sieben Stück pro Kind. Dann erscheint sein Kopf nacheinander in der Kinderzimmertür der drei Großen und der beiden Kleinen: «*Ihr könnt später mal rüberkommen, eure Häufchen abholen – aber teilt sie euch gut ein!*»

Gelegentlich ruft er die Töchter auch samstagabends ins Wohnzimmer. «*Könnt Ihr mir mal helfen. Ich habe ein Buch verlegt.*» Die Großen wissen dann schon, was kommt, und kichern erwartungsvoll, für die Kleinen muss die Vorstellung immer noch vollständig ablaufen. «*Ich habe es irgendwo ins Bücherregal gesteckt und finde die Stelle nicht mehr. Es handelt sich um das Bändchen ‹Stollwercks Gesammelte Werke›.*» Im Übrigen sind Luscha und Walter sehr stolz auf die Ordnung ihrer Bibliothek – «*Ich wünschte, die Wäscheschränke wären auch so übersichtlich aufgeräumt!*», seufzt Luscha, die meistens dabeisitzt, wenn Stollwerck gesucht wird, und den Kleinen flüsternd Tipps gibt. Luscha und Walter pflegen ein persönliches Verhältnis zu ihren Büchern, und sie wissen meist genau, wo sie was finden, trotz der rasant wachsenden Bestände, da die Bibliothek nach Sachgebieten und innerhalb der Sachgebiete alphabetisch nach Autoren geordnet ist. Wer ein Buch ausgeliehen hat und es nach dem Lesen nicht sorgfältig wieder an seinen Platz stellt, hat Ärger zu erwarten. *«Schau doch mal bei der Belletristik – und jetzt bei der slawischen Literatur – noch ein bisschen höher, da, wo die russischen Klassiker stehen …!»* Wenn die Schokoladentafel gefunden wurde, bekommt jedes Kind, die Finderin zuerst und zuletzt auch die Mutter, einen ganzen Riegel; Walter selber zieht die Zigarette vor.

Sonntagmorgens krabbeln manchmal sämtliche Töchter ins Elternbett, um zu kuscheln, aber auch in listiger Erwartung eines Einsatzsignals, das Luscha gibt: *«Wälti, Zeit aufzustehen!»* Dann fallen alle fünf blitzgeschwind über ihren Vater her und versuchen, ihn am Aufstehen zu hindern, eines ihrer Lieblingsspiele, bei dem Walter sich fühlen muss wie Gulliver bei den Zwergen, mit Silke, die auf seinem Brustkorb hockt, mit Tordis, die an seinem rechten, und Gunild, die an seinem linken Arm hängt, während Herrad und Rikarda je ein Bein umklammern. Dann das wonnige Quieken der Kinder, wenn er erst ein Bein und dann das nächste hebt und die Kleinen abschüttelt, gleich nebenan in Luschas Bett, die lachend vom Waschbecken aus zusieht, und dann den rechten Arm und den linken von den zäher kämpfenden Kletten befreit und sich zuletzt Silke von der Brust stemmt, das Prusten und Lachen der wiederanstürmenden Kinder und natürlich ihr: *«Noch mal!»*, und *«Noch mal!»*, bis er endlich das Machtwort spricht: *«Jetzt aber Schluss! Sonst muss Mutti noch ganz allein das Frühstück machen!»*

Luscha deklamiert, wenn sie gut gelaunt ist, bei der Küchenarbeit gern Gedichte, die die assistierenden Töchter auf diese Weise nach und nach bald selber hersagen können, ganz obenan Goethe, zum Beispiel den «Prometheus», sie kann das herrlich pathetisch darbieten, *«Ich dich ehren? Wofür?»* – den langen Holzlöffel gegen die Götter schwingend, große Passagen aus dem «Faust», und all die «Liebchen, mein Liebchen» und Lili-Gedichte. Schiller mag sie nicht besonders: *«Die langweilige Glocke! Diese grässlich biederen Frauenfiguren!»* Sie hat ein breites Repertoire für viele Stimmungen; sie liebt Hölderlin und die Romantiker, Eichendorff, Mörike; sie schmettert Storm, weiß aber auch ganze Strophen aus Rilkes «Stundenbuch» und viele Hofmannsthal- und George-Gedichte auswendig. Ihre eigentliche Domäne ist die Klassik. Bei den Expressionisten ist Walter mehr zu Hause als sie; er liebt es, wenn *«dem*

Bürger fliegt vom spitzen Kopf der Hut». Aber für ihn ist die Lyrik schon lange ganz an den Rand gerückt, und er liest nur noch in seltenen besonderen Stunden seine Lieblingsgedichte, allein, während für Luscha das öffentliche Rezitieren, mit den Kindern als Publikum, den Alltag verschönt. Manchmal dichtet sie auch aus dem Stegreif Küchenpoesie, um den Großen ein Versmaß zu verdeutlichen: *«Hexameter? Ist doch ganz einfach: ‹Aber die Radies in Scheiben zu schneiden, / kamen die säumigen Töchter nicht her›»* und klopft die angemessene Betonung mit dem Holzlöffel auf die Tischkante.

Die Küche ist der Ort der guten Gespräche mit Luscha; ihn steuern die Kinder an, wenn sie von der Schule oder von anderen Besorgungen nach Hause kommen, um zu erzählen. In die Küche laufen sie, wenn sie etwas fragen wollen oder sich gestritten haben. Falls Luscha dort gerade einen Kaffee trinkt oder kocht oder das Abendessen vorbereitet, auch wenn sie in der Diele bügelt und näht, dann ist sie bereit, einem Vokabeln abzuhören, die Übersetzung durchzusehen, man kann ihr einen Schulaufsatz vorlesen und sie in längere Gespräche verwickeln. Sitzt sie aber am Schreibtisch, über einem von Walters Aufsätzen und Berichten oder einem Brief oder vielleicht auch nur lesend und stöbernd, dann kann sie fuchsteufelswild werden: *«Würdet ihr mich vielleicht mal fünf Minuten ungestört arbeiten lassen?»*

Luscha gefällt sich darin, keine besonders gute Hausfrau zu sein. Zum Glück wird die Wäsche inzwischen außer Haus gemacht, schmutzig abgeholt und sauber gestapelt wieder angeliefert, und phasenweise hat sie in den späten 50er Jahren sogar eine Putzhilfe, die dreimal in der Woche kommt. Die beiden Öfen machen viel Arbeit, sie verbreiten rußigen Schmier, wenn man nicht Acht gibt; die alten ausgetretenen Holzböden müssen gefegt, gewischt, eingewachsen und mit dem Bohnerbesen auf Glanz gebracht werden – im Sommer 1955 wird, ein weiterer Schritt mit dem Wirtschaftswunder voran, ein Staubsauger angeschafft. Das Kochen bleibt für Luscha immer eine ungeliebte Pflicht. *«Ich wünschte, ich müsste nicht jeden Tag als Erstes darüber nachdenken, was ich kochen soll!»* Und sie dichtet: *«Was essen wir heute? Was essen wir morgen? / Ich bin es leid, die verdammten Sorgen!»* Schubweise entwickelt sie Spaß an besonderen Haushaltsaktionen, so etwa dem Einkochen von Pflaumenmus, dem Einlegen von Essiggurken, Bohnen und Sauerkraut, der Vorratswirtschaft für den Winter. Es gibt in den acht Jahren, die sie in dieser Wohnung leben, bis 1962, keinen Kühlschrank, nur eine kleine schmale Speisekammer, an der Außenwand zum Balkon hin, und wenn in heißen Sommern die Margarine sich zu verflüssigen beginnt, dann schwimmt die Schachtel ständig in einer Schale mit kaltem Wasser, das immer wieder erneuert werden muss.

Im Jahre 1957 kaufen sie von der Leistungsprämie, 250,– DM, die Gunild in diesem, wie schon im Vorjahr, für ihre guten Schulnoten erhält, eine gebrauchte Nähmaschine, ein älteres Exemplar, und Luscha versucht sich eifrig darin, den Töchtern ein paar einfache Kleidungsstücke selber zu nähen. Das Ding ist allerdings störrisch und lässt sich nur schwer meistern, «*ewig riss der Faden*», klagt sie in der Familienchronik. «*Ich nähte wie wild, und Tordis sagte, ich säße an der Maschine wie ein Betrunkener am Steuer – und danach sahen auch meine Nähte aus.*»

In den frühen Düsseldorfer Jahren liest Luscha mit glühenden Ohren und tiefer Zustimmung Simone de Beauvoirs «Das andere Geschlecht» und Sir Galahads «Mütter und Amazonen»; irgendwo in ihr steckt noch die Frau, die in den dreißiger Jahren versuchte, in Berlin eine Künstlerexistenz zu führen, obwohl sie jetzt äußerlich das Leben einer 50er-Jahre-Hausfrau führt, mit dem sie sich nicht wirklich identifizieren kann – Kinder? Unbedingt! Familienleben? Ja! Aber auf ein Hausfrauen- und Mutter-Dasein reduziert werden? Das ist ihr doch zu brav und zu dürftig! Sie verleiht ihrem Familienleben auch in der bürgerlichen Umgebung noch einen Hauch von Bohème, der manches Ärmliche und Schäbige zu überdecken vermag.

1956 fahren sie zum ersten Mal als Familie zusammen in die Sommerferien, ein großes Ereignis. Ursprünglich war geplant, nach Detmold zu reisen, wo die Kinder im Jahr zuvor schon die großen Ferien und in diesem Jahr bereits die Osterferien verbracht haben. Aber das erweist sich als ungünstig, denn Omi hat das Haus noch voll: Schwiegersohn Erich will im Juli aus Brasilien kommen, um nach kurzem Heimaturlaub Ilse und die beiden Kinder nachzuholen. So müssen sich Walter und Luscha nach einem anderen Quartier umsehen. Obwohl das deutlich teurer ist, besteht Luscha darauf: Ferien müssen sein, denn wenn sie zu Hause bleiben, wird Walter doch mindestens jeden zweiten Tag ins Büro gehen und so viel Arbeit mit nach Hause bringen, dass er keinerlei Abstand vom Allltag bekommt; sie kennt das vom letzten Jahr: Da wollten sie sich zu zweit ein paar schöne Tage machen, während die Kinder fort waren, doch ihre Ferien schrumpften auf einige Abendspaziergänge und ein gemeinsames Mittagessen in der Stadt anlässlich seines Geburtstags. Nun muss er einfach mal ausspannen, und auch sie will einfach mal wieder Natur um sich haben, Wälder, Wiesen, Berge, sonst verkommt sie noch ganz in der Stadt. In den letzten Wochen hat Walter nach Feierabend ununterbrochen am «*Repatriierungsbericht*» gearbeitet, um ihn vor dem Urlaub noch fertig zu bekommen. «*Alle sind ferienreif, Pappi überreif.*»

Sie haben in einer preiswerten kleinen Pension in einem Dorf im Westerwald gebucht. «*Am 1.8. morgens zeitig nach Oberzeuzheim aufgebrochen: Vater mit zwei Koffern (zwei weitere als Passagiergut vorausgeschickt), Mutter mit Reiseproviant-Tasche, die zwei Kleinen mit je einem Rucksack, Guni mit Pfeil und Bogen, ein weiteres Kind mit Seesack und Federballschlägern, Reiseplaid und so weiter. Die Züge überfüllt. Daher, nach Stehplätzen von Düsseldorf bis Köln, von Köln bis Troisdorf, auf die erste Klasse übergewechselt und sehr angenehm bis Altenkirchen gefahren, dann mit gemütlicher Bimmelbahn durch schönen Westerwald. In Niederzeuzheim wartete Auto.*» Das Dorf ist freundlich, es riecht nach Sommerwiese, Kuhmist und Holzwirtschaft – genau das, was sie brauchen. Das eine Fremdenzimmer teilen sich die Eltern mit Rikarda; im anderen schlafen die vier übrigen Kinder; Halbpension, für den Abend schmieren sie sich Stullen, das Badezimmer liegt am Ende des Gangs, und das Plumpsklo befindet sich im Hof. Es gibt viel unbebautes Land um das Haus herum, eine herrliche Streuobstwiese, wo sie die Liegestühle aufstellen können, zum Schwimmbad müssen die Kinder nur eine halbe Stunde laufen. Sie verbringen drei wohltuende Augustwochen mit Wandern, Schwimmen, Lesen. Auch Walter, der sich von dem Holzstapel im Hof nostalgisch angezogen fühlt und seine Töchter in der Kunst des Holzhackens unterweist, erholt sich gut. Sie zahlen sechs Mark Pensionspreis pro Tag und können sich drei Wochen Ferien leisten.

Ostern 1958 wird Rikarda eingeschult, und Herrad wechselt ins Goethe-Gymnasium, wo schon die drei Großen unterrichtet werden. In diesem Frühjahr gestaltet sich, so die Familienchronik, die «*Finanzlage mal wieder sehr schwebend*»; es müssen entgegen aller Kalkulation bis in den Mai hinein Kohlen gekauft werden. An Pfingsten gibt es ein gewaltiges Gewitter mit wolkenbruchartigen Güssen «*Lt. Rheinischer Post sind 21 Liter auf einen Quadratmeter gefallen – und das nicht nur unter freiem Himmel, sondern auch bei uns zu Hause; es regnete auf Tordis' Bett; wir mussten Schalen aufstellen, und Tordis musste, nachdem ihre Matratze bereits nass geworden war, ihr Bett räumen und bei uns übernachten.*» Die undichte Stelle in Außenwand und Zimmerdecke wird im Übrigen von der Hausverwaltung nur unzureichend repariert; sie versuchen, das Ganze von innen etwas abzudichten, aber die Feuchtigkeit dringt dort auch in Zukunft immer wieder durch, mal mehr und mal weniger dramatisch. Luscha und Walter haben schon vor einer Weile begonnen, sich nach einer anderen Wohnung umzusehen, immer noch ein schwieriges Unterfangen, etwas halbwegs Bezahlbares für eine so große Familie zu finden.

Im Februar 1958 kommt Omi, wie üblich, anlässlich von Luschas Geburtstag zu einem längeren Besuch. «*Am 13. war 50. Geburtstag, und die alte Schachtel war ich*», steht in der Familienchronik. Walter, der Anfang des Jahres an einer hässlichen Grippe laborierte, scheint wieder ganz gesund, und sie feiern vergnügt gleich weiter in den Karneval hinein. «*Vater endlich mal wieder und zum Glück auf alter Höhe, ließ seinen Witz sprühen, und wir lachten Tränen.*»

Familienalltag in den 50er Jahren. Geht es ihnen nicht richtig gut? Die Vergangenheit scheint für immer vergangen. Alle um sie her leben in diesem «Wir haben es geschafft»-Gefühl, das bei ihnen nur ein winziges bisschen fragiler ist.

28.

Die erste Vorladung kommt im Jahre 1961.

Walter ist inzwischen in seinem Büro, dem «Forschungsdienst Osteuropa», fest verankert; er hält, was er tut, für wichtig; man schätzt seine umfassenden Kenntnisse, sein Engagement und seine Leistung; die menschlichen Kontakte zu den Emigranten bedeuten ihm viel.

Die erste Vorladung erreicht ihn Mitte Februar 1961, kurz nach Luschas 53. Geburtstag. Er ist als Zeuge benannt in der «*Voruntersuchung gegen Oskar Waltke, wegen Mordes*».

Das Abitur seiner beiden Ältesten steht unmittelbar bevor. Tordis und Gunild besuchen dieselbe Klasse, seit Tordis sich im Herbst 1958 freiwillig, um ein Sitzenbleiben zu verhindern, eine Klasse zurückstufen ließ. Sie hatte einen heftigen Leistungseinbruch, nachdem sie einen neuen Klassenlehrer bekommen hatte, der ihr ausgerechnet in ihrem Lieblingsfach Deutsch eine Fünf nach der anderen verpasste. Da es auch in zwei anderen Fächern nicht rosig um sie stand, hatten sich die Eltern auf der Hälfte des Schuljahres zu diesem Schritt entschieden, zum Glück, denn Tordis blühte bald wieder auf, so dass sie jetzt alle, Gunild und Tordis, Luscha und Walter, dem Doppelabitur im März in freudiger Spannung entgegensehen.

Drei Wochen zuvor bringt die Post das amtliche Schreiben; Termin und Ort für die Vernehmung sind mit Schreibmaschine in einen vorgedruckten Text eingefügt, außerdem der Name der ermittelnden Behörde, Staatsanwaltschaft Hannover, sowie der Name des Beschuldigten und das Wort «*Mord*». Ladung «*wegen Mordes*». «*Auf Anordnung des Untersuchungsrichters ... sollen Sie als Zeuge vernommen werden. Sie werden daher am Freitag, den 24. 2. 1961, 9.30 Uhr, vor den Untersuchungsrichter, Amtsgericht Düsseldorf ... geladen.*»

Hat ihn das völlig unerwartet getroffen? Er muss der Presse entnommen haben, dass seit einiger Zeit in größerem Stil an der Aufklärung nationalsozialistischer Gewaltverbrechen gearbeitet wird, er hat sich denken können, dass dabei auch die Verfolgung und Ermordung der Juden in Galizien ins Blickfeld rücken wird. Schließlich liest er regelmäßig mehrere Zeitungen gründlich; die Zeitungslektüre ist ein wichtiger Bestandteil seines Berufes.

So wird ihm die Einrichtung der «Zentralen Stelle» in Ludwigsburg im November 1958 nicht entgangen sein, genauer der «Zentralen Stelle der Landesjustizverwaltungen zur Aufklärung nationalsozialistischer Verbrechen». Er muss auch die Vorgänge verfolgt haben, die zur Entstehung dieser Sonderbehörde führten; er weiß, welche Aufgaben sie zu erfüllen hat.

Ein Zufall hat die Dinge ins Rollen gebracht. Ein ehemaliger SS-Oberführer, zu Beginn des Russlandfeldzugs Polizeidirektor in Memel, hatte auf Wiedereinstellung in den Staatsdienst (nach Art. 131 GG) geklagt. Als über den Prozess in der Presse berichtet wurde, erinnerte sich ein Leser an diesen Mann; er erkannte ihn wieder als einen, der 1941 maßgeblich an Massenerschießungen von Juden in Litauen beteiligt war. Der ehemalige SS-Oberführer wird 1956 verhaftet und 1958 vom Schwurgericht Ulm zu zwölf Jahren Zuchthaus verurteilt. Die breiten Ermittlungen im Umfeld des Verfahrens führen zur Verhaftung weiterer Täter, gegen die im großen «Ulmer Einsatzgruppen-Prozess» verhandelt wird.[31]

Diese Vorgänge machen einer breiten Öffentlichkeit einmal mehr deutlich, dass es noch schwere NS-Verbrechen gibt, die bisher gerichtlich nicht verfolgt worden sind, vor allem solche, die im Osten begangen wurden. Man weiß natürlich längst, spätestens seit den Nürnberger Prozessen, dass dort bei Massenerschießungen und in den KZs Millionen von Menschen ermordet worden sind. Man weiß auch, dass jede der seinerzeit bestehenden «Einsatzgruppen» aus 800 bis 1000 Mann bestanden hat – und im Nürnberger Einsatzgruppenprozess sind nur ein paar Dutzend Männer in führenden Funktionen verurteilt worden. Die anderen, sofern sie den Krieg überlebt haben, laufen, was immer sie getan haben, noch als unauffällige Bürger herum.

Die Zentrale Stelle in Ludwigsburg ist 1958 eingerichtet worden, weil man mit dem Ulmer Einsatzgruppen-Prozess begriffen hat, dass es einer größeren Personenkapazität und einer systematischen historischen Detektivarbeit bedarf, überhaupt erst einmal die Fakten zusammenzustellen, die als Hintergrundinformation zur Strafverfolgung einzelner Täter erforderlich sind. Das können die regionalen Staatsanwaltschaften, die eigentlich mit der Verfolgung aktueller Gesetzesüberschreitungen ausgelastet sind, gar nicht leisten. Die Zentrale Stelle erhält die Aufgabe, sich um die Aufklärung aller Tötungsverbrechen an Zivilpersonen zu kümmern, die von Deutschen während des Krieges, aber außerhalb der eigentlichen Kriegshandlungen begangen worden sind, und zwar außerhalb des Gebietes der Bundesrepublik Deutschland und der DDR; es geht also ausdrücklich um die Mordaktionen der Einsatzgruppen und um die Verbrechen in den Zwangsarbeitslagern, den Gettos und den Vernichtungslagern. Die Zentrale Stelle soll alle verfügbaren Informationen sammeln, Tatkomplexe herausarbeiten und den Wohnort aller Beteiligten feststellen. Da sie nicht selber Anklage erheben kann, stellt sie ihr Material und ihr Hintergrundwissen dann den jeweiligen Staatsanwaltschaften zur Verfügung, in deren Zuständigkeitsbereich die Beschuldigten leben.

Damit ändert sich die bisher übliche Vorgehensweise im Umgang mit NS-Verbrechen: Nicht erst eine Anzeige gegen einen Tatverdächtigen löst Ermittlungen aus, sondern aus den systematisch gesammelten Informationen der Zentralen Stelle ergeben sich Hinweise auf immer neue mögliche Verdächtige, die aufgespürt und befragt, gegen die dann gegebenenfalls Verfahren eingeleitet werden. So sammelt sich aus Puzzlestücken immer mehr Hintergrundwissen über das Geschehen an.

Nein, Walter kann nicht vollkommen aus allen Wolken gefallen sein, als seine Vergangenheit Mitte Februar 1961 in Form einer Zeugenladung an seine Tür klopft, denn er wird über diese Entwicklung zumindest in großem Umfang informiert gewesen sein. Was er fühlt, was er denkt, welche Erinnerungen und Assoziationen speziell der Name Oskar Waltke in ihm auslöst – ich weiß es nicht. Jedenfalls findet er sich zum genannten Zeitpunkt im Düsseldorfer Amtsgericht ein und macht seine Aussage. Dieses erste von vielen Zeugenprotokollen liegt mir im Wortlaut vor; ich habe es im Archiv der Zentralstelle, heute die Außenstelle Ludwigsburg des Bundesarchivs, einsehen können.

«In der Voruntersuchung gegen Oskar Waltke erschien der nachbenannte Zeuge. Der Zeuge wurde mit dem Gegenstand der Vernehmung vertraut gemacht, zur Wahrheit ermahnt und gemäß § 55 und 57 StPO belehrt.»

Das Protokoll umfasst siebeneinhalb engzeilig getippte Seiten; nur eine knappe Seite befasst sich mit Waltke und anderen, gegen die zur Zeit Voruntersuchungen laufen. Überwiegend geht es um Walter Schenk selbst.

Zunächst schildert er knapp und präzise die uns bekannten biografischen Fakten, sein Studium an der Philosophischen Fakultät in Köln, durch Werkstudentenarbeit finanziert, im Jahre 1934 abgebrochen; seine Ehe mit der *«Schriftstellerin und Lektorin Herta Schenk»*, mit der er fünf Kinder habe, und dann seinen politischen Werdegang: von seinem Eintritt in den SD Ende 1935 bis zur Entlassung aus der englischen Gefangenschaft. Von 1945 bis 1950 Hilfsarbeitertätigkeit, ab Ende 1950 freier Journalist in München; seit März 1953 als Referent im «Büro für heimatvertriebe Ausländer» angestellt, aus dem der Forschungsdienst Osteuropa hervorging, in dem er noch jetzt tätig sei.

«Ich habe nach dem Zusammenbruch zu keiner Stunde unter falschem Namen gelebt.»

Im Protokolltext sind die Fragen an Walter nicht eigens kenntlich gemacht, so dass er sich wie ein durchgehender Monolog liest. Man kann jedoch ohne weiteres heraushören, dass in diesen Vernehmungen jeder Zeuge, der nicht zu den Opfern gehört, auch ein potenzieller Tatverdächtiger ist. Walter legt Wert auf den Hinweis, dass er als Journalist unter seinem eigenen Namen publiziert und seine Tätigkeit als SD-Führer in Lemberg nicht verschwiegen habe, damals wie heute.

«Insbesondere möchte ich hinzufügen, dass Beschuldigungen gegen mich aus meiner politischen Vergangenheit oder aus meiner politischen Tätigkeit bisher nach meiner Kenntnis nicht aufgeworfen worden sind. Ich glaube auch nicht, dass meine frühere politische Tätigkeit im Osten Anlass zu solchen Beschuldigungen bieten könnte.»

Der Untersuchungsrichter will von ihm wissen, wie die Dienststelle des KdS (des Kommandeur der Sipo und des SD) aufgebaut war, welche der Abteilungen mit welchen Aufgaben befasst war, wie die Zusammenarbeit zwischen dem SD auf der einen, dem SS- und Polizeiführer sowie den Einsatzgruppen auf der anderen Seite aussah.

Walter erklärt, dass das Unterstellungsverhältnis des SD unter den Kommandeur der Sicherheitspolizei und des SD immer unklar geblieben sei: Während der KdS behauptete, dem SD-Chef gegenüber ein Weisungsrecht zu haben, habe er sich nur dem Amt III des Reichssicherheitshauptamtes unterstellt gefühlt und auch seine Berichte nicht an den KdS, sondern – wie im Reichsgebiet üblich – nur direkt an das RSHA in Berlin übermittelt. Er habe wegen dieser Haltung Schwierigkeiten mit dem KdS Dr. Tanzmann gehabt, der *«ein Unterstellungsverhältnis des SD durchdrücken wollte»*. Um seine Unabhängigkeit von ihm auch äußerlich sichtbar zu machen, habe er mit seinen Leuten ein eigenes Dienstgebäude bezogen; seine Dienststelle habe auch eigene Kraftwagen und einen eigenen Etat gehabt. Das Gewicht der einzelnen beim KdS angegliederten Abteilungen könne man in etwa an ihrer Personenstärke ablesen: So habe die

Abteilung I (Personal) etwa 25 Mitarbeiter gehabt, die Abteilung II (Verwaltung) ca. 60, die Abteilung III (SD – seine eigene Dienststelle) 17, die Abteilung IV (Sicherheitspolizei, Geheime Staatspolizei) ca. 200 und die Abteilung V (Sicherheitspolizei, Kriminalpolizei) ca. 80 Mitarbeiter.

«Von mir oder meinen Mitarbeitern (ist) keinerlei Beteiligung an Handlungen der Exekutive (Sicherheitspolizei) gefordert worden. Ich hätte eine solche Beteiligung auch als unvereinbar mit den Aufgaben eines politischen Nachrichtendienstes abgelehnt.»

Walters Ton wirkt offen auf mich; für mich klingt er wie jemand, der zur Zusammenarbeit bereit ist und sich nicht davor fürchten muss, dass man ihn in der Folge mit eigenen Straftaten konfrontieren wird. Ich kann ihn vor mir sehen, wie er dasitzt, die Beine übereinander geschlagen, unaufgeregt, ruhig, vermutlich ein Glas Wasser oder eine Tasse Kaffee vor sich, die man ihm angeboten haben wird, sicherlich mit einer Zigarette in der Hand, an der er bedächtig, aber nicht hastig zieht, ich sehe seinen gesammelten Gesichtsausdruck, während er über einzelne Fragen nachdenkt und dann knapp und präzise zu formulieren sucht. Ihm sei bekannt, dass heute immer wieder davon geredet werde, dass der SD bzw. SD-Angehörige an *«Liquidierungsaktionen»* beteiligt gewesen sein sollen.

«Das ist unrichtig, jedenfalls soweit dies meinen damaligen Arbeitsbereich betrifft. Es handelt sich ganz einfach um eine Verwechslung zwischen SD (Abt. III) und der Sicherheitspolizei (Abt. IV), die als reines Exekutivorgan im Gegensatz zum SD zu derartigen Aktionen herangezogen werden konnte.»

«Während meiner ganzen Lemberger Dienstzeit hat es keine Beteiligung des SD an Aktionen der Exekutive gegeben.»

Walter wird gegen Ende der Vernehmung eine Liste mit dreizehn Namen vorgelegt, unter denen er einige Namen, auch den Oskar Waltkes, wiedererkennt; es handelt sich weitgehend um Angehörige der Abteilung IV oder deren Außenstellen, einige dieser Männer waren möglicherweise auch in Einsatzgruppen tätig, doch keiner davon gehörte zu seiner, Walters, Dienststelle.

«Meines Erachtens sind für die im Raume Galizien durchgeführten Liquidierungen im Wesentlichen die Angehörigen des Stabes Katzmann (SS- und Polizeiführer) und diejenigen der Abteilung IV des KdS verantwortlich.»

«*Zwischen der SD-Dienststelle Lemberg und dem SS- und Polizeiführer gab es keine Zusammenarbeit.*» Er habe auch keinerlei privaten Umgang mit Angehörigen der Abteilung IV und keinen Kontakt mit dem Personal der Zwangsarbeitslager oder des Lemberger Gefängnisses gehabt. «*Nicht ein einziges Mal ist auf einer Dienstbesprechung, an der ich teilgenommen habe, eine Liquidierungsaktion oder Ähnliches abgesprochen worden.*»

Man habe natürlich davon gewusst. «*Diese Dinge blieben selbstverständlich nicht verborgen. Es gab auch sehr viele Gerüchte in der Stadt.*»

Schon eine Woche nachdem Walter seine erste Zeugenaussage gemacht hat, erreicht ihn die zweite Ladung. Er ist darauf vorbereitet, denn man hat ihm angekündigt, dass er vermutlich schon bald im Zusammenhang mit einer anderen Sache gehört werden soll. Diesmal handelt es sich um eine Vernehmung im Auftrag der Staatsanwaltschaft Flensburg, in der Voruntersuchung gegen Martin Fellenz und Johannes Kleinow, wiederum «*wegen Mordes*». Diese Vernehmung findet am 10. März in Münster statt; sie scheint nicht so lange gedauert zu haben, denn das Protokoll umfasst nur zweieinhalb Seiten; dennoch kostet die Reise ihn einen ganzen Arbeitstag.

Die Namen der beiden Männer, gegen die hier ermittelt wird, sind ihm unbekannt; auch zu den Judenmorden in Przemysl, die ihm der Untersuchungsrichter kurz skizziert, kann er nichts sagen. «*Ich habe auch dienstlich nichts darüber gehört.*» Man legt ihm Fotos vor, auf denen er niemand erkennt. Er wird noch einmal zu seiner Person befragt und verweist auf die vorangegangene Vernehmung, wie man ihn in Düsseldorf gebeten hatte.

Das Gericht hat festgestellt, dass der SD-Führer von Przemysl Ende Juli/Anfang August 1942 einen schriftlichen Bericht über eine «*Judenaussiedlung*» verfasst hat, der noch greifbar ist. Przemysl gehörte zum Distrikt Krakau. Walter befand sich zum fraglichen Zeitpunkt aber schon nicht mehr dort, sondern bereits seit einem Jahr in Lemberg, also im Distrikt Galizien. Er wird nun allgemein zu solchen Vorgängen befragt: Haben ihm die Leiter seiner Außenstellen irgendwann über «*Judenaktionen*» berichtet? Oder hat er selber solche Berichte verfasst oder weitergeleitet?

Er habe «*dienstlich niemals Berichte über Judenaussiedlun-*

gen oder über Judenangelegenheiten weder aus dem Distrikt Krakau noch aus dem Distrikt Lemberg nach Berlin gemacht», sagt er aus. «Auch von meinen Außenstellen erhielt ich derartige Berichte nicht.» Er bleibt dabei, dass es eine klare Aufgabenabgrenzung zwischen seiner Abteilung III (SD) und der Abteilung IV (Sipo) gegeben habe, aufgrund derer der SD nicht für Exekutivmaßnahmen (egal, ob gegen Partisanen oder gegen Juden, Ukrainer, Polen oder andere) und generell nicht für «Judenangelegenheiten» zuständig war.

An dieser Stelle wird man ihn explizit danach gefragt haben, wieweit er über die Judenvernichtung informiert gewesen sei. «Mir war bekannt, dass es im Distrikt Lemberg Arbeitslager für Juden gab. Diese unterstanden dem SSPF (= SS- und Polizeiführer) in Lemberg. Während meiner Zeit in Krakau habe ich über Aussiedlungen und Vernichtung von Juden überhaupt nichts gehört. Während meiner Lemberger Zeit erfuhr ich von diesen Dingen gerüchteweise. Dienstlich erfuhr ich nichts davon.»

«Ich habe in den ersten Wochen meiner Tätigkeit davon gehört, dass das Einsatzkommando, das in Lemberg gelegen hatte, Erschießungen von Juden vorgenommen haben soll. Man hörte natürlich auch Gerüchte über Abtransporte von Juden. Das muss im Jahre 1942 gewesen sein.» Weiteres habe er nicht gewusst. An Besprechungen beim Höheren SS- und Polizeiführer Krüger oder bei den SS- und Polizeiführern in Krakau oder Lemberg habe er nicht teilgenommen.

Soweit das Protokoll – «laut diktiert, selbst gelesen und unterschrieben».

Die zweite Zeugenvernehmung Walters in Münster findet einen Tag vor dem Abitur seiner beiden ältesten Töchter statt. Die Kindern bekommen von diesem für ihn so wichtigen Termin kaum etwas mit. Bei ihnen geht es recht vergnügt zu an dem gewichtigen Prüfungstag; die beiden Abiturientinnen sind morgens früh in die Schule getrabt, um feierlich mitgeteilt zu bekommen, dass sie erst nachmittags an der Reihe sind, und sie kehren beschwingt, angeheitert zurück, genießen die Mittelpunktrolle, die sie an diesem Tag zu Hause spielen – ein zweites Frühstück mit Spiegelei, nie da gewesener Luxus, beneidet und bestaunt von den drei Jüngeren. Die verbleibende Wartezeit verbringen Tordis und Gunild damit, laut in ihrem Zimmer englische und französische Gedichte zu deklamieren sowie vor dem Spiegel in ihren schwarzen Kostümen dekorative Sitzhaltungen für den Ernstfall einzustudieren.

Die Show wird ihnen allerdings teilweise durch die neue Waschmaschine gestohlen, die an diesem Nachmittag angeliefert wird, nach dem Staubsauger vor sechs und dem Radio vor vier Jahren ein weiterer Meilenstein auf dem Weg der Familie in den bürgerlichen Wohlstand, und Luscha und die anderen Kinder stehen noch vor dem Gerät, dessen gewaltiges Rauschen und Stampfen beim Schleudern dem Tosen einer Meeresbrandung gleicht, und bestaunen die rhythmischen Bewegungen der schäumenden Wäsche durch das Guckloch, als Tordis und Gunild wieder zur Schule aufbrechen müssen. Tordis schlägt sich dann tapfer in Mathe und legt in Deutsch eine Glanznummer hin, mit Hyperions Briefen an Bellarmin, und Gunild findet zwar, ihr durchaus ordentlicher Auftritt in Mathematik hätte noch eine Spur großartiger sein können, macht aber dafür in Physik ihrem Ruf als Naturwissenschaftlerin der Familie alle Ehre. Beide kehren abends jedenfalls müde und zufrieden nach Hause zurück, in die Arme einer begeisterten Mutter und eines vielleicht etwas abwesend wirkenden Vaters.

Eine Woche später findet in der Aula der Goethe-Schule die Abschlussfeier statt, würdig musikalisch umrahmt. Luscha und Walter sitzen im Publikum, und es muss sie mit Genugtuung erfüllt haben, als die Direktorin ihnen anschließend noch einmal persönlich «*zu ihren zwei feinen Töchtern*» gratuliert.

Inzwischen hat der Landgerichtsrat K., der den «*Zeugen Schenk*» Ende Februar zum ersten Mal in Düsseldorf vernommen hat, eine Ablichtung seines Protokolls nicht nur an die Staatsanwaltschaft nach Flensburg geschickt, wo die bereits erwähnte Voruntersuchung gegen Martin Fellenz und Johannes Kleinow läuft, sondern auch an die Staatsanwaltschaft Waldshut, die sich mit den Gewaltverbrechen an Juden in galizischen Arbeitslagern befasst, vor allem im Arbeitslager Janowska bei Lemberg.

In diesem Zusammenhang wird Walter nur fünf Wochen später noch einmal in Düsseldorf vorgeladen und von Beamten des Landeskriminalamtes Baden-Württemberg befragt. Das Protokoll dieser Vernehmung liegt im Archiv in Ludwigsburg nicht vor. Aber es existiert dort ein umfangreicher allgemeiner Bericht, in dem die Staatsanwaltschaft Waldshut den bisherigen

Kenntnisstand über den Tatkomplex zusammenfasst. «*Die Rolle, die die Abteilung III in Lemberg gespielt hat, ist noch nicht klar festgestellt. Ihr zeitweiliger Leiter, der ehemalige SS-Sturmbannführer Walter Schenk, hat in seiner Vernehmung vor dem Untersuchungsrichter Hannover und in seiner späteren Vernehmung durch die Sonderkommission beim Kriminalkommissariat Waldshut angegeben, Aufgabe des SD sei es gewesen, Nachrichten im Raum Galizien zu sammeln und an das RSHA (= Reichssicherheitshauptamt) weiterzugeben. Dem steht jedoch entgegen, dass er von mehreren jüdischen Zeugen im Zwangsarbeitslager Lemberg-Janowska gesehen wurde, als er dorthin festgenommene Personen ablieferte. Eine Abklärung ist insoweit noch erforderlich. Eindeutig ist dagegen, dass der Abteilung IV der Vollzug oblag, also auch die Erschießung der Juden.*»

Bei seiner dritten Vernehmung haben die Fragen also noch einmal eine neue, in gewisser Weise dramatische Wendung genommen. Walters Name ist in der «Waldshuter Sachverhaltsdarstellung» vom Juni 1961 in einer Liste von 98 Personen aufgeführt, gegen die aufgrund der bisherigen Ermittlungen Verdachtsmomente aufgetaucht sind: «*Er wird beschuldigt, im Zwangsarbeitslager Lemberg-Janowska zwei Personen erschossen zu haben.*»

Ein konkretes Verbrechen also, ein handfester Mord. «*Er wurde bereits vernommen. Eine Tötungshandlung hat er in Abrede gestellt. Belastet wird Schenk lediglich von dem Zeugen K., der aber lediglich allgemein äußert, Schenk habe Personen getötet. Auch der Zeuge Dr. W. kennt Schenk. Es ist jedoch noch nicht abgeklärt, inwieweit das der Fall ist. Ein weiterer Zeuge behauptet, Schenk habe Personen in das ZAL Lemberg-Janowska eingeliefert.*»

Das Verfahren wird im Juni 1962 von der Staatsanwaltschaft Waldshut an die Zentrale Stelle in Ludwigsburg und von dort im Februar 1963 an die Staatsanwaltschaft Stuttgart abgegeben. Innerhalb der nächsten drei Jahre «*erweisen sich die Beschuldigungen als haltlos*» und das Verfahren wird eingestellt.

Walter hat in einer Mappe sämtliche Ladungen zu den Zeugenvernehmungen sorgfältig chronologisch abgeheftet; zu einigen hat er sich handschriftliche Notizen gemacht. Es gibt in seinen Unterlagen keinerlei Hinweis darauf, dass er noch einmal in dieser Sache vernommen wurde, und er bezieht sich auch in seinen persönlichen Notizen an keiner Stelle auf die Beschuldigungen, die in der «Waldshuter Sachverhaltsdarstellung» gegen ihn erhoben werden. Da sie später nie wieder auftauchen und Ende 1965 in einem Schreiben der Zentralen Stelle an das Bundesjustizministerium als «haltlos» bezeichnet werden, ist anzunehmen, dass die Zeugen sich ihrer Sache doch nicht sicher waren. Wahrscheinlich hat er nicht einmal gewusst, dass zeitweilig ein Ermittlungsverfahren gegen ihn anhängig war, da es in seinen Unterlagen weder eine offizielle Benachrichtigung über die Aufnahme noch über die Einstellung eines solchen gibt.

Ich gehe davon aus, dass Walter keine Juden erschossen hat. Doch auch wenn er in diesem Punkt unschuldig ist: Die drei Zeugenvernehmungen Anfang des Jahres 1961, innerhalb von nur zwei Monaten, müssen ihn aufgewühlt haben. Sie konfrontieren ihn aufs Neue massiv mit Geschehnissen, an die er sicher nicht gern erinnert werden wollte, die im vergangenen Jahrzehnt nach und nach in den Hintergrund gerückt waren.

In dem Tagebuch, das ich damals führte, werden die Eltern nur äußerst selten erwähnt; sie haben wohl im Leben der Dreizehnjährigen nur eine Hintergrundrolle gespielt. Immerhin schien es mir aber im Frühjahr 1961 erwähnenswert, dass die Eltern nervös und erschöpft wirkten. *«Sie haben sich kein bisschen erholt, während Riki und ich in den Osterferien in Detmold waren.»* *«Pappi abgearbeitet. Beim leichtesten Vergehen aufs Höchste gereizt»*, steht da, und: *«Mutti sieht müde aus und schuftet für acht.»*

Den Sommer 1961 verbringen sie alle miteinander in Heiloo, Nordholland, zum zweiten Mal Ferien an der Nordsee. Seit 1956 haben sie sich nun jedes Jahr in den großen Ferien eine Familienreise geleistet, und 1960 haben sie sich zum ersten Mal ins Ausland gewagt. In Heiloo bewohnen sie beim Ehepaar Visser die erste Etage eines kleinen Backsteinhauses und fahren täglich, teils mit dem Bus, teils mit Rädern, die halbe Stunde nach Egmont zum Strand. Erst haben sie sich ein bisschen gefürchtet vor den holländischen Vermietern, als Deutsche im Ausland, zum ersten Mal seit dem Zweiten Weltkrieg. Aber es entwickelt sich sogleich Sympathie auf beiden Seiten, die Erwachsenen sitzen manchmal abends bei einem Gläschen Oude Genever zusammen, und auch den Kindern gefällt es in Heiloo so gut, dass sie ein zweites und ein drittes Mal hintereinander hier Urlaub machen.

Viel Sonne und viel Wind, Urlaub vor allem nach Luschas Geschmack; die Kinder sind beschäftigt und meistens friedlich; die Kleinen bauen noch Sandburgen, und die Großen wollen unbedingt braun werden; an manchen Tagen nur schwimmen, gegen die Wellen springen und dann faulenzen, stundenlang blinzelnd im gleißenden Licht lesen, an kühleren Tagen lange Märsche in dicken Pullovern bei steifer Brise; dazwischen gibt es Picknick am Sandstrand, Zwieback und Tomaten, bei jedem Bissen knirschen Sandkörner zwischen ihren Zähnen, Sand, der sich überall hinschleicht, aus den Buchseiten rieselt und zwischen den Zehen klebt, in der Unterwäsche kitzelt und auf der Kopfhaut juckt. Einmal wirklich Muße – auf den Fotos sehen beide, Luscha und Walter, im Strandkorb recht wohl aus, gesund, entspannt, und er hat in diesem Sommer 1961 ausnahmsweise keine Schreibtischarbeit mit nach Holland genommen.

In diesen Sommerferien, am 26. August 1961, wird Walter 50 Jahre alt. Sein Geburtstag ist überschattet von politischen Dramen, aber es sind die Probleme der Gegenwart, die den Himmel verdunkeln: Am 13. August ist die Mauer zwischen der DDR und der Bundesrepublik errichtet worden; für kurze Zeit herrscht wieder Kriegsangst, halten alle wieder den Atem an, aber bald erweist sich, dass nur die Schraube des Kalten Krieges um einige Umdrehungen fester gezogen worden ist.

29.

Ende des Jahres 1962 haben sie das Glück, eine neue Wohnung beziehen zu können, nach langer Suche, und eine schöne geräumige dazu, in besonderer Lage.

Die alte in der Vautierstraße, in der sie nunmehr acht Jahre gelebt haben, hat im Laufe der Zeit immer mehr unerfreuliche Seiten enthüllt, nicht nur die Schinderei mit den beiden Öfen im Winter, sondern vor allem eine zunehmende Baufälligkeit, die von außen eindringende Feuchtigkeit, der hinter den immer neu überklebten Tapeten rieselnde Putz, die gefahrenträchtig verlegten Elektroleitungen. Das alte Haus hätte einmal gründlich saniert werden müssen, doch dazu ist die Eigentümerin, eine Erbengemeinschaft, nicht bereit, und mit kleineren Schönheitsreparaturen, die sie selber vornehmen oder bezahlen können, ist es nicht getan. Einen dramatischen Höhepunkt erleben sie an einem friedlichen Sonntagnachmittag, als sich ganz plötzlich, ohne jede Vorwarnung, Teile der Zimmerdecke in der Diele von oben lösen und mit Donnergetöse herunterkrachen. Zum Glück hat sich zu dieser Zeit niemand von ihnen dort aufgehalten. Sie stürzen von allen anliegenden Räumen heran, Kinder, Eltern, und nachdem sich der erste Schreck und der Staub gelegt haben, schieben sie mit dem Besen mehrere Eimer von Putz zusammen, eine Riesenschweinerei, und in dem klaffenden Loch in der Decke über sich können sie jetzt zwischen den tragenden – den noch tragenden – Balken die Fußbodendielen der einen Stock höher wohnenden Mieter von unten sehen. Die Kleinen sind von dem Drama besonders beeindruckt, weil sie zwei Stunden zuvor im Kinderfunk eine Sendung mit dem passenden Titel «Vorsicht Steinschlag!» gehört haben – eine Vorwarnung?

Luscha und Walter nehmen den Vorfall jedenfalls zum Anlass, ihre Wohnungssuche zu forcieren, und da es sich als nahezu unmöglich erweist, eine größere Wohnung zu einer für sie erschwinglichen Miete zu finden, entschließen sie sich zu einer Übergangslösung: Am Rhein, in der Hafengegend, gibt es einen Hauskomplex, der innerhalb der nächsten Jahre abgerissen werden soll, um dem ehrgeizigen Projekt einer neuen Rheinbrücke Platz zu machen. Die Miete der frei werdenden Wohnungen dort ist vergleichsweise niedrig, wegen der kurzfristigen Perspektive. Doch mindestens zwei Jahre werde es noch bis zum Baubeginn dauern, habe man ihm von Seiten der Stadt versichert, wahrscheinlich noch um einiges länger, erzählt ihnen der sympathische Vermieter, Herr D.; er hat unter diesen Umständen nicht einmal gegen fünf Kinder etwas einzuwenden. Allerdings studieren ja Tordis und Gunild inzwischen in Köln und sind nur noch an den Wochenenden und in den Ferien zu Hause; während der Semesterwochen wohnen sie bei Walters Schwester Martha – Muster, die sich wiederholen.

Die neue Familienwohnung in der Stromstraße erscheint ihnen paradiesisch. Sie ist geräumig, 140 qm groß, in gutem baulichen Zustand; sie verfügt über den Luxus einer Zentralheizung, die allen Räumen gleichmäßig Wärme spendet, weswegen Walter das neue Zuhause sogleich mit dem schmückenden

Beinamen «*D's Wärmehalle*» versieht. Es gibt neben Küche, Diele, Bad und WC fünf Zimmer: das Wohnzimmer, zwei Kinderzimmer – für die Großen und die Kleinen, wie gehabt –, das Elternschlafzimmer und ein kleines Räumchen, das «Kabinett» genannt wird: Luschas Arbeitszimmer.

Aber das Schönste an dieser Wohnung ist ihre Lage am Rhein, beim alten Hafen. Der Rhein fließt nur wenige Schritte vor ihrer Haustür, getrennt von ihnen nur durch eine breite Straße mit zwar lebhaftem, aber durchaus noch erträglichem Verkehr und einige lang gestreckte Hafengebäude, die ebenfalls bald dem Brückenbau weichen sollen. Von ihren Fenstern im 4. Stock aus blicken sie über die flachen Lagerhallen und die Hafenmole hinweg direkt auf den breiten, träge dahinziehenden Strom, sie haben eine wunderbar weite Sicht, über die Schwemmlandwiesen, die Alleenpromenade, auf die schöne Reihe der alten Häuserfassaden am anderen Ufer, wie Spielzeughäuser einer Spielzeuglandschaft, und darüber türmt sich so viel Himmel vor ihrem Fenster, dass sie oft ganz berauscht davon sind. Vor allem Luscha macht dieser weite Blick glücklich; er erinnert sie an die Eiderlandschaft ihrer Jugend, zur Zeit ihrer Gartenbau-Ausbildung, und die Kinder sitzen manchmal stundenlang an ihrem Arbeitstisch beim Fenster und träumen hinaus, wenn sie eigentlich Schularbeiten machen sollten. Das Kinderzimmer der beiden Kleinen und das Wohnzimmer liegen zur Rheinseite hin. Auch Walter ist höchst zufrieden mit dieser Wohnung, eine stolze Verbesserung ihrer Lebensumstände – wäre da nicht der Wermutstropfen, dass sie hier nur auf Abruf leben! Doch einstweilen wollen sie es nach Kräften genießen. Von einem solchen Himmel umgeben zu sein, denkt Luscha manchmal in diesen Jahren, die verschiedenen Gestalten des Wetters aufs Großartigste inszeniert, wilde Wolkenjagden, beinahe kitschige Sonnenuntergänge, denen man wie einer Theateraufführung zuschauen möchte, Lichter am anderen Ufer in der Nacht, das entschädigt für vieles, das kann einen aus mancher düsteren Stimmung reißen! Sie werden das brauchen in den Stromstraßenjahren, und richtig dunkel wird es in ihrem Leben erst dann, als sie aus dieser Wohnung ausziehen müssen und in der nächsten Abbruchwohnung landen, einem wirklich finsteren Loch.

Sie sind noch gar nicht lange in der neuen Wohnung, sie sind noch ganz begeistert von allem – so viel Platz! Kein Frieren mehr, kein Kohleschleppen und keine Ofenschweinereien! Ein Aufzug in den vierten Stock! Der erste Kühlschrank ihres Lebens in der Küche! –, sie haben gerade mit Andacht einige Sonntagsfrühstücke im Rheinzimmer zelebriert, da geschieht etwas Trauriges und Folgenschweres. Professor Gerhard von M. stirbt, der Leiter des «Forschungsdienstes Osteuropa», nur wenig älter als Walter, ganz plötzlich, an einem Herzinfarkt. Sein Tod an Weihnachten verdunkelt die Festtage. Während für die Kinder nach ein paar bedrückten Tagen alles wieder beim Alten ist, stürzt Walter in eine tiefe Depression. Mit von M., der ihn seit den Detmolder Hilfsarbeiterjahren begleitet hatte, verband ihn eine ebenso zuverlässige wie unaufdringliche Freundschaft; von M. kannte seine politische Vergangenheit und hatte ihn dennoch, sobald es möglich war, als Mitarbeiter des neuen Büros von München nach Düsseldorf geholt. Er war der Primus inter pares des gemeinsamen Projektes, sie teilten das Engagement für die Arbeit, die ihnen beiden weit mehr bedeutete als nur irgendein Job. Nach von M.s Tod wird das Büro von einer heftigen Krise erschüttert – das Auswärtige Amt stellt die weitere Finanzierung in Frage, nachdem der wichtigste Mann mit seinen besonderen Ostkontakten fehlt. Nach einigen schwierigen Wochen scheint die Zukunft einstweilen wieder gesichert. Aber die Atmosphäre im «Forschungsdienst Osteuropa» hat sich gewandelt, Walters Kontakt zum einzigen deutschen Kollegen C. – der frühere Detmolder Freund und Kollege St. war schon Jahre zuvor an Krebs gestorben – ist eher förmlich, und auch zu von M.s Nachfolger, Professor K., der weniger kompetent und vor allem weniger engagiert ist als sein Vorgänger, entwickelt Walter nie mehr als eine korrekte Arbeitsbeziehung. Der Tod Gerhard von M.s hat einige der Wurzeln gelockert, die ihn nach 1945 mit sicherem Boden verbanden.

In den kommenden Monaten fühlt er sich wie verwaist im Büro. Die Gespräche mit Gerhard von M. fehlen ihm. Wie wohltuend ist es im vergangenen Herbst während der Kubakrise gewesen, in der allgemeinen Kriegshysterie täglich mit ihm die Lage abwägend zu betrachten; wie viel Einfühlung und Interesse hat von M. gezeigt, als Walter 1961 erstmals als Zeuge zu NS-Verfahren geladen worden ist. Noch im November hat er ihm ausführlich von einer neuen Vernehmung in Sachen «*Paul*

Raebel und andere» berichtet, bei der es um die Verbrechen in den Zwangarbeitslagern ging. Diese neuerliche Vernehmung, nach eineinhalb Jahren Pause, hat ihn aufgewühlt, und es hat so gut getan, nicht nur mit Luscha darüber sprechen zu können, sondern auch mit jemandem aus dem beruflichen Umfeld, der von seiner moralischen Integrität überzeugt ist und die Verhältnisse im Auswärtigen Amt genau kennt. Diesen Menschen gibt es nun nicht mehr; Walter ist allein, auf zugigem Posten. Niemand mehr, mit dem er sich aussprechen kann, als im Herbst 1963 in einer großen Medienkampagne angeprangert wird, dass im Bundesamt für Verfassungsschutz eine ganze Reihe ehemaliger SS-, SD- und Gestapo-Angehörige arbeiten. Als Hans Globke, Staatssekretär im Bundeskanzleramt, abermals in die Schusslinie gerät und endlich zurücktritt, zwei Wochen vor seinem Chef Adenauer, der jahrelang stur an ihm festgehalten hatte, obwohl Globke als Kommentator der Nürnberger Gesetze schwer belastet war. Und als im Dezember 1963, kurz vor Weihnachten, der Auschwitzprozess beginnt und die Zeitungen voll davon sind, kann Walter nur mit Luscha darüber reden. Luscha ist da, sie hört ihm zu, aber sie sagt nicht viel. Ihr wäre es wohl am liebsten, wenn er möglichst selten an all das denkt. Schließlich ändert das Grübeln gar nichts, und sie haben auch so Probleme genug.

Das Jahr 1963 ist in finanzieller Hinsicht wieder einmal besonders schwierig für sie, der Umzug hat sie erneut in Schulden gestürzt. Die Miete in der Stromstraße ist zwar, für Düsseldorfer Verhältnisse und in Anbetracht der Größe der Wohnung, durchaus passabel, aber sie liegt mit 400,– DM doch genau 100,– DM höher als die in der Vautierstraße und frisst somit mehr als ein Drittel von Walters Einkommen. Tordis und Gunild bekommen zwar eine Studienförderung nach dem Honnefer Modell, aber die ist so gering, dass es auch bei bescheidenster Lebensführung vorn und hinten nicht reicht; die Eltern müssen noch etwas dazulegen. Konsequenz: keine Familiensommerreise im Jahre 1963, nachdem sie in den drei Jahren zuvor in Holland am Meer gewesen sind, Ferien, die ihnen allen gut getan haben. In diesem Jahr können die beiden Jüngsten nach Detmold fahren; die drei Älteren suchen sich Ferienjobs, und Walter übernimmt eine neue Sonderforschungsarbeit für das Auswärtige Amt, mit der er gleich seinen Urlaub zubringt.

Mit dem Vorschuss können sie einen Teil der Umzugskosten decken. Der «Bericht über die Oder-Neiße-Linie», über die historischen Umstände ihrer Entstehung und ihre politische Bedeutung für die Sowjetunion, die Ostblockstaaten und die Westmächte, wird seine aufwendigste und langwierigste Nebenarbeit. Sie wird Walter und Luscha fast drei Jahre begleiten, nur selten, in den Anfängen, als ein interessantes Thema, bald als eine ungeliebte Pflicht, zuletzt als ein schwerer Druck, ein Alptraum für die ganze Familie. Die dreitausend Mark, die er insgesamt als Honorar erhält, sind lange verbraucht, bevor der Bericht auch nur zur Hälfte fertig gestellt ist.

Auf «vier bis fünf magere Jahre» müssten sie sich jetzt alle einstellen, hat Luscha verkündet, bis die drei Großen mit Studium und Ausbildung fertig seien. Aber das sollte ihnen doch nicht so schwer fallen, in dieser schönen Wohnung am Rhein. Rikarda ist 1962 auf dem Goethe-Gymnasium eingeschult worden; Herrad hat dort noch vier Schuljahre vor sich. Tordis studiert Psychologie und Gunild Meteorologie; Silke hat 1963 die Schule mit der Unterprima verlassen und in Düsseldorf eine dreijährige Ausbildung zur Krankengymnastin begonnen.

Die Woche über, während des Semesters, wenn nur die beiden Jüngsten nachmittags zu Hause sind, geht es einigermaßen ruhig zu in der Stromstraße. Walter kommt kurz zum Mittagessen und zieht dann wieder los ins Büro; Silke kehrt erst spätnachmittags aus der KG-Schule zurück und absolviert häufig auch Abendkurse. Doch an den Wochenenden, wenn alle da sind, wird es turbulenter.

Luscha und die Kinder lieben die gemeinsamen Mahlzeiten, vor allem das ausgedehnte Sonntagsfrühstück im Rheinzimmer. Da sitzen sie stundenlang zusammen, erzählen und debattieren – «palavern», nennt Walter es. Tordis und Gunild berichten von ihrer Woche an der Kölner Uni, Silke von ihrem medizinischen Praktikum, und Herrad und Rikarda mühen sich, nicht minder interessante Schulerlebnisse dagegenzuhalten. Das Erzählen beginnt meist einigermaßen geordnet: Also, jetzt will ich mal was sagen – letzte Woche habt fast nur ihr erzählt! Erst ich, ich durfte nämlich diese Woche im OP dabei sein!, ruft Silke. Und ich habe vorgestern ein Referat gehalten, über die Phasen der kognitiven Entwicklung beim Kleinkind (Tordis)! Aber ich hatte doch gerade angefangen, von dem Seminar über Wolkenbildung zu erzählen (Gunild). Wieso eigentlich immer nur die Großen (Herrad und Rikarda)? Als ob bei uns gar nichts passierte die Woche über! Jetzt hört endlich mal mir zu! Wer interessiert sich schon für Zirrhen? Es waren eben gerade keine Zirrhen, sondern Strato-Kumulus! Lasst mich nur eben diese kleine Geschichte mit dem bärtigen Studenten dazwischenschieben! Ich war aber noch gar nicht fertig mit der Blinddarmoperation! Meine Güte, du redest immer so unglaublich weitschweifig! Es war alles voller Hundehaare in Tante Marthas Wohnzimmer. ‹In Frauen und Zirrhen kann man sich irren›, das ist so ein Lieblingsspruch von unserem Professor. O Gott, immer diese Schulgeschichten von den Kleinen. Lasst sie doch wenigstens mal ausreden! – Luscha versucht von Zeit zu Zeit halbherzig, das Gespräch zu strukturieren. Redet bitte nacheinander, Kinder, man versteht ja sein eigenes Wort nicht mehr! Tordis geht überall mit ihren schnellen Pointen dazwischen. Gunild erzählt beharrlich im Detail weiter, lässt sich nicht von ihrem Kurs abbringen. Silke ist gekränkt, weil sie sich nicht ernst genommen fühlt. Herrad versucht, durch abstruse Behauptungen die Aufmerksamkeit auf sich zu lenken. Rikarda kichert noch über die Geschichte mit dem Hund, als die anderen schon wieder bei der Blinddarmoperation sind. Jetzt seid doch mal alle ruhig, Kinder, eine nach der anderen, ich möchte jetzt mal hören, was Silke sagt!

Wenn Walter dabeisitzt, geht es etwas gesitteter zu, und das Erzählen mündet in grundsätzlichen Diskussionen: Sind die Studenten wirklich unselbstständiger als früher? Was bedeutet Freiheit der Wissenschaft heute? Inwiefern ist die Psychologie eine Geistes- und inwiefern eine Naturwissenschaft? Dann läuft es am Ende auf eine Diskussion vor allem zwischen Walter und den beiden Ältesten hinaus. Ohne Walter enden die Unterhaltungen an der schieren physischen Erschöpfung aller Beteiligten, im Allgemeinen nach zwei, drei Stunden, gegen Sonntagmittag.

Wer kommt mit mir, auf einen Gang am Rhein entlang?, fragt Luscha dann; zwei, drei Töchter sind meistens mit von der Partie, denn das ist die Gelegenheit zu den persönlichen Gesprächen mit der Mutter. Walter dagegen beteiligt sich zu Luschas Verdruss im Lauf der Zeit immer seltener an diesen Spaziergängen. Du könntest doch wirklich mal etwas frische Luft gebrauchen! Ich habe jeden Tag reichlich Luft auf dem Weg zur Straßenbahn, sagt Walter. Er nimmt auch nicht immer am großen

Sonntagsfrühstück teil. Manchmal liegt er länger im Bett, weil er sich zerschlagen fühlt und Kräfte sammeln will für den Oder-Neiße-Bericht, an den er sich sogleich begibt, wenn er aufgestanden ist. – Luscha äußert sich auch unzufrieden über seine Ernährung: Du kaufst samstags immer all das frische Obst für uns, und selber isst du kaum davon. – In meiner Jugend habe ich ganze Apfelwälder, Orangenhaine und Bananenplantagen gegessen, erklärt er dann großspurig, genügend Vitamine für ein Leben. – Er leidet oft unter Magendrücken, schon die kleinste Verstimmung, Verdruss über eines der Kinder, Aufregung im Büro, schlägt ihm auf den Appetit. Morgens bekommt er sein «Spucksüppchen», in Wasser gekochte feine Haferflocken, mit einem Schuss Maggi, ein Frühstück, das alle anderen zum Schütteln finden. Manchmal ist es das Einzige, was sein nervöser Magen verträgt.

Seiner chronischen Gastritis wegen hatte ihn schon der Hausarzt in der Vautierstraße ermahnt, Abend- und Feiertagsarbeit tunlichst ganz zu vermeiden; er brauche auch im Alltag regelmäßige Erholungspausen. Das sind wohlgemeinte Worte, in den Wind gesprochen – schließlich muss der vermaledeite Oder-Neiße-Bericht geschrieben werden, der Abgabetermin wird wieder und wieder herausgeschoben, die Sache zieht sich zäh dahin. Wenn es Walter gut geht, sitzt er das ganze Wochenende daran. Geht es ihm nicht gut, sitzt er stundenlang im Sessel, sinniert und brütet vor sich hin. «Pappi ist überarbeitet», sagt Luscha dann, «nehmt ein bisschen Rücksicht, Kinder, seid nicht ganz so laut, ihr wisst, wie viel er zu tun hat.» Pappi ist überarbeitet, ist nervös, ist erschöpft; er ist heute wieder sehr gereizt – ein merkwürdiges, diffuses Krankheitsbild.

Umso besser, wenn sie am Wochenende Besuch erwarten. Zwar empfindet Luscha dieses Kochen für Gäste auch als Druck – wie soll sie etwas Fantasievolles auf den Tisch bringen, wenn schon wieder das Monatsende naht und die Kasse leer ist? –, aber wenigstens kann sie davon ausgehen, dass Walter bei solchen Gelegenheiten präsent ist. Ihre Besucher stammen fast alle aus dem Kreis der freien Mitarbeiter des Büros; es sind Walters Freunde unter den osteuropäischen Emigranten.

Wenn das tschechische Ehepaar Pekelskyj kommt, läuft Walter zu großer Form auf. Er liebt es, mit der temperamentvollen, scharfzüngigen Maria Theresia zu debattieren, die er «die Königin von Böhmen» nennt – herrlich geistreiche Wortgefechte, ein Politkabarett, bei dem Luscha und der feinsinnige Vladimir nur die Stichwortgeber für ihre Ehepartner sind. Wenn der Weißrusse Leschenko, Professor für die russische Sprache, zu Besuch kommt, geht es literarisch und sentimental zu; Leschenko bedankt sich mit einer artigen Verbeugung bei der gnädigen Frau für den wunderbaren Borschtsch, den sie zum Abendessen serviert hat, und beginnt mit melodischer Stimme in weichem Russisch einen passenden Klassikertext zu rezitieren – über die Gastfreundschaft vielleicht oder über die Freundschaft –, und später am Abend, er muss gar nicht viel getrunken haben, singt er mit Tränen in den Augen das Lied von der kleinen russischen Birke, die ganz allein an den Ufern der Wolga steht. «Russische Seele – große Seele!», ruft er ein ums andere Mal, und Luscha ist gerührt, weniger wegen der kleinen Birke als Walters wegen, den sie bei solchem Anlass endlich wieder einmal vergnügt grinsen sieht, während er Leschenko zuprostet; die Kinder staunen. Sie genießen die Farbigkeit und Fremdartigkeit dieser Besucher; egal, ob es der kleine, wirr redende Rumäne Barbulescu ist, der ihnen die Entmachtung Chruschtschows, schon Wochen bevor sie sich tatsächlich vollzieht, mit erhobenem Finger prophezeit, oder der Ungar Paul Darnoy, der, im tiefsten Herzen Royalist geblieben, ihnen von den K.u.K.-Zeiten Ungarns und der habsburgischen Monarchie vorschwärmt. Dr. Baymirza Hayit, ein Turkestaner, am Hindukusch geboren, aber schon als Student in Deutschland, kommt manchmal mit seiner deutschen Frau, einer Ärztin, und Luscha erkundigt sich stets ausführlich nach den drei Kinder Mirza, Ertai und Dilba. Der sanfte hochgebildete Pole Conrad Nierzwicki bringt gelegentlich außer seiner Frau auch seinen Sohn mit, der im Alter zu den jüngeren Schenk-Töchtern passt; die mögen ihn aber nur bedingt, weil er ständig Spielzeuggewehre mächtigen Kalibers bei sich führt, mit denen er angeberisch herumfuchtelt.

Manche der Gäste sind skuril, alle tragen ein Stück Fremdheit mit sich herum, wehmütig und exotisch zugleich. Sie alle sind entwurzelt; sie leben zwischen den Kulturen und trauern einer Heimat nach, von der sie nicht wissen, ob sie sie jemals wiedersehen werden – und wenn, dann wird sie eine ganz andere sein, denn die, die sie meinen, existiert nur noch in ihren Köpfen.

In dieser bunten, exzentrischen Gesellschaft der Heimatlosen fühlt Walter sich wohl, sie sind seine Familie im weiteren Sinn. Wenn er mit den Gästen und Luscha beieinander sitzt, wenn die Kinder auf dem Boden um sie herumhocken und gespannt der Unterhaltung zuhören, dann ist für Augenblicke sein Leben heil und ganz.

Wenn Osteuropa-Besuch kommt, geben Luscha und Walter die Parole «Fhz» an die Töchter aus: *Familie hält sich zurück!»* Luscha bezieht das vor allem auf das Essen, mit dem es oft ziemlich mager bestellt ist. Die mit einer Scheibe rohem Schinken umwickelten gedünsteten Chicoréekolben sind genau abgezählt. «Nein danke, ich möchte keine mehr», sollen die Kinder höflich erklären, wenn sie gefragt werden, und sich an die Kartoffeln halten. Für Walter heißt «Fhz» in erster Linie, dass sie sich zurückhaltend am Tischgespräch beteiligen und es einmal nicht dominieren sollen. Gelegentliche Fragen dagegen sind durchaus erwünscht – intelligente Fragen, natürlich. Angemessen ist es zum Beispiel, nach der Hallstein-Doktrin zu fragen oder danach, was die Abkürzung OAS bedeutet – obwohl die Großen das eigentlich wissen sollten! –, aber einmal mehr muss Walter Herrad zurechtweisen, als sie Herrn Barbulescu fragt, ob Rumänien denn überhaupt noch in Europa liege? Mit dieser Frage hast du Herrn Barbulescu sehr gekränkt, konntest du dir das nicht denken? Das nächste Mal solltest du, bevor Besuch kommt, uns so etwas fragen oder besser dir die Länder selber auf dem Globus anschauen!

Immerhin lernen seine Töchter im Laufe der Jahre sämtliche sozialistischen Sowjetrepubliken aufzuzählen, mit ihren Hauptstädten und zum Teil mit den Namen der gerade führenden ZK-Mitglieder, und Walter wird nie müde, sie darauf hinzuweisen, dass es sich bei allen diesen Ländern eigentlich um eigenständige Nationen handelt, um ganz verschiedene Völker, die zu sehr unterschiedlichen Kulturkreisen gehören, sehr verschiedene Religionen und jeweils eine eigene Geschichte haben. Sie sind ein bisschen stolz darauf, etwas von der Vielfalt und dem kulturellen Reichtum zu ahnen, der hinter dem Eisernen Vorhang immer noch existiert und nie, wie ihr Vater sagt, vom kommunistischen Einheitsdenken ganz zerstört werden kann, während in der Vorstellung ihrer Klassenkameradinnen gleich hinter der Ostzone nur ein großes langweiliges Einerlei namens Russland beginnt.

Wenn es allerdings bei den Osteuropa-Besuchen zu viel Politikdisput gibt, dann verziehen sich die Kinder nach dem Essen auf ihre Zimmer. War Chruschtschows Kuba-Rückzieher angesichts der amerikanischen Blockade der Schweinebucht ein Zeichen der Schwäche oder ein strategischer Schachzug? Welche Bedrohung geht von Chinas erster Atombombenzündung aus? Bedeutet das Passierscheinabkommen eine Anerkennung der DDR durch die Bundesrepublik Deutschland? – Solche Fragen, über die Walter und seine Gäste sich erhitzen und lange verbreiten, interessieren die Töchter nicht immer, aber manchmal geht es um Spannenderes: Was haben Napoleon, Hitler und Stalin gemeinsam? Wie unterscheidet sich der chinesische vom russischen Kommunismus? Und natürlich würden sie sich nie eine Minute eines Abends mit Mate Kerresselidze entgehen lassen.

Der Georgier, der erklärte Liebling aller, kommt oft allein; seine Frau, eine Russin, lebt über längere Perioden bei der erwachsenen Tochter in der Nähe von Nizza. Kerresselidze ist ein leidenschaftlicher Erzähler, der ihnen im Laufe der Jahre mit seinem unbezähmbaren Temperament einen Sessel kaputt geritten hat, weil er beim Reden immer gestikulieren, aufspringen, seine Ausführungen körpersprachlich untermalen muss. Oft erzählt er von seinen Kriegserlebnissen, von der Zeit in der Gefangenschaft, unendlich wirre, spannende Geschichten, die den Zweiten Weltkrieg hinter dem Kaukasus zu einem Abenteurerfilm machen. Vielleicht ist Kerresselidzes Hyperaktivität auch eine Folge seiner extremen Lebensgeschichte mit jahrelanger Haft in politischen Gefängnissen, von Einzelhaft und Folter, dann Zwangsarbeit und Massenbaracken in sibirischen Arbeitslagern. Er sollte 1942 mit dem Fallschirm über seiner Heimat abgesetzt werden, zu den Partisanen stoßen und den Widerstand gegen die Kommunisten organisieren; sie wurden noch in der Luft beschossen und mussten vorzeitig abspringen, in unbekanntem Gelände, wochenlang ist er mit einigen Kameraden durch die finsteren Wälder des Kaukasus geirrt; sie haben sich mühsam durchgeschlagen, versteckt, sind in Gefangenschaft geraten, entkommen, wieder in Gefangenschaft geraten. Kerresselidze stellt das sowohl verbal wie mit Händen und Füßen dar; er springt auf, packt die Stuhllehne – «Was ist das?», bleibt stehen, erstarrt – «man hört es von weitem – Pferdegetrappel, Hufe» – er trommelt mit den rückwärtigen Beinen des Stuhles auf den Boden, hält zugleich mit der Hand über den Augen in der Runde des Wohnzimmers Umschau – «Ah, natürlich! Banditen! In Deckung» – er taucht neben dem Sessel ab. «Bandit» ist eines seiner Lieblingsworte, in allen seinen Geschichten kommen Banditen vor. Er hat ein scharf geschnittenes, dunkles Gesicht, wie gegerbt, tief sitzende brennende Augen, einen hervorspringenden Krummzinken von einer Nase, und er ist so mager, dass er in den wenigen Augenblicken, in denen er still sitzt, seine Unterschenkel doppelt umeinander schlingen kann. Das beeindruckt die Kinder.

Darüber hinaus verfügt er über eine ungewöhnliche Sprachbegabung; seine Muttersprache ist das Georgische, in der Schule in Tiflis hat er Lateinisch, Russisch und Französisch gelernt; sein Deutsch ist grammatikalisch korrekt, fast akzentfrei und nuancenreich; ebenso spricht und liest er Russisch und Französisch; im Spanischen und Italienischen kann er sich gut verständigen. Er beherrscht das Armenische und das Arabische. Sein Englisch hält er nur für mäßig. Einige dieser Sprachen hat er in Sibirien gelernt, er hat sich im Lager Lehrer für verschiedene Bereiche gesucht und jeden Tag Stunden genommen, egal wie müde er von der schweren Arbeit war. «Unter extremen Bedingungen muss man lernen, nur so bewahrt man die Selbstachtung. Wenn man lernt, denkt man nicht ständig an Hunger, Kälte, Ungeziefer.» Als man ihn monatelang in Isolationshaft hielt, in einer engen Zelle, in der er sich kaum bewegen konnte, hat er sich an der Decke des Raumes ein Schachbrett vorgestellt und gegen sich selbst fiktiv Schach gespielt, um nicht verückt zu werden.

Kerresselidze ist ein Freund, einer der wenigen unter vielen Bekannten. Nach einem Besuch bei ihnen, turbulent und fröhlich wie immer – Walter ist stets aufs Neue überwältigt von Kerresselidzes unangestrengter Fröhlichkeit, auf dem Hintergrund seiner zum Teil schrecklichen Erfahrungen –, erleidet der Georgier in der Straßenbahn einen Herzinfarkt. Zum Glück verläuft die Sache einigermaßen glimpflich, und als Walter ihn mit den älteren Töchtern wenige Tage später im Krankenhaus besucht, sitzt er vergnügt, zwei Kissen im Rücken, eine Türkisch-Grammatik gegen die angezogenen Knie gelehnt, und murmelt leise vor sich hin. Türkisch fehle ihm noch, ruft er ihnen zu, das Buch beiseite werfend, eine unerhört interessante Sprache! Er stört sich nicht an den anderen fünf Männern in ihren Betten. Wenn er wieder entlassen werde, wolle er das Türkische in den Grundzügen beherrschen. Walter bewundert den Freund für seine Lebensbejahung – warum fällt ihm selber das so schwer? Warum ist er oft so düster und vergrübelt?

An den Abenden mit Kerresselidze und anderen vertrauten Besuchern erzählt auch Walter manchmal Anekdoten aus seiner Zeit im Osten. Es sind die pittoresken und skurrilen Begebenheiten, die sich als Erzählstoff anbieten, Geschichten von kleinen Gaunereien, Schiebereien, Schurkenstücken. Manchmal erzählt er dann auch die Geschichte seiner Entlassung aus der Kriegsgefangenschaft, mit vielen komischen Einsprengseln. Die klingt dann so wie die Abenteuer des braven Soldaten Schweijk, jedenfalls ganz anders, als sie mir Jahrzehnte später erschien, bei der Lektüre der gedrückten Notizen in seinem Nachkriegstagebuch.

Ich kann mich nicht erinnern, dass er einem seiner Osteuropa-Besucher von seinen aktuellen Zeugenvernehmungen bei den Naziprozessen erzählte. Vielleicht hat er darüber berichtet, wenn die Töchter nicht zugegen sind. Seine Emigrantenfreunde werden die Tatsache, dass er immer wieder als Zeuge aussagen muss, mit Sympathie zur Kenntnis genommen haben, ohne wirklich nachfühlen zu können, wie sehr ihn diese Dinge innerlich aufwühlen. Für sie ist er ein ehemaliger Nazi, aber einer von den «guten», einer auf Seiten der bedrängten Ostvölker, und Deutschlands aggressiver Krieg gegen die Sowjetunion war für viele von ihnen verbunden gewesen mit der Hoffnung auf einen Befreiungskrieg ihrer Völker. Sie werden Walter selbstverständlich abgenommen haben, dass seine Dienststelle nichts mit der Abwicklung der «Endlösung» zu tun hatte. Der Massenmord an den osteuropäischen Juden steht ohnehin nicht im Zentrum ihres Geschichtserlebens; sie haben in ihren Ländern so viele Grausamkeiten erlebt; fast alle haben sie eine persönliche Geschichte von politischer Verfolgung, Gefangenschaft, oft auch Misshandlung und Folter hinter sich.

Sie können nur bedingt nachfühlen, wie die Vergangenheit an Walter nagt, auch weil er sich seine Erschütterung in ihrer Gesellschaft nur wenig anmerken lässt. Luscha weiß als Einzige, wie ihm zumute ist; sie sitzt und hört ihm zu und rät ihm, sich nicht unnötig zu quälen. Die Vergangenheit ist, wie sie ist, sagt sie, es lässt sich an dem, was war, nichts mehr ändern. Auch die Töchter spüren, dass eine dunkle Wolke über ihm und damit über ihnen allen schwebt, wenn ihnen auch nie so ganz klar ist, was es damit genau auf sich hat. Es ist nicht so, als ob gar nicht über die Nazivergangenheit des Vaters gesprochen würde in der Familie. Sie wissen: Ihr Vater muss immer wieder als Zeuge in diesen Prozessen aussagen, in denen es um die Judenmorde geht. Sie nehmen ganz selbstverständlich an, dass er selber daran nicht beteiligt war, obwohl sie ihn nie geradeheraus gefragt haben, weil sich schon diese Frage als Ungeheuerlichkeit verbietet. Von ihm, so haben es die Eltern erklärt, erwartet man jetzt, dass er rekonstruiert, welche Leute wann und wo welche Position und Verantwortung hatten, und das belastet ihn sehr, weil ja viel für die Beschuldigten von seiner korrekten Erinnerung abhängt und die Dinge schon so lange her sind, dass es schwierig ist, sich präzise zu erinnern. Das, so hat es ihnen Luscha nahe gelegt, erkläre des Vaters häufiges Grübeln, seine Depressivität, all diese Phasen der Zurückgezogenheit, in denen man das Gefühl hat, gar nicht richtig an ihn heranzukommen.

Luscha machen Walters gelegentliche sonderbare Wochenendkrankheiten immer mehr zu schaffen. Sie wünscht sich, dass er sich, verdammt noch mal, nicht so gehen ließe! Warum gibt er sich bei der Arbeit und für andere Mühe, zeigt da seine aufmerksamen, seine charmanten Seiten und zieht sich dann am Wochenende zu Hause in sich zurück? Sie versteht, dass diese alten Geschichten an ihm nagen, aber kann er sich nicht mal einen Ruck geben? Eigentlich geht es ihnen doch gar nicht so schlecht, sie haben doch wirklich alles in allem Grund, mit sich und den Kindern, mit ihrem Leben überhaupt zufrieden zu sein!

In dem Maße, wie bei Walter die düsteren Phasen zunehmen, beginnt Luscha, sich ihrerseits zu absentieren. «*Sich absentieren*» – das ist eines der Worte von Walter, die mehr noch als eine räumliche eine innere Abwesenheit bezeichnen. Luscha schreibt wieder. Immer häufiger zieht sie sich ins «Kabinett» zurück, in ihr kleines Arbeitszimmer, und vergräbt sich in ihre eigene Gedanken und Fantasien. Zwischendurch erledigt sie natürlich die

Assistenzarbeit für Walters nicht enden wollenden Oder-Nei-ße-Bericht. Aber wenn sie sich «absentiert», wenn sie abtaucht, dann schreibt sie jetzt am «Wettermädchen». Fürs Erste hat sie sich auf diese Kindergeschichte verlegt: eine verrückte Familie mit vielen sehr eigenwilligen und begabten Kindern, ein skurriler Vater, der Professor oder Wissenschaftler ist, ohne äußeren Erfolg, mit wenig Geld, erlebt Abenteuer; eine genialisch improvisierende, etwas verhuschte Mutter hält den ganzen Laden zusammen – Ähnlichkeiten mit lebenden Personen natürlich rein zufällig.

Luscha liebt die Vormittage, wenn alle fort sind – Walter im Büro, die Großen im Studium, in der Ausbildung, die Kleinen in der Schule. Endlich *«Ruhe im Bau»*. Sie schaut nur flüchtig in die Zeitung, spült das Frühstücksgeschirr – und dann rasch, noch einen Pulverkaffee aufgegossen und ab ins Kabinett, wo sie blauen Dunst um sich verbreitet, kunstvoll geblasenen Rauchkringeln hinterherstarrt und dabei in ihrer Geschichte versinkt. Manchmal schreckt sie auf: Oh Gott, schon halb eins, gleich stehen erst Walter und dann die Kinder vor der Tür! Heute Morgen hat sie an die verhassteste Frage des Tages: Was sollen wir essen? nur ein paar kurze Gedanken verschwendet. Da waren noch ein paar Reste, die man zu einem Eintopf zusammenwerfen könnte, den sollte sie aber jetzt dringend ansetzen. Und dann hat sie gerade noch Zeit, die Stelle zu korrigieren, wo der Professor seine Erfindung macht.

Dann schellt es vielleicht mittendrin, und es ist die Nachbarin, von der Wohnung gegenüber: Frau Schenk, bei Ihnen riecht es so verbrannt … Oh, du liebe Güte! Luscha schießt in die Küche, kann sie den Eintopf noch retten, wenn sie die oberen, nicht verbrannten Teile vorsichtig in einen anderen Topf umfüllt? Die Suppe ist jetzt zu einem Gemüsebrei eingedickt und entsprechend zusammengeschrumpft, sie muss schnell noch ein paar Kartoffeln dazu schälen. Danke, sagt sie zu Frau B., die laut lacht – sie kennt das schon. Vielen Dank, wenn Sie nicht wären!

Einmal fährt sie kurz vor eins von der Arbeit hoch und findet, dass es nichts, aber auch gar nichts zu essen gibt. Also noch schnell ein paar Backpflaumen kaufen; Nudeln mit warmen Pflaumen, das lässt sich in zehn Minuten zubereiten. Sie wirft den Mantel um, rafft das Portemonnaie, eilt in den Aufzug und im Laufschritt in Richtung Lebensmittelgeschäft, das nur fünf Minuten entfernt ist. Nach einer Weile registriert sie, dass ihr seltsam kühl um die Beine ist, und sie muss, an sich herunterschauend, feststellen, dass sie zwar daran gedacht hat, die Hose, die sie nur im Haus trägt, auszuziehen, dann aber vergaß, stattdessen den Rock überzuziehen. Auch kein Unglück! Hält sie den Mantel eben etwas fester vorne zusammen, wenn sie hinter der Theke ihre Backpflaumen verlangt.

Sie stehen sich gut mit den Nachbarn, dem Ehepaar B., gebildeten Leuten, von altmodischer Höflichkeit, die humorvoll und tolerant sind, etwas älter als sie selbst und einander auf rührende Weise zugetan. Gelegentlich besuchen die Paare einander. Einmal schellt Frau B. während des Vormittags, um Luscha selbst gemachte Plätzchen zum Probieren anzubieten. Luscha ist in ihre Arbeit vertieft und hört das Klingeln nicht. Kann oder will es nicht hören. Frau B. schellt noch einmal, zart und vorsichtig; sie kennt Luschas Lebensrhythmus inzwischen ein bisschen. Als keine Reaktion erfolgt, setzt sie ihren Teller mit Gebäck vor die Wohnungstür und zieht sich wieder in ihre eigene Wohnung zurück. Nach längerer Zeit meldet sich bei Luscha der Eindruck, es habe geschellt, er schiebt sich langsam durch mehrere Schichten von innerer Entfernung. Sie steht in Zeitlupe auf, noch ihren Sätzen nachschmeckend, und öffnet die Wohnungstür. Verlassen liegt der Flur vor ihr, niemand da. Da entdeckt sie den Plätzchenteller, hebt ihn auf, probiert ein Teil, während sie versonnen wieder zurück ins Kabinett schreitet, den Teller in der Hand. Dann merkt sie, dass sie etwas Gutes gegessen hat, sie erwacht zum Leben, stürmt zurück zur Etagentür, reißt sie auf und brüllt laut über den leeren Gang: Köstlich! Danke!

Walter freut sich darüber, dass Luscha wieder schreibt, aber er mag es gar nicht, wenn sie sich in seiner Gegenwart absentiert. Wenn er zu Hause ist, soll sie anwesend sein, nicht nur physisch, sondern mit ihrer ganzen Person. Er braucht ihre Nähe. Er fühlt sich sogar im Wohnzimmer einsam ohne sie, auch wenn sie nur durch die Diele von ihm getrennt im Kabinett sitzt. Dann steht er in ihrer Tür: Kommst du jetzt bald rüber, Luscha? – Sie beschimpft die Kinder, wenn die sie nicht in Ruhe lassen, aber wenn Wälti mit Kleinjungenstimme nach ihr verlangt, kann sie sich nur schwer entziehen. Anfangs absentiert sie sich nur alltags, wenn alle fort sind, aber in dem Maße, wie Walter Teile des Wochenendes im Bett zubringt, vertieft sie sich auch samstags und sonntags in ihr Manuskript.

Das geschieht in den Jahren 1964 und 1965 immer häufiger. Nachdem er im Jahr 1963 Ruhe hatte, wird er in den beiden folgenden Jahren insgesamt achtmal als Zeuge vorgeladen. Bei seinen Unterlagen befindet sich folgende handschriftliche Notiz, die er vermutlich im Frühjahr 1961, unmittelbar nach den ersten drei Vernehmungen, verfasst hat:

«*Nach drei Vernehmungen im Komplex ‹Endlösung› in Galizien (24.2.61, 10.3.61, 20.4.61) ziehe ich folgendes Resümee: Die Ermittlungsbehörden erwarten von mir Aufklärung bezüglich der Judenfrage, da ich vom Sept. 41 – Juli 44 in Lemberg tätig gewesen bin. Daraus wird eine Augenzeugenschaft für Vorgänge und eine Personenkenntnis gefolgert, die nicht gegeben ist. Ich war in Lemberg ein aufmerksamer Beobachter des politischen Zeitgeschehens, für den ausschließlich die Fragen des Selbstbestimmungsrechts der Ukrainer und der Polen bestimmend waren.*»

Es folgt eine stichwortartige Aufzählung der Schwerpunkte seiner Tätigkeit, auf einem weiteren Blatt hat er noch mal unter verschiedenen Rubriken die Namen von Personen aufgelistet, die als Zeugen für seine Tätigkeit in Galizien fungieren können, untergliedert in «deutsche Zeugen», «ukrainische Zeugen», «SD-Zeugen», «Interventionen». «*1.) Man will Verantwortung anbinden, 2.) meine zeitliche Anwesenheit und gewisse Dienstfunktionen dazu benutzen, 3.) meine Tätigkeit nur unter Gesichtspunkt der J-Ermittlungen sehen.*»

30.

«*Der Name Waltke ist mir dunkel in Erinnerung. Er muss Unterführer oder Kriminalassistent oder etwas Ähnliches gewesen sein. Wenn ich mich recht erinnere, gehörte er zur Abteilung IV. Über seine Aufgaben und Tätigkeit vermag ich keine Angaben zu machen. Ich erkenne W. auch nicht wieder, nachdem mir seine Fotos vorgelegt worden sind.*»

Insgesamt sechzehnmal wird Walter zwischen 1961 und 1966 als Zeuge in Ermittlungsverfahren geladen, die mit dem

Massenmord an Juden in Galizien zu tun haben. Zwar kennt er die Mehrzahl der Beschuldigten nur flüchtig, aber es sind seine früheren Kollegen, Männer, die wie er das Naziregime im Osten repräsentiert haben.

Oskar Waltke, Anlass zu Walters erster Zeugenvernehmung im Februar 1961, gehörte zum Judenreferat beim KdS (Kommandeur der Sipo und des SD) in Lemberg; zeitweilig war er dort stellvertretender Leiter. Zu seinen Aufgaben gehörte das Aufspüren von Juden, die sich unter einer anderen Identität versteckten. Dabei stützten er und seine Mitarbeiter sich auf V-Männer in der einheimischen Bevölkerung. Wenn sie Hinweise auf «getarnte» Juden erhielten, verhafteten sie die Denunzierten und verhörten und misshandelten sie im Lemberger Gefängnis so lange, bis sie zugaben, Juden zu sein. Häftlinge, die die Misshandlungen überlebten, wurden in der Regel anschließend am Stadtrand erschossen; nur wenige wurden in Zwangsarbeitslager verbracht. – Oskar Waltke wurde 1962 vom Landgericht Hannover zu acht Jahren Haft verurteilt.[32]

Bei Walters zweiter Zeugenvernehmung, im März 1961, ging es um das Ermittlungsverfahren gegen Martin Fellenz u. a. *«Die Namen der beiden Angeschuldigten sind mir unbekannt … Ich kann zu diesen Vorgängen nichts sagen. Ich habe auch dienstlich nichts darüber gehört.»*

Martin Fellenz war 1942 SS- und Polizeiführer in Krakau und als solcher für die «Aussiedlung» der Juden im Raum Krakau, das heißt für den Mord an mindestens 40 000 Menschen, verantwortlich. Walter war zur fraglichen Zeit bereits in den Distrikt Galizien abkommandiert. – Martin Fellenz wurde zunächst vom Flensburger Schwurgericht zu vier Jahren Zuchthaus wegen Beihilfe zum Mord verurteilt; das Urteil wurde jedoch vom Bundesgerichtshof aufgehoben, nachdem neue Beschuldigungen gegen ihn erhoben worden waren. 1966 wurde Fellenz vom Kieler Schwurgericht zu einer noch längeren Haftstrafe verurteilt.

Diese beiden Verfahren spielen für Walter im Laufe der nächsten Jahre keine Rolle mehr, obwohl er schon bei der ersten Vernehmung nach einer Reihe von Männern gefragt wird, deren Namen in anderen Ermittlungsverfahren und späteren Befragungen wieder auftauchen.

Bei der dritten Zeugenvernehmung, Ende April 1961, geht es

zentral um die Gewaltverbrechen in den Zwangsarbeitslagern, insbesondere im Zwangsarbeitslager Lemberg-Janowska.

«Mir war bekannt, dass es im Distrikt Lemberg Arbeitslager für Juden gab. Diese unterstanden dem SSPF (= SS- und Polizeiführer) in Lemberg», hat Walter bei seiner zweiten Zeugenvernehmung erklärt.

Dieses größte Arbeitslager in Galizien hatte zeitweilig 10 000 Insassen. In Janowska wurden fast täglich Häftlinge erschossen oder zu Tode gequält. Im Zusammenhang mit diesen Gewaltverbrechen ermittelt die Staatsanwaltschaft Stuttgart, und Walter wird zu diesem Komplex noch ein weiteres Mal als Zeuge gehört, im November 1962, seine vierte Ladung.

Das Urteil über die Verbrechen im Zwangsarbeitslagers Kamionki – *«Ermittlungsverfahren gegen Paul Raebel und andere»*, in dem Walter zwischen 1962 und 1966 mehrfach als Zeuge geladen ist – wird 1966 in Stuttgart gefällt: lebenslange Haft für Paul Raebel, den ehemaligen Lagerleiter, verantwortlich für zahlreiche Erschießungen. Beim Prozess um die Verbrechen im Zwangsarbeitslager Lemberg-Janowska stehen 1968 fünfzehn weitere Angeklagte in Stuttgart vor Gericht, zumeist Angehörige des Lagerpersonals, nach denen er z. T. auch befragt wurde.

«Getötet wurden – laut Anklageschrift – Akademiker und Stiefelputzer, Ingenieure und Bettler, Advokaten und Rabbiner, Autoelektriker und Fußballspieler und Kinder über Kinder. Die Anklage nennt auch die Gründe: Der eine wurde erschossen, weil er nicht mehr gerade stehen konnte, der andere, weil er nicht kriechen konnte, der nächste, weil er typhuskrank war, der übernächste, weil er nur langsam genas; einer hatte sich Verpflegung eingetauscht, einer hatte sich vorgedrängt, einer sich zu verstecken versucht, einer hatte im Glied geschwankt, einer nicht zackig gegrüßt; ein Junge hatte um das Leben seines Vaters gefleht».[33] Der Lagerleiter von Janowska, Gustav Willhaus, 1944 gefallen, hatte nach Aussage zahlreicher überlebender Opfer gelegentlich vom Balkon seines Hauses aus «Jagdfeste» veranstaltet, indem er einfach nur zum Spaß auf einzelne Häftlinge im Lager schoss; seine Frau, ebenfalls unter den Angeklagten, hatte sich öfter an dieser Unterhaltung beteiligt, mehrmals in Gegenwart der vierjährigen Tochter.

Einige der Beschuldigten in diesem Prozess hat Walter gekannt, doch zumeist nur dem Namen nach oder flüchtig. *«Mir sind soeben die Namen ...*(es erfolgt die Aufzählung von 13 Personen)... *vorgehalten worden. Der eine oder andere Name ist mir in Erinnerung. Kein einziger von diesen Personen war Angehöriger meiner Dienststelle. Sie haben, soweit ich sie kenne, dem Stabe Katzmann oder der Abteilung IV angehört oder waren auf Außenstellen eingesetzt.»*

Im Juni 1964 ist Walter – seine fünfte Vernehmung – «*zu den Vorgängen in Rawa-Ruska*» befragt worden, so das Stichwort über einem Gedächtnisprotokoll, das er Luscha diktiert hat; es liegt in ihrer Handschrift vor. Gegenstand des eineinhalbstündigen Gesprächs sei die Frage gewesen, ob ein SS-Hauptsturmführer Späth Leiter der Außendienststelle der Sipo in Rawa-Ruska gewesen sei. «*Unter Hinweis, dass der SD keine Vertretung im Sipo-Bereich Rawa-Ruska besessen habe, habe ich erklärt, über die Zusammensetzung dieser Außendienststelle der Sipo nicht informiert zu sein. Nach meiner Erinnerung hat dort mindestens zweimal in den Jahren 42/43 ein Wechsel in der Leitung stattgefunden, da der eine A-Stellenleiter wegen moralischen Versagens, der andere wegen Feigheit bei einem Partisanenangriff abgelöst werden musste.*» Ein SS-Hauptsturmführer Späth sei ihm nicht bekannt; er könne sich aber an einen Kriminalsekretär oder -obersekretär dieses Namens erinnern, der Angehöriger der Abteilung IV des KdS Lemberg gewesen sei.

Der Kreis Rawa-Ruska lag direkt an der Grenze zwischen den Distrikten Galizien und Lublin; in der Stadt Rawa-Ruska mussten alle Deportationszüge Halt machen, die ab Anfang 1942 in das nur 22 km entfernte Vernichtungslager Belzec fuhren.

Bei Walters Zeugenvernehmung im Juni 1964 geht es wohl zentral darum, wer zur entscheidenden Zeit (zwischen Dezember 1941 und Dezember 1942) in Rawa-Ruska verantwortlich war. Wer war Kreishauptmann, also Leiter der Zivilverwaltung, und wer war Leiter der Sipo-Außenstelle gewesen, ab wann waren sie über Ziel und Bestimmung der passierenden Deportationszüge unterrichtet, wie weit waren sie an der Deportation der Juden aus Rawa-Ruska selbst beteiligt? – In Rawa-Ruska wurden Ende Juli 1942 etwa 5000 Juden gezwungen, einen Zug nach Belzec zu besteigen; diese Aktion wurde von Polizeibeamten des Bataillons 133 und ukrainischen Hilfspolizisten aus

Lemberg durchgeführt. Nachdem das Vernichtungslager Belzec Anfang 1942 geschlossen worden war, weil «die Leichengruben auf der kleinen Lagerfläche (über)quollen»,[34] wurde eine Menschenjagd auf die letzten in Rawa-Ruska lebenden Juden, bis auf einige Arbeiter, veranstaltet; man erschoss sie auf dem jüdischen Friedhof und in einem nahe gelegenen Waldstück. Am Karfreitag 1943 schließlich wurden die Reste des Gettos angezündet und noch einmal einige hundert Juden erschossen – danach konnte auch dieser Kreis als «judenfrei» gelten. – Bei solchen «kleineren Aktionen» wurden die Außenstellen des Kommandeurs der Sipo und des SD selbstverantwortlich aktiv; ansonsten nahmen sie eher eine Hilfsfunktion bei der «Endlösung» wahr. Wenn es sich um größere Aktionen handelte, bereiteten sie diese am Ort vor, sie wurden dann zentral von den Männern aus dem Stab des SS- und Polizeiführers Katzmann, von Angehörigen der Abteilung IV aus Lemberg oder vom Polizeibataillon 133, unter Beteilung ukrainischer Hilfspolizisten, durchgeführt.

Um *«die Vorgänge in Rawa-Ruska»* geht es auch beim Ermittlungsverfahren gegen Dr. Zinser und Asbach, in dem Walter zweimal, im September 1965 und später noch einmal im April 1964, gehört wird (seine elfte und seine vierzehnte Vernehmung). Asbach ist er ein paarmal begegnet, bei Dr. Zinser erinnert er sich nur noch an den Namen: *«Die Beschuldigten Dr. Zinser und Asbach waren wohl keine SS-Angehörigen. In Brzezany gab es einen Kreishauptmann namens Asbach, mit dem ich mehrfach zu tun gehabt habe. Ich habe ihn auf mehreren Arbeitsbesprechungen des Gouverneurs in Lemberg getroffen und ihn auch in seiner Dienststelle aufgesucht, u. a. zur Klärung bestimmter Volkstumsfragen, Schulfragen und Kirchenfragen. Asbach hat auch gelegentlich mich in meiner Dienststelle besucht. Insgesamt mögen wir uns etwa sechsmal begegnet sein. – Von Dr. Zinser ist mir nur noch der Name und die Tatsache in Erinnerung, dass er ein Angehöriger der Zivilverwaltung in Galizien war. Ich wusste jedoch nicht mehr, dass Dr. Zinser einmal Kreishauptmann von Sambor gewesen ist. Ich kann mich nicht erinnern, ihm begegnet zu sein, halte das jedoch nicht für ausgeschlossen.»*

Dr. Zinser war bis zum Frühjahr 1942, bevor er nach Sambor ging, auch Kreishauptmann in Rawa-Ruska. Wie erwähnt, sind alle Deportationszüge nach Belzec durch seinen Kreis gefahren, und sie mussten immer in der Stadt Rawa-Ruska halten, um die Lagerleitung vom Eintreffen des nächsten Zuges in Kenntnis zu setzen. «In den Gaskammern von Belzec konnten gleichzeitig 500 Menschen umgebracht werden, d. h., bei täglich je einem Zug aus Lemberg und Lublin mussten die Opfer teilweise den ganzen Tag warten, bis sie an die Reihe kamen.»[35] Aus dem Kreis Rawa-Ruska hatte sich die Lagermannschaft auch um die Jahreswende 1941/42 die ersten jüdischen Opfer geholt, die die Gaskammern bauen mussten und anschließend als Erste vergast wurden, um die Anlage zu testen. Das Ermittlungsverfahren gegen Dr. Zinser wurde 1968 eingestellt.[36]

Asbach war Kreishauptmann in Brzezany, als im Frühjahr 1942 die Deportationen ins Vernichtungslager Belzec begannen. Er «soll eine Anordnung plakatiert haben, Juden hätten sich zur Umsiedlung nach Podhajce zu melden ... Die Versammelten wurden dann auf dem Weg nach Podhajce erschossen.» Das Verfahren der Staatsanwaltschaft Kiel gegen Asbach wurde 1976 eingestellt.[37]

Bei Walters zweiter Zeugenvernehmung in Sachen Dr. Zinser, im April 1966, geht es allerdings fast ausschließlich um seine eigene Person, um seinen Kenntnisstand von der Judenvernichtung und damit um seine eigene Verwicklung.

Über den Gegenstand seiner siebten, achten und neunten Vernehmung, die zwischen November 1964 und Februar 1965 stattfanden, konnte ich nichts Näheres in Erfahrung bringen. Im März 1965 ist er, laut einer eigenen handschriftlichen Notiz, ausführlich zum Reichssicherheitshauptamt befragt worden – «30.3.65 – Berlin RSHA – 14 Fragen», mehr hat er nicht festgehalten.

Im Dezember 1965 erfolgte eine Zeugenvernehmung (die zwölfte) zu den «Vorgängen in Kolomea, im Ermittlungsverfahren gegen Herbert Härtel».

Walter sagt aus – das Protokoll liegt mir vor: «Ich hatte eigene Außenstellen, doch befand sich davon keine in Kolomea, da das Gebiet in politisch-nachrichtendienstlicher Hinsicht wenig interessant war.» «In meiner Eigenschaft als SD-Führer in Lemberg bin ich nur sehr selten nach Kolomea gekommen, meiner Erinnerung nach zweimal, und zwar im Zusammenhang mit den Vorbereitungen für die Aufstellung der ukrainischen Divisi-

*on im Frühjahr bis Herbst 1943 ... Ich erinnere mich auch
nicht, bei diesen beiden Gelegenheiten das Gebäude der
Sipo-Außenstelle betreten zu haben, da ich mich in Begleitung
des Gouverneurs befand.»* Peter Leideritz, der Leiter der Außenstelle, sei ihm bekannt gewesen, andere Angestellte der
Dienststelle oder der Polizeieinheiten dort jedoch nicht.

Kolomea war, wie Stanislau, ein Zentrum von Massenerschießungen und Deportationen; neben dem SSPF Katzmann
war dabei der Leiter der KdS-Außenstelle in Kolomea, Peter
Leideritz, ständig initiativ und persönlich beteiligt. Die ersten
Massenerschießungen von Juden begannen im Sommer 1941,
zunächst wurde ein Teil der jüdischen Oberschicht liquidiert,
wenig später starben in einem Waldstück 2500 Juden, darunter
etwa 1000 Kinder. Als Anfang Januar 1942 die großen Erschie-
ßungsaktionen im Distrikt Galizien weitgehend aufhörten, dauerten sie im Kreis Kolomea an, dafür war vermutlich Peter Leideritz persönlich verantwortlich. Im April 1942 bekam Kolomea ein Zugkontingent ins Vernichtungslager Belzec zugeteilt,
und Leideritz und seine Leute durchkämmten systematisch die
Ortschaften des Kreises nach Juden, die die Massenerschießungen zuvor überlebt hatten. «Kaum eine Kleinstadt blieb von
Leideritz und seiner Truppe verschont. Mindestens 5000 Juden
mussten den Weg nach Belzec antreten, über 2000 wurden an
Ort und Stelle erschossen.» – Peter Leideritz wurde im August
1946 festgenommen, einige Monate später an Polen ausgelie-
fert und 1947 dort hingerichtet.[38]

Herbert Härtel, in dessen Ermittlungsverfahren Walter befragt wird, war Leiter der Schutzpolizei in Kolomea und mit seiner Truppe an einer großen Deportationsaktion Anfang September 1942 beteiligt. «Bei dem großen Auftrieb an umzusie-
delnden Juden bis zum 10. 9. in Kolomea hat trotz der von mir
geäußerten Bedenken die Sich.-Polizei alle Juden in die gestell-
ten 30 Waggons verladen», berichtet später der Chef der 3.
Kompanie des Polizeibataillons 133 während eines Prozesses
darüber. «Mit Rücksicht auf die an den Tagen herrschende große Hitze und die Belastung der Juden durch die langen Fußmär-
sche oder durch tagelanges Warten ohne nennenswerte Verpflegung war die geschehene übermäßige Beladung des größten
Teils der Waggons mit 180 bis 220 Juden derart katastrophal,
dass sich der Umstand stark nachteilig für den Transport ausge-

wirkt hat.» Hinter dieser verschraubten Formulierung verbirgt sich die Tatsache, dass in Belzec mindestens 200 Tote aus dem Zug geladen wurden. «Es gibt wohl nur wenige überlieferte Dokumente der Täter, die in ihren dürren Worten so klar den Alltag des Judenmords in Ostgalizien wiedergeben.»[39] Im Oktober 1942 wurde der letzte Rest der jüdischen Gemeinden im Kreis Kolomea ausgelöscht.

Walter ist nach dieser Vernehmung noch viermal als Zeuge geladen worden; er hat aber nur noch einmal (im Ermittlungsverfahren gegen Dr. Zinser) ausgesagt. Bei den anderen Terminen, im *«Ermittlungsverfahren gegen Hans Krüger»*, legt er amtsärztliche Atteste vor. Er ist zu krank zum Reisen. In Sachen Hans Krüger, Stanislau, ist er aber zuvor schon einmal, im November 1964 (seine sechste Vernehmung), gehört worden. Leider konnte ich das Protokoll dieser Vernehmung nicht auftreiben; es existieren auch keine handschriftlichen Notizen von ihm dazu.

Hans Krüger war vom August 1941 bis zum Spätsommer 1942 Leiter der Außenstelle der Sicherheitspolizei in Stanislau. Er wird für den Mord an mindestens 26 000 Juden verantwortlich gemacht und war unter anderem der Initiator des «Blutsonntags von Stanislau». An diesem 12. Oktober 1941 durchkämmten Männer des Polizeibataillons 133 Stanislau, eine der größeren Städte Galiziens, und trieben die Juden, Männer, Frauen und Kinder, in Sammelstellen zusammen. Von dort wurden sie in Kolonnen zu je 250 Personen zum jüdischen Friedhof gebracht, der von Polizei umstellt war. Dort waren zuvor große Gruben ausgehoben worden. Dann zwang man die Opfer in kleinen Gruppen neben die beiden Gruben, an denen je 15 bis 20 Schützen aufgereiht waren. Die Erschießungen dauerten von morgens zehn Uhr bis zum Einbruch der Dunkelheit. *«Ein Augenzeuge berichtete nach dem Krieg: ‹Krüger selbst leitete die Aktion. Ich habe ihn persönlich gesehen, wie er mit einer Wurst in der Hand, oder es kann auch ein Brötchen gewesen sein und in der anderen Hand eine Pistole, die Menschen erschoss›.»*[40] Die genaue Zahl der Opfer des Blutsonntags lässt sich nicht mehr klären; es waren zwischen zehn- und zwanzigtausend. – Krüger organisierte im Frühjahr 1942 weitere Massenerschießungen im Zusammenhang mit der Deportation mehrerer Tausend Juden aus Stanislau ins Vernichtungslager Belzec.[41] – Hans Krüger wird im Mai 1968 vom Landgericht Münster zu lebenslanger Haft verurteilt, 1986 mit 77 Jahren entlassen, zwei Jahre vor seinem Tod.[42]

Walters Gesundheitszustand hat sich inzwischen so verschlechtert, dass er bei zwei weiteren Ladungen in Sachen Hans Krüger nicht reisefähig ist. Er legt die gewünschten amtsärztlichen Zeugnisse vor und erklärt sich zugleich bereit, sich in Düsseldorf vernehmen zu lassen. Vorladungen am Ort haben dann aber nicht mehr stattgefunden. Auf Verlangen des Schwurgerichts Münster zitiert man ihn danach noch zweimal zur amtsärztlichen Untersuchung ins Gesundheitsamt, um seine Reise- und Vernehmungsfähigkeit überprüfen zu lassen. Man hat ihm seine schwere Krankheit wohl nicht geglaubt; zu viele Zeugen, die im engeren oder weiteren Sinne zum Täterspektrum gehörten, schützen einen schlechten Gesundheitszustand vor, um den Vernehmungen zu entgehen.

Die Ladungen in Sachen Hans Krüger sind die letzten, die Walter zugehen. Seine beiden tatsächlich letzten Aussagen, im Ermittlungsverfahren gegen Dr. Zinser, die sich mit seiner eigenen Rolle befassen, sind auf Verlangen des Untersuchungsrichters von ihm beeidigt worden.

Wie viele der Details, die die Prozesse nach und nach ans Licht brachten, hat Walter während seiner Zeugenvernehmungen zwischen 1961 und 1966 erfahren? Von welchen wusste oder ahnte er bereits zwischen 1941 und 1944? Selbst wenn er über manche dieser Verbrechen schon damals besser informiert war, als er jetzt zugeben wollte, wird sein Wissen ausschnitthaft gewesen sein. Er wird Gerüchte gehört, Informationen bekommen und Dinge aus eigener Anschauung mitbekommen haben, die aufschlussreich genug waren. Aber auf keinen Fall bot sich ihm das Bild, das heute offen vor uns liegt, die komprimierte Darstellung des ganzen Grauens, wie sie jetzt jeder, der es wissen will, der einschlägigen Literatur entnehmen kann. Ich nehme an, dass die Untersuchungsrichter bei den einzelnen Vernehmungen ihm nur einige wenige Informationen gaben. Manches andere und bestimmt vieles mehr, als er tatsächlich von früher wusste, wird er dann später der Presseberichterstattung über die jeweiligen Prozesse entnommen haben. Immerhin hat er bis 1967 Zeitungsausschnitte über die Prozesse gesammelt, die sein Tätigkeitsfeld, Galizien, betrafen, und in der Mappe mit den Unterlagen abgeheftet.

Was wird in ihm vorgegangen sein, als vieles, das er vergangen und vergessen glaubte, und manches dazu, von dem er vielleicht wirklich nichts wusste, nach und nach wieder auftauchte – immer mehr davon und immer erdrückender? Mit jedem zusätzlichen Verbrechen, das bekannt wurde, mit jedem neuen Prozess, der stattfand, wog die Tatsache, dass er diese Dinge damals beiseite geschoben hatte, nicht in ihrem vollen Umfang hatte wahrnehmen wollen, schwerer.

Vielleicht ist er erleichtert gewesen, als das Fortschreiten seiner Krankheit ihn seiner Aussagepflicht enthob.

31.

«*Pappi krank, Magen, aß nichts. Trübselige Familienstimmung.*»

«*Sonntagsspaziergang ohne Pappi. Familienmissstimmung.*»

«*Traurige und gedrückte Stimmung durch Pappis Gereiztheit.*»

Im Jahre 1964 häufen sich in meinem Tagebuch solche Eintragungen.

Manchmal kommt es in dieser Zeit auch zu Auseinandersetzungen zwischen Walter und Luscha – für die Kinder neu und beängstigend. Sie entzünden sich meist an den beiden Jüngsten, die noch zu Hause wohnen. Herrad, sechzehn, und Rikarda, dreizehn, durchleben ihre Pubertät um einiges exzentrischer als die älteren Geschwister. Rikarda verweigert sich phasenweise in der Schule; sie schreibt nicht nur schlechte Noten, sondern sie schweigt beharrlich, wenn sie im Unterricht aufgerufen wird – egal, ob sie eine Antwort weiß oder nicht. Herrad kultiviert die verschrobensten Ansichten; sie schützt Arbeitsgemeinschaften am Nachmittag und Nachhilfestunden vor, die sie erteilen muss, um sich stundenlang in der Stadt herumzutreiben. Die beiden Jüngsten sind unausgeglichen und neigen zu heftigen Temperamentsausbrüchen. Kein leichtes Brot, auch für weniger gestresste Eltern. Luscha ist geneigt, das meiste auf die leichte Schulter zu nehmen, denn sie erinnert sich noch gut an ihre eigene unausgegorene Person in diesen Jahren. Das wächst sich von selber aus!, erklärt sie optimistisch, während Walter, düster, überall bedrohliche Anzeichen für irreversible Fehlentwicklungen konstatiert. Er schwankt zwischen strenger Überreaktion und einer wie Gleichgültigkeit wirkenden Reaktionslosigkeit zu anderen Zeiten. Wenn er selber von seinen eigenen Problemen aufgefressen wird, scheint es manchmal, als sei er gar nicht da, als nehme er das Kommen und Gehen seiner halbwüchsigen Töchter, ihr Reden und Tun, überhaupt nicht wahr.

Silke lebt zwar noch zu Hause, bestimmt aber längst ihre eigenen Wege. Dem Vater passt es nicht, dass sie sich abends gelegentlich mit Freundinnen trifft, in Kneipen, auf Partys, dass sie sich seiner Meinung nach zu oft amüsiert. In der Schenk-Familie ist der Vater die Glucke; er bekommt es fertig, nachts am offenen Fenster auf Silke zu warten, manchmal stundenlang, und es gibt ein Riesentheater, wenn sie versprochen hat, um zehn Uhr zu Hause zu sein, aber erst um elf kommt. Meine Güte, das Kind ist jetzt einundzwanzig! Luscha plädiert für die lange Leine; doch Walter bleibt stur und starr: Solange sie zu Hause wohnt, bleibe ich für sie verantwortlich! Wenn Walter abweisend, harsch und ungerecht mit den Kindern ist, dann kritisiert Luscha ihn zunächst mild; wenn er dann auch ihr gegenüber unterkühlt und zynisch reagiert, dann braust sie auf, es kommt zu bitteren Wortwechseln; am Ende stürmt Luscha manches Mal schluchzend davon. Was sie gar nicht ertragen kann, ist eine zunehmende Kälte in Walters Argumentation, ein neuer menschenfeindlicher Zug in seinem Wesen. Sie verschwindet im Kabinett, schließt sich ein, wirft sich dort im Weinkrampf aufs Sofa. Dann wird Walter blass und sehr unruhig, er folgt ihr, klopft an die Tür; irgendwann lässt sie ihn ein, und sie reden lange hinter verschlossenen Türen; die Kinder gehen verstört auf Zehenspitzen umher und wissen nicht, was sie von all dem halten sollen. Früher haben die Eltern ihre Meinungsverschiedenheiten relativ ruhig untereinander ausgetragen; stets war der gegenseitige Respekt spürbar. Ging man zu ihr, um die Erlaubnis für irgendetwas zu erbitten, so fragte sie meist: Hast du schon mit Pappi darüber gesprochen? Ging man zu ihm, so hieß es: Ich werde deinen Wunsch mit Mutti bereden.

Was ist also jetzt los? Eigentlich haben sie sich doch im vergangenen Jahrzehnt wieder gut aufeinander eingespielt, sie haben Freiräume und Gemeinsamkeiten neu definiert, und sie wirkten glücklich miteinander, umso erstaunlicher, wenn man bedenkt, wie lang die voraufgegangenen Trennungsphasen waren. Natürlich könnten die Wechseljahre Luscha zu schaffen machen, sie empfindsamer und labiler reagieren lassen. Sie ist jetzt 56 Jahre. Auf der anderen Seite ist so etwas wie eine schleichende Persönlichkeitsveränderung bei Walter nicht zu übersehen. Und obwohl sich die meisten häuslichen Dramen an einem aufreizenden Verhalten der Kinder entzünden, ist dies doch offensichtlich nicht der Grund für Luschas Ausbrüche und ihren wachsenden Kummer. Sie weint über Walter. Sie beklagt, dass nur noch sporadisch aufblitzt, was sie an ihm liebte: seine nachdenklich abwägende Art, sein kluges umsichtiges Urteil über Menschen und Dinge, sein Humor vor allem. Sie weint, weil er sich innerlich von ihr entfernt, aus Gründen, die sie nicht versteht. – Nach solchen heftigen Szenen ist er tief erschüttert, und wenn sie sich ausgesprochen haben, wird es für eine Weile deutlich besser; er wirkt dann fürs Erste wieder weicher und zugewandter.

Aber es hält nie lange vor, bald nimmt seine nervöse Reizbarkeit wieder überhand. Man ahnt schon, dass die Zeichen auf Sturm stehen, wenn er düster und schweigsam zu den Mahlzeiten erscheint. Dann wird ihm beinahe jedes Wort der Kinder, jede ihrer Lebensäußerungen zu viel, und der geringfügigste Anlass kann eine schneidende Bemerkung auslösen. Von einem Augenblick zum anderen schlägt er verbal zu, mit ein, zwei scharfen Sätzen, die einem Meer von Bitterkeit zu entsteigen scheinen; anschließend zieht er sich abrupt wieder in sich selbst zurück. Gibt es daraufhin Tränen, Szenen, dann folgen unweigerlich das Zurückschieben des Tellers und der Satz: *«Jetzt habt Ihr mir wieder den Appetit verdorben.»* Er hasst und fürchtet tränenreiche Gefühlsausbrüche seiner Töchter. Hart kritisiert er Unordnung, Vergesslichkeit, jede Form der Schlamperei. Zu seinen rhetorischen Standardfiguren gehört der Schrankenwärter: *«Ein Schrankenwärter kann sich das auch nicht leisten; bei dem hätte solche Unachtsamkeit tödliche Folgen.» «Es ist keine Entschuldigung, dass man etwas gut gemeint hat, was im Leben zählt, ist nicht die Absicht, sondern allein das Ergebnis!»* Seine abschätzigen Bemerkungen über andere – Lehrerinnen, Klassenkameradinnen, Studienfreunde – sind schwer zu ertragen für die Kinder im idealistischen Alter; er urteilt unbarmherzig über Menschen, die es sich im Leben bequem machen, Schlafmützen, Trantüten, zeigt kaum verhüllte Verachtung für alle, die seiner

Meinung nach ihr Fähnchen nach dem Winde drehen, die immer mit der Herde laufen. *«Heute, wo jede Verkäuferin die expressionistischen Dichter liest, mache ich mir nichts mehr aus ihren Gedichten.»* Diese elitäre Arroganz empört die Kinder: Entweder die Gedichte gefallen einem oder nicht – und wenn man sie gut findet, dann liest man sie, egal, ob sie gerade in Mode sind oder nicht!

Warum bist du nur neuerdings so oft schlecht gelaunt!, klagen die Kinder, und prompt erfolgt die Antwort: *«Ich bin keineswegs schlecht gelaunt; ich bin nur sachlich.»* *«Wenn du dich ordentlich benehmen würdest, müsste ich dich nicht tadeln – du musst lernen, Ursache und Wirkung auseinander zu halten.»* In reizbaren Stimmungen ist für ihn alles, was man von sich gibt, *«unsachlich»*, *«Geseires»*, Reden ohne Informationsgehalt, und *«Geseires»* nimmt er nun mal nicht ernst. Mit dem Satz *«Ich weigere mich, auf dieses Unterhaltungsniveau herunterzugehen»* blockt er manche Diskussion ab; es gibt auch noch eine Steigerungsform, den Gipfel an Primitivität, das ist das *«Aftermietergeseires»*.

Wenn Luscha sein ständiges Herumkritisieren an seiner Umwelt im Allgemeinen und seinen Kindern im Besonderen beklagt, dann erklärt er, er sei stolz darauf, ein Skeptiker zu sein, dem man kein X mehr für ein U vormachen könne. Hamlets Lebensdevise *«I'm nothing if I'm not critical»* sei auch die seine.

In seiner Jugend war er einmal ein Idealist, ein Romantiker; aus dem gebrannten Kind ist der Skeptiker, manchmal sogar ein Zyniker geworden. Vielleicht ist es für Luscha sogar noch schwieriger als für die Kinder, weil sie ihren Wälti nicht wiedererkennt. Er ist völlig überarbeitet, das weiß sie; er müsste mal länger ausspannen, ohne die Kinder, aber das ist nicht möglich, des Oder-Neiße-Berichtes wegen, dieser ewige Druck, der auf ihm lastet, dazu immer wieder neue Zeugenvernehmungen, die im Verborgenen an ihm nagen. Aber er gibt sich auch wirklich kein bisschen Mühe, endlich mal etwas vernünftiger zu leben. Warum isst er nicht mehr Obst und Gemüse, warum geht er nicht regelmäßig mit ihr spazieren, warum? Für das Rauchen kann sie ihn schlecht tadeln, da sie selber nicht davon lassen kann. Aber er trinkt auch zu viel. Das gelegentliche Gläschen Wein in Ehren, Wein trinkt er ohnehin nur mit Besuch, weil er zu teuer ist. Auch gegen eine Flasche Bier am Tag wäre nichts einzuwenden. Aber da ist noch der Schnaps: Die drei Achtel weißen Korn, die die Kinder beim Budiker alle paar Tage für ihn kaufen, hielten früher einige Zeit und verschwinden jetzt immer schneller.

Es gibt schon in den Briefen, die sie ihm zwischen 1951 und 1954 schrieb, ein paar Stellen, in denen sie seinen Alkoholkonsum kritisiert; einmal bezeichnet sie ihn auch, eher spaßeshalber, als «alten Säufer». Jetzt macht sie sich manchmal ernsthafte Sorgen. Walter hat sich das regelmäßige Trinken hochprozentigen Alkohols sicher schon im Osten angewöhnt, wo es gang und gäbe war; in der unmittelbaren Nachkriegszeit wird er in dieser Hinsicht gesunder gelebt haben, weil sein mageres Einkommen nur knapp die Grundnahrungsmittel sicherte. Aber in der zweiten Trennungsphase, als er allein in München und Düsseldorf wohnte, hat er die alte Gewohnheit wieder aufgenommen; da brauchte er schon sein Gläschen Schnaps dann und wann, um sich zu immer neuen Leistungen anzutreiben, um überhaupt durchzuhalten, die ständige Arbeitsanspannung ebenso wie das Alleinsein.

Luscha macht ihm vorsichtige Vorhaltungen, auf die er empfindlich reagiert. Was ist bloß los mit dir los, Wälti? Merkst du denn nicht, wie du dich von den Kindern entfernst? Fällt dir gar nicht auf, wie dein Blick auf die Welt sich verengt, wie du immer pessimistischer wirst? Warum reitest du so oft auf Nebensächlichkeiten herum? Sekundärtugenden und Prinzipien sind gut und schön, aber du darfst dein Leben doch nicht in bloßen Formeln erstarren lassen!

Dabei ist er zwischendurch, immer noch, ein liebevoller und zugewandter Vater. Wenn er abends für seine beiden Jüngsten, bevor sie schlafen gehen, Kabarettvorstellungen gibt. Oder wenn er am Montagmorgen Tordis und Gunild Brote schmiert, bevor sie zu ihrer Woche an der Kölner Uni aufbrechen. «Nehmt auch diese beiden Dosen Ölsardinen, und esst sie zum Brot, tunkt unbedingt auch das Öl auf, das ist so gut wie eine vollwertige Mahlzeit!» Die beiden schütteln sich beim bloßen Gedanken an das Sardinenöl, stecken die Fischdosen aber gerührt ein, wenn sie sich auf den Weg zum Bahnhof machen; Walter winkt ihnen aus dem Fenster hinterher.

In guten Augenblicken lässt er sich auch auf Grundsatzgespräche ein. So rät er Herrad, die sich vom Religionsunterricht beurlauben lassen will, unbedingt dabeizubleiben: Die christliche Religion sei zentraler Bestandteil der abendländischen Kultur, du musst dich mit ihr auseinander setzen, weil du von ihr geprägt bist. Ob er selber an Gott glaube? An ein Jenseits?, will seine Tochter wissen. Seine Gottesvorstellung sei nur schwer zu beschreiben, antwortet Walter, jedenfalls glaube er nicht an den alten Mann mit dem Bart, sei aber überzeugt vom Wirken großer unpersönlicher Mächte, die stärker seien als der Willen des Menschen. Ein Atheist, sagt Walter, einer, der das Wirken solcher Kräfte leugnet, muss ein Dummkopf sein. Er glaube auch nicht an die christliche Auferstehung des Fleisches, aber irgendetwas vom Menschen werde wohl nach seinem Tode weiterexisitieren, als Teil der umgebenden Natur, des Kosmos. – Viel zu selten, leider, solche Gespräche mit den Kindern, denkt Luscha. Auch die guten Gespräche zwischen ihnen sind seltener geworden.

In dieser Zeit werden sie beide zu Nachtwandlern. Wenn Luscha sich eine Weile schlaflos neben ihm gewälzt hat, steht sie leise auf, wirft sich den Bademantel über und begibt sich ins Kabinett, um weiter am Manuskript des «Wettermädchens» zu arbeiten. So kann sie am besten die dunklen Gedanken verscheuchen, die um Wälti kreisen. Der Cäcilie-Dressler-Verlag, dem sie das fertige Manuskript schickte, hat es trotz einiger freundlicher Bemerkungen nicht drucken wollen – es sei wohl doch vom Anspruchsniveau her eher ein Jugend- als ein Kinderbuch, zum Teil wunderbar erzählt, doch man habe Bedenken, ob ein solcher Stoff, zugleich fantastisch und an alten Familienvorstellungen orientiert, bei den heutigen Jugendlichen noch ankäme. Sie lässt sich nicht entmutigen und arbeitet das «Wettermädchen» zu einem Hörspiel für den Kinderfunk um.

Willst du nicht wieder ins Bett kommen, Luscha?, fragt Walter dann irgendwann mit kleiner Stimme von der Tür her. Er ist wach geworden, und er kann nicht wieder einschlafen, wenn sie nicht bei ihm ist.

Noch häufiger sind die Nächte, in denen er umgeht, während sie schläft. Meist sitzt er grübelnd in seinem Sessel am niedrigen ovalen Wohnzimmertisch, vor sich kleine Zettel, die er mit winzigen Hieroglyphen füllt: Was ist zu tun? Ein Arbeitszettel fürs Büro. Ein Zettel für Haushaltsbesorgungen. Und nicht selten liegen da auch etwas größere weiße Blätter, auf denen er sich

Notizen für die Zeugenvernehmungen macht: eine Liste der SD-Außenstellen in Galizien und die Namen seiner Mitarbeiter dort – Daten: Von wann bis wann sind sie an welchem Ort gewesen? Eine Liste aller Außenstellen der Sipo, mit den Namen der Außenstellenleiter. Eine Liste mit den Namen der Kreishauptmänner. Er versucht sich zu erinnern. Manche Namen, Daten sind durchgestrichen, verbessert. Da sitzt er und brütet vor sich hin, in den dunkelsten Stunden der Nacht, die einen ohnehin nur fruchtlos im Kreis denken lassen, stundenlang, seine wichtigen persönlichen Gegenstände hat er nach dem immer gleichen Muster auf dem Set vor sich ausgebreitet: Zigarettenschachtel, Streichholzschachtel, Notiz- und Adressbuch, Aschenbecher, das Buch, in dem er gerade liest, die Merkzettel. Er sitzt, starrt ins Leere, notiert vielleicht einen Punkt; er zündet sich eine Zigarette an und schaut dem Rauch nach, nicht genießerisch, den Kopf in den Nacken zurückgelegt, an die Decke schauend, wie Luscha es tun würde, sondern starr geradeaus; er zupft mit der freien Hand die Fransen des Sets in Reih und Glied und ordnet seine persönlichen Gegenstände aufs Neue symmetrisch an, Streichholzschachtel auf Zigarettenschachtel, Notizbuch auf Buch, Kante auf Kante und Ecke an Ecke, die Zettel in einer geraden Reihe exakt nebeneinander. Er trinkt ein Gläschen weißen Korn und stellt die Schnapsflasche wieder an ihren besonderen Platz im Bücherregal – hinter den Kunstbänden – zurück. Er grübelt; er plant den nächsten Tag, die nächste Woche im Büro, den nächsten Arbeitsschritt im Oder-Neiße-Bericht. Er schaudert, er friert; wie müde und zerschlagen wird er morgen wieder sein! Dann steht er endlich auf und wandert zurück ins Schlafzimmer und kuschelt sich an Luscha, die sich herrlich warm anfühlt, manchmal ganz kurz wach wird und im Halbschlaf den Arm nach ihm ausstreckt, bevor sie weiterschläft.

In den Sommerferien 1964 fahren sie alle zusammen nach Detmold, Eltern und Kinder – für Ferien anderswo reicht das Geld auch in diesem Jahr nicht. Während die Kinder bei Else im Haus wohnen, haben sich Luscha und Walter ein Pensionszimmer im Dorf geleistet; damit sie sich auch einmal zu zweit zurückziehen können. In den ersten beiden Wochen ist die Stimmung gedrückt; Luscha erscheint an einigen Tagen allein im Haus Waldesruh; Walter fühle sich nicht wohl, erzählt sie

Else; er sei nicht eigentlich krank; er wolle die Ferien nur nutzen, um einmal richtig auszuschlafen. Sie weint manchmal, nimmt sich in Gegenwart ihrer Mutter meist zusammen, hat aber nicht nicht immer die Kraft, ihren Kummer auch vor den Kindern zu verbergen. Die sind ratlos. Habt Ihr euch gestritten?, fragen sie. Luscha schüttelt den Kopf, sagt nichts, schluchzt und beruhigt sich wieder. Pappi macht Mutti das Leben zur Hölle!, erklärt Gunild an einem dieser Tage finster den Schwestern, und alle erschrecken darüber, dass ein solcher Satz in dieser Familie überhaupt gedacht, geschweige denn ausgesprochen werden kann.

Luscha hat sich so viel von den Ferien versprochen, gesundes Leben, viel frische Luft, Erholung für sie beide, aber vor allem Gemeinsamkeit mit Walter, Wanderungen und Gespräche, zu zweit und mit den Kindern – doch er verbringt einen Großteil der Nächte schlaflos und wandert im Dunkeln wie ein gefangenes Tier im Pensionszimmer auf und ab, tagsüber will er nur schlafen; er isst fast nichts. Er hat einen ganzen Koffer mit Materialien für die Arbeit am Oder-Neiße-Bericht angeschleppt, deutsche, englische, französische und niederländische Literatur, die er in Detmold exzerpieren will. Aber nachdem er in den ersten Tagen die Bücher und Zeitschriften geordnet und alles so aufgebaut hat, dass er jetzt beginnen könnte, erfolgt der Absturz.

Luscha glaubt, dass Walter sich gehen lässt. Warum kann er sich nicht ihr zuliebe ein bisschen Mühe geben?

Nach einer düsteren Woche, die alle sehr mitgenommen hat, rafft Walter sich plötzlich auf und verlässt seine Höhle; er erscheint von nun an regelmäßig mit Luscha zu den Mahlzeiten in Haus Waldesruh; er beginnt tatsächlich zu arbeiten und sucht in diesen Ferien nicht Hilfe bei Luscha, sondern bei seinen Töchtern; er bittet die Großen um Übersetzungen und diktiert Herrad fertige Passagen in die Schreibmaschine. Luscha soll sich erholen. Nachdem er einiges zu Papier gebracht hat, nimmt er sogar ein paarmal an größeren Familienausflügen teil, und in der letzten der vier Urlaubswochen ist es dann endlich so, wie Luscha es sich gewünscht hat. Sie trinken Kaffee in der Nachmittagssonne unter dem Kirschbaum, Walter schäkert mit der Schwiegermutter und interessiert sich für seine Kinder, er kommentiert die Bilder, die die Kleinen gemalt haben, und die Bücher, die sie lesen; er diskutiert aufgeschlossen mit den Großen über die Ambivalenz des technischen Fortschritts, über die Weltraumforschung – beherrscht der Mensch die Maschine oder die Maschine den Menschen? Könnten 99 Affen, die 99 Wochen lang auf 99 Schreibmaschinen herumspielten, zufällig das Gedicht «Über allen Gipfeln ist Ruh» zustande bringen? Endlich wieder der Alte, denkt Luscha erleichtert – vielleicht hat er sich ja jetzt doch und diesmal hoffentlich etwas nachhaltiger erholt! Und sie beschließt, einfach darüber glücklich zu sein, dass es jetzt so ist, wie es ist, einfach über den Augenblick glücklich zu sein.

Freilich ist er mit dem Oder-Neiße-Bericht nur ein winziges Stück vorangekommen, als sie wieder nach Düsseldorf zurückreisen müssen. Es hätten eben sechs oder acht Wochen Detmold sein müssen, nachdem er die ersten beiden weitgehend im Bett verbrachte. Kann es nicht immer sein wie in dieser letzten Detmold-Woche?

Offenbar nicht. Nur wenige Wochen nach ihrer Rückkehr wirkt Walter wieder überarbeitet und ausgelaugt. Das launische Flackern seiner Stimmung beherrscht den Herbst 1964 und dauert auch im Frühjahr 1965 an.

«Pappi schon wieder mürrisch und tyrannisch.»

«Pappi grimmig; das Abendessen nicht ohne den üblichen Missklang.»

«Familienkrach, der sich an nichts entzündete.»

«Pappi bei einer Nazi-Zeugenschaft, auf Zehnspitzen gehen, flüstern, ihn zu schonen.»

1964 haben Tordis und Gunild ihr Vordiplom bestanden; Tordis studiert weiter in Köln, während Gunild im Sommersemester 1965 nach Berlin überwechselt. Der teuren Flugreisen wegen kann sie nur selten, nur noch in den Ferien zu Hause sein. Walter erlaubt nicht, dass sie mit dem Zug durch die DDR fährt; er fürchtet, dass sein Name wie der der osteuropäischen Mitarbeiter des Büros auf einer Schwarzen Liste der Stasi geführt wird.

Im Frühjahr und Frühsommer 1965 verstärkt Walter seine Arbeit am Oder-Neiße-Bericht, jedes Wochenende, manchen Abend, wann immer er sich dazu imstande fühlt. Seinem Gesundheitszustand scheint das nicht zu bekommen. Er sieht immer schlechter aus, aber er reißt sich zusammen. Das Auswärtige Amt sitzt ihm im Nacken und drängt: Er hätte doch schon Ende 1964 abgeben sollen! Abwechselnd diktiert er jetzt die fertigen Passagen Herrad und Luscha, die inzwischen ihre Hörspielversion des «Wettermädchens» fertig gestellt und an den WDR geschickt hat.

Die Oder-Neiße-Linie ist wieder ins Zentrum tagespolitischer Diskussionen gerückt. Die CDU-Regierung unter dem Bundeskanzler Ludwig Erhard will es sich nicht mit den Vertriebenenverbänden verderben und bleibt deswegen bei der alten Position: Man werde die Oder-Neiße-Linie nicht als Grenze zwischen Deutschland und Polen anerkennen, man werde bei einer Wiedervereinigung im endgültigen Friedensvertrag mit den Nachbarländern auf der Wiederherstellung des deutschen Reiches in den Grenzen von 1937 bestehen. Die oppositionelle SPD dagegen hat im Januar 1965 ein Memorandum herausgegeben, in dem sie für eine neue Ostpolitik plädiert. Es sei nicht sinnvoll, auf eine Wiedervereinigung zu warten, heißt es da, man müsse schon jetzt jede Chance einer Zusammenarbeit mit den osteuropäischen Staaten und der DDR nutzen. Im Oktober 1965 wird die Evangelische Kirche in Deutschland (EKD) eine Denkschrift mit dem Titel «Die Lage der Vertriebenen und das Verhältnis des deutschen Volkes zu seinen östlichen Nachbarn» herausbringen, in dem sie – als erste größere Instanz von gesellschaftspolitischer Bedeutung – für eine faktische Anerkennung der Oder-Neiße-Linie eintritt. Die Denkschrift der EKD, die die Diskussion um die Oder-Neiße-Linie in der Öffentlichkeit noch einmal anfacht, wird im Nachhinein als die historische Zäsur zwischen der «alten» und der «neuen» Ostpolitik gewertet.

«O-N-L auf S. 59», steht am 28. März 65 in meinem Tagebuch. «O-N-L auf S. 142» am 20. 4. 65. Und am 1. Mai heißt es schon: «O-N-L auf S. 225». Dazwischen aber immer wieder «Pappi geht es gar nicht gut», «Pappis Zustand verschlechtert», «Mutti macht sich Sorgen um Pappi». Er arbeitet wie ein Gejagter, hockt mager und schwach hinter der Schreibmaschine, isst wenig, schläft kaum, er spürt wohl, dass es sich um einen Wettlauf mit seinen schwindenden Kräften handelt.

«Beim Familienfrühstück im Rheinzimmer befiel Pappi plötzlich eine große Schwäche, kalter Schweiß trat auf sein bleiches, bläuliches Gesicht, seine Hände zitterten, und er hatte *kaum Kraft, das Zimmer allein zu verlassen. Man durfte ihm aber auch nicht helfen.»*

Nachdem er an Pfingstmontag zum letzten Mal Korrektur gelesen und am Dienstag nach Pfingsten die letzten Kapitel des Berichtes zur Post gebracht hat, sucht er seinen Hausarzt auf. Luscha hat darauf bestanden: Heute noch gehst du, sagt sie. Vor Abschluss der Arbeit, während der letzten Wochen, hat sie ihn nicht dazu bewegen können. Ich kann es mir nicht leisten, einen Vormittag dort herumzusitzen, nur damit er mir einen weiteren Magentee empfiehlt und mir zum soundsovielten Mal sagt, ich solle weniger arbeiten. Schon zwei Stunden später kehrt Walter grau, mit erloschenen Zügen zurück. Er müsse noch heute ins Krankenhaus, zur Beobachtung; Dr. L. könne nicht sagen, was ihm genau fehle, deswegen seien einige stationäre Untersuchungen erforderlich.

Luscha müht sich, keine große Angelegenheit daraus zu machen; sie gießt noch einen Kaffee für ihn und sich selber auf, essen mag Walter ohnehin nichts, sie sitzen eine halbe Stunde zusammen, und anschließend hilft sie ihm, seine Sachen zu packen. «Wie gut, dass du die Oder-Neiße-Linie noch abgeschlossen hast; da kannst du dich jetzt ganz auf deine Gesundheit konzentrieren!», sagt sie ihm, aber nicht einmal das muntert ihn auf. Sie gehen gemeinsam zu Fuß ins zehn Minuten entfernte Krankenhaus. Luscha muss seinen Koffer tragen, da er selber zu schwach ist.

Kaum zurück, stürzt sie ans Telefon, ruft den Hausarzt privat an. Wird er ihr etwas sagen, das er Walter verschwiegen hat? Lange Zeit hört sie nur zu, ja ja, ich verstehe, den Hörer hart gepackt, weiße blutleere Handknöchel, so fest hält sie ihn umklammert, so fest hält sie ihn gegen das Ohr gepresst. Herrad und Rikarda stehen neben ihr; die Großen sind für ein paar Ferientage verreist, in Holland. Ja ja, sagt sie. Natürlich, sagt sie. Und wieder: ja ja.

Er meint, es könne Krebs sein, verkündet sie tonlos, nachdem sie den Hörer aufgelegt hat, mehr in den Raum hinein als zu den Töchtern. Magenkrebs. Oder Darmkrebs. Am ehesten Leberkrebs. Was weiß ich.

Dass es doch nicht Krebs, sondern eine Leberzirrhose ist, erfahren sie etwa eine Woche später. «Nur eine Leberzirrhose!», denken sie da und sind naiv genug, über diese Auskunft erst einmal zu jubeln. Krebs ist ein so hässliches Wort, und was genau eine Leberzirrhose ist, wissen sie nicht. Wieder vergehen einige Tage, ehe es Luscha gelingt, ein ausführliches Gespräch mit dem verantwortlichen Oberarzt zu führen, das ihr die Augen darüber öffnet, wie ernst Walters Krankheit ist. Vermutlich habe er über Jahre an einer chronischen Leberentzündung gelitten, die jetzt in eine Zirrhose übergegangen sei. Sein Bauch sei von einer Leberschwellung aufgetrieben, das erste Stadium der Schrumpfleber. Die Zerstörung des Lebergewebes und damit der Leberfunktion sei irreversibel, günstigenfalls könne man den Prozess verlangsamen oder bei vorsichtigster Lebensführung zum Stillstand bringen. Walter müsse zunächst etwa zwei Monate im Krankenhaus bleiben, und auch danach werde er viel Ruhe und Schonung brauchen, am besten sei ein gleich anschließender Kuraufenthalt. Ob und wann er gegebenenfalls wieder arbeitsfähig sei, müsse einstweilen dahingestellt bleiben.

Der behandelnde Arzt heißt Dr. Schock, und es ist ein Schock, was er Luscha mitteilt.

Sie hat die Tage bis zur Feststellung der Diagnose zu Hause in trüber Untätigkeit verbracht. Es ist ihr nicht gelungen, sich auf ihr Schreiben zu konzentrieren. Dabei gibt es auf diesem Gebiet gerade ein neues Hoffnungsfünkchen: nicht etwa das «Wettermädchen»-Hörspiel, das der WDR ihr beinahe postwendend, also ungelesen, zurückschickte – sondern eine Perspektive, die sich über ihre Freundin Maxi eröffnet. Mit Maxi, einer freien Journalistin und Freundin der Berliner Bohèmejahre, korrespondiert Luscha seit einiger Zeit wieder intensiver. Maxi ist zuversichtlich, dass sie ihre Kontakte zum Feuilleton verschiedener Tageszeitungen nutzen könne, um dort Geschichten von Luscha unterzubringen. Kurz sollten sie sein, alltagsnah und am besten heiter, leichte Muse, bloß nichts Düsteres und Schweres.

Wie hervorragend das jetzt in ihre Lebensstimmung passt.

Walter genießt nicht einmal einen Kündigungsschutz im Krankheitsfall. Laut Arbeitsvertrag wird bei einer längeren Erkrankung sein Gehalt sechs Wochen weitergezahlt, anschließend überweist die Krankenkasse für weitere vier Wochen ein Krankengeld in leicht reduzierter Höhe. Dann ist Ende. Nach dem Gespräch mit dem Oberarzt sucht Luscha Walters Chef, Professor K., auf, der sich nur wenig entgegenkommend zeigt: Die arbeitsrechtlichen Vorschriften könne er nun mal bedauerlicherweise nicht ändern. Luscha, die die Rolle der Bittstellerin hasst, bricht in Tränen aus, als sie wieder zu Hause ist; die beiden Jüngsten stehen hilflos um sie herum. Wenn nur Gerhard von M. noch lebte! Er würde Walter ganz anders stützen. So bleibt nichts als abwarten und hoffen – hoffen, dass er innerhalb von sechs bis zehn Wochen wieder arbeitsfähig ist.

Sie besucht Walter täglich im Krankenhaus. Anfangs sieht er schlecht aus, grau und gelb, und er schläft viel. Aber er ist sanft und weich, und sein Gesicht leuchtet auf, wenn sie das Zimmer betritt. Wir reden hier mehr miteinander als in den letzten Wochen zu Hause, denkt Luscha, und allmählich schleicht sich eine unsinnige Hoffnung ein: Vielleicht wird er ja doch so weit wiederhergestellt, dass er wieder Freude an uns, seiner Arbeit, seinem Leben haben kann! Im Krankenhaus päppeln sie ihn mit Infusionen auf; die Ernährung folgt strikten Diätregeln, und natürlich gibt es auch keinen Alkohol und keine Zigaretten; er scheint damit zurechtzukommen.

Jeden zweiten oder dritten Tag schauen auch seine beiden Jüngsten bei ihm vorbei, rutschen etwas verlegen auf dem Besucherstuhl herum, und sonntags sitzen sie alle um sein Bett, Luscha und die fünf Töchter. Dann vergisst er, dass er in einem Zimmer dritter Klasse liegen muss, mit teils vier und teils fünf Zimmernachbarn, deren Gespräche ihn quälen. Er ist so stolz auf seine Familie, und wenn ihm die Krankenschwestern Komplimente machen, kramt er sogar noch einmal den alten Fünfziger-Jahre-Witz hervor: Unsere fünf Jungen sind heute leider verhindert.

So, im Krankenhaus, an seinem Bett, begehen sie auch ihre Silberhochzeit: Am 7. Juli 1965 sind Luscha und Walter 25 Jahre verheiratet. Lasst mich doch eben einen Augenblick mit Mutti allein!, bittet er die Töchter und auch Else, die zu diesem Fest angereist ist, und allein mit Luscha, steckt er ihr einen kleinen Brief zu, mit Liebesworten und seinem Dank für die guten wie die schweren Jahre. Er flüstert in ihr Ohr, sie solle nur ja den Mut nicht verlieren: Bald könne er wieder Bäume ausreißen – und dann würden sie auch ihre persönliche Feier nachholen.

Werde nur wieder gesund, sieh nur die Welt nicht so schwarz!, wispert sie zurück und drückt ihn vorsichtig. Und sie muss tief durchatmen, als sie auf den Gang tritt, wo Else und die Töchter warten. Sie leisten sich dann zur Feier des Tages etwas ganz Besonderes: Brathähnchen und Pommes frites in einem Altstadtlokal. Ohne Walter.

Walter liest in diesen Wochen viel in seinem Krankenhausbett beim Fenster; so kann er dem Geschwätz seiner Mitpatienten einigermaßen entfliehen. Eng mit Fremden zusammenhausen zu müssen, das hat für ihn etwas Erstickendes, erinnert ihn an die Kriegsgefangenschaft. Luscha schleppt ihm nach und nach sämtliche Bände der Kleinen Russischen Bibliothek des Heinrich Ellermann Verlags heran, Klassiker wie Lesskow, Gontscharow, Turgenjew, Dostojewski und Tschechow, aber auch hierzulande bislang ganz unbekannte Autoren wie Melnikow, Schmeljow, Leonow.

Er liest, und Luscha schreibt.

Nachdem sie den ersten Schock verwunden hat, führt Luscha mit den beiden jüngsten Töchtern zu Hause eine Art Studentenhaushalt. Sie macht früh ihren Tagesbesuch bei Walter und verschwindet anschließend im Kabinett, zu einigermaßen geregelten Vormittags-, aber ziemlich ungezügelten Spätnachmittags- und Nachtschichten am Schreibtisch. Gekocht wird nur sporadisch und sehr einfach, Linsensuppe aus der Dose, Kartoffeln mit Quark, gelegentlich von den Kindern, die auch das Einkaufen übernehmen, weil sie gern in der Stadt herumstreifen. Sie verwildern ein bisschen in dieser Zeit, ohne dass Luscha es groß bemerkt. Nachmittags treffen sie sich allerdings fast immer zu einer Tasse Kaffee in der Küche, und dann liest ihnen Luscha manchmal vor, was sie geschrieben hat. Als Walter nach sechs Wochen aus dem Krankenhaus entlassen wird, hat sie mehrere kleinere Erzählungen verfasst – eigentlich nur Fingerübungen!, erklärt sie wegwerfend, leichte Kost eben –, die aber ihre Freundin Maxi vielleicht gerade deswegen bei verschiedenen Tageszeitungen unterbringen kann, zum Teil sogar mehrfach. Die Honorare sind bescheiden, nichtsdestoweniger heben sie Luschas Stimmung. Zum ersten Mal seit über zehn Jahren findet sie sich wieder gedruckt.

Der exzessive Schreibbetrieb normalisiert sich nach Walters Heimkehr. Er wirkt ernst, teils bedrückt, teils zuversichtlich, insgesamt in deutlich besserer körperlicher Verfassung als vor seinem Krankenhausaufenthalt. Eine Kur aber will er keinesfalls antreten, um seinen Arbeitsplatz nicht zu gefährden. Doch glücklicherweise kommt es gerade so aus, dass sie nach einer weiteren Rekonvaleszenzwoche, in der er zu Hause liegt und ruht, gemeinsam in die Sommerferien reisen können. Vier Wochen in einem eigenen kleinen Ferienhaus, in einem abgelegenen Dorf in Oberösterreich, das könnte doch wie eine Kur wirken, wenn er vernünftig lebt. Wenn. Denn kaum ist er zu Hause, da geht auch schon der Kampf mit Luscha um die erste Zigarette los. Nikotin und Alkohol sind jetzt Gift für dich, haben die Ärzte gesagt, du musst das um Gotteswillen ernst nehmen! Eine Weile gibt es ein Ziehen und Zerren um jede Zigarette, mit wachsender Wut auf Luschas Seite, dann gibt sie auf. Es wird einige Zeit dauern, bis er sich auch hier und da wieder ein Gläschen Schnaps genehmigt, und noch länger, bis Luscha dahinter kommt. Er trinkt jetzt heimlich, weil er ihre Reaktion fürchtet.

Doch erst einmal Österreich, ein tiefes Auf- und Durchatmen: Wiesen, Felder, Hügel, Berge, Wälder, große Ruhe und Einsamkeit. Das Dorf heißt Groß-Weiffendorf und besteht aus elf Höfen; ihr Feriendomizil, ein einstöckiges, schiefergedecktes Holzhäuschen, ist das ehemalige Altenteil eines Großbauern und liegt etwas abseits, inmitten einer Wiese, durch die ein Bach fließt. Drei winzige Schlafkammern im ersten Stock (je eine für die Eltern, die drei Großen, die beiden Kleinen, wie gewohnt), im Erdgeschoss die gute Stube, die zum Arbeitszimmer der Eltern wird, und eine gemütliche Wohnküche mit Bullerofen. Dort essen sie, umgeben von vergoldeten Madonnen- und rosaroten Heiligenbildchen an jeder Wand, dort lesen sie, reden sie, spielen sie, um den großen Tisch herum, wenn es draußen regnet. Schlafen, essen, wandern, schwimmen, lesen. Spaziergänge in den weiten dunklen Wäldern, in denen ihnen kaum je ein Mensch begegnet; sie sind die einzigen Fremden im Ort. Die Mittagsmahlzeit nehmen sie im einzigen Gasthof des Ortes, ein ebenso üppig wie preiswert, viel fettes Fleisch und reichlich süße Mehlspeisen. Es ist ein bisschen schwierig mit Walters Leberdiät, aber die Wirtin müht sich nach Kräften. Jeden Vormittag ziehen die Töchter in das eine knappe halbe Stunde entfernte Schwimmbad, in dem sie meist die einzigen Gäste sind; der Bademeister schaut nur sporadisch vorbei, denn er ist im Hauptberuf Bauer, und bei schlechtem Wetter will er kein Eintrittsgeld von ihnen. Die Menschen sind einfach und sehr freundlich, und sie fühlen sich alle schnell wohl, am Rande der Welt.

Luscha registriert voller Freude, dass sich Walter zum ersten Mal seit langer Zeit wieder für seine Umgebung interessiert, die Bauern bei der Arbeit beobachtet, die Forstarbeiter ausfragt, mit der Wirtin schäkert, mit dem Postboten plaudert, dem er stets bis zum Gartentor entgegengeht, und täglich das nahe gelegene Sägewerk inspiziert. Alles gute, glückliche Zeichen. Wenn er es nicht wieder so leichtfertig mit dem Rauchen triebe, könnte sie fast vergessen, welche dunklen Wolken über ihnen hängen. Sie will einfach keine Angst vor dem haben, was noch kommen mag. Einfach nur im Augenblick leben.

Fast so etwas wie ein behäbiger Frieden scheint über Luscha und Walter zu liegen, wenn man das Paar auf den Ferienfotos betrachtet, in Liegestühlen nebeneinander auf der Wiese beim Haus, dösend, lesend. Luscha ist schlank, mit einer knabenhaften Figur, der man nichts von ihren sechs Geburten anmerkt, sie schaut versonnen, verträumt, manchmal auch trotzig, mit vorgeschobenem Kinn in die Kamera: Unterkriegen lassen wir uns nicht! Ihre blonden Haare sind im Laufe der Zeit ganz dunkel geworden; sie trägt sie kurz, von einer Frisur bemerkt man nicht viel. Walters bedrohliche Magerkeit wird durch seine weite Kleidung noch etwas überspielt, er wirkt nachdenklich, nur die Schwermut in seinem Blick ist nicht mehr zu übersehen.

32.

Um diese Zeit wird der Ton bei Walters Zeugenvernehmungen rauer.

Im Frühjahr hat sich der Deutsche Bundestag mit der Verjährung der Naziverbrechen befasst. Die gesetzliche Verjährungsfrist für Mord wäre am 8. Mai 1965 abgelaufen. Bundesjustizminister Ewald Bucher (FDP) berichtet am 10. März 1965 über den Stand der Verfolgung von Naziverbrechen: Etwa 80 000 Deutsche sind im Laufe der letzten zwanzig Jahre von deutschen, alliierten oder ausländischen Gerichten verurteilt worden; davon ca. 5000 bis 1949 in den Westzonen und 6000 seit 1949 in der Bundesrepublik Deutschland. In der Mehrzahl der noch anhängigen Verfahren sei die Verjährung bereits unterbrochen oder bis zum Stichtag noch leicht zu unterbrechen, so dass einer strafrechtlichen Verfolgung auch nach Beendigung der

Verjährungsfrist nichts im Wege stehe. Der Justizminister mag aber nicht ausschließen, dass auch nach dem 8. Mai 1965 noch bisher unbekannte Straftaten größeren Ausmaßes ans Licht kommen könnten. Der Bundestag will die im Gesetz auf zwanzig Jahre festgelegte Verjährungsfrist für Mord nicht verlängern, verlegt aber auf Druck des In- und Auslandes ihren Beginn auf den 1. Januar 1950, so dass sie nun de facto um fünf Jahre ausgedehnt ist. Begründung: Vor dem Januar 1950 seien deutsche Gerichte wegen der alliierten Gerichtshoheit kaum in der Lage gewesen, selber Straftaten von Nazis zu verfolgen. – Anfang des Jahres 1969 wird die Debatte um die Verjährung abermals entbrennen und damit enden, dass der Deutsche Bundestag die Verjährungsfrist für Mord von zwanzig auf dreißig Jahre anhebt und die Verjährung für den neuen Straftatbestand Völkermord ganz aufhebt.

Bei ihrer Rückkehr aus den österreichischen Sommerferien liegt schon wieder eine Vorladung in Walters Post. Er fühlt sich so weit erholt, dass er seine Arbeit im Büro wieder aufnehmen kann, wenn auch zunächst nur ein paar Stunden täglich, und so erscheint er auch am 14. September 1965 im Polizeipräsidium Düsseldorf, wo er von einem Staatsanwalt aus Lübeck und zwei Staatsanwälten aus Kiel vernommen wird. Es geht um das Ermittlungsverfahren gegen Dr. Zinser, also um die Judenmorde in der Stadt und im Kreis Rawa-Ruska, damit auch um das Vernichtungslager Belzec und die Deportationszüge, die die Juden aus ganz Galizien dorthin brachten.

Walter legt ein Attest seines Hausarztes Dr. L. vor, der darauf hinweist, dass der Gesundheitszustand seines Patienten aufgrund einer schweren chronischen Leberentzündung zur Zeit so reduziert sei, dass ihm keine körperlichen, geistigen oder seelischen Belastungen zugemutet werden dürften. «*Auch ist Herr Schenk zur Zeit nicht in der Lage, an Vernehmungen oder Verhandlungen teilzunehmen.*» Walter glaubt wohl, man werde seinen guten Willen, trotzdem auszusagen, honorieren. Doch das Attest wird lediglich als Anlage zum Protokoll zu den Akten genommen. Es hat keinerlei Auswirkungen auf die Atmosphäre der Befragung, im Gegenteil.

Er notiert anschließend: «*Trotz ärztlicher Bescheinigung: Vernehmung 10.00–12.30, Protokoll 14.00–16.00. Persönlicher Eindruck: A. und Dr. Z. offenkundig Nebensache oder*

Vorwand. Protokoll 11¹/₄ S., 8¹/₂ S. zu meiner Person, eigener Tätigkeit in Lemberg, Aufbau und Arbeit des SD, alles in Ludwigsburg seit Jahren bekannt. Übrige Fragen sehr rüde und aggressiv vorgetragen:

1) Was wussten Sie über Massenexekutionen von Juden in Galizien?

2) Warum haben Sie sich nur für Polen und Ukrainer interessiert und nicht für Juden?

3) Sie haben also das Endziel: Vernichtung der Juden als gegebene Tatsache vorausgesetzt und die Ohren verschlossen!

Vorwurf persönlicher Feigheit etc.

4) Meine Aussagen wurden als unglaubwürdig bezeichnet. Drohung mit richterlicher Vernehmung und Vereidigung!»

Noch nie, seit Beginn der Zeugenvernehmungen im Jahre 1961, ist man ihn so direkt persönlich angegangen. Das Protokoll, bei den Akten im Bundesarchiv in Ludwigsburg, liegt mir vor. Einige seiner Äußerungen will ich im Wortlaut wiedergeben, besonders gewichtig, zumal er sie auf Verlangen des Untersuchungsrichters ein halbes Jahr später unter Eid noch einmal bekräftigt hat: *«Judenfragen waren aus meinem Arbeitsgebiet ausgeklammert, wie mir schon in Krakau vor meinem Dienstantritt in Lemberg erklärt worden war. Ich habe auch vor Kriegsende nichts von den Vernichtungslagern Belzec und Auschwitz gewusst, mir war bis dahin Belzec überhaupt nicht bekannt. Ich wusste nur, dass in Auschwitz ein Konzentrationslager für politische Häftlinge war. Bis Kriegsende habe ich keinen einzigen toten Juden gesehen und auch nie einen Bericht – sei es schriftlich oder mündlich – eines Angehörigen des SD oder der Sipoaußenstelle im Distrikt Lemberg darüber erhalten, dass irgendwo Juden getötet worden waren.»*

«Ich habe lediglich einmal gehört, dass ein Einsatzkommando kurz nach der Besetzung Galiziens 1941 Erschießungen von Juden, Ukrainern und Polen durchgeführt hat.»

«Vorhalt: SD-Angehörige berufen sich auf einen Befehl (von SD-Chef Walter Schenk, H.S.), *an Judenexekutionen nicht teilzunehmen. Dieser Befehl muss doch auf der Erkenntnis beruht haben, dass Erschießungen von Juden oder Aussiedlungen zur Vernichtung der jüdischen Bevölkerung bevorgestanden haben.*

Antwort: Nachdem ich von der eben erwähnten Erschießung in Lemberg durch ein Einsatzkommando gehört hatte und mich

vor allem die Vermischung von Sicherheitspolizei und SD stör-
te, habe ich angeordnet, dass ich keine Beteiligung von SD-An-
gehörigen an Exekutivmaßnahmen wünsche. Damit waren
Durchsuchungen, Festnahmen und Einsätze gegen Partisanen
gemeint.»

«Ich habe zwar die Bildung von Wohnvierteln und dann die
Gettoisierung und die Bildung von Arbeitslagern, die ich
manchmal auf meinen Fahrten durch den Distrikt habe sehen
können, erlebt. Mit ist aber nicht aufgefallen, dass von einem
bestimmten Zeitpunkt an keine Juden mehr zu sehen waren. Ich
war zur Zeit auch so mit anderen Fragen befasst, dass mir dies
möglicherweise entgangen ist ...

Auf Vorhalt: Ich habe auch nichts davon gesehen oder ge-
hört, dass im Frühherbst 1942 oder zu einer anderen Zeit die
Angehörigen des Judenrats in Lemberg erhängt worden sind.

Selbst nachdem mir von dem Vernehmenden mehrfach nach-
drücklich erklärt worden ist, dass meine Aussage in diesem
Punkt bezüglich der Kenntnis von Vernichtungsmaßnahmen
gegen die jüdische Bevölkerung unglaubwürdig ist und unwahr
sein muss, weil ich als Leiter des SD zumindest ebenso viel
Kenntnis wie jeder andere Deutsche im Generalgouvernement
gehabt haben müsste, erkläre ich, dass meine bisherigen Anga-
ben zutreffen.»

Inwieweit sagt er die Wahrheit, und inwieweit lügt er, auf diese Weise in die Ecke gedrängt? Hat er gedacht: Da ich einmal
gesagt habe, dass ich von diesen Dingen überhaupt nichts wusste, muss ich jetzt unter allen Umständen bei meiner Aussage
bleiben? Oder ist er selber wirklich überzeugt davon, nichts als
die Wahrheit zu sagen?

Bei einer seiner ersten Vernehmungen hatte er bereits einge-
räumt, auch von den Deportationszügen gerüchteweise gehört
zu haben; «dienstlich» allerdings habe er davon nichts erfahren.
Es ist kaum zu glauben, dass er nie herauszufinden versuchte,
wohin die Züge fuhren und was dort mit den Juden geschah,
dass er wirklich nichts von der Existenz des Vernichtungslagers
Belzec gewusst hat. Man kann sich im Gegenteil des Eindrucks
nicht erwehren, Walter habe nach 1941 bewusst und konsequent versucht, seine Dienststelle und seine Arbeit von der Abteilung IV beim KdS (Kommandeur der Sicherheitspolizei und
des SD) und vom SS- und Polizeiführer und seinem Stab abzu-

grenzen und fern zu halten – vielleicht gerade, weil er vermutete oder wusste, dass die mit Aktionen befasst waren, mit denen er nichts zu tun haben wollte. Je mehr er davon wusste, desto mehr hat er vielleicht wie Vogel Strauß seinen Kopf im Sand vergraben, Augen und Ohren davor verschlossen und sich um so intensiver auf die ukrainischen und polnischen Angelegenheiten konzentriert, die ihm das gute Gefühl gaben, im Rahmen seiner Möglichkeiten Menschenfreundliches zu bewirken.

Wenn die meisten Deutschen in Lemberg die von Blutvergießen begleitete Auflösung der Gettos und den Abstransport der Juden in den Zügen registriert haben, dann ist es extrem unwahrscheinlich, dass gerade er nichts davon bemerkt haben will – als gut unterrichteter politischer Beobachter, der zahlreiche V-Männer in der Bevölkerung hatte. «Judenangelegenheiten» mögen vielleicht nicht zu deren Aufgabenbereich gehört haben, doch sie werden ihm sicher hier und da am Rande von Dingen berichtet haben, die sie gesehen hatten, die ihnen erzählt worden waren. Hat er dann «Ist zum Glück nicht meine Angelegenheit» gedacht?

«Die Wahrheit, die ganze Wahrheit und nichts als die Wahrheit», so lautet die bedeutungsschwere Formel. Vielleicht hat er während der Vernehmungen wissentlich nichts oder nur wenig Unwahres gesagt – aber die «ganze Wahrheit» war es bestimmt nicht, was er zu Protokoll gab. Aus der Rolle des bereitwilligen und kooperativen Zeugen der ersten Vernehmungen ist er nun mehr und mehr in die Rolle eines Beschuldigten geraten.

Inzwischen gehen die auf die Judenvernichtung im Osten spezialisierten Staatsanwälte davon aus, dass alle Beteiligten lügen, wenn es um ihre Kenntnis von den Verbrechen geht, bis man ihnen das Gegenteil direkt nachweisen kann. In diesem Fall hätte er sich erst der uneidlichen Falschaussage und dann eines Meineides schuldig gemacht. Für einen Menschen, der hohe moralische Ansprüche an sich selbst hat, muss beides ähnlich furchtbar gewesen sein: die Tatsache, dass man ihm trotz seiner persönlichen Bemühungen, sich damals abzugrenzen, einfach nicht glaubt, vielleicht in keinem Punkt mehr glaubt, weil er aus heutiger Sicht eben einfach zu der Bande von Verbrechern gehört, die in den Augen der Nachwelt alle unterschiedslos und gleichermaßen schuldig sind, wie die Tatsache, dass er eine Falschaussage gemacht und womöglich sogar mit einem Eid bekräftigt hat. Skrupellosere Personen hätten vielleicht mit dergleichen weniger Probleme. Aber Walter ist nicht skrupellos.

Noch einmal die Vernehmung vom 14.9.1965, Vorhalt des befragenden Staatsanwaltes: *«Muss man Ihre Darstellung dahingehend verstehen, dass Sie mit Judensachen nichts zu tun hatten und darauf auch nicht angesprochen wurden, weil die Vernichtung der jüdischen Bevölkerung des Generalgouvernements von vornherein für alle Beteiligten so eindeutig feststand, dass diese Frage indiskutabel war?»* «Antwort: Nein, das ist nicht so zu verstehen. Jeder wusste, dass nur der SSPF (= SS- und Polizeiführer) für die Juden zuständig war, so dass ich damit überhaupt nicht in Berührung kam.»*

Vorhalt des Staatsanwaltes: Es sei doch seine Aufgabe gewesen, Nachrichten jeglicher Art über die Vorkommnisse im Distrikt zu sammeln und Stimmungsberichte für seine vorgesetzte Behörde, das Reichssicherheitshauptamt, zu erstellen – wie habe er dabei die Reaktion der ukrainischen Zivilbevölkerung und der deutschen Reichsangehörigen in Galizien auf die Judenerschießungen an vielen Orten übersehen oder ausklammern können?

Antwort: *«Über Juden habe ich nie berichtet, da diese ja praktisch ausgeschaltet waren und in einem Zustand der Rechtlosigkeit lebten. Ich habe diese Behandlung der Juden zwar für falsch gehalten, aber – im Gegensatz zu meinen Bemühungen für die ukrainische und polnische Bevölkerung – nichts für die Juden getan, weil ich keinen Ansatz für eine Hilfe sah. Ich mache mir heute noch darüber Gedanken.»*

«Ich mache mir noch heute darüber Gedanken.» Eine Annäherung an eine Anerkenntnis moralischer Schuld. Mehr kann er sich wohl in der äußersten Defensive dieser Vernehmungssituation nicht leisten.

Ununterbrochen macht er sich Gedanken, sie nagen an ihm, vor allem in den Nächten; sie zerfressen ihn, wenn er schlaflos im Wohnzimmer sitzt, grübelnd seine Notizzettel ordnet. Vielleicht sind sie der Grund, dass er nach einigen Wochen wieder die Flasche mit den drei Achteln weißen Korn im Bücherregal, hinter den Kunstbänden deponiert hat, obwohl die Ärzte ihn nachdrücklich darauf hingewiesen haben, dass mit seiner Krankheit nicht zu spaßen und vor allem Alkohol das schlimmste Gift für seine kranke Leber ist. Als Luscha es herausfindet, gibt es eine große Szene, einen Weinkrampf bei ihr. Erschüttert verspricht er, mit dem Trinken aufzuhören. Vielleicht hat er es eine Zeit lang versucht und geschafft, aber sehr lange kann es nicht gewesen sein. Dann ändert er das Versteck für die Kornflasche. Er führt jetzt stets einen Beutel «Konsul Hustenmischung» mit sich herum, lutscht häufig scharfe Eukalyptus- und Salmiakbonbons. Sie seien angenehm für seine angegriffenen Bronchien, erklärt er. Sie machen es auch unmöglich, seinem Atem Alkoholgeruch anzumerken.

Im Januar 1966 nimmt sich Walters Chef Professor K. durch einen Sprung von der Rheinbrücke das Leben. Persönliche Probleme – Walter hat ihm nie sehr nahe gestanden, und wenn sein Tod auch nicht annähernd so tiefe Trauer auslöst wie der von Professor Gerhard von M. vier Jahre zuvor, so erschüttert er ihn doch und stürzt vor allem abermals das inzwischen zur «Studiengruppe für Ost-West-Fragen» umbenannte Büro in eine Existenzkrise. Diesmal wird Walter, trotz seiner Krankheit, zum kommissarischen Leiter bestellt, da niemand anders zur Verfügung steht. Er muss nun mehr Arbeit bewältigen, als ihm gut tut, und sein Gesundheitszustand verschlechtert sich sichtbar wieder.

Außerdem machen ihm und Luscha erneut Wohnungssorgen zu schaffen. Im nächsten Jahr soll mit dem Bau der neuen Rheinbrücke am Hafen begonnen werden; sie müssen demnächst das Haus verlassen, in dem sie sich so wohl gefühlt haben. Ihr freundlicher Vermieter baut ein neues Mehrfamilienhaus, ganz in der Nähe des Gymnasiums der Töchter, und er hat ihnen eine Wohnung dort angeboten. Allerdings wird der Neubau wahrscheinlich noch nicht fertig sein, wenn sie der Abrissbirne weichen müssen. Wohin also in der Zwischenzeit? Die anderen Mieter der Stromstraße Nr. 4 bekommen von der Stadt Übergangswohnungen gestellt, oder man zahlt ihnen Abfindungssummen, damit sie sich auf dem freien Wohnungsmarkt etwas Adäquates suchen können. Luscha und Walter aber will man von Seiten der Stadt weder in der einen noch in der anderen Weise unterstützen, da ihnen ja beim Einzug bekannt gewesen sei, dass es sich um ein Abbruchobjekt handelte. Es gibt Briefe hin und her, nervenaufreibende Telefonate und unerfreuliche persönliche Vorsprachen; sie hoffen, die Sache aussitzen zu können, jedenfalls wollen sie bis zum letzten Augenblick im Haus wohnen bleiben. Vielleicht ist dann D.s Neubau doch schon fertig – wer würde ihnen für eine kurze Übergangsfrist eine Wohnung geben? Und woher sollen sie das Geld und die Kraft für zwei Umzüge innerhalb eines kurzen Zeitraums nehmen?

Mitte April 1966 erhält Walter eine Vorladung vor das Schwurgericht Stuttgart, für eine weitere Zeugenaussage in Sachen «*Paul Raebel und andere*». Er entschuldigt sich krankheitshalber und fügt ein neues Attest seines Hausarztes bei, das ihn aufgrund seines verschlechterten Zustands für reise- und vernehmungsunfähig erklärt. Darauf erhält er abermals eine strenge Vorladung, die erst telegrafisch an das Polizeipräsidium Düsseldorf geht und von dort Luscha noch am selben Tag durch einen uniformierten Beamten ausgehändigt wird. «*Die von ihnen vorgelegte aerztliche bescheinigung kann ohne zusaetzl. amtsaerztliche untersuchung nicht als ausreichende entschuldigung fuer ihre zeugenladung zum 14.4.1966 anerkannt werden. um die folgen zu vermeiden, die einem nicht ausreichend entschuldigten zeugen drohen (kosten, zwangsstrafe und zwangsweise vorfuehrung auf eigene kosten), haben sie gelegenheit, sich unverzueglich mit vorliegender mitteilung dem amtsarzt vorzustellen ... bleibt die amtsaerztliche mitteilung in dieser woche aus, gelten sie als nicht entschuldigt und haben die kosten zu tragen.*»

Der Ton ist schärfer geworden, hoheitlicher. Laut handschriftlicher Notiz auf der Rückseite des telegrafischen Bescheides begibt sich Walter gleich am nächsten Tag zum Gesundheitsamt Düsseldorf, wo ihm der Amtsarzt nach zweistündiger Untersuchung eindeutig Reiseunfähigkeit, aber eine bedingte Vernehmungsfähigkeit am Wohnort bescheinigt. Das Stuttgarter Schwurgericht verzichtet jedoch darauf, ihn noch einmal in Düsseldorf vernehmen zu lassen.

Nur eine Woche später wird er allerdings auf Ersuchen der Generalstaatsanwaltschaft Berlin noch einmal in Sachen Dr. Zinser befragt – eine Ergänzung zur Vernehmung vom September. «*Am 26.4.66 erneut vom Vernehmungsrichter gehört worden, da meine Aussage vom 14.9.65 – Protokoll S. 8 Mitte, S. 10 oben (Judenvernichtung) – als unglaubwürdig gilt. Unterstellt wird mir, dass ich ‹bestunterrichteter Kenner der politischen Vorgänge in Galizien› sein müsse. – GstA Berlin besteht auf eidlicher Aussage*», hat Walter handschriftlich notiert.

Er muss nicht nur seine früheren Aussagen beeiden, es gibt auch neue Fragen, die seine Person betreffen. So legt man ihm auszugsweise Kopien aus einer Vernehmung seines ehemaligen SD-Außenstellenleiters Paulischkies in Drohobycz vor, in denen dieser erklärt, er habe seinem Vorgesetzten Walter Schenk wiederholt auch über die Behandlung von Juden berichtet. Walter notiert dazu: «*P. schildert Einzelfälle, die Übergriffe darstellen. Mein Einwand: Solche Berichte mir nicht erinnerlich, was nicht ausschließe, dass P. sie geschrieben habe. Sie hätten aber keinen Hinweis auf ‹Judenvernichtung› enthalten.*»

Man legt ihm außerdem Auszüge aus einer Vernehmung von Dr. Losacker vor, dem zeitweiligen Chef der Zivilverwaltung in Galizien. Losacker hatte, weil er wegen Meinungsverschiedenheiten mit Himmler degradiert worden war, nach 1945 zunächst gute Karten; er hatte Walter bei seiner Entnazifizierung 1948 ein sehr positives Entlastungszeugnis ausgestellt und selber wieder Karriere gemacht, als Leiter des Deutschen Industrieinstituts, des wissenschaftlichen Instituts der Arbeitgeberverbände. Er ist einer der am häufigsten vernommenen Zeugen in den Naziprozessen der 6oer Jahre. Erst in der Fachliteratur der 9oer Jahre erscheint seine Rolle wie die der gesamten Zivilverwaltung zunehmend auch im Zwielicht. Losacker hat nun während einer Vernehmung erklärt, er habe in Lemberg gelegentlich von Walter dienstliche Berichte zur Kenntnisnahme erhalten; darunter sei auch ein Bericht über die «stimmungsmäßige Auswirkung der Judenvernichtung in der Bevölkerung» gewesen. «*Mein Einwand: Zutreffend, Dr. L. Kopien von Berichten gegeben zu haben. Der von Dr. L. zitierte Bericht ist mir nicht erinnerlich.*»

Im Anschluss an diese Vernehmung wird Walter vereidigt.

Diese beiden Vernehmungen haben seine Glaubwürdigkeit an verschiedenen Stellen durchlöchert: Er hatte stets erklärt, von der geplanten «Endlösung» der Judenfrage bis 1945 nichts gewusst zu haben; er hatte versichert, er habe weder Berichte empfangen noch selber geschrieben, die sich mit «Judenangelegenheiten» befasst hätten, und er hatte behauptet, weder er selber noch die Mitarbeiter seiner Dienststelle, der Abteilung III beim KdS (Kommandeur der Sipo und des SD), seien je an «Judenaktionen» beteiligt gewesen. Was seine Dienststelle in Lemberg betrifft, scheint das wirklich der Fall gewesen zu sein; jedenfalls tauchen in dem mir zugänglichen Material nirgendwo Beschuldigungen solcher Art gegen Lemberger SD-Mitarbeiter auf. Doch zwei seiner Männer auf SD-Außenstellen, Wilhelm Assmann in Stanislau und Hermann Müller in Tarnopol, haben offenbar mehrfach mit den Leitern der Sipo-Außenstellen und den von Lemberg ausrückenden Einsatzgruppen bei «Judenaktionen» zusammengearbeitet. Ohne seine Kenntnis, behauptet Walter, und *«gegen seinen ausdrücklichen Befehl»*, da er sich immer gegen eine Vermischung von nachrichtendienstlichen mit exekutiven Funktionen gewehrt und seinen Mitarbeitern ausdrücklich die Beteiligung an Exekutivmaßnahmen untersagt habe.

Die Wahrheit, die ganze Wahrheit und nichts als die Wahrheit. *«Meine Aussagen bezüglich der Judenvernichtung wurden als unglaubwürdig betrachtet.»* Er hat einen Eid geleistet. *«Unterstellt wird mir, dass ich bestunterrichteter Kenner der politischen Vorgänge in Galizien gewesen sein müsse.»* War er das etwa nicht? Hat er sich nicht selber an anderer Stelle als *«aufmerksamen Beobachter des Zeitgeschehens»* bezeichnet?

Diese Zeugenvernehmung, im April 1966, ist seine letzte gewesen. Bei weiteren Vorladungen, im kommenden Jahr und später, die jedes Mal wieder Pflichtuntersuchungen beim Gesundheitsamt nach sich ziehen, wird er abermals für reiseunfähig und für nur bedingt vernehmungsfähig erklärt; die Strafverfolgungsbehörden verzichten dann aber auf die von ihm angebotene Vernehmung am Wohnort.

Er ist kein Beschuldigter in einem Ermittlungsverfahren, und doch fühlt er sich als Angeklagter, wieder am Pranger, wie in der unmittelbaren Nachkriegszeit, doch diesmal gehen Selbstvorwürfe und die Kränkung viel tiefer. Er muss nicht erst in die Krankheit fliehen. Sie ist schon längst da. Er muss ihr nur keinen Widerstand mehr leisten. Sein Zustand verschlechtert sich unaufhaltsam, mit nur kurzen Zwischenaufhellungen.

Aber gibt es nicht auch erfreuliche Ereignisse in ihrem Leben, in diesem Frühjahr 1966? Silke, die im Herbst 1965 ihre Krankengymnastik-Ausbildung beendet hat, beginnt Anfang 1966 ihr Anerkennungsjahr an der Bonner Universitätsklinik und bezieht dort ein Zimmer – die erste Tochter, die finanziell unabhängig ist! Tordis legt bald darauf, im Mai 66, ihr Examen als Diplompsychologin ab. Walter und Luscha sind riesig stolz auf die erste Tochter mit akademischem Abschluss. «Und jetzt würde ich eigentlich gern bald ...», beginnt Tordis vorsichtig, auf dem Schoß des Vaters, die glückliche Stunde nutzend, da er sich über ihre guten Noten freut. «Promovieren!» ergänzt Walter freudig. «Oder vielleicht erst mal der Führerschein? Am besten beides!» Beides soll sie gleichsam stellvertretend für ihn erledigen. Was Tordis eigentlich hat sagen wollen, ist: «Jetzt würde ich gern bald heiraten» oder meinetwegen «mich erst mal verloben», eins von beidem. Aber sie traut sich nicht recht, nachdem der Vater erst vor kurzem wieder einmal sehr dezidiert seine Abneigung gegen «Kinderehen» kundgetan hat. In Walters Augen wäre Tordis' Heirat mit 25 Jahren ein klarer Fall von Kinderehe. – Tordis beschließt, ihr Anliegen noch nicht kundzutun, auf die nächste günstige Gelegenheit zu warten und erst einmal den Führerschein zu machen. Eine attraktive Stelle, die sie sogleich antritt, hat sie auch schon, in der Forschungseinrichtung in Köln, in der sie bereits während ihrer letzten Semester als studentische Hilfskraft gearbeitet hat.

In den Sommerferien 1966 reisen sie noch einmal alle zusammen nach Österreich, doch dieses Mal übt die dörfliche Einsamkeit am Ende der Welt nicht mehr die gleiche Zauberwirkung auf Walters Gesundheit aus. Er verbringt viele Tage, während die anderen wandern und schwimmen gehen, lustlos über einem Jugoslawienbericht, der nur langsam Fortschritte macht. Eigentlich wollte er in diesen Ferien Kants Gesammelte Werke lesen, sonderbare Ferienlektüre! Am ersten Tag in Weiffendorf baut er auf der Kredenz unter dem Marienbild in der guten Stube die kleinen dicken Bände der unscheinbaren Reclamausgabe nebeneinander auf: Kritik der reinen Vernunft, Kritik der praktischen Vernunft, Kritik der Urteilskraft, Die Religion innerhalb der Grenzen der bloßen Vernunft, Die Metaphysik der Sitten, um sie dann vor der Abreise, ungelesen, wieder in den Koffer zurückzulegen. Hat er einen der Bände in diesen Tagen einmal länger in der Hand gehabt? Was hat ihn überhaupt bewogen, Kant einzupacken? Er kommt den Töchtern gelegentlich mit dem kategorischen Imperativ und zitiert auch gern den Satz «Zwei Dinge erfüllen das Gemüt mit immer neuer zunehmender Bewunderung und Ehrfurcht, je öfter und anhaltender sich das Nachdenken damit beschäftigt: der bestirnte Himmel über mir und das moralische Gesetz in mir». Doch in diesen Ferien liest er im Gegensatz zu Luscha fast gar nichts, das ist kein gutes

Zeichen; er sitzt neben ihr auf der Bank, brütet und schweigt, kaum dass er mal beim Sägewerk vorbeischaut. Er wirkt gedrückt und abgeschlagen, beteiligt sich an den meisten Unternehmungen nicht und klagt über die alten Beschwerden: diffuse Magenschmerzen, Druck und Völlegefühl im Oberbauch. Seine Appetitlosigkeit ist erschreckend. Er ist im vergangenen Jahr sehr abgemagert. Sein Gesicht wirkt grau und gelb, und sein Bauch beginnt wieder anzuschwellen.

Eine Kur, so schnell wie möglich!, bestimmt Hausarzt Dr. L. bald nach ihrer Rückkehr. Walter protestiert schwach, wie kann er das Büro allein lassen, auch muss er zuerst den Jugoslawien-Bericht fertig stellen, fügt sich dann aber. Es dauert ohnehin bis Ende November, ehe im auf Leberleiden spezialisierten Bad Mergentheim ein Platz für ihn frei ist.

Im Oktober macht Herrad das Abitur, und Else ist wieder einmal zu Besuch in Düsseldorf. Tordis nutzt die Gunst der Stunde und gibt ihrem Freund einen Wink: Jetzt sei die Gelegenheit zum Vorpreschen gekommen, da sich Walter in Gegenwart seiner Schwiegermutter meist sehr aufgeräumt gibt. Walter der Jüngere, der zukünftige Schwiegersohn, spricht mit einer Riesenpapptonne Waschmittel vor, die er irgendwo besonders günstig einkaufen konnte, und hält dabei ganz altmodisch um die Hand der ältesten Tochter an. Wie zufällig sind an diesem Tag – natürlich vorab informiert – auch die Geschwister versammelt, und alle halten ein wenig den Atem an. Bisher hat Walter der Ältere früheren Interessenten das Leben nach Kräften schwer gemacht. Doch diesmal läuft es wunderbar; der Vater scheint zwar als Einziger leicht überrascht, dass seine Älteste schon heiraten will, aber mit dem Schwiegersohn durchaus zufrieden, Tordis ist glücklich, Luscha freut sich für ihre Tochter, Else verdrückt vor Rührung ein paar Tränen. Im Februar soll Verlobung gefeiert werden.

Doch erst einmal muss Walter zur Kur reisen. Er spürt selber, dass er physisch in elendem Zustand ist; er fährt nicht gern, er fremdelt, allein in einem recht primitiven Zimmer, ganz ohne Luscha, in der nassen und kalten Jahreszeit. Aber er hofft auf Besserung: neue Medikamente, Infusionen, Bäder, Massagen und wieder wöchentliche Briefe hin und her. Stolz vermeldet er, er habe 3,5 Pfund zugenommen, *«obwohl ich gar nicht weiß, wo das steckt»*. Seit 1954 war er nicht so lange von Luscha getrennt, er zählt die Tage bis Weihnachten, da er wieder nach Hause darf.

Auch Luscha leidet. Für sie ist das Schlimmste an Walters Krankheit seine schleichende Persönlichkeitsveränderung, die er selber nicht einmal recht zu bemerken scheint, seine finstere Schweigsamkeit, seine ständige Gereiztheit, seine bitteren Sprüche über den Zustand der Welt, seine Unzufriedenheit mit den Großen, sein Herumnörgeln an den Kleinen – und neuerdings gelegentlich sogar an ihr. Die freundlichen Stunden mit guten Gesprächen sind seltener geworden. Manchmal sitzen sie sich abends schweigend in ihren Sesseln gegenüber; sie fühlt sich so hilflos nach vielen vergeblichen Versuchen, ihn zu erreichen. Dann lieber lesen, lieber schreiben. Sie zieht sich immer häufiger ins Kabinett zurück und bastelt an ihren Feuilletonerzählungen, versucht, sich über die gelegentlichen kleinen Veröffentlichungserfolge zu freuen. Natürlich ist es nichts Weltbewegendes, was sie da produziert; das weiß sie selber. Immerhin lenkt es ab. Dass Walter so gut wie keinen Anteil mehr an ihrem Schreiben nimmt, schmerzt sie ein wenig. Er kreist immer mehr nur um die alten Geschichten. Heimlich muss sie sich eingestehen, dass es auch eine Erleichterung ist, als er in Bad Mergentheim kurt, und sie erschrickt darüber.

Weihnachten soll schön werden, das haben sie in diesem Jahr so ganz besonders nötig. Noch immer feiern sie alle zusammen zu Hause, wie früher. Tordis kommt aus Köln, Gunild aus Berlin, Silke aus Bonn angereist; noch immer singen sie zweistimmig Weihnachtslieder, lesen die Eltern Hamsuns «Weihnachten in der Berghütte» vor. Es ist so wichtig für sie alle, sich noch einmal der alten warmen Gemeinsamkeit zu versichern, sich für einige Tage, an denen die Zeit stillsteht, wieder in die Familienhöhle zu verkriechen, alle auf der Arche Noah versammelt. So viel ist sicher: Im nächsten Jahr werden sie Weihnachten nicht mehr im schönen Rheinzimmer der Stromstraßenwohnung verbringen; die Abrissbirne rückt in immer bedrohlichere Nähe, und noch wissen sie nicht, wohin danach. Aber es wird sich schon etwas finden. Dass Walter sehr krank ist, ist nicht zu übersehen, aber für die Töchter ist es ein bisschen leichter, seit man ihnen erklärt hat, dass die Gemütsveränderungen zum Krankheitsbild gehören; er kann also selber nichts dafür; es sind die chemischen Veränderungen in seinem Stoffwechsel.

Am besten, man geht über seine reizbaren und düsteren Phasen einfach hinweg. Zwischendurch ist es ja immer wieder auch schön. Es wird schon weitergehen. Wird irgendwie immer weitergehen.

Doch dann kommt es zur nächsten Katastrophe, passenderweise am Tag von Tordis' Verlobung: Walter erhält die Kündigung. Die «Studiengruppe für Ost-West-Fragen» soll Ende März 1967 aufgelöst werden. In sechs Wochen wird er arbeitslos sein.

33.

Die Auflösung des Büros hat verschiedene Gründe. Sie hängt zum einen mit der neuen Ostpolitik der Bundesregierung zusammen. Im Herbst 1966 ist Bundeskanzler Ludwig Erhard zurückgetreten; seitdem regiert eine Große Koalition aus CDU und SPD, mit Kurt Georg Kiesinger als Bundeskanzler und Willy Brandt als Außenminister, der sich schon als Oberbürgermeister von Berlin für einen Entspannungskurs im Verhältnis zum Ostblock eingesetzt hat. Noch entscheidender dürfte die Tatsache sein, dass Erhard über ein Viermilliardendefizit im Haushaltsentwurf für das kommende Jahr gestolpert ist. Die neue Regierung muss einschneidende Sparmaßnahmen vornehmen, und sie beschließt im Januar, die Deckungslücke des Bundeshaushalts 1967 zu zwei Dritteln durch Kürzungen in allen Einzeletats zu schließen. Diesen Streichungen fällt auch Walters Büro zum Opfer, das im Zeichen des Kalten Krieges entstanden war und im Zuge der neuen Ostpolitik überflüssig scheint. Vielleicht hat das Auswärtige Amt auch die Informationen, die die osteuropäischen Mitarbeiter zusammentragen, zunehmend als weniger interessant bewertet; die Emigranten leben nun schon so lange in Deutschland; sie beziehen nur noch wenige Nachrichten aus den Ländern hinter dem Eisernen Vorhang aus erster Hand; ihre Kanäle sind nach und nach ausgetrocknet, und es fällt ihnen immer schwerer, die politische Entwicklung in ihrer Heimat angemessen zu beurteilen.

Walter wird in diesem Jahr 56 Jahre alt, und er leidet an einer Leberzirrhose, keine guten Aussichten, eine neue Stelle zu finden. Nach einer kurzen Phase verzweifelter Lähmung bewirbt er sich bei Zeitungen und Zeitschriften, in einigen Verlagen und wissenschaftlichen Instituten, mit einem Passfoto, dass der Fotograf schon ein wenig geschönt hat. Dennoch ist nicht zu übersehen, dass der Mann auf dem Foto schwer krank ist, im mageren Gesicht treten die Backenknochen hervor, das noch dichte dunkle Haar ist an der Seite gescheitelt und glatt zurückgekämmt; seinem intensiven schwermütigen Blick hinter den schwarz gerahmten Brillengläsern kann man sich nur schwer entziehen.

Sein deutscher Kollege C. hat Erfolg damit, das Auswärtige Amt einer geringfügigen Kriegsverletzung wegen auf Kündigungsschutz zu verklagen; er kann sich mit einer guten Abfindung in den vorzeitigen Ruhestand begeben. Walter hat vierzehn Jahre lang den Status eines Angestellten im öffentlichen Dienst gehabt; nach einem weiteren Jahr wäre er unkündbar gewesen. Vielleicht hätte auch er Chancen auf eine Abfindung, nicht zuletzt seiner Krankheit wegen, wenn er sich nur auf die Hinterbeine stellen und es ebenfalls mit einer Klage versuchen würde. Doch er wagt es nicht, nicht mit seiner politischen Vergangenheit, der er sich als eines schweren Makels bewusst ist. Sang- und klanglos lässt er sich nach vielen Jahren guter, zum Teil auch selbstausbeuterischer Arbeit einfach vor die Türe setzen.

Die Kränkung schneidet tief ein. Er verliert nicht nur seinen Beruf, seinen Lebensunterhalt, er steht nicht nur in fortgeschrittenem Alter mit einer Leberzirrhose ohne ausreichende Kranken- und Alterssicherung auf der Straße, sondern er verliert mit dem Büro auch seine innere Heimat, einen großen Teil seiner Identität. Die Kontakte zu den osteuropäischen Freunden lockern sich; Mate Kerresselidze zieht zu seiner Familie in die Provence und stirbt dort wenig später an einem Herzinfarkt. Gleichzeitig verlassen die erwachsenen Töchter eine nach der anderen das Haus und gehen ihrer Wege. Die Zeugenaussagen, mit dem, was sie wieder aufwühlten und zutage förderten, haben ihn über die letzten Jahre zermürbt, jetzt hat er auch beruflich keine Perspektive mehr. Er ist am Ende.

Gibt er sich deswegen nur wenig Mühe, mit dem Trinken aufzuhören? Oder braucht er seine täglichen zwei, drei Gläschen Schnaps inzwischen einfach, um es von einem Tag auf den nächsten auszuhalten, um den bodenlosen Absturz in seinem Inneren aufzuhalten?

Die Sommerferien in Weiffendorf haben sie schon gebucht, und sie beschließen zu fahren, zum letzten Mal, wider alle Vernunft, ohne jede finanzielle Reserve. Nach uns die Sintflut! Oder richtiger: vor uns, gleich nach den Sommerferien, das große schwarze Loch. Die Stadt hat ihnen mitgeteilt, dass das Haus in der Stromstraße im Herbst abgerissen werde; noch sind keine neue Wohnung und keine Arbeit bzw. kein Verdienst für Walter in Sicht. Großmutter Else, inzwischen 82 Jahre alt und noch immer in Reiselaune, immer Optimismus verbreitend, begleitet sie; das tut gut, das lenkt ab von dem ganzen Elend. Die beiden jüngsten Töchter verbringen alle vier Österreichwochen mit den Eltern; Tordis muss nach zwei Wochen nach Köln zurückkehren, um ihren eigenen Umzug und ihre im September stattfindende Hochzeit vorzubereiten; Gunild kann nur drei Wochen bleiben, weil sie mit ihrem Berliner Meteorologischen Institut an einem Kongress in London teilnehmen will. Silke ist diesmal als Einzige gar nicht dabei, denn sie hat für ein Jahr eine Stelle als Krankengymnastin in Fribourg in der Schweiz angetreten und erhält noch keinen Urlaub. Luscha weigert sich, während dieser Augusttage in Österreich an irgendetwas zu denken, was danach kommt. Hofft sie etwa auf ein Wunder, was Walters Gesundheitszustand und seine Stellensuche betrifft? Sie kann jetzt keine heiteren Erzählungen für das Feuilleton von Tageszeitungen mehr schreiben; sie hat mit der Arbeit an einem Theaterstück begonnen, in das sie sich über beide Ohren vergräbt – absurde Idee! Denn das ist ein Projekt, von dem sie wissen muss, dass es kaum Chancen auf Vermarktung hat.

Walters Bewerbungen bleiben, wie zu erwarten, erfolglos – mehrere Absagebriefe sprechen höflich von seiner «Überqualifizierung» und seiner «zu großen Spezialisierung». Natürlich ist niemand so grob, die Dinge beim Namen zu nennen: Sie sind viel zu alt, und außerdem sehen Sie so aus, als ob Sie ohnehin nicht mehr lange leben würden.

Im November 1967 ziehen sie um. Die Stadt Düsseldorf hat ihnen in quasi letzter Minute eine Wohnung in einem anderen Abbruchhaus zur Verfügung gestellt. Dort sollen sie bleiben können, bis der Neubau ihres bisherigen Vermieters fertig gestellt ist. Die Hauptarbeit mit dem Umzug liegt bei Luscha und ihren beiden Jüngsten; Silke in der Schweiz und Gunild in Berlin sind nicht abkömmlich; Tordis hilft mit ihrem Mann nach Kräften an den Wochenenden. Die Erdgeschosswohnung in der Arnoldstraße, in der Nähe des Hofgartens, ist ein finsteres Loch; die ganze Straße ist zum Abriss bestimmt und soll der Erweiterung des Messegeländes weichen. Viele Nachbarhäuser stehen deswegen bereits halb oder ganz leer, und auch in ihrem Gebäude ist nur noch die Wohnung direkt über ihnen belegt; dort haust ein Junggeselle mit seiner alten Mutter. Nach hinten hinaus liegt ein von Mauern umgebenes ehemaliges Gartengrundstück, offiziell nicht mehr zugänglich, auch nicht von ihrer Wohnung aus, ein wilder Schuttabladeplatz und gelegentlicher Zufluchtsort für Stadtstreicher. Die Wohnung ist ebenso riesig wie düster, eigentlich sind es zwei kleine, miteinander verbundene Wohnungen, die sich in U-Form um das verwahrloste Treppenhaus legen. Das Haus ist heruntergekommen, weil dort jahrelang in Hinblick auf die Sanierungspläne der Stadt nicht mehr renoviert wurde.

In ihrer gegenwärtigen Lebenssituation ist es besonders schwer, sich von dieser Umgebung nicht niederdrücken zu lassen. Walter, nachdem er alle seine Bewerbungsschreiben zurückerhalten hat, versinkt in Apathie; bei den praktischen Arbeiten kann er ohnehin nicht helfen, weil er körperlich zu schwach ist, aber auch die organisatorischen Geschäfte, die mit dem Umzug zusammenhängen, die Behördengänge, Briefe, Telefonate, Handwerkerkontakte lasten allein auf Luscha; er ist zu depressiv, um ihr viel abzunehmen. Anfangs versucht er es auf seine Art, mit einem Plan, der Wochen vor ihm auf dem Tisch liegt, aber über die bloßen Gliederungspunkte hinaus keine weitere Gestalt annimmt: *«I. Schaffung der Voraussetzungen für den Umzug, II. Durchführung des Umzugs, III. Nacharbeiten des Umzugs».* Sein Bauch ist erneut gewaltig angeschwollen – Ascites, Wasserbauch, ein Alarmzeichen. Kurz nach dem Einzug muss er abermals für drei Wochen ins Krankenhaus, muss punktiert werden; die anschließenden Infusionen helfen ihm vorübergehend ein bisschen auf.

Luscha hat sich extrem verausgabt beim Umzug; es war ihr nichts anderes übrig geblieben, vielleicht hatte es vorübergehend auch geholfen, ihre Ängste zu betäuben. Als sie sich dann allein mit dem kranken Walter und der sechzehnjährigen Rikarda in dem finsteren Loch wiederfindet, das nun ihre Wohnung ist, gibt es erst einmal eine heftige Reaktion. Sie wird krank, hat einen Kreislaufzusammenbruch, Schwächeanfälle, findet in den Nächten keinen Schlaf. Jetzt holen sie massiv die Sorgen ein.

Zwar ist die Miete in der Arnoldstraße um 50,– DM niedriger als in der Stromstraße, und außerdem hat sich die Stadt letztlich doch bereit erklärt, ihnen für die beiden erforderlichen Umzüge 4500 DM zur Verfügung zu stellen; der erste Umzug hat 1200 DM gekostet, bleibt also ein satter Rest, den sie zur Finanzierung des täglichen Lebens nutzen können, da Walters Arbeitslosengeld nicht ausreicht. Luscha bemüht sich um einen Zusatzverdienst und stellt sich auf verschiedene Anzeigen vor, in denen Schreibkräfte gesucht werden. Das ist nicht ganz einfach, mit fast 60 Jahren, und obwohl sie eigentlich in Übung geblieben ist durch ihre sporadische Mitarbeit bei Walter, muss sie sich schluckend in ein, zwei Firmen anhören, sie sei zu langsam im Stenogramm und schaffe auch beim Tippen nicht genügend Anschläge in der Minute. Dennoch gelingt es ihr, einen Job beim Schulkollegium zu erhalten, Tippen in Heimarbeit, sie nimmt die Akten mit nach Hause und wird nicht nach Stunden, sondern nach Seiten bezahlt. Im Gegensatz zu den jüngeren Schreibkräften macht sie keine Orthographie- und Interpunktionsfehler, aber es fällt ihr schwer, ganz sauber zu schreiben, und immer wieder mal verstummt in ihrem Zimmer das Klappern der Schreibmaschinentasten, dann hört man sie herzhaft schimpfen; die Matrizen müssen aus der Walze gezogen, mit Tipp-Ex korrigiert werden, das Ganze muss trocknen, bevor es wieder eingespannt werden und weitergehen kann.

Ich erzähle nicht gern von dieser letzten traurigen Phase ihres Lebens als Paar, und ich will mich auch nicht länger als nötig dabei aufhalten. Den Töchtern erschien die Zeit der Düsternis damals endlos lang, vor allem Rikarda, der Jüngsten, die damals als Einzige ständig zu Hause wohnte. Doch ich hoffe inständig, dass die schreckliche Zeit für sie beide weniger wog als die langen guten Abschnitte, die sie auch miteinander erlebten. Für Luscha zumindest kam noch viel Lebenswertes danach.

In diesem Jahr folgt auf den Umzug ein dunkler Winter und eine Zeit anhaltender Bedrückung, die auch den nur am Wochenende oder nur besuchsweise heimkehrenden Töchtern fast physisch greifbar entgegentritt und sich wie ein schwerer Nebel über alle senkt, sobald sie Haus und Wohnung betreten. Am einen Ende der langen Zimmerflucht verschwindet Luscha tags und große Teile der Nacht hinter der Schreibmaschine, zwischen Büchern und Papieren. Am anderen Ende hockt Rikarda, die sich viel zu früh das Rauchen angewöhnt hat, auf der Fensterbank und bläst den Rauch bei jedem Wetter ins Offene, während sie dröhnend laut immer dieselben Songs der Moody Blues hört. Manchmal erscheint Walter im Bademantel, zittrig, in ihrer Tür: Würdest du dieses Zeug bitte etwas leiser stellen?, obwohl zu seinem Schlafzimmer, in der Mitte, nach hinten hinaus, wo die zugemüllten verlassenen Grundstücke im Dunklen liegen, die Musik nur in abgeschwächter Lautstärke dringt. Er verbringt die meiste Zeit im Bett. Gegen die zwielichtigen Gestalten, die sich gelegentlich hinter dem Haus herumtreiben und auch schon mal auf den Balkon klettern, hat er eine Axt in seinem Nachtisch bereit gelegt. Diese Axt macht Luscha mehr Angst als potenzielle Einbrecher; bei Walters geschwächtem Zustand scheint sich die Bedrohlichkeit der Waffe nur gegen ihn selber zu richten.

Dann geschieht noch einmal etwas Gutes: Walter erhält zum Jahresbeginn 1968, nach acht Monaten der Arbeitslosigkeit, noch einmal eine Beschäftigung, nicht auf dem freien Arbeitsmarkt, sondern über persönliche Beziehungen. Luschas erweiterte Familie ist als Feuerwehr auf den Plan getreten; ein Vetter, der bei der Wirtschaftsvereinigung Eisen- und Stahlindustrie einen einflussreichen Posten hat, vermittelt ihm eine Sachbearbeiterstelle. Der Vetter, selber leiderfahren durch die jahrzehntelange Pflege seiner an Multiplen Sklerose erkrankten Frau, kann sich wohl auch deswegen in Luschas katastrophale Situation einfühlen. Die Stelle ist nichts Besonderes, eigentlich eine Art Gnadenbrot, Walter verdient weniger als zuvor und muss sich mit Dingen befassen, die ihn überhaupt nicht interessieren: Endlos stellt er Statistiken über die Eisen- und Stahlproduktion im europäischen Binnenraum auf, gewichtet Import und Export, vergleicht die Zahlen. Er zählt, addiert, subtrahiert, verrechnet sich oft und muss von vorne beginnen: statistische Hilfsarbeiten. Dabei interessiert ihn die Wirtschaft von allen Bereichen des öffentlichen Lebens am wenigsten, und er hat immer alles gehasst, was nach Rechnen riecht. Dennoch gibt es ihm solchen Auftrieb, wieder eine Anstellung zu haben, wieder regelmäßig morgens zur Arbeit zu gehen, dass er für kurze Zeit gesünder scheint, als er tatsächlich ist. Nach wenigen Monaten allerdings zeichnet sich ab, dass auch diese Arbeit über seine Kräfte geht; er schleppt sich regelrecht in die Firma, muss sich abends nach seiner Rückkehr sogleich hinlegen, auch Samstag und Sonntag, um Kräfte für die kommenden fünf Werktage zu sammeln. Dennoch muss er bald häufiger unter der Woche fehlen.

Morgen für Morgen steht Luscha hinter dem Wohnzimmerfenster, von ihm unbemerkt, und schaut beklommen, mit angehaltenem Atem hinter ihm her, wenn er das Haus verlässt: wie er gebeugt, mit schleppendem Schritt, ein uralter Mann, den Bürgersteig entlangschleicht, mühsam von der Bordsteinkante herunter auf die Fahrbahn klettert, leicht schwankend die Straße überquert und wie unter äußerster Anstrengung am anderen Ende den Bürgersteig wieder heraufklimmt. Es drückt ihr die Brust zusammen, ihm dabei zusehen zu müssen, ihm nicht helfen zu können, sie möchte manchmal laut schreien, und doch tut sie es nur selten, obwohl sie allein in der Wohnung ist. Stattdessen setzt sie sich hinter die Schreibmaschine. Der Schmerz ist ein dicker zäher Klumpen in ihrem Inneren, ein Tumor, der wächst. Es erscheint ihr manchmal wie ein Wunder, dass Walter überhaupt an seinem Arbeitsplatz ankommt und dass er von dort wieder nach Hause zurückfindet. Der Gedanke daran, was und wie er bei diesem Zustand dort arbeitet, bedrückt sie so, dass sie ihn besser sofort wegschiebt.

Luscha bleibt gar nichts anderes, als von heute auf morgen zu leben. Bloß nicht zu weit nach vorne denken. Heute ist er noch einmal losgezogen, heute hat er es wieder geschafft, heil nach Hause zurückzukehren.

Er braucht jetzt den kleinen Schluck Schnaps zur Stärkung, um überhaupt den Weg zu seiner Arbeitsstelle zu bewältigen und die Stunden auf seinem Bürostuhl durchzuhalten. Seine Flasche Korn kauft er auf dem Weg zur Straßenbahn. Wenn ihn manchmal eine der Töchter am Kiosk an der Ecke dabei überrascht, ist er tief beschämt und hofft auf ihr Stillschweigen, denn es ist vor allem Luscha, die nichts davon wissen soll; er hat ihr doch versprochen, ganz mit dem Alkohol aufzuhören. Doch das kann er nicht. Täte er es, würde er keinen Tag mehr zur Arbeit gehen können, er müsste sich gleich ins Bett legen und würde nie mehr aufstehen. Sobald er einige Tage hintereinander krank ist, ruft er Rikarda oder Herrad zu sich – Rikarda ist immer da, aber sehr streng, Herrad ist semesterwochentags in Köln, doch noch häufig genug zu Hause – und bittet sie, ihm beim Budiker drei Achtel weißen Korn zu besorgen. Die Töchter winden sich: Du weißt, du sollst es nicht, es ist ganz, ganz schlimm für dich! – aber sie erfüllen seinen Wunsch dann doch immer, weil sie es nicht ertragen können, wenn er sich klein machen, bitten und betteln muss. Außerdem fühlen sie, dass es inzwischen längst ganz egal ist und auf ein paar Gläser mehr oder weniger nicht mehr ankommt. Sie erzählen ihrer Mutter nichts davon.

Doch natürlich weiß Luscha auch ohnedies Bescheid. Ein paarmal hat sie ihm schreckliche Szenen gemacht; sie hat geweint, getobt, ihn angeschrien: «Du hast es mir versprochen! Wo bleibt dein Wille, dein Charakter, deine Disziplin! Du hast gesagt, du lässt es mir zuliebe! Warum zerstörst du dich selbst!» Sie hat sich aufs Bett geworfen, mit den Fäusten die Kissen bearbeitet, und Walter hat blass und stumm danebengestanden, hat versucht, sie anzufassen, sie hat seine Hände zurückgestoßen; er hat leise: Bitte, Luscha, die Kinder! gesagt und die Schlafzimmertüre geschlossen, sie abermals zu besänftigen versucht: Bitte, beruhige dich doch! Und ihr dann wieder versprochen, nicht mehr zu trinken.

Aber nachdem Luscha begriffen hat, dass er dies wohl gar nicht mehr kann, will sie es auch nicht mehr so genau wissen; sie schaut einfach nicht hin, um nichts sehen zu müssen. Dazu muss sie sich ein Stück von ihm zurückziehen; sie hält es einfach nicht aus, seinem Verfall aus der Nähe zuzusehen. Von früh bis spät tippt sie ihre Akten in Heimarbeit, und wenn gerade keine Arbeit für das Schulkollegium ansteht, schreibt sie weiter am «Roten Klee». Das Theaterstück spielt auf einem Weingut im Südtirol ihrer Jugend; es gibt eine lebenstüchtige Winzerin, die mit allen Kräften versucht, ihren hoch verschuldeten Familienbetrieb vor dem sicheren Ruin zu bewahren, während ihr Sohn sich um nichts kümmert, einfach nicht erwachsen werden, sondern nur Musiker sein will, er lebt in den Tag hinein und träumt von seinem großen Durchbruch mit dem Schlager «Roter Klee». Luschas Manuskript hat Ähnlichkeiten mit dem Strickzeug der Penelope, denn immer wenn sie beim vorletzten Akt angekommen ist, schreibt sie den ersten, zweiten oder dritten

Akt vollständig um. Vielleicht soll das Theaterstück gar nicht fertig werden, vielleicht ist der «Rote Klee» nur dazu da, ihr kurzfristig einen Ausstieg aus der Wirklichkeit zu ermöglichen.

Luscha ist jetzt sehr allein, so allein wie nie zuvor. Zwar lebt Rikarda noch bei ihnen, doch in einem schwierigen Alter, in sich gekehrt und tief verstrickt in ihren eigenen Kummer und die Probleme des Erwachsenwerdens. Zwar kommen Silke und Tordis häufig an den Wochenenden auf Besuch; Silke, aus der Schweiz zurück, lebt wieder in Bonn. Tordis' Mann ist Arzt und eine große Hilfe, er besorgt Medikamente und wird nicht müde, Luscha zu erklären, dass die Gemütsveränderungen ihres Mannes Teil seiner Krankheit seien. Gunild muss einer TBC wegen ein ganzes Jahr in St. Blasien im Schwarzwald kuren, sie darf nur Weihnachten und Ostern nach Hause kommen; auch das macht Luscha zu schaffen, dass das Kind dort so allein ist und sie zu Hause unabkömmlich. Herrad hat für ein Studienjahr ein Stipendium in England erhalten und ist ebenfalls nur in den Weihnachts- und den Osterferien in Düsseldorf.

Doch Luscha fühlt sich vor allem deswegen allein, weil Walter immer weiter von ihr fortschwimmt. Sie ruft ihn, aber er hört sie nicht mehr. Sie rüttelt ihn, aber er spürt sie nicht mehr. Er fühlt nur ihre tiefe Enttäuschung, und die trifft ihn ins Mark. Wie soll er seine Selbstachtung aufrechterhalten, wenn auch sie sich von ihm zurückzieht? Ihre Liebe ist doch das Einzige, was er noch hat. So nimmt er alle Kräfte zusammen, seine Sucht vor ihr zu verbergen. Lieber die Töchter als Zeugen seiner Schwäche, das ist furchtbar genug, aber immer noch eher zu ertragen als der Verlust ihrer Wertschätzung.

Alle denken es im Stillen: Säuferleber. Denn das wissen die meisten Menschen von der Leberzirrhose: dass sie häufig durch Alkoholmissbrauch entsteht. Am Ende seines Lebens ist Walter tatsächlich ein Alkoholiker. Er hat keine Kraft mehr, mit dem Trinken aufzuhören, weil er keine Perspektive mehr hat. Er wäre aber auch dann an der Zirrhose gestorben, wenn er vom Zeitpunkt der Diagnosestellung an abstinent gewesen wäre, nur ein wenig später. Seine Krankheit ist vermutlich nicht ursächlich durch übergroßen Alkoholkonsum herbeigeführt worden. Er trank zwar regelmäßig, aber eigentlich nicht über den Umfang hinaus, den eine gesunde Leber verkraftet hätte. Erst viele Jahre später erinnerten wir uns an die schwere Hepatitis, an der er im März 1945 erkrankt war. Weder die Lebensbedingungen in Berlin, im Bombenhagel der letzten Kriegswochen, noch die zehn Wochen seiner Kriegsgefangenschaft, auf den feuchten Uferwiesen des Camps an der Leine, waren besonders geeignet, die akute Leberentzündung auszuheilen. Heute weiß man, dass eine nicht auskurierte Hepatitis chronisch wird und zwei Jahrzehnte später in eine Leberzirrhose übergeht.

Auch im Jahr 1968 verbringt Walter einige Wochen im Krankenhaus, und zum nächsten Frühjahr hin muss er akzeptieren, dass er endgültig arbeitsunfähig ist. Wieder sechs Wochen Gehaltsfortzahlung, vier Wochen Krankengeld – dann wäre die frühe Invaliditätsrente zu beantragen. Sie dürfte die Sozialhilfe kaum übersteigen. Denn Walter kann nur seine Berufstätigkeit seit 1953 für die Rentenversicherung in Anrechnung bringen; sein nicht abgeschlossenes Studium bedeutet verlorene Jahre, und ob seine Tätigkeit beim SD zwischen 1936 und 1945 von der Sozialversicherung anerkannt wird, steht in den Sternen. Als sie im Frühjahr 1969 endlich aus der dunklen Arnoldstraßenwohnung in den Neubau ihres früheren Vermieters D. ziehen können, liegt er ein letztes Mal im Krankenhaus. Tordis' Mann, sein Schwiegersohn, hat das so arrangieren können, um ihm Aufregung und Unruhe zu ersparen und Luscha und den Töchtern die Arbeit zu erleichtern.

Die neue Wohnung in der Achenbachstraße ist deutlich kleiner als ihre Vorgängerinnen; sie trägt der Tatsache Rechnung, dass nur noch Luscha, Walter und Rikarda dort einziehen. Drei Zimmer, gut geschnitten, wohnlich und so wohltuend hell nach dem finsteren Loch, auch wenn Walter dort als Todkranker einzieht und das Bett in dieser Wohnung nicht mehr verlassen wird.

Zu Beginn der Sommerferien kehrt Herrad aus England zurück, und sie und Rikarda suchen sich einen Ferienjob, in einem kleinen Verlag in der Nähe der neuen Wohnung. Der Verdienst ist selbst für Schüler und Studenten dürftig; sie haben diese Stelle nur deswegen angenommen, weil sie von dort während der Mittagspause schnell nach Hause laufen können. Ihre Mutter kann manche der pflegerischen Arbeiten körperlich allein nicht bewältigen.

Walter hat jetzt manchmal Bewusstseinsstörungen; er irrt durch die Zimmer und weiß nicht, wo er ist. Oft fällt er dabei hin, schlägt der Länge nach zu Boden und kommt nicht wieder hoch. Er soll nicht mehr allein zur Toilette gehen, er soll nach ihnen rufen, aber daran kann er sich nur schwer gewöhnen. Sie halten ihn rechts und links untergefasst, Luscha und eine der Töchter, seine Arme über ihren Schultern. In den letzten Wochen schafft er auch das nicht mehr, sie können ihn nur mit Mühe zu zweit zum Klo teils schleifen, teils tragen, obwohl er so ausgemergelt und eigentlich ein Federgewicht ist. Sie müssen ihm Windeln anlegen; gegen die Bettpfanne setzt er sich heftig zur Wehr. Beides ist ihm peinlich, vor Luscha, vor den Töchtern.

Seine Halluzinationen kommen und gehen, werden häufiger. Wer sie überhaupt sei?, will er von Luscha wissen, und wenige Stunden später fragt er, wer denn das sympathische junge Mädchen gewesen sei, das ihn vorhin besucht habe? Er winkt Luscha zu sich ans Bett und verrät ihr flüsternd, wo das startbereite Flugzeug wartet, dass sie alle – außer ihm selbst – außer Landes bringen soll. Er selber werde sich schon irgendwie durchschlagen. Es ist Krieg, immer noch Krieg, der Krieg hat nie aufgehört. Er bittet Tordis, sich um ihre Mutter und die anderen zu kümmern, sie sei jetzt groß genug, er wisse, dass er sich auf sie verlassen könne. Da liegt er im Bett, halb aufgerichtet, gegen die Kissen gelehnt, die Bartstoppeln lassen sein fahles Gesicht noch grauer erscheinen – es ist ihnen nicht mehr möglich, ihn zu rasieren, ohne ihm hässliche Schnittwunden zuzufügen, so eingefallen sind seine Wangen, dünn wie Papier die Haut. Er zündet sich seine Zigarette falsch herum an und lässt sie, als er seinen Irrtum bemerkt, einfach brennend aus dem Mund auf die Bettdecke fallen. Einmal steckt er sich mit zitternden Fingern das brennende Ende in den Mund und spuckt es ohne Schmerzenslaut aus. In diesen Wochen erst ist sein Haar vollständig grau geworden; es ist zu lang und hängt ihm strähnig um das Gesicht – Haarewaschen, eine Prozedur.

In den letzten Tagen liest er «Hunde, wollt ihr ewig leben?» – er liest und liest vom Tod vor Stalingrad, aber er kommt dabei nicht von der Stelle. Ruft erst Luscha und dann die Töchter zur Hilfe: Holt mir bitte eine Schere, dieses Buch ist noch nicht aufgeschnitten! Gegenteilige Beteuerungen, demonstratives Vorblättern überzeugen ihn nicht. Eine Schere, bitte!, wiederholt er finster. Sie bringen die Schere und fügen der Seite, die sich nicht umwenden lässt, ein paar symbolische Schnitte zu: Siehst du, jetzt ist das Buch aufgeschnitten! Er schüttelt den Kopf, hantiert selber ungeschickt mit der Schere, mit seinen mageren Fingern, und hält dann niedergeschlagen inne. Ich bringe es nicht fertig, sagt er und starrt wieder stundenlang auf die aufgeschlagene Seite.

Dennoch hat er zwei Wochen vor seinem Tod mit seinen beiden Jüngsten, die im Schneidersitz auf dem Elternbett hocken, angeregt über das Jahrhundertereignis diskutiert, die amerikanische Landung auf dem Mond. Ein schönes Gespräch, das sie alle mit tiefer Freude erfüllt, kluge, weit reichende Gedanken. Luscha steht eine Weile in der Tür und hört ihnen zu; dann muss sie fortlaufen, weil sie vom aufziehenden Schluchzen geschüttelt wird; sie will ihm in dieser guten Stunde nichts vorheulen.

So setzt sie sich zurück an die Maschine und tippt weiter an ihren Akten, mechanisch, ohne irgendetwas von dem zur Kenntnis zu nehmen, was sie da schreibt. Kein «Roter Klee» mehr in diesen Tagen, schon lange nicht mehr, die Arbeit daran wird sie erst Wochen nach seinem Tod wieder aufnehmen. Zuletzt muss sie auch das Tippen einstellen, weil die Worte verschwimmen, und sie beginnt, unsinnig in den Wäscheschränken herumzuräumen.

Walter isst fast nichts mehr, und Luscha, nachdem sie aufwendig für ihn gekocht hat, hält es kaum aus, ihn zu füttern, da er schon den dritten oder vierten Bissen verweigert. Da hat sie ihm extra Spargel serviert; Spargel ist im August nur in der Dose aufzutreiben und doch immer noch teuer genug, die beste Leberdiät, sie hat ihm auch trotz der Finanzmisere ein Händchen Kalbsfrikassee dazu gekauft, so wenig, dass es kaum einen hohlen Zahn füllen könnte – nach zwei Stangen Spargel erklärt er, er könne beim besten Willen nichts mehr herunterbringen. Das Kalbfleisch gibt sie am dritten Tag den Kindern; sie selber muss schon würgen, wenn sie es nur sieht. Er verträgt nur noch ein paar Löffel Fleischbrühe. Seine Medikamente, sieben Tabletten dreimal am Tag, versteckt er jetzt unter der Zunge und spuckt sie aus, neben das Bett, hinter den Nachttisch, sobald Luscha das Zimmer verlässt.

Sie weint nicht mehr. Ihre Augen sind trocken und rot, denn sie findet nachts nur wenig Schlaf neben ihm. Manchmal schreckt sie hoch und sieht ihn neben sich zusammengesunken auf der Bettkante hocken, bibbernd, manchmal erwacht sie durch seinen dumpfen Fall, wenn er versucht hat, sich aufzurichten, auf die Füße zu kommen.

«Was ist denn los, Wälti, schlaf doch!»

«Ich muss aufstehen! Zur Arbeit! Ins Büro!», sagt er verzweifelt.

Er stirbt an einem sonnigen Augustsonntag des Jahres 1969. Alle sind sie da: Tordis aus Köln, mit ihrem Mann und dem sieben Monate alten Baby – das einzige seiner dreizehn Enkelkinder, das Walter noch erlebt hat, Gunild, von der Tb geheilt, wieder aus Berlin, wo sie an ihrer Diplomarbeit schreibt, Silke aus Bonn. Herrad und Rikarda sind ohnehin zu Hause.

Walter ist fast unmerklich in ein Koma geglitten. Luscha hat stundenlang neben ihm gelegen und auf seinen unregelmäßigen Atem gehört. Dann hält sie es nicht mehr aus; sie bügelt Handtücher in der Küche. Die Zeit scheint stillzustehen. Alle sitzen sie, liegen sie, gehen sie verlangsamt und fast geräuschlos in der Wohnung herum. Noch ein paar Stunden, hat der Hausarzt erklärt, als er Walter eine letzte Spritze gab. Allmählich verlöschen die hektischen roten Flecken in seinem Gesicht, das jetzt immer gelber wird; in seinen Mundwinkeln klebt ausgetrockneter Schleim, und er atmet nur mehr leise, sehr fein. Zwei, drei Töchter sitzen bei ihm im Schlafzimmer, das Baby krabbelt im Kreis um sein Bett herum, erst in die eine und dann wieder in die andere Richtung. Silke schmiert Stullen und bietet sie reihum an, obwohl kaum jemand isst, ihre Tränen tropfen auf die Brote. Luscha bügelt Abtrockentücher, stundenlang, sie bügelt sich durch den ganzen Schrank mit der Haushaltswäsche, obwohl sie Bügeln von allen Haushaltsbeschäftigungen am meisten hasst und in dieser Familie noch nie zuvor mit gebügelten Küchentüchern abgetrocknet wurde. Manchmal kommt und geht Besuch, der Abschied nehmen will, alte Osteuropafreunde, einige Zeit sitzen auch die Tanten, Walters Schwestern Martha und Erika, schluchzend in der Küche.

Und wieder Stille, nur die Uhren in der Wohnung ticken, ganz weit weg draußen vor den Fenstern ist ein hoher heller blauer Sommernachmittag. Irgendwann hört Walter wie beiläufig zu atmen auf.

Einmal vor vielen Jahren, als sie beide sehr verzweifelt waren, im Mai 1947, hat er in einem Brief an Luscha, vielleicht etwas pathetisch, ihre Ehe mit einer Flussschifffahrt verglichen: *«Was vor sieben Jahren begann, war wie eine mutige heitere Ausfahrt, wir hoben unser Leben in die hohe Stunde seines Ablaufs, und die Ehrlichkeit und das Verantwortungsbewusstsein berechtigten uns, an eine glänzende Fahrt zu glauben; in sieben weiteren Jahren, die wir unterwegs sind, sind wir nun in Unwetter und Untiefen geraten, manchmal getrennt, aber immer auf dem gleichen Schiff und gleichen Strom; und viele Lichter sind verlöscht, die einmal uns und anderen hell leuchteten. Jetzt brennen nur noch die, die wir mit unserem Herzblut speisen; wir wollen sie nicht auslöschen lassen, unser – und vielleicht auch anderer wegen.»*

In den folgenden Jahren ist es ihnen gelungen, wieder einige Lichter anzuzünden, und wenn ihr Schiff auch nie mehr so beschwingt dahinglitt wie zu Beginn, so hat es doch auch wieder Musik, Gespräch und Gelächter an Bord gegeben. Jetzt sind die Lichter für immer erloschen, und das Boot hat festgemacht. –

Im Übrigen stehen eine Woche nach Walters Tod zwei uniformierte Polizeibeamte mit einer Vorladung an der Wohnungstür; sie sind beauftragt, ihn zwangsweise dem Gericht vorzuführen, da er einer Zeugenvernehmung ohne ausreichende Entschuldigung ferngeblieben ist. Luscha hat während seiner letzten Lebenstage einfach vergessen, ihn zu entschuldigen. Nochmals erscheinen die anderen als die Jäger, die Erynnien, und Walter als der Gehetzte, der ihnen zum Glück jetzt endgültig entzogen ist.

Er kann nicht kommen, weil er tot ist, sagen die Töchter patzig und schließen den Beamten, die doch gar nichts dafür können, die Türe mit einem Knall ins Gesicht.

Der letzte Vermerk auf seiner Karteikarte im Bundesarchiv Ludwigsburg, der ehemaligen Zentralen Stelle der Landesjustizverwaltungen zur Aufklärung nationalsozialistischer Verbrechen, den ich zweiunddreißig Jahre später bei meinen Recherchen zu Gesicht bekam, lautet: *«Durch Tod erledigt. Weglegen.»*

34.

Luscha hat Walter um achtzehn Jahre überlebt.

In den ersten Tagen nach seiner Beerdigung weint sie weniger als in den Wochen zuvor – der schrecklichste Teil dieses Sterbens hat schon vor seinem Tod stattgefunden. Sie wirkt eher abwesend und benommen. Doch nachdem auf ihrem Schiff das letzte Licht verloschen ist, stellt sich bald heraus, dass sie ins Wasser springen und schwimmen muss, wenn sie überleben will. Ihre magere Witwenrente reicht zu nicht viel mehr aus, als die Miete der neuen Wohnung in der Achenbachstraße zu bestreiten, die sie nicht aufgeben will. Also muss sie sich schon im folgenden Monat nach einer regulären Erwerbstätigkeit umsehen – keine leichte Angelegenheit im Alter von 61 Jahren, wenn man dem freien Arbeitsmarkt vor drei Jahrzehnten den Rücken gekehrt hat. Auch erinnert sie sich deutlich genug an die demütigenden Erfahrungen bei der Suche nach Tipparbeiten – «Stenogramm: zu langsam; zu wenig Anschläge pro Minute».

Wieder springt ihr der hilfreiche Vetter zur Seite, der schon Walter vor zwei Jahren seinen letzten Posten besorgt hat, und vermittelt ihr ebenfalls eine Bürotätigkeit bei der Wirtschaftsvereinigung Eisen- und Stahlindustrie. Die ersten Wochen im Beruf werden ihr bitter; alles ist neu und anstrengend; sie kann sich nicht so schnell so vieles merken, mit dem sie nie zuvor zu tun gehabt hat; sie fremdelt. Sie sieht sich von außen, mit den Augen ihrer zwanzig, dreißig Jahre jüngeren Kolleginnen, die sie in die Arbeit einweisen: *«Die denken doch: Was will denn die Alte hier?»* Sobald sie erschöpft vom Büro nach Hause kommt, beginnt sie zu weinen, sie weint an jedem Nachmittag, manchmal stundenlang, und erklärt schluchzend, dort nie wieder hingehen zu wollen. Rikarda wohnt bei ihr, durch die Schrecken der letzten Monate viel erwachsener geworden, eine große Unterstützung, und bis zum Abschluss ihres Studiums verbringt Herrad die Wochenenden in Düsseldorf; sonntags erscheinen auch Tordis aus Köln und Silke aus Bonn häufig zu Besuch. So zieht sie also tapfer an jedem nächsten Werktag wieder los, zu ihrer Arbeitsstelle, und nach vier Wochen scheint es ihr nicht mehr ganz so schlimm, und nach zwei Monaten gefällt es ihr eigentlich schon ganz gut dort.

Sie arbeitet halbtags. Nachmittags vergräbt sie sich erneut im «Roten Klee» und verbringt alle Wochentage in diesem Rhythmus, mit Rikarda in einer lässigen, beinahe studentischen Wohngemeinschaft. Zwei, drei Jahre nach Walters Tod lebt sie so dahin in einer gewissen Monotonie und großen Zurückgezogenheit. Der «Rote Klee» wird niemals fertig, wahrscheinlich dient er in dieser schlimmen Zeit bloß als Beschäftigungstherapie.

Silke heiratet und zieht ins Bonner Umland; sie bekommt erst einen und dann noch einen Sohn. Tordis ist schon beim dritten Kind angelangt. Gunild hat ihr Examen als Meteorologin abgelegt und das zweijährige Referendariat beim Deutschen Wetterdienst angetreten, das sie auf verschiedenen Stationen quer durch Deutschland führt. Herrad macht ebenfalls Examen und erhält eine Stelle an der Universität Köln.

Als Rikarda nach dem Abitur als Letzte das Haus verlässt, um ebenfalls in Köln ihr Studium anzutreten, geht es Luscha schon deutlich besser. Sie geht inzwischen recht gern ins Büro, genießt die Anerkennung ihrer Kolleginnen, hat sich sogar mit einigen angefreundet, und was ihr anfangs so grässlich erschienen ist: weitaus die Älteste dort zu sein, bietet ihr nun die Gelegenheit zu kokettieren. Häufig bekommt sie zu hören: «Alle Achtung! Wie die das hingekriegt hat!»

Kurz nach Gunilds Hochzeit im Jahre 1974 zeigt sich bei einer Routine-Reihenuntersuchung in ihrer Firma ein fünfmarkstückgroßer Schatten auf ihrer Lunge: nicht Tb, wie erst vermutet, sondern Lungenkrebs. Sie hat nicht viel Zeit, über das Wort «Krebs» und die Bedeutung dieser Diagnose für ihr weiteres Leben nachzudenken; ganz zügig werden in einer Spezialklinik in Köln zwei Lungenlappen entfernt. Luscha ist 66 Jahre alt; von heut auf morgen kann sie jetzt das Rauchen aufgeben, dem sie seit ihrer Bohèmejugend frönte. Erst vor kurzem hat sie mit größter Genugtuung das Angebot ihres Arbeitgebers angenommen, ihre Beschäftigung zwei weitere Jahre über die Altersgrenze hinaus zu verlängern. Nach einer mehrwöchigen Rekonvaleszenzphase kehrt sie denn auch in den gewohnten Alltag zurück.

Sie hat noch immer die Figur eines jungen Mädchens, einen flotten sportlichen Gang, und manchmal kommt es vor, dass fremde Männer auf der Straße sie mit einschmeichelnder Stimme von hinten ansprechen und ganz verwirrt reagieren, wenn sie sich umdreht und ihnen ihr Gesicht zeigt, das die Spuren ihres Lebens zeigt.

Drei Monate nach der Lungenoperation reist sie mit Rikarda und einer von deren Freundinnen nach Paris. Nachträglich hat die Krebsdiagnose bei Luscha einen neuen Schub Lebenslust ausgelöst, und als Rikarda anfragt, ob sie Lust habe, für ein verlängertes Wochenende mit ihnen zu kommen, willigt sie begeistert ein: «*Beinahe wäre ich gestorben, ohne Paris gesehen zu haben!*» Es sind schwülheiße Tage Mitte Juni, die Seniorin und die beiden Studentinnen genießen ihren Trip; sie stacheln sich gegenseitig zu mancher Übertreibung an, schlafen wenig, es ist bei dieser Hitze auch kaum möglich, richtig zu schlafen; sie laufen den ganzen Tag durch die kochende staubige Stadt, um in der kurzen Zeit so viel wie möglich zu besichtigen; sie sprechen begeistert dem Wein zu, trinken anschließend manches Tässchen Espresso und tanzen nachts auf dem Montmartre. Luscha hat keine Wundschmerzen mehr.

Wenige Stunden nach ihrer Rückkehr erleidet sie in ihrer Düsseldorfer Wohnung einen schweren Schlaganfall. Zunächst sieht es ganz aus, als sei es das Ende, und nachdem ihre Mutter im Krankenhaus tagelang wirr redet, zum Teil Französisch, sie zunächst nicht erkennt und sich bald abzeichnet, dass sie halbseitig gelähmt bleiben wird, haben sich die Töchter anfangs wohl auch gewünscht, alles Weitere würde ihr erspart bleiben.

Sie lösen, gemeinsam mit ihren Männern, die Wohnung in der Achenbachstraße auf, während Luscha noch im Krankenhaus liegt. Schon zuvor war die Rede davon gewesen, dass sie nach Beendigung ihrer Berufstätigkeit langfristig nach Köln übersiedeln könnte, in eine kleine Einliegerwohnung in dem Einfamilienhaus am Stadtrand, das Tordis mit ihrer Familie gerade bezogen hat. Nun zieht sie eher als geplant und als Pflegefall dort ein.

Wohnung, Beruf, Selbstständigkeit – für immer ade, nachdem sie sich gerade an das Alleinleben gewöhnt hatte und seine Vorzüge wieder zu schätzen begann. Luscha erholt sich nur sehr allmählich wieder. Ein halbes Jahr ist sie bettlägerig; sie muss gewaschen, an- und ausgezogen werden und mit der Hupe, die sie vom Kinderdreirad abmontierten, nach der Bettpfanne rufen. In den ersten sechs Wochen wohnen Rikarda und Herrad im Haus der ältesten Schwester, um die Pflege zu übernehmen, da Tordis mit drei Kindern – bald wird das vierte geboren – und ihrem Beruf reichlich zu tun hat.

Luschas linker Arm bleibt für immer gelähmt und ihr Gang behindert, sie zieht das linke Bein nach und wirft es im Gehen leicht auswärts, vor allem, wenn sie müde ist. Aber ihr Denkvermögen und ihre sprachliche Ausdrucksfähigkeit sind nicht beeinträchtigt, und wenn sie auch noch lange an einer sehr labilen Gemütsverfassung leidet, so ändert sich auch das mit der Zeit; sie wird zunehmend heiter und gelassen.

Jahre später wird sie sagen, das Schicksal habe sie durch die lange Bewegungslosigkeit, zu der sie nach dem Schlaganfall verdonnert gewesen sei, noch einmal mit ihrer Trauer um Walter konfrontiert. Unmittelbar nach seinem Tod habe sie einfach an so vieles nicht mehr denken wollen, und der Zwang, im neuen Beruf zurechtkommen zu müssen, sei ihr dabei entgegengekommen. Nun aber habe sie reichlich Gelegenheit gehabt, alles noch einmal durch und durch zu denken, von Anfang an, noch einmal um ihn und um sich selbst zu weinen und dann ihren Frieden mit den Dingen zu machen.

Allmählich lernt sie, wieder für sich selbst zu sorgen, immer besser mit nur einer Hand, nur einem Arm zurechtzukommen. Während ihre Altersgenossen um sie her sichtlich Alterungsschübe erleben, erobert sie sich immer noch neue Bereiche der Selbstständigkeit zurück. Sie fährt mit der Straßenbahn dreimal in der Woche zur Krankengymnastik, sie macht kleinere Einkaufsgänge, sie reist jedes Jahr zur Kur nach Bad Hofgastein in Österreich. Sie schreibt mit beachtlichem Tempo einhändig auf einer neuen elektronischen Schreibmaschine und hantiert mit einigem Geschick in der kleinen Gärtnerei auf ihrem Balkon. Vom Kochen allerdings behauptet sie, dass es mit einem Arm nur schwer zu bewerkstelligen, ja nahezu unmöglich sei – und sie empfindet es als größten Luxus, dass sie sich jeden Tag an den gedeckten Tisch setzen kann, wenn der Schwiegersohn, nicht nur ihr Hausarzt, sondern auch Koch für die siebenköpfige Familie, das Mittagessen serviert.

Eigentlich habe sie es nie im Leben so gut gehabt wie im Alter, erzählt sie später. Zum ersten Mal keine finanziellen Probleme mehr – Walters und ihre eigene Mini-Rente sind jetzt, da sie mietfrei leben kann – ein reichliches Taschengeld. Sogar ihr Traum vom eigenen Häuschen im Grünen, mit Garten und einem riesigen Blumenbalkon, sei auf eine Art noch einmal wahr geworden.

Den «Roten Klee» hat sie nach dem Schlaganfall im Papierkorb verschwinden lassen. Von den Erzählungen, die sie verfasst, wird nur noch eine veröffentlicht; sie schreibt und illustriert Märchen und Bilderbücher für die Enkelkinder. Mit fünfundsiebzig Jahren nimmt sie sich ihre Memoiren vor; wobei der längste und gewichtigste Teil ihres Lebens, die Zeit mit Walter, unbeschrieben bleibt. Sie schreibt und schreibt, aber verharrt bei den ersten zwei Jahrzehnten, viele hundert Seiten, sie korrigiert, kürzt, walzt wieder neu aus. Ihr ohnehin epischer Erzählstil ist im Alter noch breiter geworden.

Wahrscheinlich ist sie wirklich glücklich. Natürlich gibt es hin und wieder auch Spannungen im Alltag, doch sie reichen nie tief und tangieren ihr Lebensgefühl kaum. Ihretwegen ist das Haus der ältesten Tochter Familienmittelpunkt; hier werden alle Feste gefeiert, zu denen die anderen Töchter mit ihren Männern und Kindern anreisen.

Anders als Walter kann sie den vollen Erfolg der elterlichen Leistungsbilanz genießen: Alle Töchter haben gute Ausbildungen abgeschlossen, alle leben sie in zufrieden stellenden Beziehungen und sind in interessanten Berufen tätig, trotz vieler Kinder alle immer erwerbstätig, im Laufe der Zeit stellen sich dreizehn Enkelkinder ein. Luscha kann wirklich stolz auf «*ihre Brut*» sein, wenn ihr auch die schreckliche Erfahrung nicht erspart bleibt, noch eine Tochter begraben zu müssen: Silke stirbt mit nur 33 Jahren kurz nach der Geburt von Zwillingen und lässt ihren Mann mit vier kleinen Kindern zurück.

Nachdem sie den Familienteil ihres Lebens als abgerundet betrachten kann, wendet Luscha sich im Alter wieder dem vernachlässigten anderen Teil ihres Lebens zu und versucht, bei den Fäden anzuknüpfen, die sie unterwegs immer wieder hat fallen lassen müssen. Obwohl ihrem schriftstellerischen Ehrgeiz ein Comeback in der Öffentlichkeit nie mehr gelingt, scheint sie doch weitgehend mit dem bloßen Schreiben für sich selbst zufrieden. Zwar hat sie bis zuletzt nie die Hoffnung aufgegeben, sie werde ihre Memoiren noch veröffentlichen können, und vielleicht ist es diese Hoffnung, die sie in den letzten beiden Jahren noch am Leben hält, als eine schwere Osteoporose den Alltag für sie quälend macht, mit immer neuen schmerzhaften Knochen- und Wirbelbrüchen.

«Wenn du jetzt noch mal für dein Leben entscheiden könntest: statt einem Buch und sechs Kindern keine Kinder und sechs oder mehr Bücher – was würdest du wollen?», frage ich sie, und sie erwidert, ohne lange nachzudenken: «*Langfristig zählt das Lebendige mehr.*»

War Walters Sterben düster und trostlos gewesen, so gestaltet sich ihres, im Alter von 84 Jahren, versöhnlich und gut. Wieder sind alle Töchter versammelt, rechtzeitig vom Schwager herbeigerufen. Luscha hat noch am Morgen ihres letzten Tages, als ihr Bewusstsein sich trübt, Tordis um Feiertagsgarderobe gebeten: *«Heute ist doch das Fest, da möchte ich schön aussehen».* Tordis und Rikarda sitzen bei ihr, während sie die letzten Atemzüge tut. Ihr Leichnam bleibt noch während der ganzen folgenden Nacht auf ihrem Bett im Schlafzimmer, neben dem Kerzen brennen, und alle ihre Töchter verbringen diese letzte Nacht gemeinsam bei ihr, im angrenzenden Wohnzimmer, nebeneinander auf Matratzen am Boden, eine Totenwache.

Vielleicht ist es auch deswegen für die Töchter so wichtig gewesen, das Leben ihrer Mutter gut und rund enden zu lassen, weil sie ihr doppelt geben wollten, was sie ihrem Vater nicht geben konnten.

35.

Walter gehörte zum Kreis der «Täter», auch wenn er mit großer Wahrscheinlichkeit weder direkt am Judenmord beteiligt war, noch an seiner Organisation und Steuerung. Er gehörte zum Täterkreis als Repräsentant des NS-Systems in führender Funktion, als Angehöriger des Besatzungsapparates, der die Morde durchführte, und als mehr oder weniger gut informierter Mitwisser – wie gut informiert, werde ich nie genau wissen.

Ich wünschte, ich könnte ihm glauben, was er 1965 unter Eid aussagte: Er habe zwar von der Gettobildung und den Arbeitslagern, aber bis 1945 nichts von der weiteren «Endlösung» gewusst, er habe keine Kenntnis von den Massenerschießungen in Galizien gehabt, nichts von der öffentlichen Erhängung des Judenrats in Lemberg erfahren, nie einen erschossenen Juden auf der Straße gesehen.

Doch nachdem ich jahrelang nicht nur seine persönlichen Unterlagen, sondern auch die mir zugänglichen Gerichtsakten und die Fachliteratur studiert habe, muss ich zu dem Schluss kommen, dass dies kaum die volle Wahrheit gewesen sein kann. Um mir noch ein Expertenurteil von außen einzuholen, bat ich Dieter Pohl, einen auf dieses Gebiet spezialisierten Historiker und ausgewiesen als Verfasser des Standardwerkes über die «Na-

tionalsozialistische Judenverfolgung in Ostgalizien 1941–1944»,
um seine Stellungnahme.

Dieter Pohl schrieb mir: «*Das Vorbringen Ihres Vaters, er
hätte vor 1945 nichts von den Massenmorden gewusst, ist in
der Vernehmungssituation der frühen sechziger Jahre vielleicht
verständlich, aber wenig plausibel.*

*Nahezu aus allen deutschen Dienststellen in Ostgalizien ha-
ben Zeugen nach dem Krieg angegeben, relativ bald von den
Morden gehört zu haben. Die Gettoräumungen, besonders ab
August 1942, waren ein öffentliches blutiges Spektakel. Lediglich die Morde im Südteil des Distrikts ab Oktober 1941 wurden weiter im Norden erst allmählich bekannt ...*

*Ihr Vater hat im selben Gebäude gearbeitet wie seine Kolle-
gen, die Organisatoren und teilweise Exekutoren des Massen-
mords. Stawitzky und Engels fuhren alle paar Tage mit einem
großen Team im Bus in die Provinz, um Juden umzubringen ...
Darüber hinaus ist vielfach bezeugt, dass die ‹Judenaktionen› in
den Kasinos von Sipo/SD Tagesgespräch waren. Vielfach haben
sich die Täter mit ihren Taten offen gerühmt.*

*In den Außenstellen des KdS war die Trennung Sipo/SD bei
‹Judenaktionen› faktisch aufgehoben, d. h., der ranghöchste
Offizier leitete die Mordaktion. Im Fall von Tarnopol war das
beispielsweise Hermann Müller, der dortige SD-Chef. Dieser
wiederum war zugleich Untergebener Ihres Vaters und diesem
berichtspflichtig.*

*Ihr Vater war für die informatorische Überwachung des Dis-
trikts zuständig, hatte also V-Leute und andere Berichtsquellen in
großer Zahl. Es ist kaum anzunehmen, dass ihm der Mord an über
500 000 Personen dabei entgangen sein soll, zumal die meisten
Opfer in Ostgalizien erschossen und nicht deportiert wurden. Die
Informationen über die Massenmorde incl. vieler Details kursier-
ten unter der Bevölkerung und waren somit für den SD von
dienstlichem Interesse. Es ist davon auszugehen, dass der SD-Chef
die Person im Distrikt war, die am genauesten über die dortigen
Vorgänge Bescheid wusste. Das war sein wichtigstes Arbeitsfeld ...*

*Da Ihr Vater Abteilungsleiter beim KdS war, ist davon auszu-
gehen, dass er regelmäßige Dienstbesprechungen mit dem KdS
und den anderen Abteilungsleitern hatte. Es wäre verwunderlich, wenn dabei der Mord an den Juden nicht thematisiert worden wäre.»*

Auch wenn Walter auf ein eigenes Gebäude für seine Dienststelle bestanden hatte, auch wenn ihm Kasinogespräche entgangen sein könnten, weil er meistens zu Hause aß, auch wenn er wirklich nie von seinem Sipo-Außenstellenleiter von dessen Beteiligung an den Judenmorden erfahren haben sollte und selbst wenn er wirklich nie an einer offiziellen Besprechung teilgenommen hat, auf der Vernichtungsaktionen organisiert wurden – so kann ich mich dieser Argumentation doch nicht entziehen.

Entscheidend ist letztlich das zentrale Argument, dass es Walters Aufgabe als SD-Chef war, über die Vorkommnisse und die Stimmung der Bevölkerung in seinem Berichtsgebiet Bescheid zu wissen. Das macht es in höchstem Maß unwahrscheinlich, dass er nichts von den Massenmorden erfahren hat.

«Es kommt im Leben nicht auf die guten Absichten, sondern nur auf die Ergebnisse des Tuns an!» Mit diesem harten Satz, uns gegenüber in so vielen Situationen wiederholt, verurteilte er – ohne dass ihm das vielleicht ganz bewusst war – nachträglich sich selbst und sein eigenes Leben.

«Über meine eigenen Enttäuschungen und Verzweiflungen will ich schweigen. Aber trotz der Sicherheit einiger meiner Überzeugungen und der Festigkeit meines Standpunkts wurde ich mit in den Maelstrom gerissen», schrieb Walter am 10.4. 1946 in sein Nachkriegstagebuch.

Ludwig Losacker, vormals Chef der Zivilverwaltung in Lemberg, hat Walter in seinem Entnazifizierungszeugnis 1948 folgendermaßen charakterisiert: *«Die Persönlichkeit Schenks hebt sich geradezu als Fremdkörper von dem üblichen Bild ab, das mit der Nennung seiner Berufssparte gemeinhin verbunden wird ...*

Schenk ist ein Mann von hohem Intellekt, ja recht eigentlich der Typ des Intellektuellen ... Zweckmäßigkeitserwägungen treten bei ihm völlig zurück. Die großen Ideen der Menschheit und die Welt der Gedanken sind Schenks eigentliche Heimat. Der junge Mensch ist mir in Erinnerung als ein zurückgezogen Lebender. Er beteiligt sich nie an den ausgelassenen Kumpaneien seiner Kameraden, sondern sitzt nächtelang über Büchern. Philosophische und religiöse Ideen beschäftigen ihn besonders stark. Der Weg Deutschlands ins Chaos wird von ihm verhältnismäßig spät erkannt, aber mit lähmendem Entsetzen. Er ist Idealist, und ihn verbindet von Haus aus ein starkes Treueemp-

finden mit seinem Korps. Als er hier tiefer und tiefer in einen un-
lösbaren Konflikt gerät, leidet er sichtlich, wenn auch schwei-
gend, unter diesen Entwicklung.

Ein Grundzug von Schenks Wesen ist sein Wahrheitssuchen ...
Ich habe mich aus der Ferne und jahrelang ohne Kontakt mit ihm
manchmal gefragt, wie und ob Schenk überhaupt den uferlosen,
aber zwangsläufigen Sturz seines Volkes in Nacht und Verderben
überstanden haben mag. ... Ich kenne Schenk nicht als verbohr-
ten und unbelehrbaren Menschen ... Ich glaube somit, dass eine
echte Demokratie von einem Manne des Schlages von Schenk ei-
nes Tages – er wird vermutlich noch in weiter Ferne liegen – un-
endlich mehr Nutzen und Einsichten empfangen wird als von
den schnellen übereifrigen Bekehrten, die nur die Gabe geräusch-
voller, aber schwungvoll vollzogener Anpassung haben.»

So weit Losacker, im August 1948. Auch wenn mich an diesem Gutachten gewisse gönnerhafte Formulierungen stören, die
den Eindruck erwecken, er selber, der Verfasser, habe schon immer auf der richtigen Seite gestanden – der «junge Mensch»,
über den er sich äußert, ist gerade einmal sechs Jahre jünger als
er selbst –, finde ich in diesem Porträt meinen Vater wieder, wie
ich ihn selber erlebt habe.

Von England aus, wo ich das Studienjahr 1968/69 verbrachte, schrieb ich meinem Vater einige Monate vor seinem Tod einen langen Brief, nur ihm, acht Seiten lang, während meine
wöchentlichen Erzählbriefe selbstverständlich immer an sie beide gerichtet waren, obwohl nur meine Mutter sie regelmäßig be-
antwortete. *«Lieber Pappi, ich schreibe dir diesen Brief, weil ich*
dich etwas fragen muss. Hoffentlich hast du ein bisschen Zeit,
mir darauf zu antworten.» Ich hatte in den beiden vorangegangenen Semestern in Köln begonnen, mich für die Studentenbewegung zu erwärmen, hatte an Sit-ins und Teach-ins gegen die
Notstandsgesetzgebung teilgenommen, mit vielen anderen gegen den Tod von Benno Ohnesorg protestiert und war in De-
monstrationen gegen den Vietnamkrieg mitgelaufen. In England, an der Universität York, in der ein ruhigeres politisches
Klima herrschte, kühlte sich mein politisches Engagement
schnell ab, und ich pflegte bald wieder die Vorstellung von der
intellektuellen und moralischen Überlegenheit derer, die distanziert vom Rande aus gesellschaftliche Phänomene analysieren.
Wahrscheinlich ist mir selber damals die Abhängigkeit meiner

Einstellung von meinem jeweiligen Umfeld aufgefallen und hat mich nachdenklich gemacht, jedenfalls schrieb ich ihm, nachdem ich gerade einen sehr aufwühlenden Film über Vietnam gesehen hatte. Was soll man tun, am Rande der Arena bleiben – oder mitmischen? Machen es sich die nicht reichlich einfach, die nur zuschauen? Was, wenn man weiß, dass die Menschen, die am überzeugtesten von der Richtigkeit ihrer Ideen sind, vielleicht das meiste Unrecht begehen, wenn man seinen eigenen heftigen Emotionen misstraut, wenn man erkennt, dass in einem politischen Konflikt jede Seite solche Gefühle mobilisieren und gegenteilige Informationen unterdrücken kann?

«Ich möchte nun schrecklich gern wissen, was du darüber denkst, denn du hast ja einmal an eine Idee geglaubt; ich weiß nicht, an was du jetzt glaubst. Ist es gefährlich, sich in die Dinge zu verwickeln? Kann man sich überhaupt raushalten? Ist es schlimmer, sich rauszuhalten und wie Pilatus zu sagen ‹Ich wasche meine Hände in Unschuld›?, oder schlimmer, in gutem Glauben an eine Idee Unrecht zu tun? Oder glaubst du, dass es eine Möglichkeit dazwischen gibt? – Das würde ich gern von dir hören, auf dem Hintergrund dessen, was du erlebt hast.»

Es war Mitte Oktober 1968, in der Zeit seiner schwindenden Arbeitsfähigkeit, als Walter seine letzten Kräfte zusammennahm, um seiner Beschäftigung bei der Wirtschaftsvereinigung Eisen und Stahl nachzugehen – verständlich, dass er in dieser Situation einen solch schwierigen Brief nicht beiläufig beantworten konnte. Dennoch reagierte er, obwohl er sonst kaum mehr schrieb, schon gar nichts Persönliches: *«Herrad, meine liebe Herrad.»* Er habe meinen Brief mehrfach und gründlich gelesen und sei zu dem Ergebnis gekommen, dass man solche Fragen zwar brieflich stellen könne, sie aber nicht schriftlich beantworten sollte. *«Es werden darin Fragen gestellt, die in das Metaphysische reichen, die Beantwortung setzt ein Gespräch voraus, damit Missverständnisse darin möglichst vermieden werden. Ich muss in der Antwort Persönliches mit Sachlichem, Aktuelles mit Historischem in Beziehung zu setzen versuchen. Ich verstehe alle deine Zweifel, und ich mühe mich, sie zu meinen eigenen zu machen. Daraus kann dann in deinen Weihnachtsferien ein für uns beide nützliches Gespräch werden.»*

Zu diesem Gespräch ist es nie mehr gekommen. Als ich Weihnachten nach Hause kam, war er schon so krank und elend, dass ich es nicht fertig brachte, ihn noch einmal auf meinen Brief anzusprechen, nachdem er selber nicht davon anfing. Er habe ihn immer auf dem Schreibtisch liegen, erzählte mir meine Mutter. Da lag er auch noch, als mein Vater gestorben war, und ein paar handschriftliche Stichworte auf dem Kuvert «*Aristoteles. Machiavelli. Tocqueville. Nietzsche*» zeigten an, dass er sich unser Gespräch wirklich als einen philosophischen Exkurs gedacht hatte. Dabei war es mir mit meinen Fragen natürlich vor allem um ihn gegangen, um sein Leben, seine Überzeugungen, seine Irrtümer und die Schlüsse, die er zuletzt daraus für sich gezogen hatte. Aber vielleicht hätte er mir die auch dann nicht beantworten können, wenn er zu diesem Zeitpunkt weniger krank gewesen wäre – einfach deswegen, weil er auch vor sich selbst zu keiner Antwort hatte finden können.

Was ich mir gewünscht hätte:

Nur ganz wenige Sätze von ihm hätten gereicht. «Es war ein grauenhaftes Unrecht, und ich war an ihm beteiligt. Mir ist erst nach und nach klar geworden, zum Teil erst lange nach 1945, wie grauenhaft es wirklich war und welche Ausmaße es tatsächlich hatte. Ich habe damals versucht, einfach nicht hinzusehen; ich habe versucht, mich und meine Dienststelle davon abzugrenzen. Ich habe nicht näher hingeschaut und nichts dagegen unternommen, weil es mich Kopf und Kragen hätte kosten können, weil ich Eure Mutter und euch nicht schutzlos zurücklassen wollte, was vermutlich eingetreten wäre, wenn ich konsequent gewesen wäre. Vielleicht wollte ich mir auch nicht eingestehen müssen, dass falsch war, woran ich ein Jahrzehnt lang geglaubt hatte. Ich habe mich mit aller Kraft auf die anderen Aspekte unserer Ostpolitik konzentriert, auf den Bereich, in dem ich einen gewissen positiven Einfluss ausüben konnte. – Nachträglich scheint das nichts mehr zu wiegen, die kleinen Korrekturen deutscher Politik gegenüber den Ukrainern und Polen verblassen, von heute aus gesehen, vor dem Schrecken der Massenmorde, und für die Nachgeborenen bin ich genauso verantwortlich wie die, die sich den Plan zur ‹Endlösung› ausdachten und sie persönlich durchführten. Das ist unsäglich bitter für mich.» –

Wäre er ein winziges bisschen erlöster gestorben, wenn er uns das so hätte sagen oder irgendwo für sich selbst hätte niederschreiben können?

«Du hast doch keine Ahnung», sagte meine Mutter.

Es war früh am Morgen, vor sieben, und ich lag noch im Bett, als das Telefon klingelte.

Sie rief ohne weitere Vorrede zornig in den Hörer: «Alles konnte Böck vertragen, ohne nur ein Wort zu sagen – aber wenn er dies erfuhr, ging's ihm wider die Natur!»

«Was ist denn los?»

«Du siehst deinen Vater vollkommen falsch. Es empört mich, dass du einen Schwächling aus ihm machst, einen Versager.»

Ich schüttelte mich schlaftrunken und kam langsam zur Besinnung. Es war im Januar 1983. Am Vortag hatte ich meiner Mutter bei unserem wöchentlichen Jour fix mein neues Romanmanuskript überreicht, das gerade zur Veröffentlichung angenommen worden war. Eigentlich war es eine Liebesgeschichte, ein wildes Dreiecksverhältnis mit autobiografischen Zügen: Eine Frau liebt zwei Männer, aber immer mehr stellt sich heraus, dass für sie ein dritter Mann noch viel wichtiger ist als ihr Lebensgefährte und ihr Liebhaber, nämlich der Vater, dessen Lebenstragödie noch immer, obwohl er schon lange tot ist, ihr Leben prägt. Ich war selber sehr angetan von meiner Geschichte, und ich hatte meine Mutter gebeten, mir ihre Meinung dazu zu sagen – in der vollen Überzeugung, sie werde mich loben und beglückwünschen, denn sie nahm großen Anteil an meinem Schreiben und war stolz auf mich. Ich verstand ihre Reaktion überhaupt nicht.

Sie rief an diesem Tag ungestüm vieles ins Telefon, von dem ich nur wenig mitbekam. Sie hatte mein Manuskript in einem Zug gelesen, die halbe Nacht hindurch, und als sie es mir bei unserem nächsten Treffen zurückgab, waren die Ränder übersät mit kritischen Anmerkungen. Es gab die übliche stilistische Kritik, darunter manches, mit dem sie, bei näherem Hinsehen, durchaus Recht hatte: – *«Falscher Gebrauch des Infinitivs! Ausdruck! Oh Gott, wo Deutsch gelernt?! Sprachverluderung! Geseires! Hüte dich vor Latrinenrhetorik!»* und Ähnliches. Vor allem aber hatte sie viele Stellen über meinen Vater ausführlich kommentiert. *«Es ist zu einfach, vom bitteren Gesamtausgang*

auf den Gesamtverlauf zu schließen. In diesem Leben gab es auf
früher Höhe mit bis dahin ungeahnter Machtbefugnis – ohne
Machtmissbrauch! – einen krassen Abbruch. Auf Grund solcher
Veränderung muss man ein Opfer von Depressionen werden,
zumal wenn man zu allem anderen noch leidet am Untergang
seines Landes und sich von einer Mitschuld daran nicht frei-
sprechen kann/will. Versager? Blödsinn!»

Sie ärgerte sich über die Attitüde moralischer Überlegenheit,
die sie aus meiner Schilderung heraushörte – den 68er-Gestus
der nachfolgenden Generation, die alles von heute aus so klar
sah und ihren Vätern vorwarf, es nicht von Anfang an durch-
schaut zu haben. Sie sagte: «Du machst es dir zu einfach.»

Sie zitierte: «Men's evil life turns in brass, / their virtues we
write in water. Shakespeare!»

Sie rief: «It is through the cracks that light comes through.
William Blake!»

Sie las mir einen Satz von Wolf Jobst Siedler vor: «Der Prozess des Verzehrs jeder Generation durch die jeweils folgende
hat sich von ebenso großer Dauerhaftigkeit erwiesen wie die
Irrtümer der Epochen. Das Beruhigende an dieser Beobachtung
ist nur, dass die heute Scheltenden die Gescholtenen von morgen zu sein pflegen.»

Ich war gekränkt, denn ich fand, dass ich mich sehr um die
Figur meines Vaters bemüht hatte, aber vor allem verwirrte
mich die Heftigkeit ihrer Reaktion. Wir sprachen bei unseren
nächsten Treffen noch mehrfach darüber, ohne dass ich sie
wirklich verstanden hätte.

Nur eine meiner Bemerkungen über ihn hatte ihre ausdrück-
liche Zustimmung gefunden. *«Er hätte der sein müssen, der*
Nachdenkliches über diese Zeit schrieb, und nicht der, der Fal-
sches in ihr lebte.» – *«Richtig – aber anmaßend!»*, hatte sie neben diesen Satz geschrieben.

Nach diesem Ausbruch ließ sie die Dinge auf sich beruhen.
Sie erwartete auch gar nicht von mir, dass ich aufgrund ihrer Bemerkungen Korrekturen an meinem Manuskript vornahm. Sie
sprach bald wieder ganz gelassen darüber. «Du siehst ihn eben
so. Aber so war er nicht. Ihr habt alle keine Ahnung. Wie solltet
Ihr auch.»

Ich legte das Manuskript mit ihren handschriftlichen Bemerkungen beiseite, in der Hoffnung, diese später einmal besser

einordnen zu können. Na klar, dachte ich und fühlte mich wieder ein winziges bisschen überlegen, sie nimmt ihn in Schutz, sie will ihn noch posthum vor kritischen Blicken von außen beschützen. Sie möchte ihn als tragischen Helden in Erinnerung behalten.

Meine Mutter hat gewusst oder zumindest gefühlt, dass sie nicht imstande sein würde, ihre gemeinsame Geschichte mit ihm zu erzählen. Sie ahnte, dass sie selber zu verstrickt, zu identifiziert mit ihm war, weil sie ihn liebte und Zeugin seiner vergeblichen Kämpfe und seines Leides gewesen war. Die Geschichte, die ich nun geschrieben habe, ist eine andere als die vor zwanzig Jahren – aber natürlich auch nicht die, die sie geschrieben hätte.

So etwas wie die Wahrheit über ein Leben kann es nicht geben.

Anmerkungen

In diesem Buch sind die Namen von Personen der Zeitgeschichte, die auch in der historischen Fachliteratur auftauchen, ausgeschrieben. Andere Namen sind abgekürzt.

1 Die Informationen zur politischen Situation an der Universität Köln zu Beginn der 30er Jahre stammen aus Bernd Heimbüchel: Die neue Universität. Selbstverständnis, Idee und Verwirklichung, in: Heimbüchel und Papst: Kölner Universitätsgeschichte Bd. II, Das 19. und das 20. Jahrhundert, Köln 1988, S. 101–614.

2 Jens Banach, Heydrichs Elite. Das Führerkorps der Sicherheitspolizei und des SD 1936 bis 1945, Paderborn 1998, S. 95.

3 Michael Wildt, Judenpolitik des SD 1935 bis 1938, München 1995, S. 9.

4 Ulrich Herbert, zitiert nach Jens Banach, a. a. O., S. 64, S. 77.

5 Jens Banach, a. a. O., 1998, S. 91/92.

6 Jens Banach, a. a. O., S. 99.

7 Jens Banach, a. a. O., 1998, S. 333.

8 Vgl. für den historisch-politischen Hintergrund Andreas Kappeler, Kleine Geschichte der Ukraine, München 2000 außerdem Roman Ilnitzkyj, Deutschland und die Ukraine 1934–1945, Osteuropa-Institut München 1958.

9 Thomas Sandkühler, ‹Endlösung› in Galizien, Bonn 1996, S. 9.

10 Dieter Pohl, Nationalsozialistische Judenverfolgung in Ostgalizien 1941–1944, München 1997, S. 267.

11 Zitiert nach Dieter Pohl, a. a. O.,1997, S. 211.

12 Dieter Pohl, a. a. O., 1997, S. 313.

13 Dieter Pohl, a. a. O., 1997, S. 315; Hervorhebung vom Autor.

14 Winston Churchill, zitiert nach Hartwig Bögeholz, Wendepunkte – Die Chronik der Republik, Reinbek, 1995, S. 20.

15 Zitiert nach Manfred Görtemaker, Geschichte der Bundesrepublik Deutschland, München 1999, S. 36.

16 Die Daten zur wirtschaftlichen Situation vor und unmittelbar nach der Währungsreform stammen aus Manfred Görtemaker, Geschichte der Bundesrepublik Deutschland, a. a. O., 1999, S. 119–140.

17 Peter Reichel, Vergangenheitsbewältigung in Deutschland, München 2001, S. 34.

18 Die Studien von Dieter Pohl und Thomas Sandkühler belegen, dass auch die Zivilverwaltung unter Losacker und Losacker selbst in die verwaltungstechnische Organisation der «Endlösung» verwickelt waren.

19 Vgl. u. a. Martin Dean, Collaboration in the Holocaust. Crimes of the Local Police in Belorussia und Ukraine, 1941–44, New York 2000.

20 Zitiert nach Manfred Görtemaker,. a. a. O., 1999, S. 81.
21 Manfred Görtemaker, a. a. O., S. 176; Gerhard Ritter, Über Deutschland. Die Bundesrepublik in der deutschen Geschichte, München 2000, S. 82.
22 Manfred Görtemaker, a. a. O., S. 173.
23 Manfred Görtemaker, a. a. O., S. 68, 172.
24 Hartwig Bögeholz, a. a. O., S. 124.
25 Manfred Görtemaker, a. a. O., S. 173.
26 Peter Reichel, a. a. O., S. 21/22.
27 Zitiert nach Hartwig Bögeholz, a. a. O., S. 160.
28 Peter Reichel, a. a. O., S. 110–115.
29 Gerhard Ritter, a. a. O., S. 31.
30 Peter Reichel, a. a. O., S. 139.
31 Vgl. Adalbert Rückerl, NS-Verbrechen vor Gericht, Heidelberg 1982, S. 140.
32 Dieter Pohl, a. a. O., S. 104/5, 393.
33 Prozessberichterstattung in «Die Welt», 26. 10. 1966.
34 Dieter Pohl, a. a. O., S. 242.
35 Dieter Pohl, a. a. O., S. 188.
36 Dieter Pohl, a. a. O., S. 183/4, 423.
37 Dieter Pohl, a. a. O., S. 153, 411.
38 Dieter Pohl, a. a. O., S. 191, 417.
39 Dieter Pohl, a. a. O., S. 228.
40 Dieter Pohl, a. a. O., S. 146.
41 Dieter Pohl, a. a. O., S. 144–147; 190/1.
42 Dieter Pohl, a. a. O., S. 416.

Aus dem Verlagsprogramm

Herrad Schenk bei C.H.Beck

Glück und Schicksal
Wie planbar ist unser Leben?
2000. 248 Seiten. Broschiert

Herrad Schenk zeigt ausführlich und anschaulich, wie in einer Leistungsgesellschaft, in der es ein Recht auf Glück zu geben scheint, die Unplanbarkeit der Unwägbarkeiten des Lebens verneint wird.

Westfälische Nachrichten

Dieses Buch lotet Umfang und Grenzen unserer Verantwortung für das eigene Leben aus.

Chrismon

Vom einfachen Leben
Glückssuche zwischen Askese und Überfluß
1997. 296 Seiten mit 8 Abbildungen. Gebunden

Das Haus, das Glück und der Tod
2. Auflage. 1999. 223 Seiten. Gebunden

Verlag C.H.Beck München

Geschichte im 20. Jahrhundert

Wolfgang Benz
Geschichte des Dritten Reiches
2000. 288 Seiten mit 150 Abbildungen, davon 30 in Farbe
und 2 farbigen Karten. Gebunden

Theodore S. Hamerow
Die Attentäter
Der 20. Juli – von der Kollaboration zum Widerstand
Aus dem Englischen von Matthias Grässlin
1999. 458 Seiten mit 13 Abbildungen. Leinen

Norbert Frei
Vergangenheitspolitik
Die Anfänge der Bundesrepublik und die NS-Vergangenheit
2., durchgesehene Auflage. 1997. 464 Seiten. Leinen

Fritz Stern
Das feine Schweigen
Historische Essays
Zweiter, unveränderter Nachdruck
der 1999 erschienenen 1. Auflage 2000.
187 Seiten. Gebunden

Bernat Rosner/Fritz Tubach
Eine ungewöhnliche Freundschaft
Zwei Leben im Schatten des Holocaust
Aus dem Amerikanischen von Sylvia Höfer
In Zusammenarbeit mit Sally Patterson Tubach
2002. 310 Seiten mit 22 Abbildungen auf 16 Tafeln.
Gebunden

Verlag C.H.Beck München

Geschichte im 20. Jahrhundert

Wolfgang Benz (Hrsg.)
Die Juden in Deutschland 1933–1945
Leben unter nationalsozialistischer Herrschaft
Unter Mitarbeit von Volker Dahm, Konrad Kwiet,
Günter Plum, Clemens Vollnhals, Juliane Wetzel.
4., unveränderte Auflage. 1996. 779 Seiten
mit 27 Abbildungen. Leinen
Beck's Historische Bibliothek

Michael Brenner
Jüdische Kultur in der Weimarer Republik
Aus dem Englischen von Holger Fliessbach
2000. 316 Seiten mit 17 Abbildungen. Leinen

Ruth Gay
Das Undenkbare tun
Juden in Deutschland nach 1945
Aus dem Englischen von Georgia Hanenberg
2001. 310 Seiten mit 28 Abbildungen. Gebunden

Friedrich G. Friedmann
Heimkehr ins Exil
Jüdische Existenz in der Begegnung mit dem Christentum
Herausgegeben und mit einem Nachwort
von Christian Wiese
2001. 288 Seiten. Klappenbroschur

Saul Friedländer
Das Dritte Reich und die Juden
Band 1: Die Jahre der Verfolgung 1933–1939
Aus dem Englischen von Martin Pfeifer
2., durchgesehene Auflage. 1998. 458 Seiten. Leinen

Verlag C.H.Beck München